邓嗣禹文集

第一卷

邓嗣禹/著

彭　靖　李世愉/主编

中国考试制度史
唐宋元明清中枢官制

华中师范大学出版社

新出图证（鄂）字 10 号
图书在版编目（CIP）数据

邓嗣禹文集. 第 1 卷 /（美）邓嗣禹著；彭靖，李世愉主编. —武汉：华中师范大学出版社，2021.12
ISBN 978-7-5622-9589-1

Ⅰ. ①邓… Ⅱ. ①邓… ②彭… ③李… Ⅲ. ①邓嗣禹—文集 ②考试制度—历史—中国—古代 ③官制—研究—中国—古代 Ⅳ. ①K207-53 ②D691.46 ③D691.42

中国版本图书馆 CIP 数据核字（2022）第 004116 号

邓嗣禹文集　第一卷
ⓒ邓嗣禹著　彭靖，李世愉主编

责任编辑：王中宝	责任校对：骆　宏	封面设计：罗明波
编辑室：学术出版中心	电话：027-67863220	
出版发行：华中师范大学出版社有限责任公司	邮编：430079	
社址：湖北省武汉市洪山区珞喻路 152 号		
销售电话：027-67861367（发行部）	传真：027-67863291	
网址：http://press.ccnu.edu.cn	电子信箱：press@mail.ccnu.edu.cn	
印刷：湖北恒泰印务有限公司	督印：刘　敏	
开本：710mm×1000mm　1/16	印张：30.5	字数：469 千字
版次：2023 年 3 月第 1 版	印次：2023 年 3 月第 1 次印刷	
定价：153.00 元		

欢迎上网查询、购书

敬告读者：欢迎举报盗版，请打举报电话 027-67867353

文集作者与主编简介

作者简介：

邓嗣禹（1905—1988），当代著名历史学家、文献目录学家和汉学家，中国科举制度研究的奠基人。1935年燕京大学硕士毕业后，留校任教。1938年留学哈佛大学，师从著名汉学家费正清，1942年获博士学位。历任芝加哥大学东方研究院院长、印第安纳大学历史系主任、东亚研究中心主任等职，著有《中国考试制度史》《张喜与南京条约》等30余部历史学著作，并将《中国近百年政治史》《颜氏家训》等中国学术名著译成英文版。他的论著曾被翻译成10多种语言。2020年，俄文版《中国考试制度史》获批为"中华学术外译"资助项目，将由俄罗斯圣彼得堡大学出版社出版。

主编简介：

彭靖（1962— ），《邓嗣禹文集》主编，"中华学术外译"项目入选者。21岁发表译作，38岁获得教授职称。早年曾师从中国社会科学院近代史研究所所长步平，在《中国考试》《学术界》《教育与考试》等期刊上发表科举与历史学研究论文100余篇，译著有《重访中国》《张喜与南京条约》。历任北京大学、香港国际商学院EMBA总裁班特聘（客座）教授，在美国与中国出版《尘封的历史》等十余部著作。曾获得"鲁迅文学杯"全国文化精英大赛金奖、第十届"丁玲文学奖"提名奖等多种奖项。

李世愉（1949— ），著名清史专家，《清史论丛》主编，1982年北京大学历史系毕业，获明清史专业硕士学位。曾任中国社会科学院历史研究所研究员、博士生导师，中华炎黄文化研究会土司文化专业委员会执行主席，北京大学明清研究中心兼职研究员，吉林大学兼职教授。独著有《清代土司制度论考》《清代科举制度考辩》（续），合著有《中国历代官制大辞典》《状元大典》《中国古代社会生活辞典》等。主持编纂的《中国历史大辞典》获国家图书奖。

燕京大学读硕士时期的邓嗣禹

邓嗣禹燕京大学硕士论文封面（1935年）

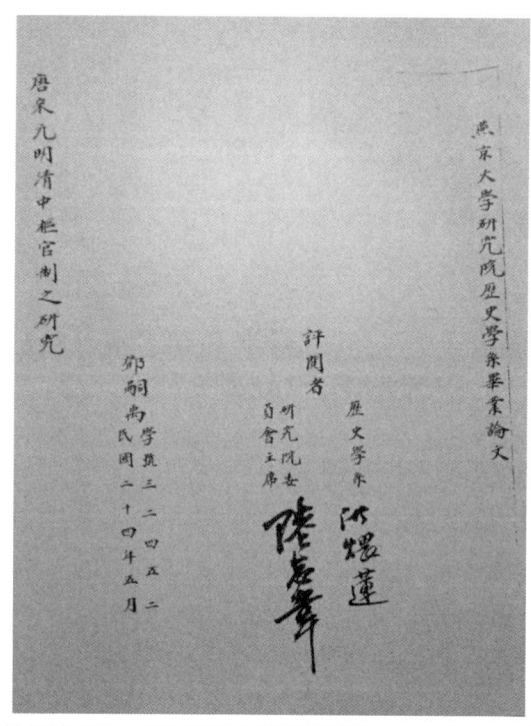

由燕大校长陆志韦、历史学系主任洪煨莲签名通过的硕士毕业论文

目　　录

上册　中国考试制度史（增补本）

- 序（一） 3
- 序（二） 5
- 序（三） 9
- 1982年版序言 11
- 增补版前言 13
- 第一章　考试起源 25
  - 甲　《尧典》《周礼》等书所载者 25
  - 乙　贡举辟召发自董仲舒说 28
  - 丙　科举肇基于隋定于唐 29
- 第二章　考试动机之别面观 35
  - 甲　为防止功臣外戚之专横 35
  - 乙　为日食地震之警惕 35
  - 丙　为九品中正之反应 36
  - 丁　为牢笼人心 37
- 第三章　科举以前之取士法 40
  - 甲　两汉取士法 40
  - 乙　魏晋南北朝之取士法 56
- 第四章　唐及五代之考试制度 69
  - 甲　考试概况 72
  - 乙　沿革及变迁 77
  - 丙　考试法规 89
  - 丁　待遇与出身 92
  - 戊　得失略评 96
- 第五章　宋之考试制度 114

		甲 考试概况	114
		乙 沿革及变迁	117
		丙 考试方法	126
		丁 待遇与出身	135
		戊 得失略评	140

第六章 辽金元之考试制度　　145
　　甲　沿革要略　　145
　　乙　考试概况　　149
　　丙　考试规程　　157
　　丁　待遇与出身　　162
　　戊　辽金元考试之得失异同　　167

第七章 明清之考试制度　　171
　　甲　考试概况　　171
　　乙　沿革要略　　186
　　丙　考试规程　　208
　　丁　待遇与出身　　221
　　戊　明清考试之得失异同　　234

附：太平天国之考试制度　　彭靖　250
　　甲　考试概况　　250
　　乙　沿革要略　　255
　　丙　考试规程　　259
　　丁　出身与待遇　　262
　　戊　太平天国科举制度改革起因与利弊分析　　264
　　己　太平天国科举制度改革的意义与社会影响　　268

第八章 结论　　276
　　甲　考试制度与政治之关系　　276
　　乙　考试制度与文化之关系　　280
　　丙　考试制度与社会风俗之关系　　283
　　附　考试制度与社会流动之关系　　彭靖　289

附历代考试沿革略表　　308

参考书目	318
附：邓嗣禹的《中国考试制度史》	恒慕义 327
附：中国科举制度与西方	331
附：中国考试制度对西方的影响	340
附：邓嗣禹《中国考试制度对西方的影响》修订研究	彭靖 381

下册　唐宋元明清中枢官制之研究

邓嗣禹的古代官制研究（代序）	彭靖 395
叙言	398
第一章　唐代三省之沿革变迁考	403
一、三省之名义及其起源考	403
二、三省之组织及其职掌考	405
三、三省之沿革及其职权变迁考	409
第二章　枢密使与枢密院	416
一、唐枢密使与宦官之掌握政权	416
二、五代枢密院与军权之高于政权	418
第三章　宋之两府	422
一、宰相之功名及其职权变迁考	422
二、枢密院之组织及其职权变迁考	424
第四章　辽金元之一省制度	430
一、辽之中央官制考	430
二、金之中央官制考	432
三、元明之中书省及其变迁考	435
第五章　明清之内阁	442
一、罢中书与设立内阁之原因	442
二、内阁之组织及其职权变迁考	444
三、军机处设立之原因及其职权变迁考	449
第六章　结论	462
引用书目	466
附：行省的意义与演变	471

上册
中国考试制度史
（增补本）

序（一）

　　三代至公之意，用人惟选贤能，此吾人所习知者；然自四岳阿鲧，绩用勿成，则自唐虞之世，荐选之法已有时而穷。考功黜陟，殆即所以补选之所不及，而其为失，则在验之于既用之后，无以知之于未用之先，王记之言曰：凡官民材必先论之，论辨然后使之，任事然后爵之，位定然后禄之。此所谓论，即考其行艺之详，所谓论辨，则才之优劣审，是周之选士，已寓有试之之意。意者考试正所以补荐举之穷，殆亦行乎其所不得不行者欤。

　　惟是由周迄汉，选士之说，史实能详，而试士之举，载记极少。如汉制举士策于天子曰贤良方正，察于州郡曰孝廉茂才，升于学校曰博士弟子，凡此皆可谓选而非试，而论者遂以为汉未尝试士。然吾人读《汉书·艺文志》，汉兴萧何草律，亦著其法曰，太史试学童，能讽书九千字以上者，乃得为史，则知汉试学童已著为法。汉安帝时尚书缺出，诏将诸大夫六百石以上试对政事天文学术，以高第者补之，则补缺考试，汉已行之。至若汉顺帝时诸生试经学家法，而文吏则试章奏，是固本任事惟能之意，亦即考试用人之方，此为选而有试者。其先以考绩补救于既用之后，其次寓试于选。又其次乃以试为选。隋之开科取士，特试之演进，而亦选之变更。盖无试则选滥，选滥则无以循名责实，选有不得不变，即试有不得不行。

　　所惜自汉之兴，好文为最，洞箫之制，子虚之文，朝野相高，遂成风俗，自魏以降，益骋文华，江左齐梁，更宗奇巧。虽隋起振衰，积弊稍革。然历唐迄宋，则又同祖文章，试赋名臣，后先难数。流弊所及，以迄明清。遂令学术之颓波，影响求才之本意，虽其间不容无贤，要之考试教学之间，供求有未尽合，遂觉科法为可议耳。胄籍既不足以资品汇，资格复不足以尽铨衡，臧否之辨，才不才之分，一系于月旦之公；则以考试登进，其为平衡审明，至公不私，殆无可疑。总理遗教于考试用人之旨，谆谆教诲，先知先觉之所训示，良有以也。

　　方今新制推行，规模仅具，虽立法不必旧章，而辙轸宜知戒慎，是则读史镜古之作，亦不可缓也。邓君嗣禹，治史学有年，近以研究所得，成《中国考试制度史》。予取而读之，既喜其用力之勤，且喜其能述旧制之得失，以为今后之借镜，因为之请于考选委员会，交编纂室为之付印，并为志数语于卷首。

一九三六年元旦陈大齐

序（二）

　　吾国古代，人有十等，各有分亲，士之子恒为士，子孙嗣祖考之业以任其官，故家世禄，无所谓选举也。洎乎秦汉，封建破而郡县立，向日之阶级不复存在，于是有举士之法，或以孝廉，或以贤良，选于郡国而扬于王廷，为后世考试制度之权舆。魏晋以下，有九品官人之法，当时创制之意固亦在求评定之精密而操权者间以私心，习为朋党，遂使士族垄断政门，贵介子弟取国家职位若固有之，重造成秦汉以前之局势。隋代一统，惩责其非，废九品法而创进士科。历代踵行，时加修正，以迄于明清，防闲之法益密，取人之道益公，所举中原与边域之人才亦益均，既受拥护于人民，又不遭君主之干涉，独立发展，蔚为盛典，盖吾国政制中之最可称颂者也。所不幸者，有良法而不能济之以实学，所试科目惟限于经典诗文，驯至流为八股试帖，与民生日用毫发无关；弊之所至，桎梏思想之自由，禁遏创造之能力，国家阴受其祸，重为识者所叹恨。然而犹有非常之士出于其途者，是非所试诗文之足以得士，乃以科举制度之完密，人才不得不由是而出耳。苟能充实其内容，使所试者必归有用，则此完密之制度固将有更大之贡献于吾国家。中山先生酌古准今，以外邦之三权，合中国之二制，创立五权宪法，而考试居其一，盖深知吾国之考试制度积千年之经验而大成，有不容泯灭之价值在也。

　　邓君嗣禹受历史之学于燕京大学，颉刚识之七年矣，知其于历代政制之沿革最所究心，而以考试制度为其发轫之始。凡草创者二年，修改者三年，雪纂露钞，成《中国考试制度史》二十万言。以隋唐以上之选士虽非正式之科举制，而实导夫先路，故列之于绪论。自唐以下，则考试之规程，登庸之铨叙，制度之损益，并详稽其事实而次第之。继又比较其异同，评定其得失，就事立论，不作一蹈虚之语。终之以结论，则列举其在政治、文化、社会风俗诸方面所发生之利弊，以备借镜者之取舍。其搜集之广博，考证之精确，裁断之正平，凡在读者，谅有同感，不须颉刚作私好之誉也。嗣禹并有中国历代官制史之作，与此书相承相辅，惟分量过多，未能速就。窃愿读此书而爱其人者，有以赞助而促成之。

抑考选委员会之出版此书，将以历史之昭示资补伪救弊之用也，颉刚不避出位之嫌，敢一吐其所怀。忆当幼年，科举未废，得之者则亲族皆欢，失之者则仆婢亦叹，人我一心，宛然为士人之第二生命。又当时事业之废兴，争讼之裁断，胥赖科甲中人一言以为定，故凡欲于社会有所建树者，必勉力挣得出身，而后足以见重于人。此何以故？曰：人民对于科举制有信仰，故对于其所取之士给以同等之信仰尔。自科举废而学校兴，人皆曰：入校之日即定毕业之期矣，此何足以为荣！学生之孜孜于课业者，人恒笑之曰：是何不智，自苦乃尔！不见某某乎，是不务勤学而得居高位者也！凡兹谈论，崇奖桀黠之徒而轻鄙沉潜之士，三十年来不第闻之于市井，亦闻之于家庭，在此种暴弃心理之下学校师生遂自成一社会，一般人可不举通往来，向之奔走恐后者今则掉头而不顾矣。是何故？则以学校之课业虽远胜于科举，而国家鼓励之术不周，遂无从取得社会之信仰尔。中山先生早倡物尽其用人尽其才之说，夫苟不为他人所信仰，则力尽于一身，无所资借，更有何事可为。故窃意主考试之权衡者，其责任乃在建立国民对于学校教育及考取人才之信心，使学者之能力得与社会之信心成正比例，而后人尽其才之境界有以实现。建立信心之术奈何？曰：荣宠真才是已。人见在校之优良者即政府所拔擢者，则对学校有信仰；见政府所拔擢者即造福于人群者，则对考试取士有信仰。夫然，其人之一言、一动皆系天下望，虽欲吝其才而不尽，必将为社会所不许。宋人有谚曰"状元试三场，一生吃着不尽"，言虽鄙倍，意实深长，盖对于卓荦之人才给以生活之保障，俾尽量发展其才能，则其利益于国家者必在千百庸愿以上也。颉刚备位大学有年，每见可以深造之士，毕业以后即为生活所驱使，纷投于不近性情之职业，以隳废其前途者，譬若嘉树奇葩，含苞欲发，而严霜忽被，遂致枯萎，每为之感怆不止。夫人才者国之华也，学校者育才之圃也，国家已縻甚多之资力以培苗于圃矣，而一经分植，即委之而去，弱质凋残，不成乔木，岂非大可惜之事耶！为今计者，请当如前代之翰林院，外国之皇家学院然，规定学科名额，以特种考试选拔真才，给以若干年之优闲顺其志遂其情以观其成。其成也，则国家更予之以殊荣，定其等第，为之揭橥于全国人民之前，以集中社会之观听而唤起其信心，则向日神往于科甲之情不难再现，国运之隆盛亦造端于是矣。至于唐代通榜之制，明世观政之规，采誉望以励民德，重经验以达民瘼，是并今世所宜参用者也。

承嗣禹之嘱，作本书之序，聊就一时思虑所及，顺笔书之，非敢自信。方今政府励精图治，无微不注，凡兹所言必已在洞鉴之中，不劳颉刚琐琐之陈。姑为刍荛之献，以质正于大雅云尔。

一九三六年三月二十一日，顾颉刚书于杭州寓庐

序（三）

曩者予颇主张史通于政之说，以为清代史学，考证异同，辨析秋毫，可谓精矣。独于典章制度，未甚措意，不惟当代之事而已，前代掌故，究心者亦罕，斯亦治道升降之所由系也。邓生嗣禹，相从读史，颇选予说，研习加勤，遂及累代官制。复以设官端在用人，用人多出于考试，乃先成一编，题曰《中国考试制度史》。国家方设考试院，期以此砥砺天下，见邓生书而善之，将为刊布。邓生感激发愤，乃取所为书，无关宏旨者，芟之薙之，而增益其所不备。其犹有疑者，多设佐证，遍质通人，期无毫发遗憾。穷日继夜，纲绎书史，大抵自唐以来所著录流传者，采摭已略备矣。迹其所述，自汉迄清，制度之起源变迁，与夫盛衰得失，务推究本始，条目备举，其间数事，考订加密，皆从来未有定论者也。书成，请序于予。予维杜佑、马端临之言选举，通知今古，同条共贯，可谓详赅。然其书遍举众事，不能撷一体单行。正史会要会典以及功令，或断代为书，或一时之制。其题名之碑，同年之录，登科之记，贡举之表，足资考订，自为专书。他若私家记载，多及恩荣盛事，否者自述其郁悒不得志之词，且散见旁出，骤难荟萃，以视邓生所作，裒集众长，本末粗备，诚为便于省览。虽间有未及详者，则综合为书，自与考核一事者异趣。至若考试之制，复乎远矣。三代取士之法，出于乡举里选。至汉三途而一变，至六朝九品而再变，至隋唐科举而三变，皆承其敝而变者也。实则试言试行皆试也，特变其所试之法。世安有不敝之法哉。科举历时独久，弊亦最著。防弊之法，监守巡察糊名誊录磨勘回避，且严刑峻法以临之，不可谓疏，而弊则益随之滋长。诋科举者，至目为探筹，宜若可废而不废者，其法专一，足以一天下趋向，骤无以相易故也。故知其弊而欲救之者，朱熹有学校贡举私议，分科分年之法。黄宗羲之言，谓去取不徒在经义，且要在宽取士之途，分之为科举，为荐举，为辟召，为太学，为任子，为邓县佐，为绝学，为上书。顾炎武则言当更其法以难之。清末维新，始废科举，举其出身，以畀学堂，微有类于学校贡举私议。民国肇造，学校生徒，有文凭学位，而无出身，与众流并进，又由黄宗羲宽其途之说而变者也。虽未尝并废考试，而视考试已轻。二十年来，进用者不必试，试者不必得，生徒学成而无所职者日多，于是一世又争颂考试之利，且有以广其科目为说者，是则法亦何常之有。要令天下齐一，且期必行而已。惟振古及今，变通省益之际，消息至微，则不可不加察也。此邓生之书，所以可贵欤。因感邓生之意，聊举所见，愿与当世通知政意者一商榷之。

一九三五年十二月六日邓之诚

1982年版序言

《中国考试制度史》，一九三六年由国民政府考试院印行。出版不到一年，即值南京沦陷，文件散佚，外间流传甚罕。号称收藏丰富之哈佛燕京图书馆，尚无此书；其他学校，更少入藏。三十年来，中西学子，对中国考试制度感觉兴趣者，颇不乏人。友朋借用，难计次数。因而拙作自西徂东，自南徂北，自美至欧，颇感邮寄之烦。

不料一九六二年末，忽接一素昧平生，主持英国康桥大学考选委员会考制专家 J. L. Brereton 来函，欲将拙作主要部分译成英文。函云：

嗣禹教授阁下：

去岁敝人辞卸康桥大学地方考试小组（Local Examinations Syndicate）秘书职务，今后数月暂居此间（加拿大维多利亚城）。

本人刻从事于对各国学校毕业考试制度之比较研究，拙作中将包括考试制度之历史。凡此类研究设不涉及中国文官考试制度，则其价值将大减。大作为现有之唯一可靠论述，是以本人特自东京方面获得该书之缩影一部。大作系由约瑟菲·尼德汉（Joseph Needham）（编者注：英国著名汉学家李约瑟）推介；

本人曾对克拉吉（E. A. Kracke）之著作颇加研读，但认为大作将使本人对考试制度在历代之不同地位有正确认识。若英国教育作家然，对此制度加以讥讽，乃极轻易之事。但吾人颇不能仅以十六至十九世纪赴中国之欧洲人所发现者为论断之据。

而且，敝人亦渴盼将耶稣会会士约于一千六百年之际为其修院所颁发之笔试规则，与约于同时自中国传入之考试规则或资料加以比较研究。

神交已久，今同处新大陆，尤感兴奋。

布瑞敦（Brereton）拜启

Brereton先生，曾出版一书：*The Case for Examinations, An Account of Their Place in Education*（Cambridge, The University Press, 1944），以后又发表有关考制之论文数篇，函中所计划之书，是否告成，不得而

知。第一次来函,在十二月三日,遂数月,函告夫人病重,改变计划,不能来纽约面谈。嗣禹亦因授课及其他工作忙碌,爱莫能助。然海角天涯,对此书有知音者;且欲利用其中材料,作比较研究者,美国名汉学家 Derk Bodde(编者注:德克·卜德)教授,多年来,每见面,辄怂恿将此书写成英文发表。

原著为学士论文。现在终日无事忙,若修改重写,定是"白首有期,杀青无日"。书中材料,搜罗颇广,且曾经恩师邓文如、顾颉刚两先生指导评论,尚无大误。今承吴相湘教授建议,乃将原书错字改正,重印问世,聊供学林参考覆瓿之用而已。

又多年前,曾作一文,题为 Chinese Influence on the Western Examination Syatem 登在 *Harvard Journal of Asiatic Studies*〔Vol.7, No.4 (September, 1943)〕,后由张晓峰及崔书琴两先生委托王汉中君,将原文译成汉文,引证及注释仍旧。吴相湘教授提议,一并重印,欣然接受,以便展阅。

邓嗣禹书于美国印第安大学史学系工作室
一九六六年五月二日

S. Y. Teng
Department of History Indiana University
Bloomington, Indiana U. S. A.

增补版前言

中国是文官制度的发源国,为世界现代文官制度的建立提供了经典范例。通过考试来选拔官员与人才,又是中国人的一大发明,进而成为世界范围内人才选拔、推进人才培养和公务员制度建立的重要途径和手段。因此,通过研究中国考试制度史,探索和分析人类社会考试学科的发展规律,对于推进我国的高考制度改革、公务员制度完善、反腐败方式的借鉴,都具有重要的学术价值和现实的指导意义。

中国考试史历来以科举史为中心,由于科举考试地位重要且影响广泛,科举研究具有独特性、重要性和现实性,目前在世界范围内,科举学已经发展成为一门国际性的显学。邓嗣禹所著《中国考试制度史》一书,目前已成为来自教育学、历史学、管理学、政治学、社会学、法学等众多领域国内外研究科举制度的学者争相引用的经典著作。

近十年来,随着科举学日趋国际化,科举研究正日益突破以往历史学、教育学的传统领域。研究的方向已从一元走向多元化;从单一学科扩大到多学科视野。各学科的学者纷纷从不同学术视角对科举学提出了许多新的研究方向,在学术交流中取长补短,在研讨、碰撞中迸发出智慧之光。同时,一些具有开拓精神的学者,在经过深入研究之后,也对《中国考试制度史》一书,特别是"中国考试制度对西方的影响"的部分内容提出一些补充与修改建议。因此,为了使这部经典学术名著能够保持光焰不熄、长盛不衰的效果,在保持原著形式与风格的基础上,增补有关章节与内容就显得十分必要。

一、邓嗣禹与《中国考试制度史》版本溯源

浙江大学科举学与考试研究中心主任,博士生导师,国家教育咨询委员会委员,当代著名科举学研究学者刘海峰教授在他2010年出版的《中国科举文化》书中,对于邓嗣禹的《中国考试制度史》一书曾有这样的评价:

邓嗣禹在1936年由国民政府考试院印行的《中国考试制度史》,

是民国时期科举研究水平最高的著作，在今天看来还很有分量，仍具有重要的参考价值。

邓嗣禹先生的这本《中国考试制度史》，首版于1936年，由南京国民政府考试院发行，分别由顾颉刚、邓之诚、陈大齐三人作序。早在1932年，邓嗣禹就系统研究了中国的考试制度。1934年9月，他在《史学年报》上发表了《中国科举制度起源考》一文，在考证、排比古代有关科举考试始于隋或始于唐的史料后，他慎重作出结论："科举之制，肇基于隋，确定于唐。"厦门大学刘海峰教授对于此文曾评价道："这篇论文引发了半个世纪以后关于科举起源的激烈争论，属于具有原创性的论文。"

到1936年，经过对中国科举制度发展历时两年的深入研究，邓嗣禹又在燕京大学本科学士论文的基础上，结合1934年发表的论文，扩充、修改撰写成学术专著《中国考试制度史》。

这本书通过对大量史料的列举分析，形象生动地展示了科举制在中国产生、发展、繁荣、衰弱、消亡的历史。书中既有对横向各朝代考试制度的详尽史料进行分析，也有纵向的历史沿革描述，并且还对历代考试制度进行了得失略评。这本书曾于1967年、1977年、1982年、1996年、2010年、2011年、2018年、2020年、2021年由台湾地区与大陆的著名出版机构先后再版过十次，成为国内外研究中国科举制度的学者广泛引用的经典著作。

邓嗣禹曾提道："1962年末，忽接到一位素昧平生，主持英国康桥大学考选委员会考制专家 J. L. Brereton 来函，欲将拙作主要部分译成英文。"后因这位专家函告夫人病重，改变计划，未能成行。美国著名汉学家，冯友兰《中国哲学史》的英译者达克·卜德（Derk Bodde）教授多年来每次见面都建议他将这本书翻译成英文出版。很可惜的是，这件事最后也未能办成。

值得一提的是，2013年初，我曾与时任英国伦敦大学国王学院副教授，比利时著名汉学家魏希德（H. D. Weerdt）博士取得联系。她回复说："我非常熟知邓嗣禹的这部著作，目前在英、法国家范围内，仍然是许多学者必读的书籍。"如果能获得中国政府的资助，她"愿意承担《中国考试制度史》的英文翻译工作，并由我出面，联系在剑桥大学出版"。

著名科举学研究学者，台湾清华大学历史研究所李弘祺教授也在邮件中回复说，"他（邓嗣禹）的这本《中国考试制度史》是所有历史学者都会参考的书"，如果能找到一个专门从事翻译的人来进行，"我愿意承担英文书稿的斟酌、改定工作"。

2013年年中，中国社会科学院近代史研究所科研处处长杜继东博士在给笔者的邮件中，对于翻译邓嗣禹的著作有这样的评价："邓先生之道德文章，为学界同仁所敬仰，能够翻译出版邓先生大作，定能成为中国学术界具有重大影响的事件。"

1996年，上海书店出版社曾将邓嗣禹的《中国考试制度史》收录在《民国丛书》第五篇第25册，这是第五次再版。2010年，国家图书馆出版社又将这本书1936年首版作为蓝本，收录在《民国时期考试制度资料汇编》（第二册），这是第六版。2011年12月，吉林出版集团以横排简写版的形式出版了第七版。与第五版、第六版有所不同的是，吉林出版集团版本将王汉中译，台湾出版的单行本《中国考试制度西传考》，以及《邓嗣禹教授简历及著作年表》作为附录，收入在书中。2018年8月，上海书店出版社又将收录在《民国丛书》第五篇第25册的邓嗣禹《中国考试制度史》再版，这是第八版。2020年，上海科学技术文献出版社以《〈中国考试制度史〉导读》为名，将1936年的版本再版，并列入"近代名家首版著作导读丛书"之一，这是第九版。2021年，商务印书馆的《中国考试制度史》增补部分内容将恒慕义的推荐文章全文重译，列入其中，并将该书列入"中华现代学术名著丛书"系列。

邓嗣禹曾在首版书籍封面署名常宁邓嗣禹撰著。这种封面署名方式一直延续到1982年的版本。有人曾问我这本书是不是常宁、邓嗣禹两人合写的著作。实则不然。这是作者为了体现他的原籍出生地——湖南省常宁县的培养和养育之情，特别加以注明的。

邓嗣禹（1905—1988），出生于湖南省常宁县，1928年考入燕京大学史学系，1932年当选为燕京大学历史学会主席，同年获得学士学位。本科毕业后，考入燕大史学研究所，1934年任《史学年报》主编，1935年获得硕士学位后，因为学习成绩优秀而留校任讲师。在此期间，师从邓之诚、洪业等著名史学家。1937年他曾应邀参加撰写由美国亚洲研究会第一任主席，著名汉学家恒慕义（A. W. Hummel, 1884—1975）主编的

《清代名人传略》。1938年他获得燕京大学资助，到哈佛大学师从费正清攻读博士，并于1942年获得博士学位，日后成为费最得力的助手与长期的合作者。两人先后合作出版了《中国对西方的反应》《清代管理制度：三种研究》等著作，并长期被哈佛、牛津大学用作教材。邓嗣禹还是最早将《颜氏家训》《中国近百年政治史》等中国名著推介到西方的华人学者，并被当代著名学者誉为科举学研究领域中的陈景润。他的多部著作及论文，曾先后被翻译成中文、德文、法文、日文、印度文、挪威文等多种版本，在世界范围内广泛传播。

邓嗣禹曾担任过美国芝加哥大学东方研究院院长兼远东图书馆馆长，印第安纳大学历史系主任、东亚研究中心主任、讲座教授，美国亚洲协会理事兼任学会研究与考察委员会主席等职位，并被哈佛大学、香港中文大学等名校聘为客座教授。1972年中美联合公报发表后，他随同费正清一行六人作为新中国成立后第一批美国历史学家代表团，应邀到中国进行两个月的访问与演讲。

早在1938年，恒慕义博士就曾在美国的杂志上发表过题为《邓嗣禹的〈中国考试制度史〉》的文章，向西方学术界推荐这本书。2014年，该文的中译版发表在《中国考试》2014年第6期上，系我与妹妹彭丽共同翻译，之后再由我来审校的。

恒慕义在这篇英译文章中强调指出：

> 邓嗣禹先生在过去的岁月里，曾经参与我们传记项目的编写工作，他是《中国考试制度史》的作者。……这部著作是一部对中国历史悠久的科举制度发展进程的全面考察之作。

但是令人遗憾的是，这篇出自美国重量级汉学家之手的重要的推荐文章，仅出现在1977年、1982年的台湾版本上，后来大陆出版的版本均未能再收录。我猜想或许是大陆的出版机构认为刊载英文文章不方便中国读者阅读的缘故。此次，这篇推荐文章的中译全文，收录于《邓嗣禹全集》第一卷之中，以飨读者。

著名历史学家顾颉刚先生，是邓嗣禹在燕京大学攻读硕士时的指导导师，在为《中国考试制度史》一书撰写序言时，他回顾了邓嗣禹写作和出版这本书的前后过程，即写作时间为二年，修改时间有三年，才出版了这本二十万言的书籍。同时顾先生在预言中还对此书内容的独到之处进行了实事求是的评价。他高度概括评价：该书"搜集之广博，考证之精确，裁断之正平，凡在读者，谅有同感"。

顾先生在序言中提到的"嗣禹并有中国历代官制史之作"，指的是邓嗣禹1935年的硕士论文《唐宋元明清中枢官制之研究》，目前收藏在北京大学图书馆特藏部。该论文需要经过馆长批准方能借阅，目前仅对邓氏家族后人开放。此次，邓嗣禹的这篇硕士论文收录在《邓嗣禹文集》第一卷。

科举制度研究是反映古代帝王如何选拔官吏，而对于"中枢官制之研究"，则是研究如何管理与使用官吏。其中也包括如何预防、惩戒腐败现象发生的措施与手段，想必对于当今反腐败制度的建立与完善一定会有诸多借鉴意义。科举制度研究与中枢官制研究两者结合，才构成了中国古代管理体制研究的完整链条。

2014年8月13日，历史学者毛志辉曾在《中华读书报》发表书评文章，提出了他对邓嗣禹研究的最新观点：

> 邓嗣禹是对美国汉学有重要影响的人物。如果我们翻检邓氏履历，可以很清晰地看到他与以费正清、毕乃德、顾立雅等为代表的第一代美国汉学家过从甚密；他也是20世纪中国赴美的最有学术成就的学者之一，与胡适、杨联陞、周一良等赴美学人有着深厚友谊。他对科举制度、朝贡制度、太平天国运动的研究，多有开创之功，引领了此后国际、国内学术界的研究方向；他与美国学者合作所编的大量文献作品，屡开学界先例，为美国汉学的发展奠定了良好基础。

二、关于科举制度的起源研究

1934年，邓嗣禹在《史学年报》上发表《中国科举制度起源考》一文，他在大量列举古代有关科举考试始于隋或始于唐的史料后指出："科举考试，必由应试人于一定时期，投牒自进，按科应试。公同竞争，中试者举用之，然后为真正考试。"该论文最后提道："科举之制，肇基于隋，确定于唐。"文章后附有俞大纲、张孟劬与他本人讨论此文的信函，张表示完全赞同他的观点；俞则认为不能以进士设科年代来确定考试制度始于何时。不久，邓嗣禹将此《中国科举制度起源考》一文略作修改，收入1936年发行的《中国考试制度史》一书的附文之中，并将"科举肇基于隋、确定于唐"的内容列为专节。在该书中所附历代考试沿革表中在炀帝大业二年栏目中列出"初以进士为科"。在谈及废除科举时提道："此令一下，科举之制，自唐高祖武德五年（622年）正式开科以来，行之一千二百八十四年，而于清光绪三十一年（1905年）告终矣。"

邓嗣禹的科举始唐说，在此后很长一段时间内并无异议。因为，当时大多数中外知名学者如翦伯赞、邓之城、周谷城、费正清等人，大多主张科举制度起源于隋代。周谷城于1939年在他出版的《中国通史》中指出："中国的科举，自隋代至晚清，这是一种选拔高等官员的资格考试。"

但由于对科举制含义的理解不同，要弄清进士设科年代或科举制创设于哪一朝皇帝的哪一年，是一个亟待解决的重要问题，也是学术研究向前发展的内在要求与必然结果。其中比较有影响的是科举始于开皇七年之说，影响广泛，甚至连国际上权威的百科全书都采用了这一说法。

开皇七年之说的最早提倡者，是日本著名汉学研究学者宫崎市定。他是二战以后京都学派的代表人物。他在1946年出版了一本《科举》，该书后改名为《科举史》，1956年出版了《九品官人法研究》，1963年又出版了《科举——中国的考试地狱》。这三本书构成了宫崎市定研究科举系列的三部曲，从而奠定了他在日本科举研究领域的代表地位。1978年，宫崎市定因研究中国科举制度成就突出获得有国际汉学诺贝尔奖之称的法国儒莲奖。

但是，刘海峰通过多年对中国科举制度的研究之后，在他2010年出版的《中国科举文化》一书中明确指出："其实，宫崎市定对科举起源和房玄龄的科名出身问题并未作深入、细致考辨，没有举出任何哪怕是间接的史料来证明进士科始于开皇七年。他只是将邓嗣禹首先发现的房玄龄的科名与年龄存在矛盾的史料，用来解释开皇七年始建进士科说而已。但这一史料至多只能推论，进士科可能出现在开皇十五年或十六年，而无法证明是开皇七年。""将进士科具体创立时间逐渐缩小到大业元年，是在排除各种其他可能性之后得出的结果。""穷原竟委，大业元年说已经是最接近历史真相的研究结果。"因此,我们可以明确地说,"科举制起始于隋炀大业元年(605年),到清光绪三十一年(1905年)废科举、兴学堂,科举制在中国历史上整整存在1300年之久"。刘海峰经过多年对科举起源时间所做的仔细研究、考察之后得出的结论,与邓嗣禹在1936年提出的时间节点完全一致。

三、关于科举制度对于西方影响的研究

在中国考试与科举制度研究方面,邓嗣禹继1936年出版《中国考试制度史》一书后,1943年他在芝加哥大学任教期间,曾用英文在《哈佛亚洲研究学报》上发表长篇论文《中国对西方考试制度的影响》。该论文长达三万余字,文中搜集、引用了1870年以前西方人论述科举方面的文献70多种,围绕"西方考试制度的发展、西方记述或涉及中国科举制的资料、英国对于中国文明的推崇、英国驻华使臣论中国科举制、确认中国影响的证据"等问题旁征博引,论述详赅。邓嗣禹称:"根据上述所有同时代的证据,我们可以确凿无疑地证明:中国的科举是西方制定类似制度的蓝本。"文章发表后在海外引起广泛的反响,曾先后两次被翻译成中译文本。

1953年7月,王汉中将邓嗣禹文以《中国考试制度的西传考》为名,在台湾出版了中译单行本;1988年,该论文由李明欢、黄鸣奋再次译成中文,以《中国科举制度在西方的影响》为名,收录在《中外关系译丛》第四辑中,由上海译文出版社出版。

1980年,邓嗣禹关于科举研究的另外一篇论文——《中国考试制度与政治文化社会风俗的关系》,被收录在查时杰主编的《中国通史集论》之中,由台北的台湾华世出版社出版。全文分考试制度与政治之关系、考试制度与文化之关系、考试制度与社会风俗之关系三个部分。我们从这本集论的目录中可以看到,当年海内外著名历史学家钱穆、陶希圣、姚从吾、雷海宗、全汉昇、杨联陞的文章均收入在内。邓嗣禹在印第安纳大学的博士生,陶希圣之子陶晋生的论文也被收录其中。

2010年,刘海峰在他出版的《中国科举文化》一书中,对于这篇文

章有这样的评价:

> 邓嗣禹在1941年草成、1943年9月在《哈佛亚洲研究学报》上发表的《中国对西方考试制度的影响》英文论文,长达三万余字,旁征博引,论述详赡,长期以来在海内外引起广泛的反响,被收入多种文集,在西方汉学界无人不晓,已被公认为经典性论文,对于改变西方学术界的看法起了重要的影响。

1946年,邓嗣禹又发表了一篇《中国科举制度与西方》的论文,刊载于芝加哥大学汉学研究专家宓亨利(H. F. MacNair)教授主编的《中国》一书,由加州大学出版社出版。这篇关于科举制度对于西方影响关系的研究论文,是于1943年已发表在《哈佛研究学报》上,著名的《中国考试制度对西方影响》一文的姐妹篇,同时许多内容也是对其补充、说明与进一步研究的成果。该论文引用大量西方原始文献,重在阐述中国的科举制度影响了西方考试体制的建立。这篇论文的中译文由笔者推荐,经厦门大学教育研究院蔡培瑜博士翻译初稿,后由郑若玲教授与我共同审校,再由笔者撰写中英文摘要、关键词,发表在《中国考试》2014年第6期。

2008年,厦门大学教育研究院副教授陈兴德博士在他发表的论文《民国科举学述评》中,也曾高度称赞,邓嗣禹先生的研究是具有开拓性的,它不仅再一次印证了文化的交流与融合是促进人类文明的基本途径,科举制度作为中国的"第五大发明",对西方近代文官制度曾发挥过积极的影响,同时它也开创了科举研究的一个新领域,揭开了科举学领域的"哥德巴赫猜想"命题。

2010年,刘海峰教授在《中国科举文化》一书中,对于"哥德巴赫猜想"命题说法做了进一步的补充和解释:

> 在科举学的各种问题中,我认为研究难度最大的大概要数科举西传说了。打个比方,"科举西传说"有如数学中的哥德巴赫猜想,可以称之为科举学中的"哥德巴赫猜想",或者称之为"孙中山命题"。哥德巴赫猜想在数学中好比皇冠上的明珠,孙中山最为明确地提出了这一命题,邓嗣禹相当证明了哥德巴赫猜想中的1+1=2,有如科举学领域中的"陈景润"。

四、增补版特色与内容说明

1936年,邓著《中国考试制度史》一书自出版以来,虽然具有广泛的社会影响力,并被国内外研究科举制度的学者作为经典作品广泛引用。但是,自从作者1988年去世以来,此书没有人进行过任何增补工作。最新修改的版本为1982年版。随着学术研究工作的不断深入,国内许多学者也对于《中国考试制度史》一书,特别是"中国考试制度对西方的影响"的部分内容提出一些补充与修改建议。因此,书中内容仍有补充和完善的必要。

深入挖掘、整理、保护、传承和发展优秀民族文化遗产,构建中华优秀传统文化传承发展体系,对实现中华文明创造性转化和创新性发展具有重要意义。

针对国家对于"文化建设与中华文化传承"方面的要求,结合笔者近年对于科举学在国内外发展动态的追踪,以及古代科举对于当今公务员制度、高考制度等方面可借鉴的研究成果,决定从个六方面进行增补与完善,构成"中国考试制度史传承、创新与借鉴研究"成果,力图对于深入解决重大现实问题,推进哲学社会科学应用研究产生重要意义。

为了继续保持这部著作长盛不衰、光焰不熄的魅力,依据国家对"构建中华优秀传统文化传承体系"的要求,结合《中国考试制度史》一书的薄弱点,以及本书中尚未涉及的研究内容,在保持原著风格的基础上,在以下方面做必要的补充:

第一,关于太平天国时期的科举制度研究。目前已出版的研究科举制度的各类著作,往往仅是研究隋、唐、宋、元、明、清几个所谓的正统王朝。这些朝代立国时间长,实行科举制度时间久,把它们作为研究的重点自然是应该的;但是这样做的结果给人一种错觉,似乎除了几个正统的王朝之外,其它政权就没有实行过科举考试。实际上不仅洪秀全建立的太平天国实行过科举考试,张献忠建立的大西国也曾开科取士,但是未见有文字记载。相比而言,太平天国的历史更长,更具有代表性,并有详细的文字记载。

邓嗣禹为太平天国史专家简又文在二十世纪六十年代出版的《太平

天国全史》一书撰写序言时曾指出："太平天国革命为十九世纪中国政治社会经济一巨变，其重要性与法国大革命、美国南北战争相仿佛。"而对于这一时期科举制度改革意义的评价，他在其所著英文版《太平天国与西方列强》一书中曾着重指出："太平天国的科举考试制度，对于中国传统考试制度产生过重要的影响作用。"王凯旋在近年出版的《中国科举制度史》一书中也强调："从科举史的角度说，太平天国科举实践是中国科举制度和科举文化的重要内容，其许多内容仍是值得今后认真考证、发掘和分析研究的。"因此，将这一阶段的科举制度列为一章来研究与论述，就使得对于科举制度的研究更加全面。同时也是人们全面研究科举制度、正确认识和评价太平天国不可或缺的一个重要视角。在本次增补工作中，将弥补这一缺失与遗憾。

第二，关于科举对于社会流动影响的研究。关于科举与社会流动的关系，社会学、教育学、历史学、政治学等学科的学者都从不同的角度进行过研究，目前科举引发社会流动已成为大多数学者的共识。那么，科举到底引起了多大的社会流动？这一问题不仅是以往学术界的热点与公案，而且将会继续引起各界学者的普遍关注与兴趣。因此说，"考试制度与社会流动之关系"研究，也应该是研究考试制度对于社会影响的一个重要视角。

以往海外学者受到欧美社会科学的影响，多从社会流动的角度来研究中国古代选官制度。近年来，国内的中国学者也逐渐认识到科举与社会流动关系研究的重要性，以及此项研究对当代社会的政治意义，通过对大量有价值史料的分析研究，对于部分海外学者的观点，从不同角度进行反驳、补充或修正，并结合新时期的特点，探讨了高考对于社会流动的影响，取得了卓有成效的最新科研成果。

本次增补工作，综合了近年来国内外学者研究的最新成果，并在国内首次研究了"公务员考试对于促进社会流动的影响"。

中国历史上，科举制度是独有的具有开创性和平等性的官吏人才选拔制度，它源于汉朝，创始于隋朝，确立于唐朝，完备于宋朝，兴盛于明、清，衰废于清末。根据史书记载，从隋朝大业元年（605年）的进士科算起到光绪三十一年（1905年）正式废除，科举制度绵延存在了1300年。其中共产生了700多名状元、11万名进士、数百万名举人。

科举制度自隋唐以来，一直作为历代政府最基本的选官制度，富有极顽强的生命力。不管怎样改朝换代，不管有多少人用多少理由去抨击它、反对它，但它仍然在不断地逐步完善和日益强化。其根本原因，就是科举制度本身的公平取士原则一直在起着主导作用。从考试学的角度来看，科举制度是中国封建社会中后期选拔官员的一种社会性考选活动，它与世卿世禄制、察举制、九品中正制等选官制度的不同，在于选拔官员主要不是靠血缘和关系，也不是靠门第，而是靠学问，即考试成绩。它为中小地主乃至平民提供了一个晋升的机会，只要参加考试，任何人都可能凭借自己的学识取得成功。

在中国封建社会中，大批知名的政治家、教育家、科学家、军事家等出自进士和举人。这样一个独具中国特色的官吏选拔制度，对中国的社会和文化进程都产生过深远的影响，对中华文明特别是儒家思想的传播、发展也产生过巨大的作用。

希望《邓嗣禹文集》的出版能够对当代历史学者，特别是科举学研究学者在研究与传播中国科举制度和科举文化方面有可供参考与借鉴之处。

彭　靖
2019 年 4 月

第一章 考试起源

考试之旨,首在取士。取士之法,三代以上出于学,汉以后出于郡县吏,魏晋以后出于九品中正,唐至明清出于科举,列代相沿,由来远矣。顾所谓学,所谓郡县吏,所谓九品中正,皆属选举。虽间有射策对策,以补选举之不实,而少落第者,不能称为真正考试。唐以后之科举,令士人投牒自进,公同竞争,高低贵贱,一以定之。且普遍施行,垂为永制,沿袭千余年而不变,使天下士人共出于一途,斯为考试之极轨,然古籍所载,不言考试,通称选举,盖本乡举里选之遗意。合以今义,迥乎不同;证以唐后之制,亦不甚合。积习相因,未能改耳。今将唐以前之选举时代,列为绪论,俾明考试之根基,由唐至清,方称本论,而其试艺之变迁,积习之因循,于政治文化、风俗社会关系甚巨。搜罗归纳,作为结论。冀明其得失利弊,聊为观今鉴古之助。若彼武举,又当别论,兹编概付阙如。又如吏部考绩,别为门径,亦不蔓及。忆斯制之行,亘二千余年,古籍所纪,汗牛充栋,抵触谬误、所在皆是。浅学寡识,欲于短期之间,搜讨完备,考证详确,殆不可能。谨就正史所纪,纠其牴牾,复旁参诸书,补其未备。亟欲提纲挈领,寻求通例,整齐排比,勒为专书。无如时迫才短,终不惬意,是则著书之难,唯有待于异日补订已。

世人以考试始于《尧典》三载考绩,三考黜陟;《周礼》三年大比,宾兴贤能;又以贡举辟召,始自董仲舒;开科取士,肇于隋代。兹试论之。

甲 《尧典》《周礼》等书所载者

《尚书·尧典》:

帝曰:"咨四岳,汤汤洪水方割,……下民其咨,有能俾乂?"佥曰:"于,鲧哉!"帝曰:"吁咈哉!方命圮族。"岳曰:"异哉!试可乃已。"帝曰:"往钦哉!"九载,绩用弗成。

《尚书》文义简古，《史记》释为：

> 尧曰："嗟，四岳！汤汤洪水滔天，……下民其忧，有能使治者？"皆曰："鲧可。"尧曰："鲧负命毁族，不可。"岳曰："异哉，试不可用而已。"尧于是听岳用鲧，九载功用不成。（卷一《五帝本纪》）

据此，知尧时用人，先荐举，次察品德，然后试之。

《尧典》又曰：

> 五载一巡狩，群后四朝，敷奏以言，明试以功，车服以庸。

按巡狩之时，察核以整吏治。是"明试以功"，乃考察功绩。然《尧典》又有考绩之举，词云：

> 帝曰："咨，汝二十有二人；钦哉！惟时亮天功。三载考绩，三考，黜陟幽明；庶绩咸熙。"

董仲舒之《考功名篇》云：

> 考绩之法，考其所积也。……考绩黜陟，计事除废。……有功者赏，有罪者罚。……则百官劝职，争进其功。
>
> 考试之法，大者缓，小者急；贵者舒，而贱者促。诸侯月试其国，州伯时试其部，四试而一考。天子岁试天下，三试而一考；前后三考而黜陟，命之曰计。（《春秋繁露》第二十一）。

班固《白虎通》曰：

> 所以三岁一考绩何？三年有成，故于是赏有功，黜不肖。（卷三《考黜篇》）
>
> 诸侯所以考黜何？王者所以勉贤抑恶，重民之至也。《尚书》曰，三载考绩，三考黜陟。（同上）

根据上列数端，知古代考绩，乃考其所积。此外复有称述《周礼》《礼记》之三年大比，以为考试之制所自始者。

《周礼·地官司徒》曰：

> 乡大夫以乡三物教万民，而宾兴之。一曰六德：知，仁，圣，义，忠，和。二曰六行：孝，友，睦，姻，任，恤。三曰六艺：礼，乐，射，御，书，数。（《周礼正义》卷二十一）
>
> 三年则大比，考其德行道艺。而兴贤者能者。乡老及乡大夫，帅其群吏与其众寡，以礼礼宾之。厥明，乡老及乡大夫群吏，献贤能之书于王，王再拜受之，登于天府，内史贰。此谓使民兴贤，出使长之；使民兴能，入使治之。（同上）

《礼记·王制》第五云：

> 命乡论秀士，升之司徒，曰选士（郑注：移名于司徒也。秀士，乡大夫所考，有德行道艺者。）司徒论选士之秀者而升之学，曰俊士。（可使习礼者。学，大学。）升于司徒者不征于乡；升于学者不征于司徒，曰造士。（不征，不给其徭役。造，成也。能习礼则为成士。）……大乐正论造士之秀者以告于王，而升诸司马，曰进士。（移名于司马；司马夏官，乡，主邦政者。进士，可进受爵禄也。）论进士之贤者以告于王，而定其论，论定然后官之，任官然后爵之；位定然后禄之。

其论乡大夫教万民则曰：

> 古之教者，家有塾，党有庠，术有序，国有学。比年入学，中年考校。（《礼记·学记》第十八）

据此，知周取士之法，养士于塾与庠序，然后乡老及地方之长，考察其德行道艺，而升诸大学。大学择其优者，以告于王，给与仕进。故《通典·选举志序》曰："乡大夫乡老举贤能而宾其礼，司徒教三物而兴诸学。司马辨官材以定其论。太宰诏废置而持其柄，内史赞与夺而贰于中。司士掌其版而知其数，论定然后官之，任官然后爵之，位定然后禄之。择材取士，如此之详也。"（卷十三）

《礼记·射义篇》第四十六曰：

> 射者进退周旋必中礼，内志正，外体直，……此可以观德行矣。……德行立，则无暴乱之祸矣。是故古者天子以射选诸侯卿大夫士，……诸侯岁献贡士于天子，天子试之于射宫。……而中多者得与祭，……少者不得与于祭。（［郑注］《旧说》云：大国三人，次国二人。）……射之为言绎也，或曰舍也，绎者各绎己之志也。故心平体正，持弓矢审固。持弓矢审固，则射中矣。……天子将祭，必先习射于泽，泽者所以择士也。

而《白虎通·乡射篇》云：

> 射正何为乎？曰射义非一也，夫射者执弓坚固，心平体正，然后中也。二人争胜，乐以德养也。胜负诸降，以崇礼让，可以选士。（卷四）

是射义亦多端也。

案《周礼》所谓六德六艺，周时是否有此，颇堪疑问。盖此书旧题周公作。清儒万斯同《周官辨非》，毛奇龄《经问》，崔述丰《镐考信录》,皮锡瑞《三礼通论》等,皆已疑之。又其所纪取士之法,是否已行?行之是否普遍长久?又是否如《周礼》《礼记》所纪之详密?皆可疑也。

乙　贡举辟召发自董仲舒说

《汉书·董仲舒传》曰:

> 自武帝初立,魏其、武安侯为相,而隆儒矣。及仲舒对策,推明孔氏,抑黜百家,立学校之官,州郡举茂材孝廉,皆自仲舒发之。(卷五十六)

观此数语,有若汉之贡举辟召,发自仲舒,而后成为定制。然《武帝纪》曰:

> 元光元年(西前一三四)冬十一月,初令郡国举孝廉各一人。(师古曰:孝谓善事父母者,廉谓清洁有廉隅者)……五月诏举贤良曰:"……贤良明于古今王事之体,受策察问,咸以书对,著之于篇,朕亲览焉。"于是董仲舒、公孙弘等出焉。(《汉书》卷六)

《资治通鉴考异》曰:"今举孝廉在元光元年十一月,若对策在下五月",则不得云"自仲舒发之"。(卷一建元元年条)案西汉孝廉,皆州郡县吏所举,无对策。其对策者止贤良。而举贤良之诏,今见于本纪者有二:一为孝文二年(西前一七八);一为十五年(西前一六五)。时对策者百余人,晁错为高第。其未见于本纪者,据《董仲舒传》:"武帝即位,举贤良文学之士,前后百数。"夫既曰前后,曰百数,则非一时一事可知也。

> 武帝建元元年(西前一四〇)诏丞相御史列侯中二千石。二千石诸侯相举贤良方正,直言极谏之士。丞相绾奏所举贤良,或治申商,韩非,苏秦,张仪之言,乱国政,请皆罢。奏可。(《汉书》卷六)

仲舒对策,在元光元年(西前一三四),纪称董仲舒于是年出。今建元元年,已有罢治申商,韩非,苏秦,张仪之言,是推明孔氏,抑黜百家,亦非由仲舒对策而始然也。难者曰:"仲舒所发,乃指州郡所举孝廉茂材,非其他也。"则应之曰:若然则不得云"皆自仲舒发之"。以茂材孝廉论,文帝十二年(西前一六八)已有相类之举。

其诏曰:

> 孝悌,天下之大顺也。……廉吏,民之表也。朕甚嘉此二三大

夫之行。今万家之县，云无应令，岂实人情：是吏举贤之道未备也。
(《汉书》卷四)

武帝元朔元年（西前一二八）诏曰：

（朕）旅耆老，复孝敬，……选豪俊，讲文学，……深诏执事兴廉兴孝。……今或至阖郡而不荐一人，是化不下究，而积行之君子，雍于上闻也。《汉书》卷六）

故马氏端临曰："……孝廉之选，文帝之诏，以为万家之县，亡应令者；武帝之诏，以为阖郡不荐一人。"（见《通考》卷三四《选举考》）盖孝廉非有实行可见，不容谬举也。

今考定汉制策贤良，不问其为辟召，为制举，可以谓之为始于汉文帝。至于州郡举孝廉茂材，名曰贡举，推其所始，当在孝武之时。

然汉之茂材孝廉，皆系贡荐，罕有策试。其贤良方正，因天灾时变，而后有诏问之。问有对策者。

丙　科举肇基于隋确定于唐

世人以科举始于隋，因自《周礼》而后，以进士为科者，自隋始也。唐杨绾曰："近炀帝始建进士之科。"（《旧唐书》卷一一九《绾传》）杜佑曰："炀帝始建进士科。"（《通典》卷十四《选举典》）王定保曰："进士始于隋大业中，盛于贞观、永徽之际。"又曰："进士隋大业中所置也，如侯君素、孙伏伽，皆隋之进士也明矣。"（《摭言》卷一）三家所述，皆不能明定年月，故《资治通鉴》不载。惟朱子《通鉴纲目》，以设科之始，特为增入；但纪于太子昭卒之下，杨素卒之前，未知何据？《通鉴辑览》因此，乃改载于炀帝大业二年之末，并注释云："考《炀帝纪》，'大业二年七月甲戌，太子薨；乙亥，杨素薨'。两日相连，恐其间无暇建科取士也。"（卷四九）而王定保言隋立进士科，特举出二人而曰"明矣"云云，岂在唐时已有人不信，而待证明者乎？考侯君素及孙伏伽二人，《隋书》《北史》俱无传。孙传《旧唐书》（卷七五）有之，未言中进士。侯传两唐书并无，惟《旧唐书》有《侯君集传》，疑"素"为"集"之讹，然阅之亦不类。再考《唐书》《北史》，其中俱无建立进士科之文！更进而求旁证，则唐代人士，亦多有言考试始于唐者。如贞元十七年（西八〇一）赵儇《登科记序》曰：

武德五年（西六二二）诏有司特以进士为选士之目，仍古道也。
（《玉海》卷一一五引）

此处《玉海》先引《会要》曰："郑颢进诸家科目记十三卷。"注：《东观奏记》曰："武德至大中。"又引《艺文志》姚康科第录注云："自武德以来，登科名氏编纪，凡十余家，皆不备具。"然后于《中兴书目》下，引校书郎赵儆序，序中以进士为仍古道，而不言沿隋之旧；诸家科目记，亦皆起自武德，而不溯源于隋。

李德裕《非进士论》曰：

古者……论造士之秀，升诸司马，进士之名立矣。……暨六国行玉帛之聘，两汉立四科之选，魏晋或表荐而登仕，齐梁或版辟而起家，故孝廉明经之科，秀才茂才之举，限□限年之制，射策待诏之选，损益无常，而察言观德之规，不妄设也。李唐御统，艰厥制度，立进士之科，正名也；行辞赋之选，从时也。（《登科记考》卷二八引《夏竦集》李德裕《非进士论》）

唐苏鹗曰：

进士者，可进受爵禄者也。《王制》曰：大乐正论造士之秀者，……而升诸司马曰进士。……孝廉者，孝悌廉让也。……自魏吴晋皆以郡举考廉察秀才，故州郡长史别驾，皆赴举察。汉朝又悬四科，一曰：德行高妙……任三辅令。近代以诸科取士者甚多。武德四年，复置秀才、进士两科……其后秀才合为进士一科。（《苏氏演义》卷上）

张漪《对策》曰：

唐虞之黜陟幽明……夏禹之顾眄空谷……战国之代，王道寝微，各伫英贤……汉高祖虽不好儒，然亦任用英杰，……陈群制九品之条……臧否任情……宋齐之季，梁隋之末，聘士求贤，罕闻稽古。……圣上览百王之得失，立万代之规模，大开举尔之科，广陈训迪之典。
（《文苑英华》卷四七九）

以上三家之说，既概述历代取士之制，皆不言隋置进士科，而言为唐所立，斯则更堪注意者也。再如裴庭裕曰：

大中十年，郑颢知举后，宣宗索科名记，颢表曰：自武德已后，便有进士诸科。（《东观奏记》卷上）

同书又谓武宗会昌三年十二月……中书覆奏曰："……伏以国家设文

学之科，求真正之士。"（同上卷中）八年韦澳为京兆尹榜曰："朝廷将裨教化，广开科场。"（同上）又孙樵《与高锡望书》曰："……唐朝以文索士，二百年间，作者数十辈。"（《孙樵集》卷二）

是皆为科举始于唐之说。而牛希济贡士论，言之更明。其词曰：

> 周官司马得俊造之名，乃进于天子，谓之进士。……大汉法，每州若干户，岁贡若干人，吏以籍上闻，计州里之大小，材之多寡，谓之计籍。人主亲试所通，经业策问，理优深者，乃中高第。……汉世得人，于斯为盛。国家武德初，令天下冬集贡士于京师，天子制策，考其功业辞艺，谓之进士，已废于行实矣。（《全唐文》卷八四五）

总上各证，吾人似可言科举非始于隋而始于唐。

但言科举始于隋者，亦大有人在。夏竦《议贡举奏》曰："隋设进士之科，唐代特隆其选。"（《登科记考》卷二八引）文宗大和九年（西八三五）中书门下奏曰："伏以国家取士，远法前代。进士之科，得人为盛。"（《册府元龟》卷六四一）赵匡举选议曰："国朝选举，用隋氏之制，岁月既久，其法益讹。"（《全唐文》卷三五五）沈既济选举议曰："自隋变选法，则虽甚愚之人，蠕蠕然能乘一劳，结一课，获入选叙。……按前代选用，皆州郡察举，及年代久远，讹失滋深。至于齐隋，不胜其弊。……是以罢州府之权而归于吏部。……罢外选，招天下之人，聚于京师，春还秋往，鸟聚云合。"（《全唐文》卷四七六）柳晃《与权侍郎（德舆）书》曰："唐承隋法，不改其理，此天所以待圣主正之；何者，进士以诗赋取人，不先理道。"（《文苑英华》卷六八九）是皆言进士科始于隋，兼言唐代选举沿隋之旧。而薛登上《改革选举疏》，其言曰：

> 古之取士，实异于今。……自七国之季，虽杂纵横，而汉代求才，犹征百行，……魏氏取人，尤爱放达。晋宋之后，只重门资。……有梁荐士，雅爱属词，陈氏简贤，特珍赋咏。故其俗以诗酒为重，不以修身为务。逮至隋室，余风尚在。开皇中，李谔论之于文帝曰："魏之三祖，更好文词，忽君人之大道，好雕虫之小艺。……代俗以此相高，朝廷以兹擢士。故文笔日烦，其政日乱。"帝纳李谔之策，由是下制，禁断浮词。……炀帝嗣兴，又变前法，置进士等科，于是后生之徒，复相仿效。（《旧唐书》卷一〇一《本传》）

是进士科之立，先因高祖感于文风日靡，禁断浮词；炀帝嗣兴，乃立进士科也。据《薛登传》，登博涉文史，每与人谈论前代故事，必广引证验，有如目击。天授中，为左补阙，时选举颇滥，缘有上疏。其所述者，如炀帝置进士事，隋籍虽无稽；而隋高祖禁浮词事，《隋书》(卷六六)及《北史》(卷七七)《李谔传》，皆有明文记载。其时在开皇四年(西五八四)"普诏天下公私文翰，并宜实录"。

又按各地方志，多列隋进士之名，如《吴县志》卷十一，列张损之为隋之进士，并注云："历官侍御史、水部郎"。又如《祁阳县志·乡贤志》，列温彦博为隋之进士。损之《隋书》《北史》暨两唐书皆无传，后检《全唐文》卷三九三，独孤及有《唐故河南府法曹参军张公墓表》，称张损之，隋大业中，进士甲科，位至侍御史、尚书水部郎。《吴县志》所据，本此。彦博两唐书有传，而《旧唐书·温大雅附传》，谓温彦博系大雅之弟，"开皇末为州牧秦孝王俊所荐，授文林郎，直内史省"。(卷六一)《唐书》卷九一，谓其"通书记，警悟而辩，开皇末，对策高第，授文林郎"。

又如《旧唐书》曰：

> 杨纂，华州华阴人也。……大业中进士，举授朔方郡司法书佐。(卷七七)《唐书》卷一〇六："大业时，第进士。"

是隋有进士也。

进士之外，又有明经科。《资治通鉴》曰：

> 高祖武德元年(西六一八)冬十月，明经刘兰成纠合城中骁健百余人袭击之。胡省三注曰："刘兰成盖尝应明经科，因称之。"《新唐志》曰"唐制取士之科，多因隋旧。"则明经科起于隋也。(卷八六)

胡氏以兰成"盖尝应明经科"，因断明经科起于隋，今检《旧唐书·韦云起传》，"云起隋开皇中举明经，授符玺直长。"(卷七五)又《孔颖达传》，"颖达隋大业初，举明经高第。"(卷七三)是隋实有明经科。

《旧唐书·杜正伦传》曰：

> 杜正伦，相州洹水人。隋世重举秀才，天下不十人，而正伦一门三秀才，皆高第，为世美美。(卷一〇六)

又《薛收传》曰，收于"大业末，郡举秀才，固辞不应"。(卷七三)是隋又有秀才科。

然则科举始于唐与始于隋，二者究何所适从？兹请先综观隋代取士之法。

隋文帝开皇二年（西五八二）正月甲戌，诏举贤良。十二月景戌，赐国子生明经者束帛。（《隋书》卷一）

七年正月乙未，制诸州岁贡三人。（同上）

十六年六月甲午，制工商不能仕进。（《隋书》卷二）

十八年七月景子，诏京官五品以上，总管刺史，以志行修谨、清平干济二科举人。（同上）

仁寿三年（西六〇三）七月，令州县揄扬贤哲，皆取明知今古，通识治乱，究政教之本，达礼乐之源，不限多少，不得不举。限以三旬，咸令进路。征召将送，必须以礼。（同上）

炀帝大业三年（西六〇七）（诏）依十科举人，有一于此，不必求备。朕当待以不次，随才升擢。其见任九品以上官者，不在举送之限。（《隋书》卷三）

五年六月，诏诸郡学业该通，才艺优洽；膂力骁壮，超绝等伦；在官勤奋，堪理政事；立性正直，不避强御；四科举人。（同上）

十年诏郡举孝悌廉洁各十人。（《隋书》卷四）

以上见于本纪。其见于传者：

褚晖传，晖字高明，以三礼学称于江南。炀帝时，征天下儒术之士，悉集内史省，相次讲论。晖辩驳，无能屈者。由是擢为太学博士。（卷七五《儒林传》）

房晖远传，远擢为国子博士，会上令国子生通一经者，并悉荐举，将擢用之。既策问讫，博士不能定臧否。因令晖远考定之，所试四五百人，数日便决。（同上）

牛弘传，弘在吏部，其选举先德行，而后文才，务在审慎。虽致停缓，所有进用，并多称职……隋之选举，于斯为最。（《隋书》卷四九）

刘焯传，焯举秀才，射策甲科。（《隋书》卷七五）

刘臻年十八，举秀才，为郡陵王东阁祭酒。（《隋书》卷七六）

杜正玄传，正玄博涉多通。兄弟数人，俱未弱冠，并以文学才辩，籍甚三河之间。开皇末，举秀才，尚书试方略，正玄应对如响，下笔成章。……弟正藏，尤好学，善属文，弱冠举秀才，授纯州行参军，历下邑正。大业中，学业该通，应诏举秀才。兄弟三人，俱

以文章一时诣阙，论者荣之。(同上)

此外《全隋文》(卷二七)有"王贞，开皇初……举秀才，授县尉"。又有"侯白，州举秀才，至京师，机辩捷，时莫之比"。(《太平广记》卷二四八引《启颜录》，今此书有《续百川学海》本，盖多由《广记》辑出者。)

据此各条，可知隋代取士之科：有贤良，有明经，有二科，有十科，有四科，有孝悌廉洁，有进士，有秀才。其获举也，不出于下诏征召与州郡荐举二途。其入选也，贤良，二科，十科，四科，孝悌廉洁，以至进士如杨纂、房乔，明经如韦云起、刘兰成，秀才如刘臻、王贞、杜正藏等。其抡才之准则，先德行，后文才，其唯一考试，则为策问，重辩驳。如褚晖之擢为太学博士，由于辩驳；杜正伦举秀才试方略策，亦以善辩驳，应对如响见称。侯白之州举秀才，以"机辩捷"名于时。房晖远之试国子生，则试策问。唐杨绾曰："近炀帝始建进士之科，当时犹试策而已。"而刘焯举秀才，尚为射策，是与两汉取士之制略同，与唐宋考试之制似有别。而李慈铭《越缦堂日记》，则谓六朝人试孝廉用经术，同于唐之明经；试秀才用词赋，同于唐之进士。(册二七页二十) 此又一说也。

宋章俊卿论选举之法，一变而为辟举，再变而为限年，三变而为中正，四变而为停年，五变而为科目。而科目兴于唐，所以救中正之弊。(宋章俊卿《山堂考索续集》卷三八) 则隋置进士科，似非科目之比。是举人投牒自应之制，盖昉于唐。

顾上引沈既济《选举议》，谓"自隋罢外选，招天下之人，聚于京师，春还秋往，鸟聚云合。"《唐会要》谓"唐武德初，因隋旧制，以十一月起选，至春即还"。(卷七五) 是隋似已有公同考试。特因其制，不彰不备，仅具雏形，故谨慎重作结曰：科举之制，肇基于隋，确定于唐。

第二章　考试动机之别面观

甲　为防止功臣外戚之专横

汉高祖以卯金刀斩蛇起义，代秦而有天下，又承项羽分封之后，以得诸侯之力为多，故不得不封建诸将，以酬其劳。于是即位之初，即封故衡山王吴芮为长沙王，粤王无诸为闽粤王。继又立从兄刘贾等同姓为王。时以天下初定，干戈未宁，不遑庠序之事。大权皆操于功臣武夫之手。所谓马上得之，马上治之也。此种政治，汉兴数主，殆皆未改。至文帝时，晁错上书，始言削诸侯事，及法令可更定者。时太子颇善错计，袁盎诸大臣恶之。错父谕之曰："上初即位，公为政用事，侵削诸侯，疏人骨肉，口让多怨，公何为也。"错曰："不如此，天子不尊，宗庙不安。"（见《汉书》卷四九《晁错传》）然错卒以此被诛。是功臣外戚专横用事之证也。高祖以前与异姓诸王为等夷，一旦相臣属，不免互生猜忌，故仅六七年间，异姓诸侯，多亡国殒命。及至后孝文，犹复功臣用事，故始渐行荐举辟召，以防制之。《汉书·儒林》传曰：

> 孝惠高后时，公卿皆武力功臣。孝文时，颇登用。（《史记正义》曰：言孝文时，颇用文学之士居位。）然孝文本好刑名之言。及至孝景不任儒。窦太后又好黄老术，故诸博士具官待间，未有进者。……及窦太后崩，武安君田蚡为丞相（按《史记》与《汉书本传》均作武安侯），黜黄老刑名百家之言，延文学儒者以百数。而公孙弘以治《春秋》为相封侯，天下学士，靡然乡风矣。

自此以后，寒士文人，始有进身之机；继公孙弘之后，以布衣起家者，有严助、匡衡等人。屡举孝秀，类多未仕之子，荐送公车，为国大用。功臣外戚之势，稍赖以防抑焉。

乙　为日食地震之警惕

吾人读史，见屡纪日食，初莫明其用意。继察下诏举贤良，往往因天灾时变，有所警惕畏惧而发；方知其详纪之故。古代人智未启，宇宙万物，视为神秘……加以往圣诠释，俨若神明。故天人交警之说，在此时实无足怪，观汉文帝二年（西前一七八）诏曰：

> 人主不德，……则天示之灾，以戒不治。乃十一月晦，日有食之，适见于天，灾莫大焉，……朕下不能治育群生，上以累三光之明，其不德大矣！令至，其悉思朕之过失，……及举贤良方正，能直言极谏者，以匡朕之不逮。（《汉书》卷四《文帝纪》）

至董仲舒发为天人相与之学说，以申明天变与政治之关系。董氏于武帝时对策曰：

> 臣谨案春秋之中，视前世已行之事，臣观天人相与之际，甚可畏也。国家将有失道之败，而天乃先出灾害以谴告之。……道之大原出于天，天不变，道亦不变……（《汉书》卷五十六《本传》）

自是屡朝下诏举贤良，或孝秀，强半因日食地震而发，二者几成不可分离之关系。

> 汉宣帝本始四年（西前七〇）夏四月壬寅……地震，或山崩水出。诏曰：盖灾异者，天地之戒也。……乃者地震……朕甚惧焉。丞相御史其与列侯中二千石，博问经学之士，有以应变，辅朕之不逮。毋有所讳。令三辅太常内郡国举贤良方正各一人。（《汉书》卷八《宣帝纪》）

故杜佑曰："汉诸帝，凡日食地震，山崩川竭，天地大变，皆诏天下郡国举贤良方正，直言极谏之士，率以为常。"（《通典》卷十三）此种状态，直至后汉亦然。至南北朝，大概人智进步，乃稍稍变矣。但两汉辟召之动机，多因日蚀地震，山崩川竭，天地大变而发，则为不可易之论也。

丙　为九品中正之反应

欲明考试动机为九品中正之反应，当先述九品中正之沿革得失。其制起于魏文帝时。盖三方鼎立，士人播迁，详覆无所，尚书陈群乃奏立九品中正之法。郡县设小中正，州设大中正，择本处之贤而有识鉴者为之。选其乡里人物，品其学行，第为三等九品：曰上上，上中，上下。每等复有上中下三品。选人之法，先由郡邑小中正，品定人才，上之大中正。大中正校实，以上司徒。司徒再核，移之尚书，然后选用，授以官职，此其大略也。（详俟后叙）考其初意，乃曹魏丧乱之际，军中权宜之法，并非经世恒典。其后魏晋相沿，流弊滋多。而为中正者，"高下任意，荣辱在手，"（刘毅疏言，见《毅传》）"上品者，非公侯之子孙，即当途之昆弟。"（段灼疏言，见《灼传》）故当时有上品无寒门，下品无世族之诮。其时士人，皆厚结姻援，奔驰造请，浸以成俗。因而成为一种阶级制度。

孝文时，韩麒麟子显宗上言曰：前代取士，必先正名，故有贤良方正之称。今之州郡贡察，徒有秀孝之名，而无秀孝之实。而朝廷但检其门望，不复弹坐。如此则可令别贡门望，以叙士人，何假冒秀孝之名也。夫门望者，是其祖父之遗烈，亦何益于皇家。益于时者，贤才而已。苟有其才，虽屠钓奴虏之贱，圣皇不耻以为臣。……或云今世等无奇才，不若取士于门，此亦失矣。岂可以世无周召，便废宰相而不置哉。但当校其有寸长铢重者，即先叙之，则贤才无遗矣。（《后魏书》卷六十）

于是魏孝明正光元年（西五二〇）罢诸州中正。（见《后魏书》卷一百十三《官氏志》）隋虽无中正之名，而有其实。盖隋之州督，即中正避讳改而从旧称也。初，后齐以中正之弊，"每策孝秀，中书策秀才，集书策考贡士，考功郎中策廉良。皇帝常服乘舆，出坐于朝堂中楹，秀孝各以班草对。其有脱误，书滥，孟浪者，起立席后，引墨水，脱容刀。"（见《隋书》卷九《礼仪志》）即已有考试之规模，第未能全废中正制。至于李唐，乃行科举，取士用人，一以文辞为准，而扫前此门第之习。从此平民始有参与政治之机会，阶级制度，赖以划除焉。

丁　为牢笼人心

九品中正之反应，乃为采行科举之时代背景。其真正动机，而又历代皆然者，则为牢笼人心也。汉高帝十一年诏曰：

今吾以天之灵贤士大夫，定有天下，以为一家，欲其长久世世奉宗庙亡绝也。贤人既与我共平之矣，而不与吾共安利之可乎。贤士大夫，有肯从我游者，吾能尊顾之，布告天下，使明知朕意。御史昌下相国，相国酇侯下诸侯王，御史中执法下郡守。其有意称明德者，必身劝为之驾，……署行义年。有而弗言觉免，年老癃病勿遣。（《汉书》卷一下《高帝纪》）

十二年诏曰：

> 吾立为天子，帝有天下，十二年于今矣。与天下之豪贤士大夫，共定天下，同安辑之。其有功者，上致之王，次为列侯，下乃食邑。……吾于天下贤士功臣，可谓亡负矣。（同上）

从此诏书中，可以窥知高帝责成郡国贡举之目的，非为从事国家公共事业，乃以虚荣爵禄等特权，笼络才智之士，使其长久世世奉宗庙不绝也。诏书末后二语，笼络之心，更昭然若揭。至于唐朝，王定保曰："文皇帝拨乱反正，特盛科名，志在牢笼英彦。"（《撼言》卷三）

宋欧阳修《论逐路取人札子》曰："议者又谓西北近虏，士多牢笼。"（见《全集》卷一百十三）司马光《乞贡院逐路取人状》曰："夫设美官厚利进取之途，以诱人于前，而以苛法空文禁之于后。"（见《文集》卷三十）《容斋随笔》卷九曰："国朝自太平兴国以来，以科举罗天下士。"《金史·选举志》曰："凡词赋进士……经义进士……其设也，始于太宗天会元年（西一一二三）十一月。时以急欲得汉士，以抚辑新附；初无定数，亦无定期。"（卷五一）其为牢笼人心之动机而行考试，更为显明。《金史·太宗纪》曰："天会五年（西一一二七）七月，河北河东郡县，职员多阙。宜开贡资举取士，以安新民。"其言之最详尽者，莫如冯桂芬《改科举议》曰：

> 明祖以枭雄阴鸷猜忌驭天下。惧天下瑰伟绝特之士，起而与为难，以为经义诗赋，皆将借径于读书稽古，不啻傅虎以翼，终且不可制。求一途可以禁锢生人之心思材力，不能复为读书稽古有用之学者，莫善于时文。故毅然用之。其事为孔孟明理载道之事，其术为唐宋英雄入彀之术，其心为始皇焚书坑儒之心。抑之以点名搜索防弊之法，以折其廉耻；扬之以鹿鸣琼林优异之典，以生其歆羡。三年一科，今科失而来科可得。一科复一科，转瞬而其人已老，不能为我患，而明祖之愿毕矣。意在败坏天下之人才，非欲造就天下之人才。（《校邠庐抗议》卷下）

其于武举，亦牢笼天下勇士之术。而其用心，尤为深刻。清咸丰间，冯氏《停武试议》曰：

> 骁雄悍鸷之徒，辄多不喜束缚，故不肯就我。又其人往往不事生产，至他日迫饥寒，流而为匪，虽欲就我而不能。今于弱冠之初，以举人、进士之荣名为招，明示以无所束缚，必欣然就我。迨饥寒

既至，更无不就我之理。是以有余者以虚文縻之，不足者以实惠抚之。始有余而继不足者，则又预为之地以待之。吾知甘于为匪者少矣。(《校邠庐抗议》卷下)

至于清顺治九年（西一六五二），即刊立卧碑，置于明伦堂之左，晓示生员，略谓"朝廷建立学校，选取生员，免其丁粮，厚以廪膳，……全在养成贤才，以供朝廷之用。诸生皆当上报国恩，下立人品，……生员之家，父母愚鲁，或有非为者，子……当再三恳告，使父母不陷于危亡。生员立志，当学为忠臣清官，书史所载忠清事迹，务须互相讲究"。(《学政全书》卷四)。其后开科举以网罗明代之遗民不得，又复设荐举辟召，甚至遣人敦请，以修《四库全书》及《明史》。其牢笼之计，不更明乎。此事为人所熟知，故不备举。

第三章 科举以前之取士法

前述科目兴于唐，然唐制要必有所本。考汉初自文帝举贤良，武帝举孝秀，后汉因之。特贤良之诏，盛于前汉，孝秀之举，多在东京。两朝得人称盛，士气亦颇淳朴，特有所举则授之以官，无所去取。及其末流，积弊生焉，"窃名伪服，浸以流竞；权门贵仕，请谒繁兴"（语见《后汉书·列传·五一论》）。于是九品中正，乃应运而生。本为一种考察，为吏部参考，不意其弊更甚于请谒也。兹分述之如下：

甲　两汉取士法

一、沿革要略

汉高帝十一年及文帝二年，已有举贤才之诏，至十五年（西前一六五）又诏："诸侯王，公卿，郡守，举贤良，能直言极谏者。上亲策之，傅纳以言。"此即汉廷策士之始。前此二诏未闻有应举之人。至是始以三道策士，而晁错以高第，由太子家令迁中大夫。武帝建元元年（西前一四〇）再举贤良，丞相卫绾以所举者，或治申、商、韩非、苏秦、张仪之言，皆奏罢之。专制君主，束缚士人言论思想，盖自西汉已然矣。

武帝元光元年（西前一三四）冬十一月，初令郡国举孝廉各一人。……五月诏举贤良，……于是董仲舒、公孙弘出焉。《汉书》卷六《武帝纪》

案弘与仲舒非出自一年。据弘传，弘于元光五年，再举贤良。考武帝即位以来，凡两举贤良，一在建元元年，一在元光元年。而元光五年，但诏吏民举明当世之务者，而未闻有贤良之举。且弘传谓武帝初即位，弘年六十以贤良征，年八十薨。查帝纪及百官公卿表，皆载弘薨于元狩二年，自元狩二年推而上之，至武帝即位初年（建元元年）恰二十年，是弘于建元元年初举贤良，元光元年再举贤良，章章明甚，而董仲舒对策之年，旧说或疑为建元元年，或为元光元年，以舒传对策文"今临政愿治七十余岁矣"，"夜郎康居，说德归谊"等语句，及辽东高庙灾等事考之，乃在元光元年无疑。盖汉兴至建元元年，甫六十七载，不得云七十余岁。西南夷传夜郎之通，在建元六年。武纪高庙高园灾，亦在建元六年。故仲舒举近事以言，则其对策必在元光元年无疑。兹略述其沿革，而以年表详之。

汉自元光五年前，所举贤良皆用诏。自元狩六年（西前一一七）遣博士循行天下，举贤良独行之士，其制最为隆重，故谓制科之选。昭帝始元元年、宣帝元康四年皆如之。茂材异等之举，始自元封五年；孝廉虽举之有数，而应者寥寥，或至"阖郡而不荐一人"。（见《武帝纪·元朔元年诏》）盖贤良策问，必以事对；孝廉察举，则品格难定。其时辟召，多因灾异，每次所举，唯限一二人，故应举甚难。元帝永光元年（西前四三）又诏丞相、御史，以朴质、敦厚、逊让有行者四科举人。光禄岁以此科，品第郎官。然其得人，要以贤良为最。若以选举例之，则贤良茂材出于特举者也，孝廉出于推选者也；其取贤良也以言，而取孝廉也以行，二者盖并行不悖者也。

降至后汉光武建武十二年（西三六）始定廷尉，大司农，将军，监察御史等，岁察孝廉廉吏，茂材各一人或二人（参《通典》卷十三）。前此举无定期，至此逐岁察选。行之不二十年，而弊端以生。

明帝即位（西五八）诏曰：今选举不实，邪佞未去，权门请托，残吏放手，（放手，谓贪纵为非也。）百姓愁怨，情无告诉，有司明奏罪名，并正举者。（《后汉书》卷三）

至章宗建初元年（西七六）其弊益滋。"刺史守相，不明真伪，茂材孝廉，岁以百数。"（见是年诏语，《后汉书》卷三）于是谋补偏救弊之方。至建初八年（西八三）始以四科举人，为考察德行之标准。

一曰德行高妙，志节清白。二曰经明行修，经中博士。三曰明晓法令，足以决疑；能案章复问，文中御史。四曰刚毅多略，遭事不惑，明足照奸，勇足决断，才任三辅令。皆存孝悌廉公之行。自今以后，审四科辟召，及刺史二千石，察举茂才尤异，孝廉廉吏。务实校试以职；有非其人，不省曹事，正举者故不以实法。（《汉官仪》上）

案贤良多为已仕，孝廉为未仕者。孝以举士，廉以察吏，然皆举则官之，无所去取。至此乃试以职事。此制既立，又恐所举不均，乃按人口分配。率二十万人得举一孝廉，限制不可谓不严矣。

《丁鸿传》：(和帝初) 大郡口五六十万，举孝廉二人；小郡口二十万，并有蛮夷者，亦举二人。帝以为不均，下公卿会议。鸿与司空刘方上言：凡口率之科，宜有阶品；蛮夷错杂，不得为数。自今郡国率二十万口，岁举孝廉一人；四十万二人，六十万三人，八十万四人，百万五人，百二十万六人。不满二十万，二岁一人；不满十万，三岁一人。帝从之。(《后汉书》卷三十七)

然所举者，据《后汉书·樊儵传》，永平元年，"上言郡国举孝廉率取年少能报恩者。耆宿大贤，多见废弃。"(卷三二) 于是限以年龄，课以笺奏。顺帝阳嘉元年 (西一三二) 从左雄奏，初令郡国举孝廉，限年四十以上，诸生通章句，文吏能笺奏，乃得应选。所谓笺奏，即后世表章之类。自左雄任事，限年试才，虽颇不密，固亦因事制宜。雄在尚书，天下不敢妄选，十余年间，称为得人。然真正廉洁之士，多裹足不前，如张衡、李固等，数举孝廉，皆辞不就者也。此后屡朝下诏，整厘选举之事，诏书连下，分明恳恻；而所在玩习，遂至怠慢。彼盗声窃位如许武辈者，实繁有徒也。终汉之世，泰半如此。至于何年举贤良，何年举孝秀，统见下表。

附两汉举士年表（材料皆出本纪，间有一二例外已于表中注明）

中历	西历	诏令
高祖 十一年	前一九六	初下诏举士
十二年	前一九五	复下诏举士
文帝 二年	前一七八	因日食诏举贤良方正能直言极谏者
十五年	前一六五	诏有司举贤良文学之士
武帝建元元年	前一四〇	诏举贤良直言极谏之士
元光元年	前一三四	令郡国举孝廉各一人
元朔元年	前一二八	令上贤赏蔽贤罚
元狩元年	前一二二	征举独行之士
元封五年	前一〇六	始诏察举吏民，有茂材异等，可为将相，及使绝国者
昭帝始元元年	前八六	遣使行郡国举贤良
五年	前八二	诏令三辅太常，举贤良各二人，郡国文学高第各一人

续表

中历	西历	诏令
宣帝本始元年	前七三	因地震，诏内郡国，举文学高第各一人
四年	前七〇	因地震，令三辅太常，内郡国，举贤良方正各一人
地节三年	前六七	三月，令内郡举贤良方正可亲民者。十月，因地震，诏举贤良方正直言极谏之士。十一月。又举孝弟有行义闻于乡里者
元康四年	前六二	遣使循行天下，察吏治得失，举茂材异伦之士
神爵四年	前五八	令内郡国举贤良，可亲民者各一人
元帝初元二年	前四七	因地震，诏举茂材异等，直言极谏之士
永元元年	前四三	诏举质朴敦厚逊让有行者
二年	前四二	因日食，令内郡国举茂材异等，贤良直言之士各一人
建昭四年	前三五	遣使循行天下举茂材特立之士
成帝建始二年	前三一	诏三辅内郡国举贤良方正各一人
三年	前三〇	因日食地震，诏丞相御史，与将军列侯中二千石，及内郡国，举贤良方正，能直言极谏之士，诣公车
中历	西历	诏令
河平四年	前二五	因日食，举惇厚有行，能直言之士
鸿嘉二年	前一九	因数遭水旱疾疫之灾，举敦厚有行义，能直言者
永始三年	前一四	遣使循行天下，与部刺史，举惇朴逊让有行义者各一人
元延元年	前一二	日蚀星陨，令内郡国举方正能直言极谏者各一人
哀帝建平元年	前六	诏大司马列侯将军，中二千石，州牧守相，举孝悌惇厚，能直言者各一人
元寿元年	前二	因日蚀，诏将军列侯，中二千石，举贤良方正，能直言者各一人
平帝元始元年	一	因日蚀，诏举敦厚能直言者各一人

续表

中历	西历	诏令
后汉		
光武建武六年	三〇	九月丙寅晦日食,敕公卿举贤良方正各一人
七年	三一	三月晦日食,诏公卿司隶州牧举贤良方正各一人
十二年	三六	诏三公举茂材各一人,廉吏各一人 光禄岁举茂材四行各一人,察廉吏三人 中二千石岁察廉吏各一人 廷尉大司农岁各二人 将兵将军岁察廉吏各二人 监察御史司隶州牧岁举茂材各一人(此年之事见《汉官目录》)
章帝建初元年	七六	因地震,令太傅三公中二千石及郡国守相举贤良方正能直言极谏之士各一人
五年	八〇	日蚀,举直言极谏者各一人
八年	八三	以四科辟士(见《汉官仪·上》)
元和二年	八二	令郡国上明经者,口二十万人以上,五人;不满十万三人
和帝永元五年	九三	因地震,诏中饬二千石选举及司隶刺史纠察
六年	九四	以阴阳不和,诏三公中二千石,内郡国守相,举贤良方正,能直言极谏之士各一人
安帝永初元年	一〇七	因日食,诏公卿内外众官,郡国守相,举贤良方正,能直言极谏之士各一人
五年	一一一	因日食地震,诏举如上。外加举至孝行与众卓异者
元初元年	一一四	因旱蝗,诏三公特进侯中二千石郡守,举敦厚质直者各一人
建光元年	一二一	诏举有道之士各一人
延光二年	一二三	诏选三署郎,及吏人,能通古文《尚书》《毛诗》《穀梁春秋》各一人
三年	一二四	京师大疫,诏公卿郡国守相举贤良方正能直言极谏之士各一人(见《顺帝纪》)

续表

中历	西历	诏令
顺帝阳嘉元年	一三二	初令郡国举孝廉，限年四十以上诸生通章句，文吏能笺奏，乃得应选
汉安元年	一四二	诏大将军公卿举贤良方正，能探颐索隐者各一人
建康元年	一四四	因地震，举贤良方正幽逸修道之士各一人
桓帝建和元年	一四七	因地震，诏举贤良方正，能直言极谏者各一人，又举至孝笃行之士各一人
三年	一四九	举贤良方正能直言极谏之士各一人
永兴二年	一五四	因地震，诏举贤良方正能直言极谏之士各一人
延熹八年	一六五	因日食，举贤良方正
九年	一六六	因日食，诏公卿校尉郡国举至孝
永康元年	一六七	因日食地震，诏公卿校尉举贤良方正
灵帝建宁元年	一六八	因日食，诏公卿以下，及郡国守相，举有道之士各一人
光和三年	一八〇	诏公卿举能通《尚书》《毛诗》《左氏、穀梁春秋》各一人，悉除议郎
献帝建安元年	一九六	九月朔日食，诏三公举至孝二人，九卿校尉郡国守相各一人

二、取士方法

据上表，知两汉取士方法，多由诸侯，王，丞相，御史，九卿，列侯，刺史，郡守，校尉等所举，所谓出于郡县吏者是也。在后汉顺帝阳嘉元年（西一三二）以选举不实，官非其人，乃以刺史二千石之选举权，归在三司，稍有统系。其后仍常由公卿校尉而举。又据表，知两汉取士，共约五十六次，其中举贤良者二十五次，因灾异而举者三十次，所谓取士动机，多因日食地震而发者是也。其举士名目，有只称贤良者，有贤良方正合称者，又有贤良直言者，有孝廉独行及至孝者，有文学高第，茂材异等者；有敦朴四行，茂材四科者：种种名称不一而足。大抵西汉得人，以贤良为盛；东汉得人，以孝廉为多。贤良间有策问，孝廉间有考校。所谓策问，有射策、对策二种。据《汉书音义》，作简策难问，列于几案，供人任意投射，取而答之，谓之射策。若录政化得失，而显问之，谓之对策。(见《顺帝纪》阳嘉元年注) 如董仲舒、公孙弘皆由策问而进者也。盖射策者，有《礼记》乡射之遗风，答问为何，无得而知。大约行之西汉，渐废于东汉，观《白虎通·乡射篇》，不明射策之义而发问，可以验矣。至于对策，有若征询政见，其答也或以言或以文，殆无一定。观两汉举贤良者，不下数百十人，而策文存者，为数无几，可以推知。发策题目，多为当时国家大政；如盐铁、均输、榷酤，其最著者。今存《盐铁论》一书，可称为当时策题，而不能称为策文。盖由桓宽辑而记之，以成今书。是又可为对策不必以文之一证也。

孝廉之有考校，始自章帝建初元年。初但试之以职，即"辩诘职事"，非真正考试也。据《后汉书》卷五十六《种暠传》，暠举孝廉，前河南尹田歆"召暠于庭，'办诘职事'。暠对辞有序，歆甚知之，召署主簿，遂举孝廉"。盖当时孝廉之举，多未入仕。周磐解韦带，就举孝廉，即未仕之服；恐不谙吏事，故先召置主簿，然后举之。《汉官仪》曰："孝廉廉吏，……平端于县邑，务受试以职。有非其人，临计过署，不便习曹事；书疏不端正，不如诏书，有司奏罪名并正举者。"是东汉之试职，即先练习职事，与尚书之试用相仿佛也。

后以所举孝廉，率多年少。且试用之制，或无无效，左雄乃请限年试才，试以笺奏，即为惩此二弊而设。故范晔评为"固亦因识时宜"之制。(《后汉书》卷六一论) 其限年，即"年未四十，不得察举。皆先诣公府，诸生试家法，文吏课笺奏。副之端门，练其虚实，以观异能。"(见《后汉书》卷六一《左雄传》) 笺，《周成杂字》曰，表也。笺表奏之试，亦为治事之便。然从《汉书》所考，试者仍少，于后表中，可以知之。他如口率选举，已见《丁鸿传》，可知其概。后有增加，无关于考试，兹不复叙。此外博士弟子考校升迁，为学校之事，遂亦从略。今附两汉贤良表，东汉孝廉表，以见得人之盛焉。

附两汉方正贤良表

案方正，贤良，文学，各自为科。《汉书·列传》第三十六赞，"始元中，征文学，贤良，……当此之时，英俊并进。贤良，茂陵唐生；文学，鲁国万生之徒，六十有余人。"(卷六六) 是贤良与文学有别，而不能如马氏《文献通考》将多数下袁举贤良者，统称为贤良文学也。又贤良方正，后世统称为一，在西汉时，实各自为科。盖有举贤良者，有举方正者。然亦有举贤良方正者，其或二者并举欤？东汉贤良，多有举而不就者，故不列之于表。西汉举文学者，现亦知之极少，亦不复列。

（注：材料出处中如"四七"，即指《前汉书》卷四十七，余类推。）

人名	被举时期	原来资格	贤良	方正	贤良文学	举后出路	有无对策	材料出处
晁错	文帝时	太子家令	贤良			迁授中大夫	有	《前汉书》四九
公孙弘	武帝时	博士	贤良			迁博士待诏	有	五八
董仲舒	武帝时	博士	贤良			江都相	有	五六
辕固	武帝时	博士	贤良			以老归田		八八
冯唐	武帝时	楚相	贤良			因老以子遂为郎		五〇
严助	武帝时	布衣	贤良			推为中大夫	有	六四
魏相	昭帝时	以郡卒史	贤良			为茂陵令	有	七四
王吉	昭帝时	以云阳令	贤良			为昌邑中尉		七二
朱云	昭帝时	以儒生		方正		为槐里令		六七
孔光	昭帝时	以议郎光禄勋		方正		为谏大夫		八一
盖宽饶	宣帝时	以孝廉为郎		方正		迁谏大夫	有	七七
何武	宣帝时	以郡吏			贤良方正	谏大夫	有	八六
贡禹	元帝时	以博士	贤良			为河南令		七二
谷永	成帝时	太常丞		方正		待诏公车	有	八五
杜钦	成帝时	官库令			贤良方正	迁授议郎	有	六十
楼护	哀帝时	京兆吏		方正		为谏大夫		九二

续表

人名	被举时期	原来资格	贤良	方正	贤良文学	举后出路	有无对策	材料出处
房凤	哀帝时	太史掌故		方正		为县令都尉		八八
萧由	哀帝时	丞相西曹卫	贤良			为定陶令		七八
杜邺	哀帝时	凉州刺史		方正		未拜官		八五
黄霸	哀帝时	以丞相史	贤良			擢扬州刺史		八九
朱邑	哀帝时	太守卒史	贤良			为大司农丞		八九
江革	后汉章帝时	以郎			贤良方正	迁司空长史		《后汉书》三九
申屠刚	后汉章帝时	郡功曹			贤良方正		有	二九
鲁丕	后汉章帝时	新丰教授		方正		拜中牟令	有	二五
李育	后汉章帝时	以儒生		方正		为议郎后拜博士		七九·下
刘焉	后汉章帝时	以郎中			贤良方正	南阳太守		七五
李法	和帝时				贤良方正	除博士	有	四八
戴封	和帝时	光禄主事			贤良方正	拜议郎	对策第一	八一
刘淑	和帝时	以教授			贤良方正	拜议郎	对策第一	六七
苏章	安帝时	南阳太守			贤良方正	为议郎	有	三一
刘矩	安帝时	雍丘令			贤良方正	四迁为尚书令		七六
檀敷	桓帝时	以布衣		方正		迁议郎	有	六七

续表

人名	被举时期	原来资格	名目			举后出路	有无对策	材料出处
			贤良	方正	贤良文学			
爰延	桓帝时	以廷掾			贤良方正	再迁为侍郎		四八
张夐	灵帝时	以幕府	贤良			擢拜议郎	有	六五
张承				方正		拜议郎		《北堂书抄》卷五六《魏志》十一
吴良				方正				《书抄》五八

附东汉孝廉情况

(注：该情况下文如《后汉》卷六七即《后汉书》卷六七，余皆准此类推。)

(1) 东汉孝廉经校试者

刘祐——初察孝廉，补尚书侍郎，闲练故事，文札强辨，每有奏议，应对无滞。(《后汉》六七)

高彪——郡举孝廉，试经第一，除郎中。(《后汉》八十·下)

公沙穆——举孝廉，以高第为主事，迁缯相。(《后汉》八二·下)

宋意——显宗时，举孝廉，以召对合旨，擢拜阿阳侯相。(《后汉》四一)

钟离意——钟离意别传云：意举孝廉，有诏试，意为天下第一。(《北堂书抄》七九)

胡伯始——举孝廉，试以章奏，亦然。(《北堂书抄》七九)

(2) 东汉孝廉未经校试者

张敏——建初二年举孝廉。(《后汉》四四)

马棱——建初中，仕郡功曹，举孝廉……拜谒者。(《后汉》二四)

章彪——建武中，举孝廉，除郎中。(《后汉》二六)

魏霸——建初中，举孝廉，八迁，和帝时，为巨鹿太守。(《后汉》二五)

第三章　科举以前之取士法

冯豹——举孝廉，拜尚书郎。（《后汉》二八·下）

周章——举孝廉，六迁为五官中郎将。（《后汉》三四）

郑弘——以署督邮，举孝廉。（《后汉》三四）

贾琮——举孝廉，再迁为京兆尹。（《后汉》三一）

张霸——举孝廉，为光禄主事。（《后汉》三六）

桓典——举孝廉，为郎。（《后汉》三七）

桓鸾——举孝廉，迁为胶东令。（《后汉》三七）

刘平——举孝廉，拜济阴郡丞。（《后汉》三九）

江革——永平初，举孝廉，为郎。（《后汉》三九）

周磐——解韦带，就孝廉之举。和帝初，拜谒者。原注以韦皮为带，未仕之服也。（《后汉》三九）

第五伦——建武二十七年，举孝廉，……光武召见，甚异之。（《后汉》四一）

钟离意——建武十四年举孝廉，再迁辟大司徒。（《后汉》四一）

寒朗——以尚书教授，举孝廉。（《后汉》四一）

朱穆——（以布衣）举孝廉。（《后汉》四三）

张禹——永平八年，举孝廉。（《后汉》四四）

徐防——永平中，举孝廉，除为郎。（《后汉》四四）

袁安——初为县功曹，后举孝廉，除阴平长，任城令。（《后汉》四五）

霍谞——举孝廉，稍迁金城太守。（《后汉》四八）

应劭——灵帝时，举孝廉，辟车骑将军。（同上）

庞参——初仕郡，未知名，河南庞奋见而奇之，举为孝廉，拜左校令。（《后汉》五一）

皇甫嵩——举孝廉茂才。（《后汉》七一）

陈龟——永建中，举孝廉，五迁五原太守。（《后汉》五一）

陈禅——察孝廉。（《后汉》五一）

桥玄——举孝廉，补洛阳左尉。（《后汉》五一）

王龚——世为豪族，初举孝廉，稍迁青州刺史。（《后汉》五六）

陈球——阳嘉中举孝廉，稍迁繁阳令。（《后汉》五六）

杜根——永初元年，举孝廉，为郎中。（《后汉》五七）

刘陶——举孝廉，除顺阳长。（《后汉》五七）

李云——初举孝廉，再迁白马令。（《后汉》五七）

傅燮——再举孝廉。（《后汉》五八）

黄真——举孝廉。（《后汉》六四）

左雄——安帝时，举孝廉，稍迁冀州刺史。（《后汉》六一）

越戒——举孝廉。谢承书曰：戒字志伯，……博学。明经教授，举孝廉，累迁荆州刺史。（《后汉》六三《李固传注》）

杜乔——少为诸生，举孝廉；辟司徒杨震府，稍迁为南郡太守。（《后汉》六三）

吴佑——举孝廉。原注陈留耆旧传曰：太守冷宏，召补文学，宏见异之，擢举孝廉。（《后汉》六四）

延笃——从马融受业，博能经传，……有名京师，举孝廉，为平阳侯相。（《后汉》六四）

段颎——举孝廉为宪陵园丞阳陵令。（《后汉》六五）

陈蕃——初仕郡，举孝廉，除郎中。（《后汉》六六）

李膺——初举孝廉，为司徒胡广所辟，举高第。（《后汉》六七）

巴肃——初察孝廉，历慎令，贝丘长。（《后汉》六七）

范滂——少厉清节，为州里所服。举孝廉光禄四行。（《后汉》六七）

尹勋——宗族多居贵位，勋独持清操，不以地执尚人。州郡连辟察孝廉，三迁邯郸令。（《后汉》六七）

蔡衍——举孝廉，稍迁冀州刺史。（《后汉》六七）

陈翔——善交结，察孝廉，太尉周景辟举高第，拜侍御史。（《后汉》六七）

范康——举孝廉，再迁颍阴令。（《后汉》六七）

刘儒——察孝廉，举高第，三迁侍郎。（《后汉》六七）

贾彪——初仕州郡，举孝廉，补新息长。（《后汉》六七）

荀彧——中平六年，举孝廉，再迁亢父令。（《后汉》七十）

朱儁——太守徐珪，举儁孝廉，再迁除兰陵令。（《后汉》七一）

刘虞——举孝廉，稍迁幽州刺史。（《后汉》七三）

公孙瓒——郡举孝廉，除辽东属国长史。（《后汉》七三）

袁术——少以侠气闻，数与诸公子飞鹰走狗，后颇折节，举孝廉，累迁至河南尹虎贲中郎将。（《后汉》七六）

许荆——太守黄竞举孝廉。(《后汉》七六)

第五访——仕郡为功曹,察孝廉,补新都令。(《后汉》七六)

刘矩——少有高节,……乃举孝廉,稍迁雍丘令。(《后汉》七六)

刘宠——明经举孝廉。(《后汉》七六)

阳球——举孝廉,补尚书侍郎。闲达故事,其奏章处议,常为台阁所崇信。(《后汉》七七)

张兴——建武中举孝廉,为郎。(《后汉》七九·上)

周防——举孝廉,拜郎中。(《后汉》七九)

包咸——举孝廉,除郎中。(《后汉》七九)

杨仁——仕郡为功曹,举孝廉,除郎。(《后汉》七九·下)

董钧——建武中,举孝廉,辟司徒。(《后汉》七九·下)

甄宇——以博士,建初中,举孝廉。(《后汉》七九·下)

程曾——建初三年,举孝廉,迁海西令。(《后汉》七九·下)

张玄——去官后,举孝廉,除为郎。(《后汉》七九·下)

服虔——举孝廉。(《后汉》七九·下)

许慎——为郡功曹,举孝廉,再迁除汶长。(《后汉》七九·下)

葛龚——性慷慨壮烈,……安帝永初中,举孝廉,为大官。(《后汉》八十)

崔琦——以文章博通称,初举孝廉为郎。(《后汉》八五)

刘梁——桓帝时,举孝廉,除北新城长。(《后汉》八十·下)

丁邯——高节,正直不挠,举孝廉。(《东观汉纪》卷十六《本传》)

刘茂——哀帝时,察孝廉,再迁武原令。(《后汉》八一)

张武——举孝廉。(《后汉》八一)

戴封——举孝廉。(《后汉》八一)

陈重——举孝廉。(《后汉》八一)

雷义——举孝廉,拜尚书侍郎。(《后汉》八一)

赵包——初仕州郡,举孝廉,再迁广陵令。(《后汉》八一)

陈禅——察孝廉。(《后汉》五一)

谢夷吾——举孝廉,为寿张令。(《后汉》八二)

李郃——郡举孝廉,五迁尚书令。(《后汉》八二)

单飏——以孤特清苦自立,善明天官算术,举孝廉,稍迁太史令侍

中。(《后汉》八二·下)

韩说——举孝廉,迁侍中。(《后汉》八二·下)

(3) 东汉举孝廉不就者

赵咨——召举孝廉不就。(《后汉》三九)

黄宪——初举孝廉,又辟公府,友人劝其仕,宪亦不拒之。(《后汉》五三)

杨彪——初举孝廉,州举茂才,辟公府,皆不应。(《后汉》五四)

张纲——少明经学,虽为公子,而厉布衣之节,举孝廉不就。(《后汉》五六)

王畅——少目清实为称,无所交党。初举孝廉,辞病不就。(《后汉》五六)

种岱——举孝廉茂才,辟公府,皆不就。(《后汉》五六)

张衡——永元中,举孝廉不行,连辟公府不就。(《后汉》五九)

李固——郡举孝廉,辟司空掾,皆不就。原注:谢承书曰:五察孝廉,益州再举茂才,不应,五府连辟,皆辞以疾。(《后汉》六三)

宗慈——举孝廉,九辟公府有道征,不就。(《后汉》六七)

符融——知名州郡,礼请举孝廉,公府连辟,皆不应。(《后汉》六八)

郑太——字公业,交结豪杰,家富于财。有田四百顷,而食常不足,名闻山东。初举孝廉,三府辟公车皆不就。(《后汉》七十)

刘昆——建武五年,举孝廉不行,遂逃,教授于江陵。(《后汉》七九)

孔僖——举孝廉不就。(《后汉》七九)

颍容——郡举孝廉,州辟公车征,皆不就。(《后汉》七九·下)

王烈——以义行称乡里……以德感人,……察孝廉,三府并辟,皆不就。(《后汉》八一)

华佗——沛国谯人也。……时人目为仙。沛相陈珪举孝廉,太尉黄琬辟,皆不就。(《后汉》八二·下)

三、两汉取士之得失异同

从上表观之,两汉取士之异同,已可明悉。约而述之,则察德行,重实事,举则任职,选从郡县吏,所谓乡举里选,乡评里论,此其相同者也。西京多贤良,东京多孝廉,贤良多为已仕,孝廉多未仕。贤良举无定期定额；孝廉有岁察之诏，户口多寡之差，年龄老幼之限，职务笺表之试，此则相异者也。而德行之见重，气节之提倡，东汉又较盛焉。观东汉举贤良孝廉多有不就者，可以证矣。例如：

> 董扶，前后宰府十辟，公车三征，再举贤良，方正，博士，有道，皆称疾不就。《集解》惠栋曰：《益部耆旧传》云，永康元年，日有蚀之。诏举孝廉方正之士，左冯翊赵廉举扶，扶以病，不诣。
> （《后汉书集解》卷八十二·下）

> 法真，辟公府，举贤良，皆不就。《集解》惠栋曰：《抱朴子》云，法高卿再举孝廉，本州五辟，公府八辟，九举贤良，博士三征，皆不就。（《后汉书集解》卷八十三）

他如贺纯、周䚡、许劭等，亦皆数举不应者。刘昆不应孝廉之举，爵禄之饵，甘逃教授于江陵。丁邯以孝廉为尚书郎，虽被杖责，不肯应诏。较之晁错、公孙弘之对策，媚主求荣；东方朔之言事，滑稽百出，不可同日而语已。虽然，气节之盛，不过比较之辞，资虚声窃高位者，东汉盖亦不乏其人也。

至于得失，可统述之。大抵其得有三，而失则有二。人才辈出，一得也。思想比较自由，所议关乎实用，二得也。取人重德行，而亦不轻文艺，三得也。禄利诱人，激成阿谀空虚之风，一失也。誉望相矜，造成虚声竞进之习，二失也。

汉自文帝下诏求贤，武、元继之，皆待以不次之位。一时名贤辈出，董仲舒、公孙弘、薛广德、韦贤、匡衡等，致位丞相，他亦多至公卿大夫。今观《汉书·循吏传》，殆皆出于察举。东汉孝廉，岁以百数，虽有滥进，廉洁居多。自左雄任事，最称得人，皇甫嵩、许荆、刘矩等，其佼佼者也。西汉策问，多关实用。若议盐铁，若议罢榷酤，皆为要政。东京试笺奏，亦关职事。此外如贤良方正，直言极谏之士，皆可讨论国计民生，纠谪人主过失，故思想自由，学术发达。与后世取士限字限韵，避忌与讳者，迥不相同。虽然，思想言论之自由亦仅比较言之，非全无束缚也。据《皇甫规传》：冲帝诏举贤良方正之士，策问之，规对曰："灾异不息，寇贼纵横。""殆以奸臣权重之所致也。""梁冀忿其刺己，以规为下第。"（《后汉书》卷六五）又据《荀淑传》："梁太后临朝，诏举贤良方正，房植举淑对策，讥刺贵幸，为大将军梁冀所忌，出补朗侯相。"（《后汉书》卷六二）按淑为当时儒宗，对策直言，辄遭排斥，是功臣外戚之专权，仍未止息；思想自由，亦不过如斯而已。

德行之重，两汉皆然。屡次下诏，皆以德行为先，以质朴逊让为本。而所举之人，亦非不学无术之士，皆足为美谈者也。

语其所失，大要在以利禄之途诱人，养成阿谀炫鬻之风。东方朔之言，可发深省。

> 武帝初即位，征天下举方正贤良，文学材力之士，待以不次之位。四方之士，多上书言得失，自炫鬻者以千数。师古曰："炫，行卖也。鬻亦卖也。"(《汉书》六五《本传》)

再观晁错对策，"陛下神明德厚，不下五帝。今执事之臣，……莫能望清光。"（见《晁错传》）大概皆道谀纳媚之言，故马氏端临以为晁错之策，"反不如为太子家令时，所言劝农备边为确实也。错在高第，而所对如此，其他百余人可知矣。"（《文献通考》卷三十三）班氏《儒林传赞》曰：

> 自武帝立五经博士，开弟子员，设科射策，劝以官禄，讫于元始，百有余年。传业者浸盛，支叶蕃滋，（师古曰，浸，渐也。）一经说至百余万言，大师众至千余人，盖禄利之路然也。（《汉书》卷八十八）

《匡张孔马传赞》曰：自孝武兴学，公孙弘以儒相。其后蔡义，韦贤，玄成，匡衡，张禹，翟方进，孔光，平当，马宫，及当子晏，咸以儒宗，居宰相位。服儒衣冠，传先王语，其酝藉可知也。然皆持禄保位，被阿谀之讥。彼以古人之迹见绳，乌能胜其任乎。(《汉书》卷八十)

东汉自中兴以后，贤良直言，独行高节，以及孝廉秀才之举，不计其数。而其结果，如范晔《后汉书·列传》卷五十一论曰：

> 荣路既广，觖望难裁。自是窃名伪服，浸以流竞，权门贵仕，请谒繁兴。（卷六十一）

是请托之习，已滥觞于汉。《抱朴子》曰：

> 桓灵之世，州郡轻贡举。故人为之语曰：举秀才，不知书；察孝廉，父别居。寒素清白浊如泥，高第良将怯如鸡。又云：古人欲达勤诵经，今人图官免治生。（《外篇》十五《审举篇》。）

桓灵之世，宜有此谚，然察举流弊如此，亦可以戒矣。其不惜枉道以求者，则有许武之事。

> 太守第五伦，举为孝廉。武以二弟晏、普未显，欲令成名。……于是共割财产以为三分。武自取肥田，广宅，奴婢强者。二弟

所得并悉劣少。乡人皆称弟克让，而鄙武贪婪。晏等以此，并得选举。武乃会宗亲泣曰："吾为兄不肖，盗声窃位，二弟年长，未豫荣禄，所以求得分财，自取大讥。今理产所增，三倍于前，悉以推二弟，一无所留。"于是郡中翕然，远近称之。……太守黄震举孝廉。和帝时，稍迁桂阳太守。（《后汉书》卷七六《许荆传》）

许武行谊，虽若可称，而自私其弟，为枉道之求。盖亦不免作伪之讥者矣。

乙　魏晋南北朝之取士法

魏晋南北朝之取士，亦以察举孝秀为仕进之途，然与两汉之制有别。两汉乡举里选之职，归之诸侯郡守，地方长官，并无专职之官。魏晋南北朝，州郡地方置九品中正之官，专司选举之责，是与两汉相异者也。其选举名称，如贤良孝廉等，虽与两汉同，然其沿革变迁，亦有可得而述者，今分别说明之：

一、历朝取士概况

（1）魏之取士

魏文帝为魏王时，三方鼎立，士流播迁，四人错杂，详核无所。延黄初年（西二二〇）吏部尚书陈群，以天朝选用，不尽人才，乃立九品官人之法。州郡皆置中正，以定其选择州郡之贤有识鉴者，为之区别人物，第其高下。（《通典》卷十四）按九品之制，初因后汉建安中，天下兴兵，衣冠士族，多离于本土。欲征源流，遽难委悉。魏氏革命，州郡县俱置大小中正，各以本处人任诸府公卿，及台省郎吏，有德充才盛者，为之区别所管人物，定为九等。其有言行修著，则升进之，或以五升四，以六升五。倘或道义亏阙，则降下之。或自五退六，自六退七矣。是以吏部不能审定，核天下人才士庶，故委中正，铨第等级，凭之授受，谓免乖戾。（《通典》卷十四注）

案九品中正之文，不见《文帝本纪》，而《陈群传》，亦仅"制九品官人之法"一语。杜佑所据，亦不甚明。《通典》《玉海》《通考》等书，虽将此法列入选举，夷考其实，无甚关联。其与考试之制，更少联属。

姑附于此，以明此期取士之法焉。

魏文帝黄初二年（西二二一）初令郡国口满十万者，岁察孝廉一人。其有秀异，无拘户口。（《三国志·魏志》卷二）

三年诏曰：今之计考，古之贡士也。十室之邑，必有忠信，若限年然后取士，是吕尚周晋，不显于前世也。其令郡国所选，勿拘老幼。儒通经术，吏达文法，到皆试用，有司纠故不以实者。（同上）

四年，诏博举天下隽德，茂才，独行君子。（同上）

案此为东京限年试才之反响，仍察举旧制也。

明帝太和二年（西二二八）五月大旱，六月诏曰："尊儒贵学，王教之本也。自顷儒官，或非其人，将何以宣明圣道。其高选博士，才任侍中常侍者。申敕郡国贡士，以经学为先。"（《三国志·魏志》卷三）

四年二月诏曰："……兵乱以来，经学废绝，……其郎吏学通一经，才任牧民；博士课试，擢其高第者，亟用。其浮华不务道本者，皆罢退之"。十二月，公卿举贤良。（同上）

诏青龙元年（西二三三）诏公卿举贤良笃行之士各一人。（同上）

四年（西二三六）诏欲得有才智文章，谋虑渊深，料远若近，视昧而察，筹不虚运，策弗徒发，端一小心，清修密静，乾乾不解，志尚在公者，勿限年齿，勿拘贵贱，卿校已上，各举一人。太尉司马宣王以昶应选。正始中……欲用考试，考试犹准绳也。未有舍准绳，而意正曲直；废黜陟，而空论能否也。……诏书褒赞，因使撰百官考课事。（《三国志·魏志》卷二七《王昶传》）

《华歆传》：三府议举孝廉，本以德行，不复限以试经，歆以为丧乱以来，六籍堕废，当务存立，以崇王道。夫制法者，所以经盛衰，今听孝廉不以经试，恐学业遂从此而废。若有秀异，可特征用，患于无其人，何患不得哉。帝从其言。（《三国志·魏志》卷十三）

由上观之，魏自延康元年，立九品官人之法，选举虽限户口，而不限年龄。据"儒通经术，吏达文法，到皆试用"数语，知魏已不如西汉之重德行，虽有独行君子之举，贤良笃行之召，然后乱以来，经学废绝，至正始中（西二四〇—二五一）乃欲用考试，以为准绳。而孝廉之举，后亦欲加试经，惜魏祚四十余年（西二二〇—二六五）恐未及施行而亡耳。观荀彧、贾诩、王修等人举孝廉，未经任何考试，可以知矣。其时虽有中正，尚不甚拘贵贱。观青龙四年诏书，及《魏志·毛玠传》又可知矣。《毛玠传》曰：

> 玠尝为东曹掾，与崔琰并典选举。其所举正，皆清正之士。虽于时有盛名，而行不由本者，终莫得进。务以俭率人，由是天下之士，莫不以廉节自励。虽贵宠之臣，舆服不敢过度。（《三国志·魏志》卷十二）

是魏世举人，重节俭，尚清正，高门阀阅，尚无权势，此其利也。然亦绝非无弊，盖乡党援重，渐成内己外人之习，观于傅玄之言，可以知之。

> 傅子曰：河南尹内掌帝都，外统京畿，郡有七百吏。河南俗党，五官掾功曹典选职，皆授其本国人，无用异邦人者。（《三国会要》卷十六）

特其时门阀之重，方在萌芽。不致为一种特殊阶级所垄断，迨九品中正行之已久，而孝廉察举，为中正之势所劫，以视两汉取士途径，盖形同而势异矣。

蜀吴取士之制，史不甚详。所可知者：

> 《华阳国志》曰：时蜀国州书佐望，与郡功曹参选，而从作台郎，特重察举，虽住经朝，要还为秀孝，亦为郡端右。（《蜀志》）

是蜀取士，重孝秀，及察举。吴亦然。吴主孙权，即尝举秀才者也。

> 《吴志》云：扬州刺史严象，举孙权秀才。（《三国志》卷四六《孙策传》）

> 江表传载权正月诏曰：郎吏者宿卫之臣，古之命士也。闻者所用，颇非其人。自今选三署，皆依四科，不得以虚辞相饰。（《三国志》卷四十八赤乌二年注）

> 《吴书》曰：肃荐述后，进题目品藻，曲有条贯。权擢以为选举，号称得才。（《三国会要·选举》）

至于蜀吴取士，得才以何法，选举以何方，载籍不明。然大要当沿东汉之旧耳。

（2）晋之取士

晋武帝咸熙四年（西历二六七）诏王公卿尹，及郡国守相，举贤良方正直言之士。（《晋书》卷三）

成帝咸和六年（西历三三一）三月壬戌朔，日有蚀之。癸未，诏举贤良直言之士。（《晋书》卷七）

七年十一月壬子，诏举贤良。(同上)

是晋初特重贤良之举。且有策试：

《挚虞传》：(虞)举贤良，与夏侯湛等十七人，策为下第，拜中郎。武帝诏曰："省诸贤良答策，虽所言殊途，皆明于王义，有益政道，欲详览其对，究观贤士大夫用心。"因诏诸贤良方正直言，会东堂策问曰：……虞对毕，擢为太子舍人。(《晋书》卷五十一)

《郤诜传》：泰始中，诏天下举贤良直言之士，太守文立举诜应选，……以对策上第，拜议郎。(《晋书》卷五十二)

《阮种传》：诏举贤良方正直言之士，……太守何曾举种贤良。策曰：……时种与郤诜及东平王康，俱居上第，即除尚书郎。然毁誉之徒，或言对者因缘假托，帝乃更延群士庭以问之，……帝亲览焉。又擢为第一。(《晋书》卷五十二)

夫试贤良而至于再策，严格可知。且不独贤良为然，孝廉秀才亦有策试。其意在规复东汉之制，后以兵乱或以大庆，乃不常试。

《甘卓传》：中兴初，以边寇未静，学校陵迟，特听不试孝廉，而秀才犹依旧策试。卓上疏，以为"答问损益，当须博古通今，明达政体，必求诸坟索，乃堪其举。臣所忝州，往遭寇乱，学校久替，人士流播，不能比之余州。策试之由，当借学功，谓宜同孝廉例，申与期限"。疏奏，朝议不许。卓于是精加隐括，备礼举桂阳谷俭为秀才。俭辞不获命，州厚礼遣之。诸州秀才，闻当考试，皆惮不行。惟俭一人到台，遂不复策试。俭耻其州少士，乃表求试，以高第除郎中。(《晋书》卷七十)

《王接传》：永宁初，举秀才，……是岁三王举义，惠帝复祚，以国有大庆，天下秀才，一皆不试。接以为恨，除郎中。(《晋书》卷五十一)

《孔坦传》：元帝为晋王，以坦为世子文学，……迁尚书郎。时台郎初到，普加策试。……先是，以兵乱之后，务存慰悦，远方秀孝到，不策试，普皆除署。至是，帝申明旧制，皆令试经，有不中科，刺史、太守免官。太兴三年，秀孝多不敢行。其有到者，并托疾。帝欲除署孝廉，而秀才如前制。坦奏议曰："……宣下以来，涉历三载，累遇庆会，遂未一试。扬州诸郡，接近京都，惧累及君父，多不敢行。其远州边郡，掩诬朝廷，冀于不试，冒昧来赴，既到审试，遂不敢会。……愚以王命无贰，宪制宜信。去年察举，一皆策试，如不能试，可不拘到，遣归不署。又秀才虽以事策，亦泛问经义，苟所未学，实难暗通，不足复曲。……下崇修学校。普延五年，以展讲习。……"帝纳焉。听孝廉申至七年，秀才如故。(《晋书》卷七十八)

马端临曰：孝廉诸科，自东汉以来，皆有策试之事。夫以文墨小技，而定其优劣，已不足称其科名矣。今观东晋之事，则应举者皆不能试之人，且以孝廉秀才自名，而必迟以五岁，待其讲习，乃能预于试，不亦有腼面目乎？然观惠帝永宁初，王接举秀才，报友人书曰："今世道交丧，将遂剥乱，而智识之士，钳口韬笔，非荣此行，欲极陈所言，冀有觉悟。会是岁三王举义，惠帝复祚，以国有大庆，天下秀才孝廉，一皆不试，接以为恨。"然则上下相蒙，姑息具文，其来久矣。宜其皆侥幸于不试也。(《通考》卷二十八)

案晋时九品中正之制盛行，不惟弊端渐生，且侵及察举，当于下文专述之。

(3) 宋之取士

据《宋书》，有秀才孝廉科，各有策试。盖其时中正之弊兴，不得不借考试，以防抑之。

宋武帝永初二年(西四二一) 二月己丑，车驾幸延贤堂，策试诸州郡秀才孝廉，扬州秀才顾练，豫州秀才殷朗所对称旨，并以为著作佐郎。(《宋书》卷三)

宋文帝元嘉二十三年(西四四六) 九月己卯，车驾幸国子学策试，诸生问答，凡五十九人。(《宋书》卷五)

孝武孝建元年(西四五四) 诏四方秀孝，非才勿举。(《宋书》卷六)

宋制：丹阳、吴会、会稽、吴兴四郡，岁举二人，余郡各一人。凡州秀才，郡孝廉，至皆策试，天子或亲临之。及公卿所举，皆属于吏部，叙才铨用。凡举得失，各有赏罚。失者其人加禁锢，年月多少，随部议制。文帝元嘉年中，限年三十而仕，……及孝武即位，仕者不复拘老幼。(《通典》卷十四)

(4) 齐之取士

齐举士考校，定策秀才格，而选官限年岁，复有甲族后门之分，采取阶级制度。

齐武帝永明五年（西四八七）冬，太子临国学，亲临策试。（《南齐书》卷二十一）

永明八年（西四九〇）诏公卿已下，各举所知，随才授职，进得其人，受登贤之赏；荐非其才，获滥举之罚。（《南齐书》卷三）

今《昭明文选》卷八《策问》，有永明九年及十一年策秀才文，各五首，所问皆精审简约，与后世帖括文不同。

建武中，诏举士，……帝欲试以百里，慰祖辞不就。（《南齐书》卷五二《崔慰祖传》）

建武四年（西四九七）（休源）州举秀才，太尉徐孝嗣省其策，深善之。（《梁书》卷三六《孔休源传》）

齐东昏侯永元元年（西四九九）诏研策孝秀，考课百司。（《南齐书》卷七）

《谢超宗传》：都令史骆宰议策秀才，考格五问，并得为上，四三为中，二为下，一不合。与弟超宗议，以为片辞折狱，寸言挫众，鲁史褒贬，孔论兴替，皆无俟繁，而后秉裁。夫表事之渊，折理之会，岂必委牍，方切治道。非患对不尽问，患以恒文弗奇，必使一通峻正，宁劣五通。而常与其俱奇，必使一亦宜采，诏从宰议。（《南齐书》卷三十六）

案此为考察秀才之格。据《北史》：

齐制……诸郡，俱得察孝廉。其博士助教，及游学之徒，通经者，推择充举，射策十条，通八以上，听九品出身。其尤异者，亦蒙抽擢。（《北史》卷八一《儒林传·序》）

以博士助教，而始得九品出身，其轻待士人可知。然尚不止此也，因甲族后门之不同，而登仕与试吏，显分两途。

齐因习宋代限年之制，……乡举里选，不核才德，其所进取，以官婚胄籍为先，遂令甲族以二十登仕，后门（寒门）以二十试吏，故有增年矫貌以图进者。其时士人，皆厚结姻援，奔驰造请，浸以成俗。（《通典》卷十四）

进取如此其易，不根才德，无惑乎博士助教，仅以九品出身也。

(5) 梁之取士

梁初无中正，限年入仕，最才取录，门第之风稍息。然至敬帝太平二年，复置中正。则劫于门第之势，不问可知。

和帝时，梁武为丞相，上表曰："前代选官，皆立选簿，应在贯鱼，自有铨次。胄籍升降，行能臧否，或素定怀抱，或得之余论，故得简通宾客，无事扫门。顷代陵夷，九流乖失，其有勇退忘进，怀质抱真者，选部或以未经朝谒，难于进用；或有晦善藏声，自埋衡荜。又以名不素著，绝其阶绪；必须画刺投状，然后弹冠，则是驱迫廉拗，奖成浇竞。愚谓自今选曹，宜精隐括，依旧立簿，使冠履无爽，名实不违。庶人识涯浚，造请自息。且闻中间立格，甲族以二十登仕，后门以过立试吏。求之愚怀，押有未达。何者，设官分职，惟才是务。……若限岁登朝，必增年就官。故貌实昏童，籍已逾立；滓秽名教，于斯为甚。……"诏依高祖表施行。（《梁书》卷一）

梁武之言，可谓能悉其弊者矣。然特其未登极前之言论耳。及其自为天子，又复限年。

梁武帝天监四年（西五〇五）正月诏曰："今九流常选，年未三十，不通一经，不得解褐。若有才同甘颜，勿限年次。"（《梁书》卷二）

八年诏曰："朕思阐治纲，每敦儒术，……有能通一经，始末无倦者，策实之后，选可，量加叙录。虽复牛监羊肆，寒品后门，并随才试吏，勿有遗隔。"（同上）

普通三年（西五二二）五月壬辰朔，日有蚀之。……公卿百僚，各上封事，连率郡国举贤良方正直言之士。（《梁书》卷三）

七年，诏在位群臣，各举所知。凡是清吏，咸使荐闻。州年举二人，大郡一人。（同上）

梁元帝遍问朝宰，今天下始定，极须贤才，卿各举所知，群臣未有对者。（《陈书》卷九《欧阳頠传》）

案不拘寒品后门，随才试吏，盖亦未尝不知门第之害，此后既复立中正，则曩者之言当然不行，甚矣，积弊之难挽也。

敬帝太平二年（西五五七）诏诸州各置中正，依旧访举，不得辄承单状序官，皆须中正押上，然后量授。（《梁书》卷六）

此外梁代考试之法，有射策者，大半为国子生。

王训年……十六，召见文德殿，应对爽彻，上目送久之……补国子生，射策高第，除秘书郎，迁太子舍人。（《梁书》卷二十一）

徐勉，国子生，射策举高第，补西阳王国侍郎。（《梁书》卷二十五）

> 张绾初为国子生，射策高第，……迁太子舍人。（《梁书》卷三十四）
>
> 南海王大临字仁宣。……入国学，明经射策甲科，拜中书侍郎。（《梁书》卷四十四）

有对策者则属于秀才。

> 裴邃举秀才，对策高第。（《梁书》卷二八）
>
> 刘之遴十五举茂才，对策。（《梁书》卷四十）
>
> 何逊弱冠举秀才，南乡范云见其对策，大相称赏。（《梁书》卷四九）

此外对策者尚多，不及备录。《隋书·经籍志》载梁有策孝秀文十二卷，《昭明文选》有任彦升天监三年策秀才文（卷八《策问》），可知其时策试颇盛也。

（6）陈之取士

陈制据《陈书》，有贤良秀才之举，有射策对策之试。特以前此离乱，衣冠殄尽，进举者盖寡。

> 陈文帝天嘉元年（西五六〇）诏王公以下，其各进举贤良。（《陈书》卷三）
>
> 陈宣帝太建四年（西五七二）诏曰："举善从谏，在上之明规；进贤谒言，为臣之令范。朕以寡德，嗣守宝图，……傍阙争臣，下无贡士，何其阙尔！……凡厥在位，……各举所知，随才明试。"（《陈书》卷五）

其举秀才者，《陈书》卷二十一有王固、卷三十四有陆琰，州举秀才；陆瑜亦州举秀才，而陆玠举秀才，对策高第。陆深以词采知名，亦举秀才，起家为衡阳王主簿。陈制见于《陈书》者，大概止此。其他唯国子学生，凡一二见而已。推其原因，殆如《儒林传·序》曰：

> 高祖创业开基，承前代离乱，衣冠殄尽，寇贼未宁，既日不暇给，弗遑劝课。世祖以降，稍置学官，虽博延生徒，成业盖寡。（《陈书》卷三十三）

惟陈亦有限年之制，见于《隋书》。

> 陈依梁制，年未满三十者，不得入试。惟经学生策试得策，诸州光迎主簿，西曹左奏，及经为挽郎，得仕。（《隋书》卷二六《百官志·上》）

（7）北魏之取士

北魏取士，初置中正，兼行考试，后遂废之。

后魏州郡皆有中正，掌选举，每以季月，与吏部铨择可否，其秀才对策，第居上下，上表叙之。（《文献通考》卷二八）

后魏天赐元年（西四〇四）文官五品以下，才能秀异者，总比之造士。（《后魏书》卷一〇三《官氏志》）

魏文成帝和平三年（西四六二）诏曰："今选举之官，多不以次，令班白处后，晚进居先，岂所谓彝伦攸叙者也。诸曹选举，宜各先尽劳旧才能。"（《后魏书》卷五）

魏孝文帝太和十六年（西四九二）帝临思义殿，策问孝秀。（《魏书》卷七下）

宣武帝正始二年（西五〇五）诏曰："任贤明治，自昔通规，宣风赞务，实惟多士。而中正所铨，但存门第，吏部彝伦，仍不才举。"（《后魏书》卷八）

北魏虽有策试，而中正之势大盛，策试亦徒有其名而已。故其末造，特罢中正。

韩显宗曰："……今之州郡贡察，徒有秀、孝之名，而无秀、孝之实。而朝廷但检其门望，不复弹坐，如此则可别贡门望，以叙士人，何假冒秀、孝之名也。"（《后魏书》卷六十）

魏宣武帝正始元年（西五〇四）十一月，罢郡中正。（《后魏书·官氏志》）

(8) 北齐之取士

后齐每策秀、孝，中书策秀才，集书策考贡士，考功郎中策廉良。皇帝常服乘舆，出坐于朝堂中楹，秀、孝各以班草对。其有脱误，书滥，孟浪者，起立席后，饮墨水，脱容刀。（《隋书》卷九《礼仪志》）

案此已显有后世场规之意，于时不但策试孝秀如此，即正会日宣诏劳诸郡，皇上计劳讫，付纸遣陈土宜，字有脱误者，亦呼起席后立，书迹滥劣者，饮墨水一升，其他罚规，皆与策试孝秀同。（《隋书》卷九）

可知是种森严之制，并施之于考绩矣。惜其为时不久也。

(9) 后周之取士

后周有一特点，即改从苏绰之议，破除门资之制，广收遗逸。大有矫正门第风尚之意。于是选举之法，为之一变。

后周文帝霸府时，苏绰为六条诏书，其四曰：擢贤良，绰深思本始，惩魏齐之失，罢门资之制，其所察举，颇加精慎。（参《册府元龟》卷六三九，《周书》卷二三）

周武帝建德六年（西五七六）既灭齐，……三月壬午，诏山东诸州，各举明经干治者二人。若有奇才异术，卓尔不群者，弗拘多少。……七月己丑，诏山东诸州，举有才者，上县六人，中县五人，下县四人。赴行在所，共论政治得失。……九月壬辰，诏东土诸州儒生，明一经已上，并举送州郡，以礼发遣。（《周书》卷六）

周武帝宣政元年（西五七八）八月，诏制九条，宣下州郡。其八曰：诏州举高才博学者为秀才，郡举经明行修者为孝廉，上州上郡岁一人，下州下郡三岁一人。（《周书》卷七）

案《册府元龟》卷六三九引此条，作"上州上郡岁三人，下州下郡岁一人。"与今本《周书》不同，录此备考。

至于隋代制定，前已说明，不再赘述。

总上魏晋南北朝之制，盖魏欲以考试为经常之制，因兵事不果。晋策贤良，至于再试，并曾用经学取士，其时士人浮薄，皆欲侥幸不试，因亦不常行。梁有射策对策，后齐之饮墨水，约略有场规矣，虽谓考试滥觞于此时可也。然后周及隋，考试之事，反无闻焉。故谓科举确定于唐者此也。盖此魏晋南北朝数百年间之举士，多被笼罩于九品中正之下，虽行考试，亦不过偶一为之，非至李唐，真正考试制度终未成立也。今将略述中正之制。

二、九品中正之沿革得失

中正之制设立年代，《魏志》不详。《通典》称"魏文帝时，尚书陈群以选举不实，乃立九品官人之法"。（《通典》卷十四）然考魏武帝时，何夔曾疏言：

自军兴以来，制度草创，用人未详其本，是以各引其类，……自今所用，必先核之乡间，使长幼顺叙，无相逾越，……则贤不肖之分，居然别矣。（《三国志·魏志》卷十二）

是九品之制，在陈群之前，已初具规模，群惟据之稍加变通，始见诸实行耳。其设立原因，盖以两汉察举之法，日久弊生，夤缘势力，猥滥益甚。此一因也。东汉桓灵之际，主荒政谬，国命委于阉寺，士子羞与为伍，故匹夫抗愤，品核公卿，海内之士，互相标榜，危言深论，不隐豪强，自公卿以下，莫不畏其贬议。（参《后汉书》卷九七《党锢传·序》）如许劭兄弟，好品评乡党人物至有所谓汝南月旦评。日后九品中正，乃由此种习气以促成，此二因也。汉末之时，政局混乱；人世流离，考详无地，故立九品之制，粗具一时选用之本，（《晋书》卷三六《卫瓘传》）此三因也。《宋书·恩幸传序》亦曰：

> 汉末丧乱，魏武始基，军中仓卒，权立九品，盖以论人才优劣，非为世族高卑，因此相沿，遂为成法。（卷九四）

其法郑樵《通志》所述，最为简明。郑氏谓：

> 晋依魏氏九品之制，内官吏部尚书，司徒，左长吏；外官州有大中正，郡国有小中正，皆掌选举，若吏部选用，必下中正，问其人居，及祖父官名。（卷五八八）

而赵翼《廿二史札记》，言之更明：

> 魏文帝初定九品中正，郡邑设小中正，由小中正品第人才以上大中正，大中正核实以上司徒，司徒再核，然后付尚书选用。（卷八）

中正之任，必须德望兼资者。或公卿自相推举，（参《魏书》卷三七《穆亮传》）或由司徒选召，（卷四五《裴询传》）或由州郡辟举，（参《晋书》卷九四《任旭传》）或由太守辟召，（参《魏书》卷六九《裴延俊传》）或由大中正推荐。（参《晋书》卷七六《盛彦传》）其职上有尚书、司徒、左长史以为统帅，下有主簿、功曹以为辅佐。差叙自公卿以下至于郎吏功德材行取任（《三国志·魏志》卷二三《常林传》）凡吏部选用，必下中正征其人居及祖父官名，序官必须中正押上，然后量用。吏部用人之权，几全操于中正之手。故崔亮答刘景安书曰："昔有中正式成立，品其才第，上之尚书，尚书据状，量人授职，此乃与天下群贤共爵人也。"（《魏书》卷六六《崔亮传》）

此种制度，自魏至晋，罕有更改。"梁初无中正制，年二十有五，方得入仕。天监（西五〇二—五二〇）中，（又诏）……州置州重，郡置郡崇，乡置乡豪各一人，专典搜荐。……敬帝大平二年，复令诸州各置中正。"（《通典》卷十四）"依旧访举，不得辄承单状序官，皆须中正押上，然后量授。"（《梁书》卷六）行至北朝后魏正始元年（西五〇四）罢诸郡中正。又正光元年（西五二〇）罢诸州中正，"郡县定姓族后，复。"（《魏书》卷一一三《官氏志》）行至隋开皇中，方行废除。按此记载，仅见于《通典》（卷十四）及《通考》（卷二八），谓"至开皇中方罢"，《隋书》《北史》及《通鉴》，皆无明文，不知所本。而其沿革大略，要亦如斯。语其末流，百弊丛生，论者非之。夷考其初，分别流品，注重清议，亦有可取者。《晋书》载记有曰：

> 魏始建九品之制，三年一清定之。虽未尽弘美，亦缙绅之清律，人伦之明镜，从尔以来，遵用无改。先帝创临天下，黄纸再定，至于选举，铨为首格。自不清定，三载于兹。主者其更铨论，务扬清激浊，使九流咸允也。（卷一百六《石季龙·上》）

是历魏至晋，其制尚佳。秦蕙田曰：

> 九品中正之制，其弊至于毁誉失实。然考晋宋诸史所载，以内行不谨，被清议者甚众。知士大夫尚以孝悌廉节为重，有三代直道之遗焉。……当时九等之高下，原有公论，而所谓大小中正者，亦必择名德之士而授之，非尽失实也。（《五礼通考》卷一七三）

顾炎武《日知录》曰：

> 陈寿居父丧，有疾，使婢丸药，客往见之。乡党以为贬议，坐是沉滞者累年。阮简父丧，行遇大雪寒冻，遂诣浚仪令。令为他宾设黍臛，简食之，以致清议，废顿几三十年。温峤为刘司空使劝进，母崔氏固留之，峤绝裾而去。迄于崇贵，乡品犹不过也。每爵皆发诏，谢惠连先爱会稽郡吏杜德灵，及居父忧，赠以五言诗十余首。文行于时，坐废不豫荣伍。张率以父忧去职，其父侍伎数十人，善讴者有色貌，邑子仪曹郎顾玩之求聘焉，讴者不愿，遂出家为尼。尝因斋会率宅，玩之为飞书言与率奸，南司以事奏闻。高祖惜其才，寝其奏，然犹致世论，服阕后久之不仕。官职之升沉，本于乡评之与夺，其犹近古之风乎。（《日知录集释》卷十三）

《日知录》所举者外，尚有陈庆之三子"暄，以落魄嗜酒，不为中正所品，久不得调。"（《南史》卷六一）华恒为大中正，乡人任让无行，为恒所黜，及让在峻（苏峻）军中任势，多所杀害，见恒辄恭敬不肆其害。（参《晋书》卷四四）是穷凶极恶如任让者，亦知有所敬畏，是犹有乡品余风也。且其时已服官人，亦可随时贬黜。

> 《廿二史札记》曰：并有已服官而仍以清议升黜者：长史韩预强聘杨欣女为妻，时欣有姊丧未经旬，张辅为中正，遂贬预以清风俗。（《辅传》）陈寿因张华奏，已官治书侍御史，以葬母洛阳，不归丧于蜀，又被贬议，由此遂废。（《寿传》）……是已入仕，尚须时加品定，

其法非不密也。(卷八)

此种严密之检定方法，亦不能谓非九品中正制度之一得也。若语其缺失，则刘毅、段灼等，言之深切，亦有可以互相发明者焉。

《刘毅传》：毅以魏立九品权时之制，未见得人，而有八损。乃上疏曰：……今立中正，定九品，高下任意，荣辱在手。操人主之威福，夺天朝之权势。爱憎决于心，情伪由于己。……用心百态，求者万端，廉护之风灭，苟且之俗成，天下讻讻，但争品位，不闻推让，窃为圣朝耻之！……今之中正，不精才实，务依党利，不均称尺，务随爱憎，……一人之身，旬日异状。或以货赂自通，或以计协登进，……有私于己，必得其欲：是以上品无寒门，下品无势族，……所疏则削其长，所亲则饰其短。虽职名中正，实为奸府，事名九品，而有八损。……臣以为宜罢中正，除九品，……复古乡议里选。帝竟不施行。(《晋书》卷四十五)

段灼亦谓：今台阁选举，徒塞耳目，九品访人，唯问中正。故据上品者，非公侯之子孙，即当涂之昆弟，……则荜门蓬户之俊，安得不有陆沉者哉！(《晋书》卷四八《本传》)

《晋书·熊远传》奏曰：

选官用人，不料实德，惟在白望，不求才干。乡举道废，请托交行，有德而无力者退，修望而有助者进，称职以违俗见讥，虚资以从容见贵。(《晋书》卷七一)

《宋书·恩幸传》曰：

州都郡正，以才品人，而举世人才，升降盖寡。徒以凭借世资，用相陵驾，都正俗士，斟酌时宜，品目多少，随事俯仰，刘毅所云"下品无高门，上品无贱族"者也。岁月迁讹，斯风渐笃，凡厥衣冠，莫非二品，自此以还，遂成卑庶。周汉之道，以智役愚；台隶参差，用成等级。魏晋以来，以贵役贱，庶士之科，较然有辨。(《宋书》卷九四)

观以上数家之言，魏晋南北朝门第阶级之盛，已于考试史中寓其因果。后周以前，虽欲革除其弊，终未果行。至于有唐，一以考试为准绳，而后平民有参与政治之机会，阶级观念，赖以破除焉。

第四章　唐及五代之考试制度

唐以前之取士法，已于第一编略有说明。如《尧典》之数奏明试，三载考绩，《周礼》之三年大比，宾兴贤能，汉之贤良方正，孝廉茂才，皆已述于前。魏文帝时，尚书陈群，以选举不实，立九品官人之法，州郡皆置中正，以定其选。晋武帝尝策贤良，而九品中正，犹沿魏制。士人浸以门资阀阅为序，东晋元帝，岁举孝秀，不复策试，尚书陈群争之，复试经，不中科者坐举主。由是孝秀多不敢行，到者并托疾。孔坦议请普延五岁，许其讲习，乃诏孝廉中至七年，而秀才如故。宋制凡州举秀才，郡举孝廉，至皆策试，天子或亲临之。凡举得失，各有赏罚。齐因习宋代限年之制，然乡举里选，不核才德，其所进取，以官婚胄籍为先。梁初无中正，颇中限年之制。既而令州置州重，郡置郡崇，乡置乡豪各一人，专典搜荐，无复膏粱寒素之隔。敬帝复令诸州，各置中正。陈依梁制，限年入仕；惟经学生，策试得第，乃能入仕。后魏州郡，皆有中正，掌选举。其秀才对策，第居中上，表叙之。北齐亦沿魏制，而课试之法特严。书有滥劣者，饮墨水一升；文有孟浪者，夺席脱容刀。周武既平齐，广收遗逸，诏举明经干理，宣帝绍亦兼罗。隋文帝开皇中罢中正，制诸州岁贡三人，工商不得入仕。炀帝大业二年，又师《周礼》，立进士科，其时举人春还秋往，略有后世科举考试之状。然诸事草创，未遑确定。门阀阶级之势，犹有存余。

至于李唐，始将门阀阶级之风习，加以扫除。其取士也，不赖于乡评，不委于中正，惟令天下士人，投牒自进，公同竞争。皆凭考试，合格则取，不合则去，高低贵贱，一准于此。惟制举，由天子特召，以待非常之才，尚有两汉辟召之遗风焉。

唐之试制，以地域别之，有解试省试之名：在州县受试者曰解试；尚书省受试者曰省试。以出身别之，有生徒贡举之名，由京师及州县学馆出身，而送于尚书省受试者曰生徒；不由学馆而先经州县考试，及第后再送尚书省应试者曰乡举。其科目，有秀才，有进士，有明经，有明法，而又有明字明算；有一史，有三史，有开元礼，有道举，有童子。

而明经之别，有一经，有三经，有二经，有学究一经，有三礼，有三传，有史科。科目虽多，而有司取士之法，亦因时增损，各有不同。初，秀才科最高；贞观中，有举而不第者，坐其州长，由是废绝。自是士族所趋，惟向明经进士。晚唐则专以进士为重。其考试文艺，因科而别，秀士试以方略策五道，进士试杂文二篇，时务策五道。明经先帖经，然后口试；每经问大义十条，答时务策五道。其帖经之法，以所习经，掩其两端，中开一行，裁纸为帖，任意增损其字句，以验章句之生熟。及其为弊，明经不明义理，而进士不识经史。于是玄宗时，进士试文策外，加试帖经；明经加试时务策，及大义十帖。进士经策全通为甲第；策通四，帖过四以上为乙第。否则不合。凡及第于礼部试者苟欲为官，尚须试之于吏部，以"身言书判"为准。身者体格，言者言语，书谓书字，判者批判之词；四者入格，而后可以临民。

五代考试，与唐相同。所异在科目之简，帖经之重。盖时土宇分割，朝代屡易，人士流离，文学废坠，举笔能文者寡也。

宋之考制，仁宗以前，多沿五代之旧。科目有明经，三史，三传，制科等；试艺为帖经墨义。惟进士加试诗赋，制科专试策论。仁宗以后，以墨义只课记诵之能否，于经典大义，无所发明。于是神宗熙宁三年始专以策取士。四年王安石欲罢科举，专取人于学校，故罢明经，三传诸科，唯留进士一科。又罢诗赋帖纸墨义，专以大义问进士。其后议臣力争，乃分经义、词赋为二科。其中几经废兴，卒以二科并行。自是科目试艺，皆日趋简单。但考试方法，则日形复杂。以种类言之，有殿试，省试；以方法言之，有弥封编号，誊录易书，保举连坐，初考复考等。惟于礼部试后，直接入官，不须再试于吏部，此则与唐制特异者。初，礼部贡举，皆秋取解，冬集礼部，春考试，合格及第者，列名放榜于尚书省。英宗治平三年（西一〇六六）乃诏三岁一举，遂为定制。至复试始于开宝六年（西九七三），殿试始于八年，赐第广于太平兴国，糊名昉于淳化（唐惟诏举糊名），易书起于祥符。殿试不黜，在嘉祐之初，"特奏名"之立，在开宝之岁，此皆科名盛典，视之严且重也。若制举无常，天子每亲策之，太祖始置三科，景德二年，增科为六；仁宗时，又增为天圣十科，先后中第多名臣。自王安石恶孔文仲对策切直，遂奏罢制科，元祐中复行，绍圣又罢。既而改置弘词科；大观中，改立词学兼茂科，岁附贡士院试取。高宗时，虽复贤良，未有应者，嘉熙而后，复立词学科焉。

辽金元之考试，仍分经义、词赋二科。其后辽圣宗时，只以词赋法律取士，词赋为正科，法律为杂科，考试有乡试，府试，省试三种。乡中曰乡荐，府中曰府解，省中曰及第，称进士。金之设科又因辽宋之制，有词赋、经义、策试、律科、经童之目，世宗大定十一年，设女真进士科，专试女真文字，其试辞赋、经义中选者谓之进士；律科经义中选者曰举人；举人至此，始有一定名义，其在唐宋乃应试人之通称也。元太宗取中原，用耶律楚材言，开科取士，分谕及经义、辞赋为三科，行之一次而罢。世祖定天下，王鹗献计，许衡立法，事未果行。至仁宗延祐二年（西一三一三）始斟酌旧制而行之，每三岁一开科，举人以德行为首，试艺以经术为先，考试有乡试、会试、御试之别，取人有蒙古、色目人与汉人、南人之分。蒙古、色目人第一场试经义，第二场时务策；汉人、南人多试词赋一门，第一场经义，二场词章，三场时务策，共分二榜。其经义专以朱子四书义为主，沿至明清而不息，此堪注意者也。然当时铨衡无定，吏道杂而多端，顺帝至元元年（西一三三五）诏罢科举。至元六年（西一三四〇）诏复行之。二十六年特优其礼秩，而元之设科，亦止于是岁矣。

至于明清，中国考试制度之发达，已臻极境，两朝制度，相差甚微，今统述之。明太祖洪武三年，始下开科诏，六年寻罢之，十七年复举，以后皆三年一开科，历明至清，罕有间断；至光绪三十一年（西一九〇五）始行罢除。其制有童试、岁试、科试、乡试、会试、廷试之别。童试先由县应试，取录后送府，府试取录再送督学院受试，及第者，名曰秀才，或称附生，第二次督学使者按临时第一年须应岁试，第二年须应科试，第三年为大比之年须应乡试。岁试系试已入学之廪增附生，文字有无进步，科试则为次年大比，先以此试考核优劣，录取若干人以备次年赴乡试。乡试行于子午卯酉之年，试于各省省会，每试三场。其在明，第一场试四书艺及五经义，第二场试论及判，三场经史时务策。在清第一场试四书艺及五言六韵诗，后改八韵；二场五经义，三场策论。中试者第一曰解元，合次四名为经魁，通称曰举人。举人至京师，礼部试之曰会试，亦三年一次，辰戌丑未年行之。中式者第一曰会元，其次十七名曰会魁，通称曰贡士。贡士天子再试于殿中曰殿试，亦曰廷试。试仅一场，时务策一道。中式者,分一二三甲。一甲三名:曰状元,榜眼,探花;赐进士及第。二甲若干人赐进士出身。三甲若干人赐同进士出身。状元授修撰,榜眼、探花授编修。二三甲选用庶吉士者,皆入翰林。其会试不中式者,送国子监肄业,俟再举,屡举不第,以监生资入官。其岁贡法,令天下州府县学,岁各贡其食廪生员,赴礼部试,试中补国子监生。所试命题,皆取四子书,及《易》《诗》《书》《春秋》《礼记》。其文略仿宋经义,体用排偶,通称谓之制义,流俗谓之八股,此中国考试之概略也。

今以唐五代承两汉南北朝之选举,开后世科举之先河,五代沿用唐制,相差无几,故为一章。宋承五代之制,减科目,增试法,年代悠长,事体复杂,独为一章,辽金元为异族,虽互有异同,而于民族同化一点,饶有兴趣,统为一章。明清两代,制度相同,合章述之,以省繁文。总分四章,断代为史。然后综合事实,略评得失,置于结论。

甲　考试概况

考试之制,为一代抡才大典,沿革变迁,甚为复杂。《册府元龟》与《古今图书集成·选举典》,皆按年叙述,令人难明。缘先简括述之,俾得概念,然后及其变迁。

一、应试人之来源

唐朝应试人之来源,简言之,可分为二:即一,由学馆出身者。二,不由学馆出身者。然史书分为三,今仍之。其一,即由京师及各地学馆出身者,曰生徒。其二,普通士人,试于州县,及格后,送试礼部者,曰乡贡。其三,不由学校出身,及州县考试,而直接由天子自召者,曰制举。所以待非常之才。(制举之试无定期,科无定名,皆由天子随时征召,随意定名。故其名目,旧称数十,今可考者之逾百,后列表详之。)

二、考试程序

每岁仲冬,州县馆监举其成者,送之尚书省。其非生徒者,则皆投牒自列于州县。"试已,长吏以乡饮酒礼,会属僚,设宾主,陈俎豆,备管弦,牲用少牢,歌鹿鸣之诗。"(《新唐书》卷四四《选举》)送至尚书省,此盖仿《周礼》"以礼礼宾之"也。"既至省,皆疏名列到,结款通保,及

所居；始由户部集阅，而关于考功员外郎试之。"（同上）

后以其权轻，乃以礼部侍郎主之。其考试程序，韩愈《送张童子·序》言之最明。其词曰：

>……始自县考试，定其可举者，然后升于州若府，其不能中科者，不与是数焉。州若府总其属之所升，又考之如县，加详察焉；定其可举者，然后贡于天子，而升之有司。其不能中科者，不与是数焉；谓之乡贡。有司者，总州府之所升，而考试之，加详察焉；第其可进者，以名上于天子，而藏之；属之吏部，岁不及二百人，谓之出身。（《昌黎先生集》卷二十）

于此，知唐考试程序，先县试，次州试，次试于有司，即礼部试；再次试于吏部，然后出身授官。是礼部乃天下士人之总试所，与后代之会试同。代宗广德二年，以时艰岁歉，始令赴尚书者就试两都（东都、西都），代宗大历十二年东都举停，自是不置。

三、科目及试艺

唐代试艺，变迁最繁。今为简约，列表明之。

（1）唐代科名试艺及取录标准等第表

科名	试艺及取录之标准等第
秀才	试方略策五道，以文理粗通，为上上，上中，上下，中上，凡四等，为及第。
明经	先帖文，然后口试，经问大义十条，答时务策三道，亦为四等。
开元礼	通大义百条，策三道者，超资与官。义通七十，策通二者及第。散试官能，通者依正员。
三传科	《左氏传》问大义五十条，《公羊》《穀梁传》三十条。策皆三道。义通七以上，策通二以上为第。白身视五经有出身，及前资官视学究一经。
史科	每史问大义百条，策三道，义通七，策通二以上为第。能通一史者白身视五经，三传有出身，及前资官视学究一经，三史皆通者奖擢之。
童子科	十岁以下，能通一经，及《孝经》《论语》卷诵文，十通者予官，通七与出身。
进士	试时务策五道，帖一大经，策全通为甲第，策通四，帖过四以上，为乙第。

续表

科名	试艺及取录之标准等第
明法	试律七条，令三条，全通为甲第，通八为乙第。
书学	先口试通，乃墨试《说文》，《字林》二十条，通十八为第。
算学	试《九章》《海岛》，《孙子》，《五曹》，《张邱建》，《夏侯阳》，《周髀》《五经》，《缀术》，《辑古》。取明数造术，辨明术理者为通。（此条据《唐六典》卷四，礼部侍郎条）
道举	亦名崇玄，习《老子》《庄子》《文子》《列子》。其生京都各百人，诸州无常员，官秩荫第，同国子举，课试如明经。
孝廉	在乡闾有孝悌廉耻之行，五经之内，精通一经，兼能对策，达于治体者，并量行业授官。（此条据《通典》卷十五）

观此表，可知唐代科目及试艺之大概。但制科不在其内。表系根据《新唐书·选举志》，（卷四四）而《选举志》乃根据《唐六典》卷二考功员外郎，与礼部侍郎之职，加以增省而成者。其算学一条，唐志原文如下：

凡算学，录大义本条为问答，明数造术，详明术理，然后为通。试《九章》三条，《海岛》，《孙子》，《五曹》，《张邱建》，《夏侯阳》，《周髀》《五经算》各一条。十通六，记遗三等数，帖读十得九为第。试缀术辑古，录大义为问答者；明数造术，详明术理无注者；合数造术，不失义理，然后为通。缀术七条，辑古三条，十通六，记遗三等数，帖读十得九为第。落经者，虽通六不第。

案此条似有重复讹舛之处。表中不从，而采用《唐六典》。《册府元龟》卷六三九载天宝十一年试文格，亦与六典同，而与志大异。

五代科目，与唐略同。惟试艺甚简，亦列表明之。表据《册府元龟》卷六四二周太祖广顺三年（西九五三）徐合符奏。原文录在《明经所试之变迁》一节，可参阅也。

（2）五代科名种类及考试条格表

科名	原来考试条格	周太祖广顺二年改试条格	三年再改条格
九经	帖经百二十，对墨义泛义口义共六十道，策五道	罢帖书泛义口义，共对墨义一百五十道	去泛义口义，都对墨义六十道，其帖书对策依元格

续表

科名	原来考试条格	周太祖广顺二年改试条格	三年再改条格
五经	帖书八十帖，对墨义五十道	罢帖书，对墨义一百道	对墨义十五道，其帖书对策依元格
明经	帖书五十	罢帖书，对墨义五十道	（遗漏）
明法	帖律令十，对律令墨义二十道，策试十条	罢帖律，对义六十，策试如旧	并依元格
学究	念书二十，对义二十，策五道	罢念书，都对墨义五十道	依去年例
三礼	对墨义九十道	添四十道	依元格
三传	对墨义一百一十道	于《公羊》《穀梁传》，各添对义二十	依元格
开元礼	对墨义三百道，策五道	加对义五十道	并依元格
三史	对墨义三百道，策五道	加对义五十道	并依元格
进士	试杂文诗赋，帖经二十帖，对义五道	别试杂文二首，代帖经对义，策仍旧	帖书对义依元格
童子	念书二十四道	添念书通前五十道，通三十者及第	依去年格
毛诗	对墨义六十道	（注：世宗显德元年，宝仪上言，有毛诗依旧为一科，对墨义云云。）	

观此表，五代科目，似较唐为多，其实较少。盖五经、三礼、学究等，在唐统属明经一科也。唐之书算道举，五代无之。但毛诗科，唐亦无之。其试艺，五代仅帖经墨义，因其时朝代屡易，兵戈扰攘，少执笔能文之人也。

四、考试分场及试期

唐初行科举，试期无一定。据《文献通考·登科记总目》，大抵每年一次。时有以米贵，或其他原因，停一二年者。其月日及场数，徐松言之颇明。辞曰：

乡贡进士，例于十月二十五日集户部，生徒亦以十月送尚书省，（据温庭筠榜为十月六日）正月乃就礼部试。试三场，先杂文，次帖经，次再策。每一场已,即榜去留,通于二月放榜,四月送吏部。

然阎济美之试东都,则在十一月十二日,邱为有省试夏日可畏诗,敬括有省试七月流火诗,或东都试与西都事异,抑有事改期也。

明经亦试三场:先杂文,次口试,次答策三道。其试期,史无明文。河南记载韦丹举五经元长史,言于明年五月及第。疑试明经在进士放榜后。(《登科记考·凡例》)

制举试期无定,据《册府元龟》卷六四三,有调露二年十二月壬子,有开元九年四月甲戌,有五月乙亥,有十四年七月癸巳,有天宝元年十月,有代宗宝应二年五月等,皆无定期。疑随举随试,故致如此。

五代试期,亦每年一次,计五代五十二年(西九〇七—九五九)其间惟梁与晋,各停贡举二年。其月日,史无明文,场数亦三场,观三传三礼之试可知。

试期与分场既明,而唐是否夜试,尚为待考之问题。

后唐明宗长兴二年(西九三一)二月,礼部贡院奏当司奉堂帖,夜试进士,有何条格者。敕旨,秋来赴举,备有尝程,夜后为文,曾无旧制。王道以明规是设,公事须白昼显行。冀盛观光,犹敦劝善。每取翰林学士,往例皆试五题,共观笔下摛词,不俟烛前构思。其进士并令排门齐入就试,至门开时试毕,内有先了者,上历昼时,旋令先出。其入策,亦须昼试,应诸科对策,并依此例。余准前后敕格处分,夜试进士,非前例也!(《册府元龟》卷六四二)

是唐无夜试之事。然据《旧五代史·明宗纪》八:

长兴二年二月癸巳,诏贡院旧以例夜试进士,今后昼试。排门齐入,即日试毕。(卷四二)

是两相矛盾,未审孰是。

晋末帝开运元年(西九四〇)十一月,工部尚书权知贡举窦贞固奏,进士考试杂文,及与诸科举人入策,历代已来,皆以三条烛尽为限。长兴二年改令昼试,伏以愚科取士,有国常规,沿革之道虽殊,公共之情难失。若使就试两廊之下,挥毫短景之中,视晷刻而惟畏稽迟,演辞藻而难求妍丽,……既非师古之规,恐失取人之道。今于考试之时,准旧例以三条烛尽为限。……施行。(《册府元龟》卷六四二)

是唐有夜试。而《册府元龟》所载,互相矛盾。然非《册府元龟》

之误,乃礼部贡院之误。《册府元龟》所载,惟存真耳。案五代人才缺乏,大臣章奏,帝王诏谕,多鄙俚之辞。《通考》所采,加以润色,尚觉可观,《册府元龟》所载,一存其真,多难卒读。贡院信口奏唐无夜试,失在不学不慎也。今考《唐摭言》载刘虚白诗,有"二十年前此夜中,一般灯烛一般风"之句;及"三条烛尽"之说。《唐摭言》卷十二有"郑光业常言及第之岁,策试夜,有一同人突入试铺,为吴语,谓光业曰:'必先必先,可以相容否?'光业为辍平铺之地,……"又征之《白居易集》"礼部进士例许用书册兼得通宵"。(卷四三《论考试进士事宜状》) 是唐不但有夜试,而且得通宵矣。可无疑义。至后唐明宗二年,采用昼试;行之九年,至晋末帝开运元年,又复行夜试。是唐及五代,皆有夜试,即后来所谓继烛也。以上为此期考试概况,其中变迁最多,述之于后。

乙　沿革及变迁

唐有天下二百九十年(西六一八—九〇七),关于考试沿革,颇为复杂。今分:一,一般变迁,纪立制之始;二,科目变迁,纪其兴废;三,试艺变迁,纪其增减。

一、一般之变迁

(1) 唐行科举之始

高祖以神武静天下,用文教贞万姓,武德五年(西六二二),诏有司以进士为选士之目,仍古道也。自乡升县,县升州,升府,皆历试行艺。秋会贡于文昌,咸达帝廷,以光王国。(《玉海》卷一一五引赵修《登科记序》)

王定保曰:斯我唐贡士之始也。(《唐摭言》卷一)

(2) 帖经之始

高宗调露二年(西六八〇)考功员外郎刘思立,始奏二科(明经、进士)并加帖经,又加《老子》《孝经》,使兼通之。(《通典》十五)

徐松案此为帖经之始。(《登科记考》卷二)

(3) 殿前试人之始

唐武后载初元年(西六八九)二月十四日,试贡举人于洛城殿,数日方了,殿前试人自此始。(《通典》卷十五)

马氏端临曰：武后所试诸路贡士，盖如后世之省试，非省试之外，再有殿试也。唐自开元以前，试士未属礼部，以考功员外郎主之；武后自诡文墨，故于殿陛间，下行员外郎之事。(《通考》卷二九)

(4) 进士三场试之始

中宗神龙元年(西七〇五)始定进士三场试。(《唐摭言》卷一)

(5) 糊名考校之始

案糊名考校，难定其年。《通典》卷十五曰："武后以吏部选人多不实，乃令试日自糊其名暗考，以定等第，糊名自此始。"《唐书·选举志》曰："初试选人，皆糊名，令学士考判。武后以为非委任之方，罢之。"(卷四十五) 是一曰，始于武后。一曰，罢于武后。《唐会要》卷七五曰："玄宗开元十五年九月，敕今年吏部选人，宜依糊名考判，临时考第奏闻。"是前已行之，中或废用，殆无疑问。以《通典》与《唐书》较，《通典》唐人所作，当从《通典》。但既有异说，毋宁并存之，以为缺疑也。惟唐糊名考校之法，曾行于吏部试，而未行于礼部；此则吾人当为注意者也。

(6) 礼部选士之始

玄宗开元二十四年(西七三六)考功员外郎李昂，为举人诋诃。帝以员外郎望轻，遂移贡举于礼部，以侍郎主之。礼部选士自此始。(《新唐书》卷四四《选举志》)

五代时，或以兵部侍郎，或以户部侍郎，刑部侍郎为之，不专主于礼部矣。(《文献通考》卷三十)

(7) 制举试诗赋之始

天宝十三年(西七五四)御含元殿，亲试博通宏典，洞晓玄经……等举人，……问策外更试诗赋各一首。制举试诗赋，自此始也。(《册府元龟》卷六三九)

是段并见《旧唐书》卷一一九《杨绾传》。惟文较冗长，故用《册府元龟》词句。然礼部诗赋之试，高宗时已行之。当时所谓杂文，即一诗一赋也。

(8) 两都试人之始

代宗广德二年(西七六四)贾至为侍郎，建言岁方难歉，举人赴省者，两都试之。两都试人自此始。(《新唐书》卷四四)

案两都即东都、西都，亦即今之洛阳、长安也。

(9) 恩科

唐昭宗大顺元年（西八九〇）韦庄奏，词人才子，时有遗贤，伏望追赐进士及第。

次年，天复元年，又令中书下，选择新及第进士中，有久在名场，才沾科级，年齿已高者，不拘常例，各授一官。于是礼部侍郎奏：陈光问年六十九，曹松年五十四，王希禹年七十三，刘象年七十，柯崇年六十四，郑希颜年五十九，特授官制。时谓此举为五老榜（此假据《唐摭言》卷三，《容斋三笔》卷七，《通考》卷二十九。）

二、科目之变迁

科目可大别为二，其明经，明算，史科，道举等，旧称诸科，如"诸科举人"等文；今恐难明，特称之为常科。制举亦称制科，无定期定名，亦称特科，今仍旧。

(1) 常科

据《新唐志》，唐之科目，有如下表：

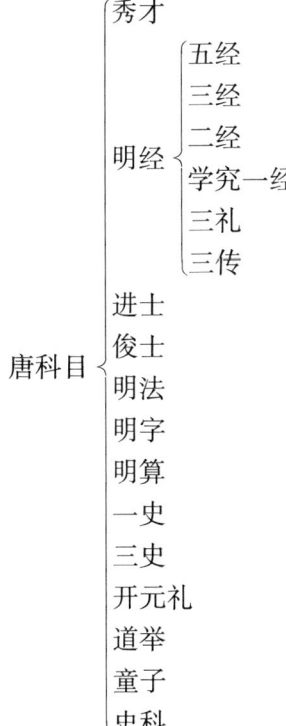

唐科目
- 秀才
- 明经
  - 五经
  - 三经
  - 二经
  - 学究一经
  - 三礼
  - 三传
- 进士
- 俊士
- 明法
- 明字
- 明算
- 一史
- 三史
- 开元礼
- 道举
- 童子
- 史科

此岁举之常科也。从此表，可知唐科目之多，兼可推知其取士之广，然常行者，惟进士、明经；不常行者，殆为俊士。据《通典》所述，初以秀才科为最高，"贞观中（西六二七—六四九）有举而不第者，坐其州长，由是废绝。"（卷十五《选举典》）《新唐志》及《玉海》卷一一五引《登科记》，则谓"高宗永徽二年（西六五一）始停秀才科。"《文献通考》列《唐登科记总目》亦然。是当以秀才停于永徽二年为确。

开元二十四年（西七三六）以后，复有秀才举，其时进士渐难，而秀才本科无帖经及杂文之限，反易于进士，主司以其科废久，不欲收奖进者，多落之，三十年来无及第者。至天宝初，礼部侍郎韦涉，始奏请有堪此举者，令官长特荐，其常年举送者并停。（《通典》卷十五）案秀才科既罢于永徽二年，至开元二十四年已八十六年，自开元二十四年至天宝元年，为时仅七年，至天宝末年（西七五六）亦仅二十年，《通典》谓"三十年"疑误。又案顾氏炎武曰："《册府元龟》言代宗朝杨绾为礼部侍郎，请置五经秀才科，事寝不行，而《旧唐书·儒林传》，冯伉大历初（西七六六—七七九）登五经秀才科。则是尝行之，而旋废耳。"（《日知录集释》十六）《容斋五笔》曰："唐杨绾为相，以进士不乡举。且试辞赋浮文，非取士之实，请置五经秀才科，李栖筠、贾至以绾所言为是，然亦不闻施行也。"（卷一）宋人不闻施行，而顾氏谓尝行而旋废，颇滋疑惑。检《新唐书·韩思复传》，举秀才高第，复在永徽后。《旧唐书·杜正伦传》，唐代举秀才止十余人。《职官志》秀才有唐已来无其人。《唐登科记总目》，秀才共二十九人。永徽二年停止后，无再举者。《全唐书》文载送某某秀才书序，将近百人，愚初不得其解，及阅李肇《国史补》谓"进士通称，谓之秀才。"徐松《登科记考·凡例》，更明言"唐之秀才，罢于永徽；孝廉停于建中，中叶以还，则以秀才为进士之称，孝廉为明经之号，凡此之类，不可以文害义。"然则永徽以后，称秀才者乃进士之别名；人以其科高，而沿用之也。韩思复之举秀才高策，徐松谓"即进士科。"（《登科记考》卷二）冯伉之举五经秀才，徐氏列于明经科，谓"即五经登第也。"（卷十）是秀才罢于永徽二年后；开元二十四年虽议复之，而均未见再举。但柳宗元《为韦夏卿祭杜确文》有云："大历之岁，诏征茂才。"旧言秀才为避汉光武讳，改茂才；是秀才即茂才。此则秀才科已罢之后，大历中又曾诏征茂才，实不可解。意者茂才与秀才实为两科，旧说避光武讳，始改秀才为茂才，殆有疑义，不揣愚陋，特为考订，附于本节之后。

秀才科既停，自后士族所趋，惟明经、进士二科而已，二科之中，又以进士为最贵，得人亦最多。其他科目，废兴年月，颇难致考。玄宗御撰之《唐六典》，仅有秀才，明经，明法，进士，及书算六科，知其余科目，实创于玄宗以后，今检《新唐书·选举志》，道举立于开元二十九年，史科及三传科，立于穆宗长庆三年。(西八二三) 据《唐会要》，孝廉科停于德宗建中元年，(西七八〇) 而《册府元龟》以为二年六月敕。此外科目废兴，不易得知矣。[懿宗咸通四年（西八六三）皮日休上疏，请以《孟子》为学科，未获允许，知唐时不重《孟子》，更无所谓四书之名。] 至五代后晋高祖天福五年 (西九四〇) 停拔萃，明算，道举，百篇等科，《册府元龟》卷六四二) 周世宗显德二年 (西九五五) 罢明经童子，同年准毛诗依旧为一科，(参《旧五代史》卷一四八《选举志》) 是毛诗立于五代，而不知在何年。总观以上科目变迁，皆有日趋简略之势。

(2) 制科

制科亦名制举。

> 唐封演曰：国朝于常举取人之外，又有制科，搜扬拔擢，名目甚众，则天广收才彦，起家或拜中书舍人，员外郎；次拾遗，补阙。元宗御极，特加精选，下无滞才。(《封氏闻见记》卷三)

> 新书《选举志》曰：天子自诏者曰制举，……所谓制举者，其来远矣。自汉以来，天子常称制诏，道其所欲问，而亲策之。唐兴，世崇儒学，虽其时君贤愚好恶不同，而乐善求贤之意，未始少息。故自京师，外至州县，有司常选之士，以时而举。而天子又自诏四方德行才能文学之士，或高蹈幽隐，与其不能自达者；下至军谋将略，翘关拔山，绝艺奇伎，莫不兼取，其为名目，随其人主临时所欲，而列为定科者，如贤良方正，直言极谏，博通坟典，达于教化，军谋宏远，堪任将率，详明政术，可以理人之类。其名最著，而天子巡狩行幸，封禅太山、梁父，往往会见行在，其所以待之之礼甚优，而宏才伟论，非常之人，亦时出于其间，不为无得也。(卷四四)

此唐制举之意义，及其大概情形也。盖常科开科举之先河，制科承两汉之召征。其沿革，始于高宗永隆元年 (西六八〇) 岳牧举武陟县尉，员半千及第，上御武臣殿亲问（《唐会要》七六）玄宗开元九年（西七二一）（按《册府元龟》与《旧唐书·本纪》皆载于是年四月，独《玉海》卷一一五列于八年，疑误。）亲策应试举人，十四年，二十六年亦然，至宪宗元和元年（西八〇六），以制举人先朝所征，不欲亲试，乃命宰相，监视制人于尚书省，以前殆皆亲试也。唐苏鹗曰："上每临朝，（案观前后文'上'系指德宗。）多令征四方丘园才能学术直言极谏之士，由是提笔贡艺者，满于阙下；上亲自考试，用绝请托之门。……或有词章乖谬者，即浓笔抹之至尾。如辄称旨者，必翘足朗吟，翌日则遍示宰臣学士曰：此皆朕门生也。是以公卿大臣已下，无不服上。"（见《杜阳杂编》卷一）从此，知皆皇帝亲试制举，至宪宗始变其例也。

制科之目，《玉海》卷一百十五，谓自志烈秋霜而下凡七十六科，《困学纪闻》卷十四，谓多至八十有八，今可考者，已百有余矣。详后列唐制举科目表。

此表所列唐制科科目，已得百有一十余，他如徐松《登科记考·凡例》所举，以不能系年，因未入表者，尚有孝弟廉让，（见孝子郭思训墓志）有穿杨附枝，（见李邕臧怀亮碑）有燮理阴阳，（见《元和姓氏纂》）有牧宰，（见《卓异记》）是此表所列，尚非完备。《容斋随笔》卷十二曰："唐世制举，科目猥多，徒异其名尔，其实与诸科等也。"盖制科之设，纯依天子所好，随时定名，鲜有成例。每一科目，非必与其他各名，显然有别，如文藻宏丽，与文词清丽，则最相近。又有一人连中数科者，如员半千举八科皆中，裴守贞六科连中是也。其时制科得人，颇为繁盛，名相如牛僧儒、李宗闵、王起等；名文人如白居易、元稹等，皆由制科出身也。

常举外，复有通五经，一史，及进献文章，并上著述之辈，或付本司，或付中书考试，亦同制举，开元中有唐颎上《启典》一百三十卷，……李镇上《注史记》一百三十卷，《史记义林》二十卷，……冯中庸上《政事录》十卷，……高峤上《注后汉书》九十五卷，……如此者，并量事授官，或沾赏赉，亦一时之美。（《封氏见闻记》卷三）

五代亦有制举，惟至周始设，科目亦不如唐之繁。《五代会要》曰：

周显德四年（西九五七）十月诏曰：制策悬科，前朝盛事，莫不访贤良于侧陋，求谠正于箴规，殿庭之间，帝王亲试，其或大裨于国政，有益于时机，则必待以优恩，縻之好爵，岂可使怀才抱器者郁而不伸，隐曜韬光者晦而不出，遂致翘翘之楚，多至于弃捐；皎皎之驹，莫就于縻絷。遗才滞用，阙孰甚焉。应天下诸色人中有贤良方正，能直言谏诤，经学深优，可为师法，详闲吏理，达于教化者，不限前资见任职官，黄衣草泽，并许应诏，其逐处州府，依每年贡举人式例，差官考试，送解尚书吏部，仍量试策论三道，共三千字以上。当日内，取文理具优，人物爽秀，方得解送，取来年十月集上都，其登朝官亦许上表自举。（原注：先是兵部尚书张昭上章，请设制科，故有是诏。）（卷二十二）

然不满三年，五代之局已告终矣。夷考其实，虽谓五十余年中无制科可也。

附茂才秀才疑非一科考

"旧言秀才避汉光武讳"语发自应劭，（见《汉书·武帝纪》元封五年注）先是元朔五年，公孙弘请置博士弟子五十人，中言"即有秀才异等，辄以名闻"。至元封五年，"令州郡察吏民，有茂材异等，……及使绝国者。"于是"应劭谓旧言秀才避光武讳，称茂材异等者，超等轶群，不与凡同"也。夫"秀"为避讳改"茂"，"才"何以作"材"？盖汉书之茂材异等，皆用此"材"；非如公孙弘所言之"才"也。

"秀才"二字之起源，有三说：其一，即杨慎之说："赵武灵论胡服云：俗辟民易，则是吴越无秀才也。"秀才之名始此。（《丹铅总录》卷十）其二，即顾炎武之说：谓原出《史记·贾生传》（按即贾谊），"年十八，以能诵诗属书，闻于郡中，吴廷尉为河南守，闻其秀才。"（顾说见《日知录集释》卷十六，贾传见《史记》卷八十四）其三，即王行谦说："秀才所由命名，盖出《管子·小匡篇》，其秀才之能为士者，则是赖也之文。"（见元封五年《汉书补注》）今不深究二字之起源，而问人君避讳，当从何时起，至何时止？若谓避某君主之讳，其已前之书，必须改正，则"秀才"二字，一见于前汉公孙弘奏，二见于《史记·贾谊传》，三见于《管子·小匡篇》，……何以不改？而其他皆为茂材异等也。此可疑秀才茂才非一科者一。

若谓避讳止限本朝，《史记·贾谊传》不足据，而《汉书·贾谊传》仍称"秀才"。周寿昌谓独此二字尚存，殆未窥《公孙弘传》谓茂材与秀才之别也。且《后汉书》中举茂才者虽多，而卷二十九，鲍永即举"秀才"者，何以又不改？他如《东观汉纪》卷二十九，鲁丕亦于建初中举"秀才",谢氏《后汉书》,雷义亦州举"秀才"(见《北堂书抄》卷七十九)。何以皆不改？此可疑秀才茂才非一科者二。

若谓避讳止及本朝,而不及后代,则魏晋南北朝举"秀才"者虽多,然亦有举"茂才"者：如《三国志·吴志》卷四,刘繇举茂才。唐余知古《渚宫旧事》卷四,魏石伟,字公操,举茂才不就。《梁书》卷四十,刘之遴年十五,举茂才对策。《晋书》卷五十一,束晳举茂才不就。……是可疑秀才茂才非一科者三。

至于唐代,则大明矣。自高宗永徽二年罢秀才科后,其以进士为秀才之通称者不算,有举茂才或茂才异等者矣。若检徐松《登科记考》,可得每年所举之人,此可疑秀才茂才各自为科者四。

或曰,茂才异等,与秀才容或有别；然非秀才与茂才有别也。则应之曰,有。唐赵匡《举选人条例》曰："其有通《札记》《尚书》《论语》《孝经》之外,更通《道德》诸经,通《元经》《孟子》《荀卿子》《吕氏春秋》《管子》《墨子》《韩子》,谓之'茂才举'。……其有学兼经史,达于政体,策略深致,其词典雅者,谓之'秀才举'。……又曰：其茂才秀才,请授畿尉之类。"(见《通典》卷十六)《苏氏演义》亦曰："夫秀才茂才孝廉之科,其来尚矣。"(卷上)是秀才茂才,显然各自为科也！

旧说茂才秀才,同为一科,盖已久矣。而征之唐代事实,乃有不然者,虽不必即断旧说为诬,而异义自可参证,故为论列之如此。

三、试艺之变迁

上节述科目变迁,谓唐中叶后,士人多趋于明经、进士两途,故唐代书籍所载试艺,亦多关于此二科者。其言开元礼者,德宗贞元二年(西七八六)诏"习开元礼者,同举一经例。"(见《唐书》卷四四《选举志》)九年,"敕习开元礼,人问大义一百条,试策三道,全通者为上第,大义通八十条已上,策两条以上为次。"(《通典》十五)"其言三礼者,贞元五年,敕每经问大义三十条试策三道,全通为上第,大义通二十五条以上,策通两道为次第。"(摘录《新书志》)舍此以外,殆多属于明经、进士二科焉。今分(1)习经之变迁；(2)明经所试之变迁；(3)进士所试之变迁,而加以说明。

(1) 习经之变迁

太宗即位,重儒术。贞观九年（西六三五）敕"明经兼习《周礼》,若《仪礼》者,于本色内量减一选。"（《册府元龟》六三九）是二者须兼习,而重《周礼》也。高宗"永徽四年（西六五三）颁孔颖达《五经正义》于天下,每年明经,令依此考试。"（《旧唐书》卷四）是为科举制度范围学术思想之滥觞。仪凤三年（西六七八）敕"贡举人须兼通《道经》《孝经》"（《旧唐书》卷五）。长寿二年（西六九三）令贡举人习则天所撰《臣轨》,停老子《道德经》（《册府元龟》卷六三九）。此则更为束缚士人之思想,而使之为忠于一人之工具矣。幸仅行之十三年,至中宗神龙元年（西七〇五）乃令贡举人停习《臣轨》,依旧习《老子》。（《旧唐书》卷七）玄宗开元二十二年（西七三四）御注《老子》成,制令士庶豪藏《老子》一本,每年贡举人量减《尚书》《论语》两条策,加《老子》策。（案《册府元龟》与《通典》载此事,称减《尚书》,《本纪》谓量减,《新书志》载此条于开元七年,证之《册府元龟》《通典》与纪,误。）开元二十六年（西七三八）国子祭酒杨玚奏,此时明经"习《左氏》者,十无一二;恐左氏之学废。又《周礼》,《仪礼》,《公羊》,《穀梁》,亦请量加优奖,遂下制,明经习《左氏》,及通《周礼》等四经者,出身免任散官。"（《册府元龟》卷六三九）此又考试制度按时代之需要,有奖励学术之功能也。天宝元年（西七四二）明经进士习《尔雅》,（《旧唐书》卷二四《礼仪志》）十二年,又敕"道举停《老子》,加《周易》。"（《唐书》卷四四）德宗贞元五年诏"明经举人,所习《尔雅》多是草木虫鱼之名,无益理道,宜令习《老子》《道经》,以代《尔雅》"。（《册府元龟》卷同上）贞元九年（西七九六）复令兼习《尔雅》及《老子》,此唐代经典与子书变迁之大略也。总计唐代所试之经,有《周礼》《仪礼》《尚书》《论语》《左氏》《公羊》《穀梁》《孝经》《周易》及《尔雅》；虽以孔颖达《五经正义》,玄宗御注《老子》,束缚士人思想；然较宋元明清,专以四子书取士者,不可同日而语矣。特唐不重《诗经》《礼记》,及《论语》《中庸》《孟子》,与后世又稍有别焉。五代除有毛诗科外,无他特点可述。

(2) 明经所试之变迁

明经所试,盖有三法：一曰,帖经。二曰,墨义。三曰,口义。帖经者,据《通典》所云："以所习经,掩其两端,中间开,唯一行,裁纸为帖,凡帖三字,随时增损,可否不一。"（卷十五）墨义者,马端临曰："愚尝见东阳丽泽吕氏家塾有刊本,吕许公夷简应本州乡举试卷,因知墨义之式，盖十余条。有云：'作者七人矣。'请以七人之名对？则对云：'七人某某也'，谨对。有云：'见有礼于其君者，如孝子之养父母也'，请以下文对？则对云：下文曰：'见无礼于其君者，如鹰鹯之逐鸟兽也，谨对。'有云，'请以注疏对？'对者则对云，'注疏曰云云'，谨对。有不能记忆者，则只云，'对未审。'……其上则其考官批凿。如所对善，则批一'通'字；所对误及未审者，则书一'不'字。大概如儿童挑诵之状。"（《通考》卷三十）今案以上二法，殆统称帖经，帖时以口答者，曰"口义"；以笔书者，曰墨义。帖经不顾文义，其余颇涉义理，此三者之分别也。

帖经之法既明，请略述其变迁。

初，明经止试策，高宗调露二年，始行帖经，于时尚书及格标准。至永隆二年（西六八一）乃诏明经试帖，取十帖得六已上，然后令试策（唐《大诏令集》卷一百六），是帖经重于试策也。玄宗开元八年（西七二〇）从李瑾言，令习《周礼》《仪礼》《公羊》《穀梁》者，并请帖十通五，然后许其入第。（《通典》卷十五）十六年，以其时主试明经者，不详述作之意，每至帖经，必取其年头年月孤经绝句以难之，国子祭酒杨玚乃请自今以后，考试尽帖平文，以存大典。二十五年制，每经帖十取通五已上，免旧试一帖，仍按问大义十条，通六已上，免试经策十条，令答时务策三道。明经帖大经十帖取通四以上，然后准试杂文及策考（同上）。案所谓杂文，即诗赋之类，所谓策试，即时务策也。天宝十一年七月，"敕举人帖经及口试，并宜对众考定，便唱通否，其年十二月，敕礼部，比来试人，颇非允当，帖经首尾，不出前后，复取者也之乎颇相类之处下帖，为弊已久，须有厘革。礼部起请每帖前后，各出一行。相类之处，并不须帖。"（《唐会要》卷七五）缘帖经本旨，在验经书之生熟，其后举人积多，故其法益难，务欲落之，至有帖孤章绝句，疑似参互者以惑之。矫枉过正，因有是敕。其时明经举人，惟务习帖；至于义理，少有能通。于是德宗建中二年（西七八一）赵赞乃奏请以所问录于纸上，各令直书其义，不假文言，此殆墨义之始也。宋李上交《近事会元》卷三，谓"贞元二年（西七八六）礼部举人试，罢口义，试墨义十条"。意谓墨义始于是年，盖失之细察，不足为据。贞元十三年，顾少连为权知贡举，奏考试之时，独令口问，对答之失，复试无凭，请准建中二年十二月敕，以所问录于纸上，各令直书其义，不假文言。是其中曾停止施行，而后有此奏请。从兹以降，时停时复，靡有定规。如宪宗元和二年（西七八〇）明经停试口义，依前试墨义十条，七年，又停墨义，依旧格问口义。（《册府元龟》卷六四〇）大抵唐中叶后，进士之科渐重，而此科又重诗赋，故骚人墨客，多鄙帖经之学。然亦未尝全废。明经虽重帖经墨义，亦须兼考试赋策论也。至于五代，人才缺乏，后唐虽有诗赋之试，然再后则皆趋于帖经墨义。故其条例颇多，而其罚规亦重。所谓罚者，如帖经时，一场十否者殿五法，二场三场十否者殿三举。盖以区区记问，犹不通悉，则无所取材故也。关于此类规程，后再述之。今先述帖经条例：

后晋高祖天福五年（西九四〇）以每岁明经一科，少至五百已上，多及一千有余。然多不究义理，唯攻帖书，其时有童子科，每当就试，止在念书。"背经，则虽似精详；对卷，则不能读诵。"（《册府元龟》卷六四二）其为弊也，可想而知。至后周太祖广顺二年（西九五三）从礼部侍郎赵上交奏，将泛义口义，改试墨义。

三年九月，翰林学士……权知贡举徐合符奏，……九经元格帖经一百二十帖，对墨义泛义口义共六十道，策五道。去年知举赵上交起请，罢帖书泛义口义，都对墨义一百五十道，合今请去泛义口义，都对墨义六十道，其帖书对策依元格，五经元格帖书八十帖，对墨义五十道，臣今请对墨义十五道，其帖书对策依元格。

明法元格帖律令一十帖，对律令墨义二十道，策试十条，去年罢帖，对墨义六十道，策试如旧，臣今请并依元格。

学究元格念书对墨义各二十道，策五道，去年罢念书，都对墨义五十道，今请依去年起请。

三礼元格对墨义九十道，去年添四十道，臣今请并依元格。

三礼元格对墨义一百一十道，去年对四十道，臣今请并依元格。

开元礼，三史，元格各对墨义三百道，策五道，去年加对五十道，臣今请并依元格。

进士，试杂文，诗赋，帖经二十帖，对墨义五道，去年代帖经，对义，别试杂文二首。臣今请依起请，别试杂文，其帖书对义，请依元格。

童子元格念书二十四道，起请添念书都五十道，及三十通者放，

臣请依起请。(《册府元龟》卷六四二)

案徐合符屡称去年赵上交奏请事，盖因赵氏有改定帖经条例之文。其内容虽微有差别，尽在此奏中，故可省略。

（3）进士所试之变迁

进士所试，初同明经，亦止试策。王定保《唐摭言》曰："进士科与俊秀同源异派，所试皆答策而已。太宗贞观八年，诏加进士试，读经史一部。至调露二年，考功员外郎刘思立，始奏二科，并加帖经。高宗永隆二年（西六八一）以进士试时务策，恐伤肤浅，乃加试杂文两首，识文律者，然后并令试策。"（卷一）唐封演曰："旧例试杂文者，一诗一赋，或兼试颂论。"（《闻见记》卷三）秦蕙田曰："所谓杂文，即诗赋之类也。……进士试有杂文，始于高宗之世，而说者谓隋以诗赋取士，亦误矣。"（《五礼通考》卷一七三）时"进士改帖六经，加《论语》，举司多有聱牙，孤绝，倒拔，筑注之目；文士多于经不精，至有自首举场者。故进士多以帖经为大患。天宝初，达奚珣，李严相次知贡举，进士文名高而帖落者，时谓试时放过，谓之赎帖"。（《闻见记》卷同上）然终非帖经不可。天宝十一年，"敕进士所试一大经，及《尔雅》，帖既通，而后试文试赋各一篇，文通而后试策，凡五条，三试皆通者为第。"（《册府元龟》卷六四〇）初，中宗神龙元年，始定进士三场试，观此，知初场试帖经，二场试文赋，三场试策论。德宗建中二年（西七八一）赵赞奏进士先时试诗赋各一篇，时务策五道，今请以箴论表赞代诗赋，仍试策二道，是诗赋罢于是年，第不知何年始复。考《文苑英华》载贞元四年，试曲江亭望慈恩寺杏园花发诗，大约贞元之初，即复旧制，故文宗太和八年礼部奏"进士举人，自国初以来，试诗赋，中间或惭改更，旋即仍旧"是也。（《册府元龟》卷六四一）先是太和十一年，制停诗赋，（同上）八年，以礼部奏。复罢进士议论，而试诗赋。《新唐书》卷四四）后则少有变动，是进士试艺，初止试策，贞观八年加帖经，永隆二年，加试杂文，天宝以后，有帖经，试赋及策论。诗赋虽几经废罢，旋即仍旧，太和八年以后，无大更改，此其变迁大略也。

考唐代试诗赋，初止命题，尚无定韵。至五代时，乃有定韵定格。故洪氏《容斋》曰：

唐以赋取士，而韵数多寡，平侧次叙，元无定格。故有三韵者，花萼楼赋，以题为韵是也。有四韵者，蓂荚赋，以呈瑞圣朝。舞马赋，以奏之天庭。丹甑赋，以国有丰年。泰阶六符赋，以元亨利贞为韵是也。有五韵者，金茎赋，以日华用上动为韵，是也。有六韵者：止水，魍魉，人镜，三统，指归，信及豚鱼，洪钟待撞，君子听音，东郊朝日，蜡日祈天，宗乐德训，胄子诸篇，是也。有七韵者：日再中，射己之鹄，观紫极舞，五声听政，诸篇是也。八韵有二平六侧者，六瑞赋，以俭故能广，被褐怀玉；日五色赋，以日丽九华，圣符土德；径寸珠赋，以泽浸四荒，非宝远物，为韵是也。有三平五侧者：宣耀门观试举人，以君圣臣肃，谨择多士。悬法象魏，以正月之吉，悬法象魏。玄酒，以荐天明德，有古遗味。五色土，以王子毕封，依以建社。通天台，以洪台独出，浮景在下。幽兰，以远芳袭人，悠久不绝。日月合璧，以两曜相合，候之不差。金柅，以直而能一静可制动为韵是也。有五平三侧者，金用砺，以商高宗命传说之官是也。有六平二侧者，旗赋，以风日云舒军容清肃为韵是也。（宋吴会能《改斋漫录》卷二曰："至开元二年，王邱员外知贡举，试旗赋，始有八字韵脚，所谓风日云舒，军容清肃。"常注意此始字。）自太和以后，始以八韵为常。唐庄宗时，尝复试进士，翰林学士承旨卢质以后从谏则圣为赋题，以尧舜禹汤倾心求过为韵，旧例赋韵四平四侧，质所出乃五平三侧，大为识者所诮，岂非是时已有定格乎。（《容斋随笔》卷十三）

案庄帝乃后唐之主，五代不但有定格，且于明宗长兴二年（西九三一）命学士撰诗赋各一首，以为举人模式，科举之束缚人心，殆由书限经，文限字，诗赋限韵而起也。

丙　考试法规

唐初行科举，弊少而防弊之法亦疏。因而法规亦少。降至五代，人文浅薄，弊增而防弊之法，亦随之俱增。今分二节述之：

一、唐

（1）考试方法

唐曾于吏部行糊名考校，前已言之矣。此外科场布置，亦甚简单，仅如《通典》所云"于就试之日，皆严设兵卫，荐棘围之，搜索衣服，讥诃出入，以防假滥"而已。非如后代明清之严重也。且当时场中，尚有许阅参考书者：

> 肃宗乾元初，中书舍人李揆兼礼部侍郎言，主司取士，多不考实，徒峻其堤防，索其书策，……深昧求贤之意，及试进士日，于庭中设五经诸史，及切韵本于床，而引贡士，谓之曰：大国选士，但务得才，经籍在兹，请恣寻检。(《唐会要》卷七六)

案《白居易集》亦有云："礼部进士，例许用书策，兼得通宵。得通宵，则患虑必周；用书籍，则文字不错"(卷四三)

唐有别头试，即后世之回避所由昉也。时大臣子弟，至少原则上须避免与平民争胜。如旧书《王筠传》，筠苦学，善属文，以季父铎作相，避嫌不就科试。若欲就之，必须再加复试，故《唐书》卷四四《选举志》曰："礼部侍郎亲故，移试考功，谓之别头。"其废兴无常：贞元十六年，中书舍人高郢奏罢，议者是之。元和十三年，礼部侍郎承宣奏复考功别头试。太和三年高锴为考功员外郎，取士有不当，监察御史姚中立又奏停考功别头试。六年，侍郎贾𫗧又奏复之。有唐立制，殆皆兴废无常也。

此外开元中，礼部考试毕，有将试卷送中书门下详复之制，复后始放榜。此殆如清之乡会试卷，送部磨勘，非别命题复试也。

（2）考试之罚规

①私怀文策之罚

唐玄宗天宝十年九月辛卯，御勤政楼试怀材抱器科，命有司供食，有举人私怀文策，坐殿三举，并贬所保之官。(《册府元龟》卷六四三)

②容情隐蔽之罚

唐文宗开成元年（西八三六）中书门下奏举人于礼部纳家状后，望依前五人相保，……如有缺孝弟之行，资朋党之势，迹由邪径，言涉多端者，并不在就试之限。如容情故，自相隐蔽，有人纠举，其同举人并三年不得赴举。(《唐会要》卷七六)

③漏泄题目之罚

唐大中元年（西八四七）吏部宏辞举人，漏泄题目，为御史台纠劾，侍郎裴稔改国子祭酒，郎中周敬复罚两月俸料，考试官刑部侍郎唐扶出为虔州刺史，监察御史冯颛罚一月俸料，其登科十人，并落下。(《唐会要》卷七六)

此外赵匡有议举选人条例，唐书纪志，都未引用，疑未施行，故从略。

二、五代

(1) 后唐之考试法规

明宗长兴四年（西九三三）礼部贡院奏新立条件：

> 九经，五经，明经，呈帖经之时，试官书"通不"后，有不及格者，唱落后，请置笔砚，将所纳贴由分明，却令自看，或是试官错书"通不"，当与改正，如怀疑者，使许请本经书，面前检对，如实是错误，即更于帖上书名而退。
>
> 五科常年驳榜出，多称屈塞。今年并明书所对经书墨义，云第几道不第，几道粗第，几道通任，将本经书疏炤证。如考试官错书"不""粗"，请别将状陈诉，当再加考校，如实错误，妄陈文状，当行严断。
>
> 举人有抱屈落第者，许将状投诉贡院，当与重试，如贡院不理，即诣御史台诉请。御史台差人受举人诉屈文状，并引本身勘问，所论事件，或知贡举官及考试官已下，取受货赂，升擢亲情，屈塞艺能，应副嘱托，及不依格去留，一事有违，即行朝典。
>
> 怀挟书籍，旧例禁止，请自今年后，入省门搜得文书者，不计多少，准例扶出，殿将来一举。上铺后，搜得文书者，准例扶出，殿将来两举。
>
> 遥口授人，回授试处，及抄义题帖书时，诸般相救，准例扶出，请殿将来三举。
>
> 艺业未精，准格落下出外，及见驳榜后，羞见同人，妄扇屈声，拟为将来基址；及别人帖对，过场数多者，便生诬讦坠陷，或罗织欧马者，并当收禁，榜送御史台，请赐勘穷。（《通考》作"鞫"）如知贡举官，及考试官，事涉徇私，屈塞艺士，请行朝典。若虚妄者，请痛行科断。（"痛"《通考》作"严"）牒送本道，重处色役，仍永不得入举场。同保人亦请连坐，各殿三举。奉敕宜依。（《册府元龟》卷六四二）

案上文所举与《文献通考》所采者，微有不同，殆由删节之故。长兴元年，张文宝试士，不得精当。罚一季俸，则较唐为重矣。

(2) 后周殿举之罚

世宗显德二年五月，尚书礼部侍郎知贡举窦仪奏：

……其不及第人,以文艺优劣,定为五等:取文士乖舛,词理纰缪最甚者,为第五等,殿五举。其次者为第四等,殿三举。以次稍优者为第三第二第一等,并许次年赴举。

其诸科举人,请一场十否者,殿五举。第二场三场十否者,殿三举。其三场内有九否者,并殿一举。其进士及诸科所殿举数,并于所试卷子上朱书,封送中书门下,请行指挥,及罪发解试官监官等,其监官试官如受取解人情礼财物,请今后并准枉法赃论。……诏从之。(《册府元龟》卷六四二)

马端临曰:"贡举而以墨义之通否为升黜,浅陋殊甚,有同儿戏。然否之多者,殿亦如之,犹略有简不率者,示罚之遗意云。"(《通考》卷三十)案五代舍墨义以外无学问,区区记忆之功,而不能;则其殿举之罚,亦有所不得已者欤。

丁　待遇与出身

一、唐代之铨选沿革略

据《通典》,唐代士人及第不易,而入仕尤不易。其进士大抵千人,得第者百一二;明经倍之,得第者十一二。开元以后,四海晏安,士无贤不肖,耻不以文章达。其应诏而举者,多则二千人,少犹不减千人,所取百才有一,可见其及第之难矣。初,武德中,天下兵革新定,士不求禄,官不充员,有司移符州县课人,赴调远方,或赐衣给食,犹辞不行;至则授用,无所黜退。自高宗麟德以后,承平既久,人康物阜,选人渐多,取用不给,遂累增郡县等级之差。其折冲府亦有差等。时内外官阙,共万八千八十五员,而合人官者,自诸学生已降,凡十二万余员,其外文武贡士,或恩赐出身,而不为常员者,不可悉数。大率八九人争官一员,可知其入仕之难矣。于是礼部试中以后,尚须试于吏部,然后可以入仕。其择人标准有四:一曰"身"。取其貌丰伟,即如今之体格测验。二曰,"言"。取其言辞辨正,如今之口头测验。三曰,"书"。取其楷法遒美。四曰,"判"。取其文理优长,略如汉之笺奏,今之公文实习。沈既济《选举杂议》,所谓"州郡以德行贡士,礼部以文词拣才，试官以帖问求学，铨曹以书判择吏"者是也。如是全可，然后拟官。

二、一般之待遇与出身

士人经过如许周折，然尚不能得一美官高爵也。容斋洪氏曰：

> 唐世文人，初登科，或未仕者，多以从诸藩府辟置为重，观韩文公送石洪温造二处士赴河阳幕序，可见礼节。然其职甚劳苦，故亦不屑为之。杜子美从剑南节度严武辟为参谋，作诗二十韵，呈严公云："胡为来幕下，只合在舟中，束缚酬知己，蹉跎效小忠。周防期稍稍，太简遂匆匆，晓入朱扉启，昏归画角终；不成寻别业，未敢息微躬，会希全物色，时放倚梧桐。"而其题曰："遣闷"，意可知矣。韩文公从徐州张建封辟为推官，有书上张公云："受牒之明日，使院小吏持故事节目十余事来，其中不可者，自九月至二月，皆晨入夜归，非有疾病事故，辄不许出，若此者，非愈之所能也。若宽假之，使不失其性，寅而入，尽辰而退，申而入，终酉而退，率以为常，亦不废事。苟如此，则死于执事之门，无悔也。"杜韩之旨，大略相似云。（《容斋续笔》卷一）

其他一般出身，如《旧唐书》所云：

> 有唐以来，出身入仕者，著令有秀才，明经，进士，明法，书算。……天宝三载，又置崇玄学，习道德等经，同明经例。其秀才有唐已来无其人。……秀才出身，上上第正八品上，上中第正八品下，上下第从九品上。明经出身，上上第从八品下，上中第从九品上。进士明法出身，甲第从九品上，乙第从九品下，若通二经已外，每一经加一等。（《旧唐书》卷四二《职官志》）

案"秀才有唐已来无其人"一语，从《登科记总目》考之，得二十九人，似不确。但所载品级，与《唐六典》同，当为可据。从此志中，知唐世科目之高，首秀才，次明经，再次方为进士。而明经出身，亦易于进士。欧阳詹与郑伯义书云："目睹进士出身，十年二十年而终于一命者，明经诸色入仕，须臾而践卿相者有之。"（见《全唐文》卷五九七）如裴行俭、狄仁杰等，皆以明经而为名相者也。虽然，是殆中叶以前之情形，中叶以后，又当以进士为最贵矣。

三、进士之待遇与出身

唐《国史补》卷下曰:"进士为时所尚久矣。是故俊乂实集其中,由此出身,终身为闻人。""搢绅虽位极人臣,不由进士者,终不为美,以至岁贡常不减八九百人。"(按《封氏闻见记》卷三:"玄宗时,士子殷盛,每岁进士到省者,常不减千余人。"然所取者甚少。始岁取四十人,才益少;诏减十人,犹不能满,此《新唐书》所载也,但《登科记》开成元年,中书门奏进士元额二十五人,请加至四十人,奉敕依奏。是年及二年三年,每举所放各四十人,至四年,始令每年放三十人为定,则《唐书》所云误矣。《唐摭言》卷二,又载华良夫尝为京兆解不送,良夫以书让试官曰:"圣唐有天下,垂二百年,登进士科者,三千余人。"以此证之,韩愈《赠张童子·序》,言"天下之以明二经举,其得升于礼部者,岁不下三千人,……第其可进者,属之吏部,岁不及二百人",而以华良夫之言算之,则每岁不及二十人,韩说亦误矣。虽然,唐之进士,当不减九百或千人,而登第者为三十人左右,可知其及格之难,及尊重之故矣。)其推重谓之白衣公卿,又曰一品白衫,其艰难谓之三十老明经,五十少进士,……其有老死于文场者,亦无所恨,故有诗云:"太宗皇帝真长策,赚得英雄尽白头。"(《唐摭言》卷二)因此,唐代君主如宣宗者,更有直称"进士。"(见《北梦琐言》卷一)可谓尊崇之至矣;然尚不止此也,其谢恩,报喜,题名,等待遇,关系于后世社会风俗甚大,今因立制之始,稍事说明,此后各朝,则多从略焉。

(1) 进士之待遇与社会风俗

① 进士放榜

进士榜头,竖贴黄纸四张,以毡笔淡墨,袞转书曰,"礼部贡院"四字;或曰,"文皇",顷以飞帛书之,或象阴注阳受之状。(《唐摭言》卷十五)

② 放榜时地

进士旧例于都省考试,南院放榜。(原注:南院乃礼部侍郎主事受领文书于此,凡板样及诸色条流,多于此列之。)张榜墙,乃南院东墙也。别筑起一堵,高丈舍,外有糯垣,未便色,即自北院将榜就南院张挂之,元祐六年,为监生郭东里决破棘篱,(原注:篱在墙垣之下,南院正名外亦有之。)折裂文榜,因之,后来多以虚榜,自省门而出,正榜张亦稍晚。(《唐摭言》卷十五)

承天门街之东,第五横街之北,从西第一左领军卫(原注:街北有兵部选院），次东左威卫（卫北有刑部格式院），次东吏部选院（以在尚书省之南，亦曰吏部南院，选人看榜名之所也）。次东礼部南院（四方贡举人都会所也），院东安上门横街，抵此而绝。(宋敏求《长安志》七)

③榜后谢恩

放榜后，状元已下，到主司宅门下马，缀行而立，敛名纸，通呈入门，并叙立于阶下，北上东向，主司列席褥东面，西向主事揖，状元已下，与主司对拜。拜讫，状元出行致词。又退着行，各拜，主司答拜。拜讫，主司云："请诸郎君叙中外。"状元已下，各各齿叙，便谢恩，余人如状元礼。礼讫，主事云："请状元曲谢名第"，第几人谢衣钵。谢讫，即登阶。状元与主司对座。于时公卿来看，皆南行叙座，饮酒数巡，便起，赴期集院。三日后，又曲谢其主司，方一一言及荐导之处，俾其各谢挚维之力，苟特达而处，亦要言之矣。(《唐摭言》卷三)

④报喜

新进士每及第，以泥金书帖子，附于家书中，至乡曲亲戚，例以声乐相庆，谓之喜信。(唐王仁裕《开元天宝遗事》喜信条)

⑤游宴

大凡谢后，便往期集宴，院内供帐宴馔，甲于辇毂，其日状元与同年相见后，便请一人为录事，其余主宴，主酒，主乐，探花，主茶之类，咸以其日辟之。……常宴则小科头；主张大宴，则大科头。……曲江大会，则先牒教坊请奏，上御紫云楼，垂帘观焉。……曲江之宴，行市罗列，长安几于半空，公卿家率以其日拣选东床，车马阗塞，莫可殚述。(《唐摭言》卷三)

⑥题名

神龙以来，杏园宴后，皆于慈恩寺塔下题名，同年中推善书者纪之。他时有将相，则朱书之。及第后知闻，或遇未及第时，题名处则为添前字。(《唐摭言》卷三)

此乃进士题名碑所由昉。惟末一语，易致误会。徐松《登科考·凡例》，"举进士而未第者，曰进士，曰举进士。得第者曰进士第，曰前进士"，不可混而为一。李肇《国史补》亦曰："得第谓之前进士，互相推敬谓之先辈，俱捷谓之同年，有司谓之座主，京兆府考而升者谓之尊第，外府不试而贡者谓之拔解,将试各相保任谓之合保。群居而赋,谓之私试。造请权要,谓之'关节'。激扬声价,谓之'还往'。既捷列书其姓名于慈恩寺塔,谓之'题名会'。大宴于曲江亭子,谓之'曲江会'。籍而入选,谓之'春关',不捷而醉饱,谓之'打毷氉'。匿名造谤,谓之'无名子'。退而肄业,谓之'过夏'。执业而出,谓之'夏课'。挟藏入试,谓之'书策'。此其大略也。"(卷下)

(2) 进士之出身与特别地位

《旧唐书·职官志》言进士品级,在秀才、明经之下,然其实在地位,则甚清高。《封氏闻见记》曰:"当代以进士登科,为登龙门,解褐多拜清紧,十数年间,拟迹庙堂。"(卷三),又曰:"制举出身,名望虽高,犹居进士之下,宦途之士,自进士而历清贵(一作贯),有八俊者:一曰,进士出身,制策不入。二曰:校书正字不入。三曰:畿尉不入。四曰:监察御史,殿中不入。五曰:拾遗补阙不入。六曰:员外郎郎中不入。(原阙)言此八者,尤为俊捷。直登宰相,不要历余官也。同寮迁拜,或以此更相讥弄。御史张环兄弟八人,其七人皆进士出身,一人制科擢第,亲故会集,兄弟连榻,令制科者别坐,谓之'杂色',以为笑乐。"无怪乎当时轻薄者语曰:"进士初擢第,头上七尺焰光。"(见同书)所谓八俊,所谓直登宰相,不历余官,及目制科出身为杂色,即进士出身之清高,与其地位之特别也。

五代士人之待遇与出身,与唐微异者,约有二端:及第以后,即可除官;所谓进士科已及第,"其中文艺灼然可取者,便与除官"一也。可免徭役,为唐代所未闻,所谓"童子科名成贡部,身返故乡,但克日以取官,更无心而习业,滥蠲徭役,虚占官名"二也。(并参《旧五代史》卷一四八《选举志》)斯种待遇,亦殊不恶。明季生员之横行,远习所躅,其在斯欤?

戊　得失略评

唐代科举,得人之盛,非后世所能及;晚年积弊,亦开后世之先河,要而论之,得失盖参半焉。

一、其为得者

(1) 阶级制度之铲除

魏晋以九品中正，考核人物，结果重阀阅而轻孤寒，前编已屡言之。自唐以科举取士，待天下士人，一律平等，无论何人，除有罪犯及其他服贱役者外，皆可投牒自进，自由应考，一旦及第，皆同名贵，因此寒畯得向上之路，政治得多数人才，共理国事，而非前此为少数世禄所把持。又以自由竞争，教化亦因之普及，人人皆可致身通显。然此亦不过指与魏晋之比较而言，亦非能真正平等。彼权势高贵姑无论应试之时何若，即放官之日，亦有荫品高低之别，如本荫高者，秀才、明经上第加四阶（《唐六典》卷二），而唐代国子四门等学生，殆皆三四品以上之子弟。礼部应试之人，又以生徒居多，是无形之中，已寓阶级之意矣。故宋太祖尝语近臣曰："昔者科名，多为势家所取，朕亲临试，尽革其弊矣。"而《容斋四笔》卷五曰："唐世科举之柄，颛付之有司，仍不糊名。又有交朋之厚者为之助，谓之通榜，故其取人也，畏于讥，多公而审。亦有胁于权势，或挠于亲故，或累于子弟，皆常情所不能免者。"斯言虽较平允。要亦足见非真正平等。而晚唐之弊，关节交通，则又尽系经营，全非考复矣。

(2) 科举之得人及学术之进步

唐代科举，有二特点：即一科目繁多；二，国家考试与学校课程，合而为一，故学术发达，人才辈出，如狄仁杰、徐有功以明经举；白居易、杨绾、颜真卿、裴垍以进士举。而祝钦明、元稹、李宗闵、牛僧孺之徒，亦与其选。当时经学，远比之，虽不及两汉，然其治经者，如孔颖达、贾公彦、徐彦、杨子勋、陆德明等，规律谨严，说理朴实，如《五经正义》《经典释文》等书，虽无甚新颖之发明，抉微言而申大义，亦甚可观。唐去汉不远，受此一度整理治经者亦多有脉络可寻。前清经学之灿烂，不能谓非唐代经学一部分之影响。他如明法，明算，明字，历史等科，兼试诗赋策文，使人各有专长，亦各有普通技能，故中国法律，唯唐最精。内开宋元明诸律例之祖，外为日本、高丽等国所宗。如《开元天宝律》，其最著者也。算学，固属幼稚，然远约千年，即有此天算以为先导，此日本、高丽、百济、新罗等国所以相继遣子弟入学也。其明字一科，有笔法遒丽之规定，故世争习书，以擅胜长。如虞世南、褚遂良、欧阳询、张旭、颜真卿、柳公权等，钟王而后，各代罕有其俦，普通人士，亦皆书法可观。宋朱弁《曲洧旧闻》卷九曰："唐以身言书判设科，故一时之士，无不习书，犹有晋宋余风。今间有唐人遗迹，虽非知名之士，亦往往有可观。本朝此科废，书遂无用于世，非性自好之者不习，故工者益少，亦势使之然也。"而宋朱翌亦曰："唐《百官志》有书学，故唐人无不善书，远至边裔书吏里儒，莫不书字有法，至今碑刻可见也。往往胜于今之士大夫，亦上之所好，有以劝诱之。"（《猗觉寮杂记》卷一）至于史学，如李延寿之《南北史》，韩愈之《顺宗实录》，刘知几之《史通》，诗赋人才，如陈子昂、杜甫、李白、王维、孟浩然、韦应物、元稹、白居易、杜牧、李商隐、温庭筠等，皆中国文学界之骄子也。论文如韩愈、柳宗元之沉雄修洁，李翱、皇甫湜、孙樵、杜牧、皮日休等之自成一家，各出心才，发挥特性，人才如此之盛，无怪太宗尝私幸端门，见新进士缀行而出，喜曰："天下英雄，尽入吾彀中矣。"（《唐摭言》卷一）

(3) 士趋于科举之一途

沈既济《词科论》曰："国家自显庆以来，高宗圣躬多不康。而武太后任事，参决大政，与天子并。太后颇涉文史，好雕虫之艺。永隆中，始以文章选士。及永淳之后，太后君天下二十余年，当时公卿百辟，无不以文章显。因循遐久，浸以成风，以至开元、天宝之中，上承高祖、太宗之遗烈，下继四圣理平之化，贤人在朝，良将在边，家给户足，人无苦窳，四夷来同，海内晏然，虽有宏猷上略无所措，奇谋雄武无所奋，百余年间，生育长养，不知金鼓之声，烽燧之光，以至于老故。太平君子，唯门调户选，征文射策，以取禄位，父教其子，兄教其弟，无所易业，大者登台阁，小者任郡县，资身养家，各得其足，五尺童子，耻不言文墨焉。是以进士为士林华选，四方观听，希其风采。每岁得第之人，不浃辰而周闻天下。故忠才俊彦，韬才毓行者，咸出于是。"（《全唐文》卷四七六）夫天下士人既皆趋于名禄一途，父子兄弟相教，皆念兹在兹；因而宏猷上略，奇谋雄武，无所措施，故祸乱当可减少。今观唐自武、韦乱后，而开元、天宝、贞元，皆天下承平，政治开明，学术发达。刘知几、李、杜、颜真卿等，皆生于其时，博纂群书，经籍达六万余卷。太宗以科举为笼络英雄之具，文宗不用宰相郑覃罢进士科之言，昭宗将至亡国，而犹授进士以官，皆有所见而然矣。黄巢以进士不第而造乱，郭子仪以武举出身而效忠，其故可长思也。

（4）任官之谨严与吏治之澄清

唐代考试制度之第三特点，即科举及第，不即解褐入官，必须吏部再加考试，方许入仕。盖礼部考试重文艺，吏部考试重身言书判。文理优者，不一定能任事；故须再加考核。虽其时人多位少，亦可知其谨严。韩愈三试于吏部无成，十年犹为布衣，更可想见吏部考试之难矣。(参《昌黎先生集》卷十六上《宰相书答崔立之书》)时"有进士王如泚者，妻公以伎术供奉明皇，欲与改官，拜谢而请曰：'臣女婿王如泚见应进士举，伏望圣恩回授，乞一及第。'"上许之，宣付礼部，宜与及第。侍郎李昕以谘执政。右相曰："王如泚文章堪及第否？"昕曰："与亦得。"右相曰："若尔，未可与之。明经、进士，国家取材之地，若圣恩优异，差可与官，今以及第与之，将何以观材。"即令奏闻。居二日，如泚宾朋宴贺，车骑盈门，忽中书门下牒礼部"王如泚可依例考试"，闻之，罔然自失。(《唐语林》卷一)观此故事，可知任官之不苟，考试之严格，与夫考试权之独立。虽贵为天子，有不容妄许妄取者。且当时士人初登第，多任藩府小职，待其练习吏事，通达民情，然后迁入京官。故唐代官制，内外迁转，无上下隔阂之患。贞观、开元之治，良有以也。比诸宋明之科举，朝及第而夕得官，驱书生于簿书钱谷之途，殆不可同日而语矣。然科第人才，往往有出身二十年不得禄，亦矫枉过正之失。

二、其为失者

（1）杂文帖经养成肤浅浮薄之习

唐以帖经诗赋取士，士唯钩心斗角于文章。至代宗朝已现肤浅浮薄之弊。宝应二年（西七六三）礼部侍郎杨广上疏，谓自高宗朝刘思为考功员外郎，奏进士加杂文，明经加帖经，从此积弊，浸转成俗。"能就学者，皆诵当代之失；长而传文，不越诸家之集。六经则未尝开卷，三史则皆同挂壁。……试学者以帖字为通经，而不究义旨；……考文者以声病为是非，而唯择浮艳。"(《旧唐书》卷四)"考帖之时，预有歌括；问义之日，……皆诵本疏，别无新意。"(《牛希济荐士论》，《全唐文》卷八四六)故唐之经学，终困于训诂注疏，又专务抄略，临试射幸，标窃伪造，取售试官。如《白居易集》有奏状，驳放卢公亮等敕文，以为孤竹管赋，出于《周礼正义》，阅其程试之文，多是不知本末，即此类也。士人浮薄如斯，此赵匡选举十弊之议，所以沉痛；杨绾所以请停明经、进士及道举；郑覃以经术位宰相，所以深嫉进士浮薄，屡请罢之；李德裕所以深恶进士，谓其不根艺实，不习事业者也。《新唐书·选举志》曰："德裕之论，偏异盖如此。然进士科当唐之晚节，尤为浮薄，世所共患也。"

（2）关节之盛行与风俗之败坏

李唐设科举以网罗天下英豪，方其盛时，为国抡才，志在公议，不遗分契。厥后世变，弊缘法生，扇奔竞之风，开请托之路。其所以如此者，如赵匡所云："收人既少则争第争切；交驰公卿，以求汲引；毁誉同类，用以争先。……势使然也。"（见《通典》卷十六）张文成亦曰："乾封（高宗时）以前选人，每年不越数千；垂拱（武后）以后，每岁尝至五万。人不加众，选人益繁，……选司考练，总是假手冒名，势家嘱请，手不把笔，即送东司，眼不识文，破举南馆。……检校之官，贿货纵横，赃污狼藉。……皆不把事学问，惟求财贿。是以选人冗冗，甚于羊群；吏部喧喧，多于蚁聚。若铨实用，百无一人，积薪化薪，所从来远矣。"（《朝野佥载》卷一）从斯以观，可知关节钻营之因，及其败坏之情。然尚不止此也。其时举人，"论策第喧竞于州府，祈恩不胜于拜伏。……驰驱府寺之门，出入王公之第。上启陈诗，惟希咳唾之泽，摩项至足，冀荷提携之恩，故俗号举人，皆称觅举"。（《旧唐书》卷一〇一《薛登传》）故王世祯曰："其时主司，关节交通，不以为怪，乃至宗族，亦不回避。"（《香祖笔记》卷十一）"互相争胜，多务奔驰，定高卑于下第之初，决可否于差官之日。曾非考复，尽系经营。奥学雄才，舍于真才寒素，增年矫日，尽取于党比羊群，中选者曾不足云，而争名者益炽其事。"（《东观奏记》卷上）此韦澳之所以欲废除等级，以免争竞之风也。他如曲江、题名等宴，一春所费，辄万余贯钱，（见唐《大诏令集》一〇六唐僖宗乾符二年敕）至有贫苦子弟及第，典质行囊，尚无以应之者。又如韩愈引致后进，为求科第，其措辞之巧，请托之切，虽贤者亦复不免。所谓主司关节交通，不以为怪者此也。是故江陵项氏曰："风俗之弊，至唐极矣。王公大人，巍然于上，以先达自居，不复求士。天下之士，什什伍伍，戴破帽，骑蹇驴。未到门百步，辄下马奉币刺，再拜以谒于典客者，投其所为之文，名之曰，求知己，如是而不问，则再如前所为者，名之曰温卷。如是而又不问，

则有执贽于马门自赞曰，某人上谒者。嗟乎风俗之弊，至此极矣！此不独为士者可鄙，其时之治乱，盖可知矣。"（《通考》卷二九）

（3）秉国者之有意抑制

夫项氏之言，乃在夫下之诮也。当时人主，至有以进士市恩者。如刘邺、韦保义皆赐进士及第，论其非由场屋，自不应滥入千佛名经。又如开元二十四年，考功员外郎李昂，为举人诋諆。天宝六载，上欲广求天下之士，命通一艺以上皆诣京师。李林甫恐草野之士言其恶，建言举人多卑贱愚愦，恐有俚言，污浊圣德，乃令郡县长官，精加试练，具名送省，委尚书核试。御史中丞监之，皆试以诗赋论，遂无一人及第者。高锴知贡举，裴思谦以宦官仇士良关节，取状头。温庭筠词赋诗论，冠绝一时，连举进士竟不能及第，至谪为九品吏。诸如此类，皆为有意抑制，及衡鉴不公之例也。

（4）交结夤缘之风与通榜之恶习

关节请托之风既盛，而又益以在上者之有意抑制，以予夺为恩怨，于是上下结为朋党，以为政争羽翼。唐《语林》曰："进士有十哲之号，皆通连中官，郭䌼，罗虬皆其徒也。每岁有司，无不为其干挠。根蒂牢固，坚不可破。"（卷三）于时有私为盟歃以取科第。或钩摭隐慝，嘲为篇咏，以列于道路，迭相谈訾，无所不至。此种弊病，当唐穆宗之时，已甚显著。长庆元年（西八二一）四月诏曰："……访闻近日浮薄之徒，扇为朋党，谓之关节，干扰主司。每岁策名。无不先定。"（《旧唐书》卷十六《穆宗纪》）自后刘允章、韦澳等人，虽欲单除其弊，终以根深蒂固，莫可如何。此即所谓通榜也。章俊卿《山堂考索》曰："唐初贡举，属之考功，至开元移之礼部。所请主司，皆有常人，则既预知之矣；不惟预知也，亦可预谒之；不惟预谒也，亦可预托之。贵者以势托，富者以财托，情故者以情托，此岂复有真贡举哉。故有因权势以相倾夺如牛李之党，由于钱徽典举之日，至于互相磨轧者四十余年。于是又有畏嫌自私，而矫时以为公者。则有嫌于贵而不举者矣，如韩退之之序齐皞是也。有嫌于富而不得举者矣，如柳子厚与王参元书是也。幸而不出于私，则又不幸而入于矫，夫其矫者必有所惩也，故观其矫而思其所惩之由，则通榜取士，弊且如此，此唐名臣多由此出，果何以致之耶，岂其有徇私之弊，而犹不失其收时望之利耶。若夫崔群之第缘梁萧，杜牧之第缘吴武陵，

李商隐之第缘令狐绹，卢肇之第缘李德裕，每每类此，亦何恶于请托试哉。"（《续集》卷三八）

三、五代考试制度之得失

（1）其为得者——考试不受政治之影响

五代当朝代屡易，干戈扰攘之际，其间惟梁与晋，因举子学业未精，各停考试二年。是后宋明各朝，定期考试，少有间断，殆即本此。此其为得者。其他若后唐明宗新立条格，帖经济地之时，令举人阅卷对经，以验主司批评之得失，亦为公允之制。而晋天福三年（西九三八）权知贡举崔棁奏，言之更明，略谓："今年就举，比常岁倍多，科目之中，凶豪甚众。……或云，'主司不公'，或云，'试官受赂'，……今臣欲请令举人落第之后，或不甘心，任自投状披陈，却请所试，与疏义对证；兼令其日一甲同共校量，若独委试官，恐未息词理，傥是实负抑屈，则主司固难逭宪章，如其妄有陈论，则举人乞痛加惩断，此际免虚遭谤议，亦将来可久远施行，……从之。"（《旧五代史》卷一四八《选举志》）再次恩门门生之习，曲江题名之宴，五代曾经禁止，观其风俗，已不若唐代之奢侈，盖亦时势使然也。

（2）其为失者——肤浅奔竞之习及能文者少

周世宗显德二年，窦仪奏曰："比来取艺，州府贡士，只合荐能，……其举子之弊也，多是才谋习业，便切干名，周仪未详，赴三礼之举。《公》《穀》不究，应三传之科。经学则偏试帖由，进士则鲜通经义。取解之处，诗张妄说于辛勤；到京之时，奔竞惟求于荐托。其举送之弊也，多是明知荒浅，具委凶粗。新差考试之官，利其情礼之物，……凡对问题，……惟徇人情，仅同见戏。……近年场中，多有诈伪，托他人之著述，窃自己之声光，用此面欺，将为身计。"（《册府元龟》卷六四二）观此数语，五代考试之弊，如肤浅，奔竞，假冒等，可谓合盘托出矣。案《册府元龟》记五代考试之制，较《旧五代史·选举志》及《五代会要》，皆为详尽。读其敕文诏书，多鄙俚之词，未遑文事可知。再观五代之诗，亦少佳构。马氏端临曰："丧乱以来，文学废堕，为士者往往从事乎帖诵之末习，而举笔能文者，固罕见之。"（《通考》卷三十）宋徐度《却扫编》卷一曰："五代之乱，天下无复学校。"人才缺乏，盖有由也。

附唐制举科目表

中历	西历	制科名目	及第姓名	备考	材料出处
高宗永徽三年	六五二	制科及第			赵彦卫《云麓漫抄》卷六
显庆三年	六五八	志烈秋霜科	韩思彦		《唐会要》卷七六
四年	六五九	洞晓章程科			
		材称栋梁志标梗科			
		政均卓鲁字俗化通高科		疑"通"字误	
		安心畎亩力田之业凤彰科	李果,张昌宗		
		道德资身乡间共挹科	秦相如,崔行功		
		养志邱园嘉遁风戴远科	郭待封五人		
		材堪应幕科			
		学综古今科		案《本纪》载是年试举人九百五人居上第,《册府元龟》载是年制科五人第,统言制科,不知某人举某科,今附于此科之下以俟考	以上皆见《云麓漫抄》
麟德元年	六六四	茂材异行科			同上
		销声幽薮科	严善思		同上
		藏器下僚科	平贞春		徐松《登科记考》卷二

第四章　唐及五代之考试制度

续表

中历	西历	制科名目	及第姓名	备考	材料出处
		经明行修科	李思训		同上
乾封元年	六六六	幽素科	苏琼,解琬苗神客,格辅元,徐昭,刘纳言,崔谷神,郭敬同,王勃等十二人	《记纂渊海》作十三人	《唐会要》,《册府元龟》卷六四五
		词赡文华科			《云麓漫抄》
		直言极谏科			同上
上元元年	六七四	英材杰出科	李迥秀		《旧唐书·李大亮传》
三年	六七六	策词殚文律科	崔融	十一月改元仪凤	《册府元龟》
			陈该		《登科记考》卷二
		文学优赡科	马怀素		《旧唐书·本传》
		八科	员半千、阳峤、裴守贞	徐松案:八科举在是年,而不知其科,俟考	《旧唐书·本传》
仪凤二年	六七七	下笔成章科	张鷟、姚元崇、韩思彦、王无竞		《登科记考》
中宗嗣圣九年	六八四	抱儒素科			《云麓漫抄》
		韬铃科	郭敬之		《登科记考》卷三
则天垂拱四年	六八八	词标文苑科	房晋、皇甫琼、王旦		《唐会要》《册府元龟》
永昌元年	六八九	蓄文藻之思科	彭景直		并见《会要》及《册府元龟》

续表

中历	西历	制科名目	及第姓名	备考	材料出处
		抱素儒之某科	李文尉		同上
		贤良方正科	张东之、孔季诩、林元泰		各见《旧唐书·本传》
		明堂大礼科	赵睿冲		《登科记考》卷三
天授二年	六九一	孝悌鲠直科			《云麓漫抄》
长寿三年	六九四	临难不顾徇节宁邦科	薛稷、寇玼		《唐会要》《云麓漫抄》
证圣元年	六九五	超拔群类科	贺知章		《新唐书·本传》
		长才广度沉迹下僚科	张漪	按《册府元龟》作张河,《文苑英华》作张倚,注云《登科记》作漪	《唐会要》《云麓漫抄》
万岁通天元年	六九六	文艺优长科	韩璪		同上
		贤良方正科	崔沔、崔浑、苏颋		《登科记考》卷四
二年	六九七	绝伦科	苏颋、崔九、童工、袁仁敬、何凤、孟兼礼、洪子与、卢从愿、赵不欺		《唐会要》
圣历三年	七〇〇	经邦科	刘幽求		《云麓漫抄》《登科记考》卷四
		疾恶科	冯万石	《云麓漫抄》载大足二年误	同上
		文坛词场科	杨志诚、王敬从、王易从、席豫		《登科记考》卷四

续表

中历	西历	制科名目	及第姓名	备考	材料出处
长安二年	七〇二	龚黄科	冯克孷		《册府元龟》卷六四五
中宗神龙元年	七〇五	贤才科	严挺之	《旧唐书·本传》挺之于神经元年制举及第,是年仅有此科	《云麓漫抄》
二年	七〇六	才膺营乐科	张大求、魏启心、魏愔、卢绚、张鸸、褚璆、成广业、郭璘、赵不为	《容斋续笔》引《登科记》作元年误	《册府元龟》《唐会要》
		才高位下科	冯万石、晁良贞、张敏、张鷟	张鷟见《大唐新语》	同上
		孝悌廉让科	郭思训、郭思谟	《云麓漫抄》作廉谨	《登科记考》
三年	七〇七	材堪经邦科	张九龄、康元环		《册府元龟》
		贤良方正科	苏晋、宋务光、寇理、卢怡、吕恂		同上
			韩琬、苏说		《新唐书·本纪》,《旧唐书·本纪》
		草泽遗才科			《云麓漫抄》
		宰臣科			同上
		武艺超绝科			《登科记考》
景龙二年	七〇八	抱器怀能科	夏侯铦		《唐会要》
		茂才异等科	王敬从、卢重元		同上

续表

中历	西历	制科名目	及第姓名	备考	材料出处
		文学优良科			《云麓漫抄》
		藏器晦迹科			同上
睿宗景云二年	七一一	文以经国科	袁晖、韩朝宗		《唐会要》
		藏名负俗科	李俊文	《唐会要》作俊之	《册府元龟》
		贤良方正科	张鷟		《容斋续笔》
		明三经通大义科			《云麓漫抄》
		抱一史知其本末科	王楚玉等人		《玉海》卷一一五
		通三教宗旨究其精微科			《云麓漫抄》
玄宗先天元年	七一二	文可经邦科	韩休		《唐会要》
			独孤楷、郑少征、晁良贞、雍惟良		《登科记考》卷五
		材可治国科			同上
		材堪刺史科		《册府元龟》《唐会要》皆不载	《容斋随笔》引《登科记考》
		贤良方正科	韩休、王择从、赵冬曦		同上
		藻思清华科	赵冬曦、杨仲宣		《登科记考》《云麓漫抄》
		寄以官风则能兴化变俗科	郭璘之		《册府元龟》
		道侔伊吕科	张九龄		同上

续表

中历	西历	制科名目	及第姓名	备考	材料出处
		手笔俊拔超越流辈科	杜昱、张子渐、张彦明、常无名、赵君正、贾登		同上
			刑巨、席豫		《新唐书·本传》
		文章后拔趋超流辈科			《云麓漫抄》
开元二年	七一四	直言极谏科	梁升卿、袁楚客		《唐会要》
		哲人奇士隐沦屠钓科	孙逖		同上及《云麓漫抄》
			李元成、沈谅		《文苑英笔》
		良材异等科	邵润之、崔翘		同上
五年	七一七	文儒异等科	崔佑、褚庭海		《唐会要》
		文史兼优科	李升期、康子元、达奚珣		同上
六年	七一八	博学通艺科	郑少微、萧识		《登科记考》卷五
		超拔群类科	冯万石、席豫		同上
七年	七一九	文词雅丽科	刑巨等八人		同上及《册府元龟》
八年	七二〇	知合孙吴可以运筹决胜科	杨若虚、张仲宣、马季龙		《登科记考》卷七
十年	七二二	文藻宏丽科			《旧唐书·文苑本传》
十二年	七二四	将帅科	裴敦复、房自谦		《册府元龟》
十四年	七二六	贤良方正科	袁映、尹畅、孙逖	孙逖见《新书本传》	《文苑英华》
十五年	七二七	武足安边科	郑昉、樊衡		《唐会要》《云麓漫抄》

续表

中历	西历	制科名目	及第姓名	备考	材料出处
		高才草泽沈沦自举科	邓景山		同上
			樊咏、王缙		《旧唐书·本传》
十七年	七二九	才高未翘沈迹下僚科	吴巩		《册府元龟》《云麓漫抄》
			薛仪		《登科记考》卷七
十九年	七三一	博学宏词科	薰昕、陶翰		《唐会要》
			王昌龄		《唐才子传》
二十一年	七三三	多才科	李史鱼		《唐会要》
二十二年	七三四	博学宏词科	王昌龄等五人		《登科记考》卷八
		宏词超绝流辈科			《云麓漫抄》
二十三年	七三五	王霸科	刘璀、杜绾		《唐会要》
		智谋将帅科	张重光、崔圆、李广深		《册府元龟》
二十六年	七三八	文词雅丽科	郭纳、姚子彦		同上
			冯万石	《广卓异记》引《登科记考》开元二十六年万石登文词壮丽科	
二十九年	七四一	明四子科	姚子彦、元载等五人	《旧唐书·本纪》作明四子举子《唐大诏令集》作四子举人	《登科记考》
天宝元年	七四二	文词秀逸科	崔明允等二十人		《册府元龟》

续表

中历	西历	制科名目	及第姓名	备考	材料出处
		儒学博通科	刘悫等八人		同上
		军谋越众科	令狐朝等七人		同上
		贤良方正科	萧正		《登科记考》卷九
四年	七四五	高蹈不仕科	马会等三人		同上
六年	七四七	风雅古调科	薛据	《云麓漫抄》列于四年,今不取	《唐会要》
八年	七四九	有道科	高适		《登科记考》
十年	七五一	博通坟典科	归崇敬		同上
		才可宰百里科	颜允臧、归崇敬		同上
十三年	七五四	辞藻宏丽科	杨绾	《旧唐书·杨绾传》载是年制科甚详,可参阅	《唐会要》
		洞晓元经科	独孤及		《唐才子传》
		军谋书众科			《登科记考》
肃宗至德三年	七五八	才兼文武科	王翃		《旧唐书·本传》
代宗大历二年	七六七	乐道安贫科	杨膺		《唐会要》
		茂材异行科	韦夏卿、正卿,杜确		《登科记考》卷十
			高郢		《旧唐书·本传》
六年	七七一	讽谏主文科	郭珣瑜、李益	《新唐书·本传》珣瑜大历中以讽谏主文科高第授大理评事	《册府元龟》
		茂材异等科	陈润		《登科记考》
		博学专门科			同上

续表

中历	西历	制科名目	及第姓名	备考	材料出处
德宗建中元年	七八〇	贤良方正能直言极谏科	姜公辅、元有直等四人		《册府元龟》《唐会要》
		文词清丽科	奚陟、梁肃等六人		同上
		经学优深科	孙玭等三人		同上
		高蹈邱园科	张绅等三人		同上
		军谋越众科	夏侯审等六人		同上
		孝悌力田闻于乡闾科	郭黄中等三人		同上
贞元元年	七八五	贤良方正能直言极谏科	韦执谊、郑利用等十三人		同上
			穆赞、韦纯、钱征、倍陵		《登科记考》卷十二
		识洞韬略堪任将帅科	许贽		《唐会要》
		博通宏典达于教化科	熊执易、刘简甫		同上
			陆亘		《登科记考》
		超绝科			《云麓漫抄》
二年	七八六	韬晦奇才科	朱放	《唐才子传》朱放贞元二年诏举韬晦奇才科	
四年	七八八	贤良方正能直言极谏科	崔元翰等十五人		《册府元龟》
		清廉守节政术可称堪任县令科	李异	《册府元龟》作李异，《旧唐书·本传》亦作异，但不言应制科疑误	《册府元龟》《唐会要》

续表

中历	西历	制科名目	及第姓名	备考	材料出处
		孝悌力田闻于乡闾科	张皓		同上
十年	七九四	贤良刚正能直言极谏科	裴垍、王播等十四人		同上
		博通坟典达于教化科	朱颖		同上
		详明政术可以理人科	张平叔、李景亮		同上
十一年	七九五	隐居邱园不求闻达科	蔡广成,刘明素		《登科记考》
宪宗元和元年	八〇六	才实兼用明于体用科	元稹、白居易、崔绾、韦悖、元修等十六人		《唐会要》
		达于吏理可使从政科	萧睦、陈岵		《册府元龟》《唐会要》
十二年	八一七	贤良方正能直言极谏科	牛僧孺,皇甫湜、王起、李宗闵等十一人	《旧唐书·本传》牛僧孺、李宗闵皆登制为贤良方正科;《广卓异记》称王起元和三年贤良方正能直言极谏科十一人登科,疑二科为一特称呼,有繁简不同耳	同上
		博通坟典达于教化科	冯苞、陆亘		同上
		军谋宏远才任将帅科	樊宗师		同上
穆宗长庆元年	八二一	贤良方正能直言极谏科	庞严、任畹、吕述等十一人		同上

续表

中历	西历	制科名目	及第姓名	备考	材料出处
		详明政术可以理人科	崔郢		同上
		军谋宏远才任将帅科	吴思、李商卿		同上
		博通宏典达于教化科	李思元		同上
二年	八二二	山人科			《云麓漫抄》
		日试百篇科	田夷吾、曹瑶		《云麓漫抄》《登科记考》
三年	八二三	道举科			《云麓漫抄》
		日试万言科			同上
敬宗宝历元年	八二五	贤良方正能直行极谏科	唐伸、韦瑞符、舒元褒、杨鲁士、杨检等十八人		《册府元龟》
二年	八二六	长念九经科			《云麓漫抄》
文宗太和二年	八二八	学究周易科		案是科应属明经科之一	同上
		贤良方正能直言极谏科	李却、裴休等十九人		《唐会要》
		草泽应制科			《云麓漫抄》
自高宗永徽二年至文宗太和二年	共一九二年	制科名目一百十一	及第人数约四百一十五	科目重复者不计	

第五章　宋之考试制度

宋之考试，初与唐代及五代略同。其后几经变迁，科目日趋简单，考试之法则日趋复杂，两相比较，大同而小异，叙述之时，自难划一。今略循上章体例，先述考试概况。然后就实际情形，分别言之。

甲　考试概况

一、科目及试艺

宋之科目，有进士，有诸科，有武举。常选之外，又有制科，有童子举，而进士得人为盛。据《宋史》卷一五五《选举志》进士与诸科科目，及其试艺，有如下表：

科目	试艺
进士	试诗，赋，论，各一篇，策五道，帖《论语》十帖，对《春秋》或《礼记》墨义十条。
九经	帖书一百二十帖，对墨义六十条。
五经	帖书八十帖，对墨义五十条。
三礼	对墨义五十条。（［又云］凡三礼对墨义九十条）（案此句疑重复）
三传	一百一十条。
开元礼	对三百条
三史	同上
毛诗学究	五十条，《论语》十条，《尔雅》《孝经》共十条，《周易》《尚书》各二十五条。
明法	对律令四十条，兼经并同毛诗之制。

观此表，知宋初重帖经墨义，惟进士兼试诗赋策论。故与其谓"宋承唐制"，毋宁谓宋承五代之制也。神宗时，罢诸科，仅留进士。此殆有科无目矣。后世沿之，而科目之称不改，何也？王安石变法之后，以经

义诗赋试进士，终宋之世，少有变更焉。若宋之制举，行罢无常。真宗增科为六：曰，贤良方正，博通宏典，才识兼茂等。所试重策论。得人以仁宗时为盛。南渡以后，虽复行之，而应试者寡矣。

二、考试时期

（一）年限

宋初年限无定，多为每年一贡举，袁文《瓮牖闲评》曰："国初事简易办，科举与奏荐，皆逐岁有之。"（卷三）检《续资治通鉴长编》及《文献通考》卷三二，可知其言之不误。自太平兴国三年（西九七八）后，方闻一年或二年乃贡举。如兴国三年开科后，至五年再开科，此间岁一贡举也；六年七年皆停贡举，此间二岁一贡举也。仁宗嘉祐二年（西一〇三五）改为间岁一贡举，英宗治平三年（西一〇六六），议者以间岁贡士法不便，乃诏三年一开科场。《玉海》卷一一六）三年一试之制，即始于此。

（二）月日

据《选举志》卷一"初礼部贡举，皆秋取解，冬集礼部，春考试"。（《宋史》卷一五五）苏东坡云："国朝试科目，亦在八月中旬，顷与黄门公既将试，黄门公忽感疾卧病，相图韩魏公……奏……展期以俟，上许之。既闻安全，乃引试。凡比常展期二十日，嗣后试科目，并在九月，盖始于此。"（宋李荐《师友谈记》页十一）高宗绍兴二十四年（西一一五四）始定试期，并用中秋日，"四川则用春季，而仲秋类省"。（《宋史》卷一五六）此或以后又由九月改至中秋日也。光宗绍熙初，"以省试春浅，大尚寒，遂展至二月朔。……殿试于四月上旬"。（同上）是宋考试月日，时常变动，无一定也。大抵礼部及殿试考试在春季，乡试考试在秋冬。

（三）试程

唐考试夜以继烛，宋初亦然，礼部考试虽严禁用烛，而州郡则用之如故。度宗初，"以雷同假手之弊，多由于州郡试院继烛达旦，或至次日辰巳，犹未出院。其所以间日者，不惟止可以惠不能文之人，适足以害能文之士，遂一遵旧制，连试三日"。（卷一五六《选举志》二）于此知州郡有夜试，及试期共三日，初连试，后则间日一试，至宋末又连试矣。宋袁文谓宋初无继烛之制，有之盖五代时之事，（《瓮牖闲评》卷八）其说不甚可凭，述之备考。

三、考试场数

宋制场数亦无定,当初有试十五场,有试三十场者,如太宗淳化四年(西九九四),旧制三史通礼各试三十场,每场墨义十道,今减试十五场,(《玉海》一一五)有试七场者,如真宗景德二年(西一〇〇五)七场杂间义疏文各一道。仁宗庆历四年(西一〇四四)范仲淹更定科举法,更为三场,先策,次论,次诗赋。神宗熙宁四年(西一〇七二)王安石变法改为四场。终宋之世,以三场四场为准。而行三场者较多。

四、考试官吏

(1) 州府试

诸州判官试进士,录事参军试诸科,如录事参军不通经艺,即遴选次官代之。

(2) 礼部试

据绍兴十八年题名录,不知贡举一人,同知贡举一人,参详官六人,点检试卷官二十人。

(3) 殿试

初考官三人,复考官三人,详定官三人,编排官三人,初考点检试卷官二人,复考点检试卷官八人。

此外有检点雷同官,未见此录,又有弥封誊录等官,因官小亦未录。

五、考试情形

宋吴自牧著《梦粱录》,有《诸州府待解士人赴省闱》一文,读之可明了宋朝考试之整个情形。但吴氏为南宋末年人,所记或非宋初事。然宋制当以后宋为完备,则吴氏之言不可忽也。今录之,其词曰:

> 三月上旬,朝廷差知贡举,监试,主文,考试等官,并差监大中门官,诸司弥封,誊录等官,就观桥贡院,放诸州府郡得解士人,并三舍生得解生员,诸路转运司得解士人,有官人及武举得解者尽赴院,排日引试,国子监牒试中解者并行引试,如有避亲者就别院引试,朝廷待士之重,差官之际,并令快行宣押,所差官员入内,到殿听鼓,其知贡举,监试主文,并带羞帽,穿执乘驭,同诸考试

等官，迎引下贡院，然后锁院择日放试。

诸州士人自二月间前日到部，各寻安泊待试，遂经部呈验解牒，陈乞纳卷用印，并收买试篮桌椅之类，试日已定，隔宿于贡院前，赁房待试，就看坐图。（案《宋朝会要》曰："大中祥符四年五月，晁迥奏引试进士，预令贡院纳卷子，试前一日，贡院出榜晓示，逐人排坐位处所，则引试之，有坐位榜，自此为始，今亦谓之混榜"，见《事物纪原》卷三，故先看坐位图也。）

其士人各引试三场，正日本经，次日论，第三日策。预试人照合试日，分集于贡院外竹门之外，（案唐考院用棘篱，从此知宋用竹篱。）伺候开门放试，士人各入院内，依坐位分廊占坐讫，知贡举等官，于厅前备香案，穿秉而拜，诸士人皆答拜，方下帘幕，出示题目于厅额，题中有疑难处，听士人就帘外上请，主文于帘中详答之。讫，则各作文，随手上卷；至晡后，开门放士人出院，纳卷于中书门外，书知姓氏，试卷入概而出。

其士人在贡院中，自有巡廊军卒，斋砚水，点心泡饭，茶酒，菜肉之属，货卖亦有八厢。

太保巡廊事所纳卷子，径发下弥封。所封卷头，不要试官知士人姓名，恐其私取故也。却于每卷上打号头。三场共一号，方发往誊录。所誊录卷子，依字号书写，对读无差，方纳入考试官各房考校。如卷子考中，发过别房复考，如称众意，方呈主文，却于誊录所，吊取真卷，点对批取，定夺魁选，伺候中省，奏号揭榜，候取旨，差官下院，拆号放榜。

中省魁者，殿试陛甲，恩例，前十名亦如之。补试中榜者，参太宗武三学为生员。举人中省闱者，俟候都堂，点请复试，不过一论冒而已；复试毕，然后到殿也。

此科举试三年一次，到省士人，不下万余人，骈集都城，铺席买卖如市，俗语云，赶试官生活，应一时之需耳。（《梦粱录》卷二）

乙　沿革及变迁

自来搜集选举材料者，如《文献通考》《古今图书集成》等，皆以宋代为最多，盖以其年代攸长，而其变迁亦复杂也。今以王安石更改之科举法为中心，安石以前，即宋太宗至仁宗，为沿唐五代之旧法时期。此期专试帖经墨义，惟进士添试诗赋策论。仁宗至神宗，为王氏变法时期，罢诗赋及帖经墨义，专以经义取士，将诸科并归进士一科，又以春秋有三传难通，亦罢之，此后或为王学反动时期，或为王学全盛时期，如元祐间，罢词赋，增《春秋》，以经义与诗赋并行。绍圣时又复词赋，去《春秋》。钦宗时，再复元祐制；即经义诗赋二者并用，此宋考试之主要变迁。其制科及考试方法之沿革，则于另节略述之。

一、常科及试艺之变迁

（1）宋太宗至仁宗时之状况（诸科试帖经墨义，进士加诗赋策论）

宋沿五代制，进士试诗赋策论，及帖经墨义。诸科如明经史科等，专试帖经墨义，已述于考试概况节。行之六十余年，其变动者，惟太宗太平兴国三年（西九七七），诏律赋以平侧，依次用韵，（吕祖谦《历代制度详说》卷一）八年，进士诸科，始试律义十道。（《宋史·选举志一》）淳化四年（西九九四）命三史通礼各试十五场，盖旧制各试三十场，每场墨义十道，（《玉海》一一五）真宗景德二年，诏易尚书学究，问经注四，疏义六，为定式；明法六场如学究，七场杂问义疏文各五道。（同上）此等变易，固未出乎帖经墨义之范围也。

（2）王安石改革之科举法（罢诸科及诗赋帖经墨义，专问大义）

在王安石变法以前，已有三次改革：其一，即仁宗欲诸科添试策，未实行；其二，范仲淹罢帖经诗赋，问大义，行之一年而罢；其三，即熙宁三年亲试进士，始专以策。

①仁宗之企图改革

天圣元年（西一○二三）"宋兴六十有二载，天下乂安，……时晏殊言：'唐明经，并试策问，……今诸科专记诵，非取士之意，请终场试策一篇。'诏近臣议之，咸谓诸科非所习，议遂寝。"（《宋史·选举志一》）

②范仲淹之临时改革

时范仲淹参知政事，意欲复古劝学，数言兴学校本行实。乃诏近臣议，宋祁等然其言。于是庆历四年（西一○四四），诏天下州县立学，更定科举法。（《宋史·纪十一》）其法分三场："先策，次论，次诗赋，通考为去取，而罢帖经墨义。士通经术，愿对大义者试十道。"仲淹既去，"而执政者皆异。……言初令不便者甚众，以为诗赋声病易考，而策论汗漫难知。……请如旧法。"（《选举志一》）于是庆历五年，诏进士诸科经义，并如旧法考之。（《玉海》一一六）是范仲淹之改革，仅行一年而罢也。

③熙宁三年之策论

据《选举志一》，"神宗熙宁三年（西一〇七一）亲试进士，始专以策，定著限以千字。旧制特奏名人试论一道，至是亦制策焉。"帝谓执政曰："对策亦何足实尽人材，然愈于以诗赋取人尔。"案宋初殿试进士诗赋论三篇，至是始专用策。元祐八年，中书议复祖宗旧制，会绍述议起，不果行。自后相沿，遂为定例。

④王安石之改革

以前三次改革，为安石变科举法之先声。至神宗时，笃意经学，深悯贡举之弊，且以西北人材，多不在选，遂议更法。安石乃上仁宗皇帝言事书曰："课试之文，非博诵强学穷日之工则不能；及其能工也，大则不足以用天下国家，小则不足以为天下国家之用，故虽自首于庠序，穷日之力以师上之教，及使之从政，则茫然不知其方者皆是也。……今复古制，则患于无渐，宜先除去声病偶对之文，使学者得专意经术，以俟朝廷兴建学校，然后讲求天下所以教育之法。……庶几可以复古。"（《荆公全集》卷三十九）时苏轼不然其言，上议学校贡举状以驳之，略谓选举有道，不必由学；且自文章言之，则策论为有用，诗赋为无益。自政治言之，二者皆无益，诗赋何负于天下，而必欲罢之。（原文见《东坡文集》卷九《奏议》）神宗初读轼奏，首肯其说；继聆安石言，谓"今少壮，正当讲求天下正理，乃闭门学作诗赋，及其入官，世事皆所不习，此科法败坏人才，致不如古"。（《选举志一》）于是神宗熙宁四年（西一〇七二）诏改法，罢诗赋帖经墨义及诸科，"士各占治《易》《诗》《书》《周礼》《礼记》一经，兼《论语》《孟子》，每试四场；初大经，治兼经大义凡十道。（后改《论语》《孟子》义各三道）次论一首，次策三道，礼部试即增二道，中书撰大义式颁行。……又立新科明法，试律令，刑统大义，断案。所以待诸科之不能业进士者。"（《选举志一》）八年"颁王安石《书》《诗》《周礼》义于学官，是名《三经新义》。令天下士，非从三经者，不预选举之列，又以春秋有三传难通，罢之"。（《历代制度详说》卷一）此王安石改革科举法之大略也。

秦蕙田案，熙宁之经义，即八股文所由昉也。唐时明经试以墨义，只以课记诵之能否，于经典大义无所发明，宋初犹承之。故其时进士科特重，而有志之士，鄙学究而不为。至是中书撰文颁行天下，主于疏解理趣，不为章句之陋，立法非不甚善，顾乃废历代专家之学，而以荆公一家之说，立于学官，则未免即心而蔑古耳。自是迄于宋世，诗赋或兴或废，经义与诗赋，或分两科，或为一科，至元明而诗赋之文不复施于应举矣。（《五礼通考》卷一七四）

（3）改革后之反动（复词赋及春秋科）

哲宗时，苏轼、司马光知贡举，光上起请科场札子曰："……有司以帖经墨义试明经，……其弊至于离经析句，……以诗赋论策试进士，……致举人专向辞华，不根道德；涉猎钞节，怀挟剿剽，以取科名。……神宗……深鉴其失，于是悉罢诗赋，及经学诸科，专以经义论策试进士，……但王安石不当以一家私学，欲盖掩先儒，令天下学官讲解，及科场程试，同己者取，异己者黜。……至于律令敕式，皆当官所须，……使为士者，……果能知道义，自与法律冥合，何必置明法一科？"（《温公文集》卷五十二）此司马光对安石所立新科明法之反动也。元祐元年（西一〇八六），"礼部请置春秋博士，侍御史刘挚请进士增诗赋，复置贤良茂才科，新科明法兼经大义，减其额，集议进士罢试律义，八月置春秋科"。（《玉海》卷一一六）此对安石罢春秋及诗赋之反动也。但所谓反动者，非极端改革，乃两相调和，于是元祐元年十一月，立经义词赋两科，（《太平治迹统类》卷二十八）用侍御史刘挚之言。（《燕翼诒谋录》卷一）案该二科之立，《选举志一》列于元祐四年，证以上述两书，殆误。又据《宋史》卷十七《哲宗纪》，元祐四年，止有试进士四场法之制，所谓四场即"第一场试本经义二道，《论语》《孟子》义一道，二场试赋及律诗一首，三场论一首，四场子、史、时务策二道"。（《太平治迹》卷二八）自复诗赋，士多向习，而专经者十无一二，诸路奏以分类名取非均，其后遂通定去留，经义毋过三分之一，于此可验经义与词赋二科之轩轾。

（4）反动后之复兴及其结果（分经义词赋二科）

绍圣初，哲宗亲政，群臣多言元祐所更学校科举制度非是，乃于绍圣元年（西一〇九四）五月，罢进士，试词赋，专习经义；廷对仍试策。初，神宗念字学废黜，诏儒臣探讨，而王安石乃进其说，学者习焉，元祐禁勿用，至是除其禁。二年正月，立宏词科，四年二月，诏罢春秋科

（《太平治迹统类》卷二十八）。元符元年（西一〇九八）令学官试三经，（《宋史·纪》十八）徽宗崇宁元年（西一一〇二）罢春秋博士，（《宋史·纪》卷十九）崇宁三年，诏天下取士，悉由学校升贡，其州郡发解及礼部试法并罢，自此岁试上舍，悉差知举如礼部试，（《宋史·纪》卷十九）四年，仿周官大比为岁贡之制，（《玉海》）五年诏大比岁更参用科举取士一次，其亟以此意使远士即闻之，时州县悉行三舍法，得免试入学者多当官子弟，而在学积岁月累试乃得应格，其贫且老者甚病之；故诏及此而未遽废科举也。（《宋史·选举志一》）按安石改革科举之法，至此已登峰造极，所有理想，悉施行之，其三舍法之行，（即分学生为三舍，始人为外舍生，月考试其业积优等，以次升内舍上舍，上舍试分三等，上等不须殿试，而命以官，中等免礼部试，下等免解试。）几致科举为之废除。

但物极必反，大观四年（西一一一〇），以星变，诏更行科举一次，宣和三年（西一一二一），诏罢天下三舍法，并以科举取士，惟太学仍存三舍，钦宗靖康元年（西一一二六），复以诗赋取士，禁用老庄及王安石之学说。

高宗建炎二年（西一一二八），王唐公为礼部侍郎，建言复以词赋取士，自绍兴二年（西一一三一），科场始复，……十三年国学初建，高司业（抑崇）言士以经术为本，请头场试经义，次场试词赋，末场试子史论时务策各一首，许之。十五年诏经义诗赋分为两科，（以上参《建炎以来朝野杂记》卷十三）此后或因偏重词赋，或偏重经义，有偏听偏信事而为一之变动，然终以绍兴三十一年，从礼部侍郎金安节言，复立两科，永为定制。盖自神宗熙宁四年，始罢词赋，专用经义取士，凡十五年，至元祐元午复词赋与经义并行。至绍圣元年，复罢词赋，专用经义，凡三十三年。靖康元年，复以诗赋取士。至建炎二年，又专用经义，绍兴十五年，经义词赋分为两科，后虽或分或合，终以三十一年分两科为永制。

二、制科之沿革变迁

宋之制科，一名"大科"，意义与唐同；惟科目不如唐代之复杂，而得人亦不若唐代之盛。《选举志》曰："制举无常科，所以待天下之才杰，天子每亲策之；然宋之得才，多由进士，而以是科应诏者少。"（《宋史》卷百五六）其后一罢于景德，二罢于熙宁，三罢于绍圣，南渡以后，虽复举故事，而应者寥寥矣。

(1) 制科之兴废

宋太祖乾德二年（西九六四）以兵部尚书张昭之请，初设制科，别其目为三，许投牒自荐，未有应者。开宝元年（西九七七）诸道举孝弟力田者凡七百余人，试之，文武皆不行，乃悉罢去。

真宗时，盛度建言，请建四科取士，乃于景德二年（西一〇〇五）诏复贤良方正能直言极谏等六科，缘度议也，（案《涑水记闻》卷三引鲁平曰："宋初以来，至真宗方设制科，陈越王曙为之首。"）及议封禅，科目皆废，此一罢也。

仁宗天圣七年（西一〇二九）夏竦执政，请复制举，广置科目，上从之，增高蹈邱园，书判拔萃等，通为十科。

神宗初，以进士试策，与制科无异，（案其实为孔仲文对策，指陈时政，王安石恶之。）遂诏罢之，此二罢也。案进士试策在熙宁三年，疑制举之罢在四年，时安石罢诸科，惟留进士也。

哲宗元祐二年（西一〇八七）复制科，（案《宋史·纪》卷十七作元祐元年，疑复在元年，举行在二年，故从志。）绍圣元年（西一〇九四）九月，又罢之，此三罢也。其理由据志，"哲宗谓制科试策对时政得失，进士策亦可言，因诏罢制科"。（《宋史》卷一五六）既而改置宏词科，以兼收文学博异之士。

高宗绍兴二年（西一一三二）复制科，"自复制科七十年，但得李仲信晕，一人而已"。（《建炎以来朝野杂记》卷十三）然前此宋代制科中第者，亦有名臣，如富弼中茂才异等，余靖、尹洙中书判拔萃，苏轼、苏辙兄弟，并中贤良选是也。

(2) 制科科目及试艺之变迁

制科科目及制艺，宋徐度言之颇详，今先采其言，而后补充之。

> 国朝制科，初因唐制，有贤良方正，能直言极谏；经学优深，可为师法；详明吏理，达于教化；凡三科。应内外职官前资见任，黄衣草泽人并许诸州及本司解送上吏部，对御试策一道，限三千字以上。咸平中又诏文臣于内外幕职州县官及草泽中，举贤良方正各一人。景德中，又诏置贤良方正，能直言极谏；博通坟典，达于教化；才识兼茂，明于体用；武足安边，洞明韬略；运筹决胜，军谋宏远，材任边寄；详明吏理，达于从政等六科。天圣七年，复诏应内外京朝官不带台省馆阁职事，不曾犯赃罪及私罪情理轻者，并许少卿监以上奏举，或自进状乞应前六科仍先进所业，策论十卷，卷

五道，候到下两省看详，如词理优长，堪应制和产，具名闻奏，差官考试论六首，合格即御试策一道。又置高蹈邱园，沉沦草泽，茂才异等三科，应草泽及贡举人，非工商杂类者，并许本处转运司逐（及）州长吏奏举，或于本贯投状乞应，州县体量有行止别无玷罪者，即纳所业策论十卷卷五道看详，词理稍优，即上转运司，审察乡名誉，于部内选有文学官再看详，实有文行可称者，即以文卷送礼部，委主判官看详，选词理优长者，具名闻奏。余如贤良方正等六科，熙宁中悉罢之，而令进士廷试。罢三题，而试策一道。建炎间，诏复贤良方正一科，然未有应诏者。（《却扫编》卷三）

案徐氏谓贤良方正复于建炎间，证以《玉海》及《朝野杂记》，知复于绍兴二年。而未有应诏者一语，亦欠妥当。盖从《朝野杂记》已得李垕一人。其后胡铨，亦举贤良者。

至于试艺，徐氏言之颇简要，知制举无帖经墨义，仅诗赋策论或间有经义而已。太宗以来，所试皆诗赋，颂策，制诰；或三篇或一篇，中格则授以馆职。神宗罢诗赋，更以策论。哲宗元祐二年，奏论六首，御试策一道。绍圣元年，制科罢后，改置宏词科，试章表，露布，檄书，用骈俪体；颂，箴，铭，诫谕，序记，用古体，或骈俪；而诏诰赦敕不以为题。时因进士纯用经义，不得不以宏词科习朝官应用之文。徽宗大观四年（西一一一〇）改立词学兼茂科，于旧试格内，除去檄书，增入制诰内二篇，以历代史故事为题。孝宗乾道二年（西一一六六）诏制科权罢注疏，举人称使。是南宋孝宗以前，试题出自经史，并及注疏也。

三、一般立制之变迁

宋考试制，新增甚多。如特奏名恩例，廷赐袍笏，三岁一贡举，以及誊录易书之制，皆宋所新立，或至宋而后普遍施行。今择其最要者述之。

（1）特奏名恩例

宋制省试进士合格者，谓之正奏名。其屡经乡贡，绌于礼部，或廷试，积前后举数参其半而差等之；遇亲策士，则别籍其名以奏，径许附试，谓之特奏名。正如有清会试不中式，而特恩赐进士令其一体殿试，故又名恩例，或称恩科。《云麓漫抄》卷十四，"国朝进士累举不第者，限年许赴特奏名,号为恩科"。盖特奏名与正奏名为对待词,而恩科与特奏名,乃二而一者也。其立制之始有二说:《选举志》谓始于太祖开宝三年(西九七〇);徐度《却扫编》卷一谓始于真宗景德二年(西一〇〇五)。宋王栐之言曰:

> 唐末进士不第,如王仙芝辈唱乱,而敬翔李振之徒,皆进士之不得志者也,盖四海九州之广,而岁上第者,仅一二十人,苟非才学超出伦辈,必有绝意于功名之涂,无复故籍。故圣朝广开科举之门,俾人人皆有觊觎之心,不忍自弃于盗贼奸宄。开宝二年三月壬寅朔(案开宝三年三月朔为壬寅,云二年误。)诏礼部阅贡士十五举以上曾经终场者具名以闻。庚戌诏曰,贡士司马浦等一百六人,困顿风尘,潦倒场屋,学固不讲,业亦难专,非有特恩,终成遐弃,宜各赐本科出身,此特奏所由始也。自是士之潦倒不第者,皆觊觎一官,老死不止。至景德二年三月丁巳,因赐李迪等进士第,赐特奏名五举以上本科六十四人,三传十八人,同学究二十二人,三礼四十四人,年老授将作监主簿三十一人,此特奏之名所由立也。至景祐元年正月癸未,诏进士诸科十取其二,进士三经殿试,诸科五经殿试,或进士五举年五十,诸科六举年六十,虽不合格,特奏名,此特奏名所以渐多也。至大中祥符八年二月丙子,则命进士六举,诸科九举,特奏名,并赴殿试,此则以人多而裁抑之也。况进士入官,十倍旧数,多至二十倍,而特奏之多,自是亦如之。英雄豪杰,皆汨没消靡其中而不自觉,故乱不起于中国而起于夷狄,岂非得御天下之要术欤。苏子曰:"纵百万虎狼于山林而铁涡之,不知其将噬人。"艺祖皇帝深知此理者也。岂汉唐所可仰望哉。(《燕翼诒谋录》卷一)

读此文知特奏名之事,始于开宝三年,其名立于景德二年,则前二说不冲突矣。

(2) 复试与殿试

唐武后会试贡举人于洛城殿前,又唐尝有中书门下详复之制,天宝二年,玄宗亲试登科举人于花萼楼,而开元九年已亲策试应制举人于含元殿,然据马端临所考,则谓复试殿试始于宋。而据宋人李攸等与《宋史》之言,亦谓自宋始。

宋李攸曰:开宝六年因徐士廉伐鼓诉讼,太祖御讲武殿复试,复试

自此始。(《宋朝事实》卷十四)

宋李焘曰：开宝六年，上以进士武济川，三传刘濬，材质最陋，应对失次，黜去之。济川，翰林学士李昉乡人也，昉时权知贡举，上颇不悦，会进士徐士廉等击登闻鼓，诉昉用情取舍，非当。上以问翰林学士卢多逊，多逊曰："颇亦闻之。"上乃令贡院籍终场下第者姓名，得三百六十人，癸酉，皆召见，择其一百九十五人，并准以下及士廉等各赐纸札，别试诗赋，命殿中侍御史李莹，右司员外郎侯陟等为考官，乙亥，上御讲武殿亲阅之，得进士二十六人，士廉预焉。五经四人，开元礼七人，三礼三十八人，三传二十六人，三史三人，士廉预焉。五经四人，开元礼七人，三礼三十八人，三传二十六人，三史三人，学究十八人，明法五人，皆赐及第，又赐准钱二十万，以张宴会，责昉为太常少卿，考官右赞善大夫杨可法等，皆坐责，自兹殿试，遂为常式。(《续资治通鉴长编》卷一四)八年复试进士于讲武殿，赐王嗣宗等三十一人（案《玉海》亦作三十一人，惟《通考》作三十六人，误。）诸科纪自成等三十四人及第。(《宋书·纪》卷三)

马氏端临曰：按殿前试士，始于唐武后。唐制以考功郎中任取士之责，后不过下行其事，以取士誉。非于考功已试之后，再试之也。开元以后，始以礼部侍郎知贡举，选中书门下详复，然惟元和间钱徽为侍郎知贡举，宰相段文昌言其取士不公。复试多不中选，徽坐免官。长庆以后，则礼部所取士，先详复而后放榜，则虽有详复之名，而实未曾再试矣。五代以来，所谓详复者，间有升黜。入宋太祖乾德六年，命中书复试，则以帝疑陶谷之子不能文而中选，故复之；亦未尝别为之升黜也。至开宝六年，李昉知举，放进士后，下第人徐士廉等打鼓论榜，上遂于讲武殿命题重试，御试自此试始。昉等所取十一人，重试共取二十六人。昉等所取十一人内，只黜武济川一人，余十人则高下一依元次。而续取二十六人，不过附名在此十之内。共为一榜。然则是年虽别试而共为一榜，亦未尝有省试殿试之分也。至八年复试礼部贡院合格举人王式等，于讲武殿内出试题，得进士三十六人，而以王嗣宗为首。王式者，礼部所定合格人，则居第四，盖自是年御试始别为升降，始有省试殿试之分，省元状元之别云。(《通考》卷三十)

案以上各说，自有其立论之根据。兹姑无论殿试复试，是否始于唐，以吾人在前章所见五代唐庄宗因尝庶试进士，而明宗且新立条格，帖经落第之时，令举人阅卷对经，以验主司批评之得失。晋天福三年，从崔棁奏令举人落第者，任自投状披陈，却请所试与疏义对证，兼令其日一甲共同较量。此皆开宝以前事，似复试亦不自宋始，无已其谓始于唐，行于五代，而完成于宋乎。

（3）糊名易书

糊名之制，唐已有之，惟仅行于吏部试。至宋乃普遍行之。既糊名，恐主司认识文字，乃将原卷加以誊录，名曰易书。其始也，据《玉海》一一六"糊名之制，始于淳化；而诸州糊名，自明道二年始。易书之制，立于祥符；而诸州易书，自景祐四年始"。

丙 考试方法

宋代考试方法，较唐为精密，要而述之，无增加考试种类，增加防弊方法，增加科场规则。

一、考试种类

考试种类，据宋赵升《朝野类要》所载，如堂试，补试，帘试等名，不下一二十种，大抵多关学校考试之名，今择其最要者述之。

（1）解试与附试

宋之乡举曰解试，或曰漕试，《赣州府志》曰："乡试在宋为漕试谓之发解。"（见《日知录》卷十六引）故普通多称解试，经乡试而送于礼部者曰得解，或曰取解，或曰取送，其在学及格，或遇特恩，不经乡试，而直接试于礼部者，曰免解，其因事在他乡而未归本贯者，皆就转运司考试曰附试。其解送不当者有罚。真宗天禧二年诏曰："今镞厅应举人，所在长吏先考试艺业，合格始听取解。如至礼部不合格，当停见任。其前后考试官举送长官，皆重置罪。至天圣时除其法。"（《选举志二》）按镞厅试者，言现任官锁其官厅而往应试也。

（2）省试与类试

省试即唐之礼部试，亦即明清之会试。《朝野类要》卷二曰："诸州就漕司解试，就礼部贡院镞试，名曰省试。"时有因地远及其他原因，不须礼部试，而以地方长官或朝廷差官执行之，名曰类试。如四川以州军解士，只就安抚制置司类试毕，径赴殿试。陕西亦并于四川之类。

（3）殿试与复试

殿试，后世亦称廷试。但在宋，少见廷试之名。《朝野类要》卷二曰："本朝例，就崇政殿锁试考试策一道。毕日唱名。曰殿试。"往年遇主上即位，第一次谓之"龙飞榜"。又尝因谅阴，皆会免试，只谒唱名。"谓之'免殿试'。"盖宋制礼部试后，恐取士不公，天子复试于殿廷，略有黜陟，而后临轩唱名，赐第出身，是与唐代送中书门下详复之制，更加精密。于此知复试与殿试无甚分别也。

（4）别头试与宗室子应试法

宋别头试，意义难明。其在唐时，开元二十四年，礼部侍郎亲故，移视考功，谓之别头。是别头者，即礼部侍郎亲故，移于考功郎中别试，以免嫌隙也。然在宋时，似乎不同。宋之别头试，据《选举志一》，仁宗景祐四年（西一○三七）诏"士有亲戚仕本州，或为发解官及侍亲远官，距以本州二千里，令转运司类试，以十率之取三人。于是诸路始有别头试"。《宋史》卷一五五 "先是崇政殿说书贾昌朝言：举人有亲戚在本贯守官，及随侍远地，并发解官之亲戚，令转运司差官类试，每十人解三人，其距本贯二千里内者，令归赴秋试，学士丁度等议，谓二千里内举人赴试不及，故有是诏。"《玉海》卷一一六）

是别头与类试相仿佛。而别头试限止于举人有亲戚在本贯守官，及随侍远地，并发解官之亲戚也。神宗熙宁十年（西一○七七）始立宗子试法。"凡祖宗袒免亲以命者，附镶厅试。非袒免亲以外，例许应举国子监。礼部皆别试别取，十人取五，试者虽多，解毋过五十人。廷试策问，与进士同。而别考累举不中，年及四十以闻，而录用之。"（《通考》卷三一）此所谓宗子试法也。"初，皇祐元年六月三日乙丑，叔韶进所为文，试学士院，赐进士及第，仁宗曰：'前此未有。'五年五月二十六日，诏宗室通一经者试之。元丰二年三月丁亥，诏以经义论试宗室，六月十五日，秘阁考试宗室，七月三日，叔盎赐出身，四年七月，泛之等秘阁试文论，六年十月，令绵等秘书省试经义。"（《玉海》卷一一六）从此，知宗室子应试法者，即皇帝宗亲，分别考试，而考试科目，又较一班考试为简略。此种方法，名为避免与普通士人争胜，实则有所优待也。

第五章 宋之考试制度

二、防弊方法

（1）书家状对笔迹

真宗景德间，贡院言：“昨详进士所纳公卷，多假借他人文字，或用旧卷，或为佣书人易换文本，是致考校无准。请自今并令举人亲自投纳，于试纸前，亲书家状，将来程式与公卷全异，及所试文字与家状书体不同，并驳放之。或假用他人文字，辨认彰露，即依例扶出，永不得赴举。其知举官亦望先一月差入贡院，考较公卷，分为等第。如事业殊异者，至日更精加试验。所冀抱艺者，不失搜罗；躁进者，难施伪滥。”（《通考》卷三十）案公卷乃士子平日所作之文，先期纳之礼部。知举官先加考校，分为等第，盖恐士子一日之间，不能尽其所长，而欲参之以素业，斯固良法美意也。不为公卷多假借他人文字，于是书家状，对笔迹。然或仍不能防弊，乃有封弥誊录之法。但此法行，而对笔迹如故。至宋宁宗开禧二年（西一二○六）仍参对字画也。

（2）封弥编号

宋高宗《事物纪原》卷三曰：“封弥即糊名也。唐初以试有官人。……今贡举发解，皆用其事曰封弥。”是唐曰糊名，宋曰封弥，始于唐，盛于宋也。[案《宋史·陈靖传》云：“糊名考校起于靖。”（卷四二六）《老学庵笔记》云：“本朝进士，初亦如唐制，兼采时望。真宗时，周安惠公起，始建糊名法，一切以程文为去留。”（卷五）今皆不从。]《玉海》卷一一六曰：“殿试糊名自淳化三年始。”礼部贡院糊名，自真宗景德四年始。（《通考》卷三十）《玉海》又曰：“糊名之制，始于淳化，而诸州糊名，自明道二年始。”淳化、景德皆宋真宗年号。淳化三年，当西历九九二，景德四年，一○○七。明道，仁宗年号，二年当西历一○三三。立法之始及其盛行之年代既明，进言其法。

真宗大中祥符四年（西一○一一）新定条制，举人纳试卷，内臣收之。先付编排官，去其乡贯状，以字号第之。付封弥官。誊录校勘，用御书印，方付考官定等讫，又弥封，送复考官再定。编排官阅其同异，未同者再考之。如复不同，即以相附近为定。始取乡贯字号合之。乃第其姓名差次，并试卷以闻。遂临轩唱第，赐进士。（《太平治迹统类》卷二十八）案此事，《选举志》列于景德四年（西一○○七）据《通考》是年礼部始行糊名法，或难如此详尽。今从《太平治迹统类》,盖宋人作品也。详观其法,两次弥封,两次复勘,其谨严处,有过于后代矣。

(3) 誊录易书

夫既弥封编号,主考官或能认识举子文字。于是真宗祥符八年(西一〇一五)"始置誊录院。令封印官封试卷,付之集书吏录"。(《宋史·选举志一》)"供帐内侍二人监焉。命京官校正,用两京奏使印讫,复送印院,始送知考官考校。"(《太平治迹统类》卷二十八)是其谨密慎重,更进一层。但前祥符四年,所谓"付封弥,缮录校勘",殆即誊录。而八年置誊录院,即使有专职责之人,亦非编号誊录,显为二事也。今为清醒眉目,分别述之。自誊录之法行,主司已不能见原来之试卷,从而门生故旧,难以认识。然而公卷之效亦失矣。

(4) 双重定等第之法

"旧制御试举人,设初考官,先定等第。复封弥之。以送复考官,再定等第。乃付详定官,发初考所定等第,以对复考之等第。如同即已,不同则详其程文,当从初考或复考为定,则不能别立等第。"(《梦溪笔谈》卷一)此制《续资治通鉴长编》,言之更详,云:"天禧三年,初上累定考试条制,举人纳试卷,即先付编排官,去其卷首乡贯,定以字号,第之封弥官,誊写校勘,始付考官再定等讫,后封弥,送复考官,再定等,乃送详定官,启封阅其同异,参验着定,始付编排官,取乡贯状字号,合之即第其姓名差次并试卷以闻,遂临轩放榜焉。大抵欲考校,详定官不获见举人姓名,书翰编排官虽见姓名,而不复升降,用绝情弊。"(卷九三)从此知宋考试之严密。夫等第之定,虽至今日科举发达之时,犹难避免主观之见。宋先定于初考,再定于复考,皆封弥之,不使明悉。则阅卷之官,不敢草率从事,循情徇私。两次既定,然后对校,再加考核,是一篇试卷,已经三人详察;其防弊之周严,考核之精密,可谓为最客观,最科学者。惜行之不久,至嘉祐六年,"王荆公为详定官时,以初考复考所定第一人,皆未允当,于行间别立一人为状首,详定官得别立等第,自此始。后遂为定例。当时杨乐道守法,以为不可。朱从道为封弥官,谓同舍曰:'二公何用力争,从道十日前,已闻(王)俊民为状元,事必前定,二公徒自苦耳。'"(《梦溪笔谈》卷一)

三、考试规程

（1）不得应举之规程

据《宋史·选举志二》，凡有笃疾者不得贡。有大逆人，缌麻以上亲，及诸不孝不悌，隐匿工商异类，僧道归俗之徒，皆不得应试。太宗端拱二年（西九八九）禁吏人入举。然自徽宗宣和三年（西一一二一）阉隶可以登科。故马端临曰："按太宗时李昉吕蒙正之子，御试入第，上以势家不当与孤寒争进，黜之。颜明远等四人，以见任官举进士，上惜科第不兴，特授近蕃掌书记。盖惟恐权贵占科目，以妨寒畯也。今亲王得以为状元。又案端拱二年，有中书堂后官及第，上夺所投敕牒，勒归本局。诏今后吏人无得应举。盖惟恐杂流举名第以玷选举也。今阉官与其隶，皆得登甲科，盖至是祖宗之良法荡然矣。"（《通考》卷三十一）

（2）同坐之罚

凡诸州长吏举送，必先稽其版籍，察其行为。乡里所推，每十人相保，内有缺行，则连坐不得举。

已保任而有缺行，则州县皆坐罪。若省试而文理纰缪，坐元考官。

（3）殿举之罚

挟书赴试者，并同保人殿一举。（真宗景德五年罢之）案宋有保头之名，"举人三举终场者，得为解试保头。"（宋赵升《朝野类要》卷二）

进士文理纰缪者，殿五举。

诸科初场十否殿五举，第二第三场十否殿三举，第一第三场九否并殿一举。殿举之数，未书于殿试卷，送中书门下。案殿举即后世所谓罚科也。

（4）考试官之罚

贡不应法，及校试不以实者，监官试官停任。

受赂则论以枉法，长官奏裁。

省试文理纰缪，坐原考官。

考官以高下失实赎金。

诸科三场内有十否，进士词理纰缪者各一人以上，监试考试官，从违制失论。

（5）科场规则

宋王栐曰："国初进士，科场尚宽。礼闱与州郡不异。景德二年七月甲戌，礼部贡院言举人除书案外，不许将茶厨蜡烛等携入。除官韵外，不得怀挟书策，犯者扶出，殿一举。其中严诫是也。而元丰贡院之火，死者甚众，则是法不行也。"（《燕翼诒谋录》卷二）

《选举志》一，凡就试唯词赋者许持《切韵》《玉篇》。其挟书为奸，及口相受授者，发觉即黜之。

孝宗淳熙十一年（西——一八四）诏进士殿试，不许见烛。其纳卷最后者降黜之。旧制，凡赐烛，正奏名降一甲。第五甲降充本甲。特奏名降一等，第五等与摄助教。

以上考试规程，首从《宋史》卷一五五《选举志》中，辑出而整理之。其他科场故事，见于杂记及说部者尚不少。恐为偶然之事，并未通行，故不多录。

四、分路取人与凭才取人问题

分路取人，即如按省分配，每省取若干人。凭才取人，即不拘地域额数，及格即取。分路取人，可以普及文化。而其为弊，文化低落之地，亦必照例取录。凭才取人，可以吸收英彦，而其为弊，多京师国学之人，鄙陋之乡难及焉。两种途径，至于今日尚成问题。其在宋朝，司马光与欧阳修争论颇烈。今采入之，以为留意考试方法者一助焉。

（1）司马光分路取人说

英宗治平三年（西一〇六六）（从《通考》定）司马光乞贡院逐路取人状，其略曰：……国家间岁一开科场，诏下州郡，使之乡举里选，遣诣京师，复试于礼部。虽幽远之士，咸与其进。然而天下发解，进士到省，常不下二千余人，南省取者，才及二百。而开封国学镤厅预奏名者，殆将大半。其诸路州军所得者仅百余人尔。……于臣愚见，似有未均。……盖以朝廷每次科场，所差试官，率皆两职二馆之人。其所好尚，即成风俗。在京举人，追趣时好，易知体面。渊原渐染，文采自下。使僻远孤陋之人，与之为敌，混同封弥，考较长短，势不侔矣。……今或数路之中，全无一人及第，则所遗者多矣。国家用人之法，非进士及第者不得美官，非善为诗赋论策者，不得及第，非游学京师者，不善为诗赋论策。以此之故，使四方学者，皆弃背乡里，……老于京师，不复更归。其间亦有身负过恶，或隐忧匿服，不敢于乡里取解者，往往私买监牒，妄冒户贯，于京师取解。自间岁开科场以来，远方举人，惮于往还，只在京师寄应者比旧尤多。……所以然者，盖由每次科场及第进士，大率是国子监、开封府解送之人。则人之常情，谁肯去此而就彼哉。夫较美官厚利进取之途以诱人于前，而以苛法空文禁之于后，是犹决洪河之尾，而欲以塞之，其势必不行矣。

臣乞今后南省考试进士，将开封国学镊厅举人试卷，衮同糊名。其诸道州府举人试卷，各以逐路糊名，委封弥官。于试卷上题以在京逐路字用印，送考试官，其南省所放合格进士，乞于在京逐路以分数裁定取人。（下言每十人中取一人奏名，其不满十人者六人以上，亦取一人。五人以下，更不取人。）所贵国家科第，均及中外，如允所请，伏乞下两制详定。（《温公文集》卷三十）

(2) 欧阳修凭才取人说

欧阳修《论逐路取人札子》曰：

臣伏见近有臣僚上言，乞将南省考试举人，各以路分糊名，于逐路每十人解一人等事。虽已奉圣旨送两制详定，臣亦有愚见，合具敷陈。

窃以国家取士之制，比于前世，最号至公。盖累圣留心，讲求曲尽。以谓王者无外，天下一家，故不问东西南北之人，尽聚诸路贡士，混合为一，而惟材是择。又糊名誊录而考之，使主司莫知为何方之人，谁氏之子，不得有所憎爱薄厚于其间。……（今）言事之人，但见每次科场东南进士得多，而西北进士得少，故欲改法，使多取西北进士尔。殊不知……东南之俗好文，故进士多而经学少；西北之人尚质，故进士少而经学多。所以科场取士，东南多取进士，西北多取经学者，各因其材性（一本无此二字）所长而各随其多少取之。……国家方以官滥为患，取士数必难增。若欲多取西北之人，则却须多减东南之数。今东南州军进士取解者二三千人处，只解二三十人，是百人取一人，盖已痛裁抑之矣。西北州军取解，至多处不过百人，而所解至十余人，是十人取一人，比之东南十倍假借之矣。……

东南之士于千人中解十人，其初选已精矣。故至南省所试，合格者多。西北之士，学业不及东南，当发解时，又十倍优假之，盖其初选已滥矣。故至南省所试，不合格者多。今若一例以十人取一人，则东南之人合格而落者多矣，西北之人不合格而得者多矣。……

且朝廷专以较艺取人，而使有艺者屈落，无艺者滥得，不问缪滥，只要诸路数停……诸州但据数解发，其人亦自知无艺，只来一就省试而归，冀作摄官尔。朝廷以岭外烟瘴，北人不便，须借摄官，亦许其如此，今若一例与诸路十人取一人，此为滥缪，又非西北之比。……故臣以谓且遵旧制，但务择人，推朝廷至公，待四方如一。
（《欧阳文忠公文集》卷一百十三）

马氏端临曰："司马、欧阳二公之论不同：司马公之意主于均额，以息奔竞之风。欧阳公之意主于核实，以免缪滥之弊。要之，朝廷既以文艺取人，则欧公之说为是。"（《通考》卷三十一）案二说之是非，两公言之甚明，善在各自判断。惟欧阳修谓东南百人取一人，似与司马光之说不符。司马光文中举出三年及第人数为证。大抵国子监与开封府平均四人取一人，陕西百余人取一人。今附表于后：

附宋仁宗时逐路取人表（据司马光《贡院逐路取人状》）

年代	仁宗嘉祐三年（西一〇五八）			嘉祐五年			嘉祐七年		
区别额数	得免解进士额	及第额	平均额	得免解进士额	及第额	平均额	得免解进士额	及第额	平均额
国子监	一一八	二二	五	一〇八	二八	四	一一一	三〇	四
开封府	二七八	四四	六	二六六	六九	四	三〇七	六六	五
河北路	一五二	五	三十				一五四	一	
河东路	四四	无		四一	一		四五	一	
京东路	一五七	五	三一	一五〇	五	三十			
梓州路	六三	二	三一						
广南东路	九七	三	三二	八四	二	四二	七七	无	
广南西路	三八	一		六三	无		六三	无	
荆湖南路	六九	二	三四	六九	二	三四	六八	二	三四

续表

年代	仁宗嘉祐三年（西一〇五八）			嘉祐五年			嘉祐七年		
区别 额数	得免解进士额	及第额	平均额	得免解进士额	及第额	平均额	得免解进士额	及第额	平均额
荆湖北路				二四	无		二三	一	
利州路	二六	一					二八	无	
夔州路	二八	一		三二	无				
陕西路				一二三	一		一二四	二	六二

附朱子考试法

宋孝宗淳熙十四年，朱熹尝欲罢诗赋，而分经，子，史，时务，取人，定年考试。作贡举私议。其议虽未行于宋，而天下莫不称诵。元明之世多因之。今附于此，俾明后代之制度。其议略曰：

> 古者学校选举之法，始于乡党。……今之为法不然，虽有乡举，而其取人之额不均。又设太学利诱之一途，……以启其奔趋流浪之意。其所以教者，既不本于德行之实，而所谓艺者，又皆无用之空言。……朝廷州县每有一事之可疑，则公卿大夫官人百吏，愕眙相顾，而不知所出。……盖尝思之，必欲乘时改制，……均诸州之解额，以定其志。立德行之科，以厚其本。罢去辞赋，而分诸经，子史，时务之年，以齐其业。使天下之士，各以三年而共通其三四之一。以《易》《书》《诗》为一科，而子年午年试之。《周礼》《仪礼》及二载之礼为一科，而卯年试之。《春秋》及《三传》为一科，而酉年试之。诸经皆兼《大学》《论语》《中庸》《孟子》，（本注：义各一道。）论则分诸子为四科，而分年以附焉。策则诸史时务亦然。（本注：诸史则《左传》《国语》《史记》《两汉》为一科。《三国》《晋书》《南、北史》为一科。《新、旧唐书》《五代史》为一科。《通鉴》为一科。时务则律历地理为一科。以次分年如经子之法，策各二道。）则士无不通之经，无不习之史，而皆可为当世之用矣。（《朱子文集》卷十三）

案此篇原文甚长，今摘录者不过二十分之一。其主要意见，大致如此。至于详细解释，及批评科场文弊之语，请参阅原文。

丁　待遇与出身

宋朝考试制度，与唐最大不同之点，即礼部试后，直接入仕，不须再试吏部。今先述其等第，然后略述待遇与出身。

一、考试等第

（1）三甲与五等

据《通考》卷三十进士分三甲，始于太宗太平兴国八年（西九八三）。其后又分为五等。《选举志一》曰："考第之制，凡五等：学赋优良，词理精纯为第一。才思该通，文理周率为第二。文理俱通为第三。文理中平为第四。文理疏浅为第五。然后临轩唱第，（嗣禹案殿试唱名，始于太宗雍熙二年。礼部考试唱名，自唐已然。《旧唐书·李戡传》云：'礼部试吏，唱名乃入，戡耻之。'）上二等曰及第，三等曰出身，四等五等曰同出身。"仁宗天圣五年，始称第曰甲。（见《事物纪原》卷三引《宋会要》）故又曰进士分五甲。终宋之世皆因之。乡试考校分上中下三等。初考以朱，复考以墨。《玉海》卷一一六）

（2）状元不必廷试第一名

宋朱弁曰："状元之目，始自辟召。而本朝科举取士之法，合以省试正奏第一名当之。今呼廷试第一名为状元，非也。元祐间，潞公在朝，因马涓来谢，尝言其事，自此人莫不知，而莫能改也。"（《曲洧旧闻》卷三）案《文献通考》列《宋登科记总目》，皆称榜首，榜首即后世状元之意。《续资治通鉴长编》，皆称赐进士某某等及第。如嘉祐四年"三月丁未，赐进士刘辉等一百三十一人及第，三十二人同出身……"（卷一八九）此举刘辉之名，即通考之榜首，亦即后世之状元。从此知朱弁之说，盖宋代一般情况也。

（3）探花或谓第二名

赵弁曰："选年最少者二人，于赐闻喜宴日，先到琼林苑折花迎状元吟诗。此唐制，久废。今人或谓第二名为探花者，非也。"（《朝野类要》卷二）案《梦粱录》卷三，士人赴殿唱名篇曰："……第一名状元及第，第二名榜眼，第三名探花。其状元官授承事郎职，除上郡签判。榜眼授承奉郎，探花授承务郎。"又曰："第一甲举人赐进士及第，第二甲赐进士出身，第三至第五甲，并赐同进士出身。"是宋代鼎甲称谓，已与后世之制相同，非如唐代仅有状元、探花之名也。（请参上章《榜后谢恩录》。）然此书系从《永乐大典》中辑出，不识误羼后世之制否。

（4）宋初进士第一不必有才学

宋初定状元，或以力胜或以貌取，或以文思敏速，不必如景德间定规，以学识优长词理精纯为第一也。司马光曰：

> 王嗣宗，汾州人，太祖时举进士，与赵昌言争状元于殿前。太祖乃命二人手搏，约胜者与之。昌言发秃，嗣宗殴其幞头坠地。趣前谢曰，臣胜之。上大笑，即以嗣宗为状元，昌言次之。（《涑水纪闻》卷三）

> 太宗时，亲试进士，每以先进卷子者赐第一人及第。孙何与李庶几同在科场，皆有时名。庶几文思敏速，何尤苦思迟。会言事者上言举子轻薄，为文不求义理，惟以敏速相夸。因言庶几举子于饼肆中作赋，以一饼熟成一韵者为胜。太宗闻之大怒，是岁殿试，庶几最先进卷子，遂叱出之。由是何为第一。（欧阳修《归田录》卷一）

> 真宗好文，虽以文辞取士，然必视其器识。每御崇政赐进士及第，必召其高第三四人并列于庭，更察其神气磊落者始赐第一人及第。或取其所试文辞有理趣者，……蔡齐置器赋云：安天下于覆盂，其功可大。遂以为第一人。（同上）

二、出身授官

宋初不重高第，太宗时，始稍稍重之。仁宗时，以高第之人骤显，又微加裁抑，然终宋之世，以高第为重。

（1）宋初不重高第

马端临曰："艺祖太宗，皆留意于科目。然开宝八年，王嗣宗为状元，止授秦州司理参军。尝以公事忤知州路冲，冲怒，禁之于狱。然则当时状元所授之官既卑，且不为长官所礼，未至如后世荣进素定，要路在前之说也。"（《通考》卷三十一）

（2）高第之出身

至太宗时，则一反前所为，甚重高第。太平兴国二年（西九七七）如命甲乙第一进士及九经，皆授将作监丞，大理评事，通判诸州，其余亦从优授官。洪迈曰：

> 国朝科举取士，自太平兴国以来，恩典始重。然各出一时制旨，

未尝辄同。士子随所得而受之，初不以官之大小有所祈诉也。太平之二年，进士一百九人，吕蒙正以下四人得将作丞，余皆大理评事，充诸州通判。三年七十四人，胡旦以下四人将作丞，余并为评事，充通判及监当。五年一百二十一人，苏易简以下二十三人皆将作通判。八年二百三十九人，自王世则以下十八人以评事知县，余授判司簿尉。未几，世则等移通判簿尉，改知令录。明年并迁守评事。雍熙二年，二百五十八人，自梁颢以下二十一人，才得节察推崇。端拱元年二十八人，自程宿以下但曾会至得光禄丞，直史馆，而第三人姚揆得防御推官。淳化三年，三百五十三人，孙何以下，二人将作丞，二人评事，第五人以下皆吏部注拟。咸平元年，孙仅但得防推。二年孙暨以下，但免选注官。盖此两榜真宗在谅阴，礼部所放，故杀其礼。及三年，陈尧咨登第，然后六人将作丞，四十二人评事，第二甲一百三十四人，节度推官军事判官，第三甲八十人，防团军事推官。（《容斋随笔》卷十三）

故《宋史·选举志》曰："宋兴六十有二载，天下又安。时取才唯进士诸科为最广，名卿巨公皆由此选。而仁宗亦向用之。登上第者，不数年，辄赫然显贵。……仁宗之朝，十有三举，进士四千五百七十人。其甲第之三人，凡三十有九。其后不至于公卿者五人而已。"（《宋史》卷一五五）于此可知高科之重。但自仁宗嘉祐三年（西一〇五八）起，以科举既有恩科，而高第之人骤显，欲稍裁抑，于是嘉祐四年之制，"前三名始不为通判，第一人才得评事签判，代选升通判，又仟满始除馆职。王安石为政，又杀其法，恩科既削，得人亦衰矣。"（《容斋随笔》九高科得人条）然至高宗建炎，复渐尊重。建炎二年（西一一二八）"赐正奏名李易以下四百五十一人进士及第。进士出身同学究出身。同出身第一人为左宣教郎，第二第三人左宣义郎，第四第五人左儒林郎。第一甲第六名以下并左文林郎。第二甲并左从事郎，第三甲以下并左迪功郎。……孝宗隆兴元年（西一一六三）御侍第一人承事郎，签书，诸州节度判官。第二第三人文林郎，两使职官，第四第五人从事郎，初等职官。第六人至第四甲并迪功郎诸州司户簿尉。第五甲守选。乾道……二年（西一一六六）御试始推恩登极，第一名宣议郎，第二名与第一名恩例。第三名承事郎。第一甲赐进士及第并文林郎，第二甲赐进士及第并从事郎，第三第四甲进士出身，第五甲同进士出身。"（以上皆出《宋史》卷一五六《选举志二》）宋之出身授官，大致如此。案唐时明经、进士，初除不过县尉主簿，入宋太平兴国以后，其始则授将作监，大理评事，通判等，两两相较，高下显然。此科举之所以能驱天下士人于一途也。

（3）制科恩科之出身

宋初制科出路，易于正科。宋叶少蕴《避暑录话》卷下曰："故事制科，必先用从官二人举上其所为文五十篇，考于学士院，中选而后召试。得召者不过三之一，……即用为崇文馆编校书籍，遂见进用，不复更外任，盖犹愈于正科也。"此殆如明清之授翰林馆职。鲁平言举制科之状曰："宋初以来……设制科，……有官者举贤良方正，无官者举茂材异等。……皆自投牒，献所著文论，差官考校，中者召诣阁下，试论六首，及中选则于殿庭试策一道，五千字以上，其中选者不过一二人，然数年之后，即为美官。"（《涑水记闻》卷三）仁宗嘉禧三年（西一〇五八）以高第之人骤显，欲加裁抑，遂诏曰：

> 自今制科入第三等，与进士第一除大理评事，签书，两使幕职官，代还升通判。再任满，试馆职。
>
> 制科入第四等，与进士第二第三，除两使幕职官，代选改次等京官。
>
> 制科入第五等，与进士第四第五，除试衔知县，代还迁两使职官。镞厅人视此。（《宋史·选举志一》）

是制科出身，仍居进士之上。然宋之得才，多由进士，而以是科应诏者少。惟召试馆职，及后来博学宏词而得忠鲠文学之士，或起之山林，或取之朝籍，召之州县，多至大用焉。如苏子瞻兄弟，李中书邦直，孙翰林巨源，皆卓然较著者，然终宋之世制科无入一二等者，盖靳之也。

至于特奏名恩科之出身，则居进士下。初以进士累举推恩，特召庭试，已而唱名次，第赐进士，或同学究出身。或试监主簿，诸州文学长吏，四门助教，诸州助教等职。孝宗隆兴元年（西一一六三）特奏名第一名赐进士出身，除诸州教授，第二第三名赐同进士出身，是特奏名恩例之出身，居正奏名下也。时有进士累举推恩，"怜其老而无成，遂捐一官与之。"（《却扫编》卷一）《朝野类要》卷二曰："有因纳粟赈粜，及助边者，俗谓之买官"，是捐官买官之制，并行于宋矣。

三、待遇与特权

(1) 状元待遇

宋初状元,与进士无异,甚或为人所轻视。至后则刮目相待。《燕翼诒谋录》卷二曰:"旧制进士贡选,同唱第人,皆自备钱,为鞍马费。而京师游手之民,亦自以鞍马候于禁门外,虽号廷魁,与众无以异也。大中祥符八年二月戊申,诏进士第一人金吾司差七人导从两节前引,始与同列特异矣。"且宋初状元不但与同列无异,甚至为人所轻视,如王嗣宗为状元,出外补官。时地方官吏种放召其诸侄出拜嗣宗,嗣宗坐受之。放怒曰:"……君以手搏状元耳,何足道也。"(《涑水记闻》卷六) 其所以如此者,盖由宋初评定状元之随意也。此后状元赐紫囊,金带,靴笏,"注授毕,各归乡里本州,立状元额牌于所居之侧,以为荣耀。州县亦皆迎迓设宴庆贺。"(《梦粱录》卷三) 其所推崇者至矣。

(2) 进士待遇

唐重进士,而宋尤重之。故宋人以进士为宰相科,进士与明经较,迥然不同。沈括曰:"礼部贡院试进士日,设香案于阶前。主司与主人对拜,此唐故事也。所设坐位,供帐甚盛。有司具茶汤饮浆。至试学究,则悉彻帐幕,毡席之类,亦无茶汤。渴则饮砚水,人人皆黔其吻,非故欲困之,乃防毡幕及供应私传所试经义。盖尝有败者,故事为之防。欧文忠公有诗:'焚香礼进士,彻幕待经生',以为礼数重轻如此,其实自有谓也。"(《梦溪笔谈》卷一) 吕祖谦亦云:"到得本朝待遇不同。进士之科,往往皆为将相。皆极通显。至明经之科,不过如学究之类。常时之人,谓之焚香收进士,瞋目待经生,才设进士试时,有拜跪之礼。才到明经试时,则设棘监守,惟恐他传议。"(《历代制度详说》卷一) 明经、进士待遇之不同,有如此者。余外赐御诗,袍笏,赐闻喜宴,赐期集钱等,皆与状元同,此种小节亦关掌故也。

(3) 一般待遇与特权

太宗太平兴国二年,复试诸科,凡五百余人,皆赐袍笏,赐宴开宝寺,此为一班待遇。其他各种仪节,凡属廷试,相差无几,不必多述。惟有一事,系共同待遇,而含有科举出身人员之特权意味者,即为赎罪之制。王栐曰:

旧制士人与编氓等，大中祥符五年（西一〇一二）诏贡举人曾预省试，公罪听赎。而所赎止于公罪徒。其后私罪杖，亦许赎论。《燕翼诒谋录》卷一）

案此事《选举志》列于景德五年（西一〇〇八）《宋史·真宗纪》卷八有"诏贡举人公罪听赎"一语，列于景德四年。查景德止四年，疑志误。纪虽列于四年，当以宋王栐之言为可信，故从之。又赎罪之制，"初限于公罪徒"，继展至"私罪杖"。后世士人有秀才资格，便可横行乡里，鱼肉小民，造成特殊阶级者，自五代及宋，已见其端倪。故称之为特权。

戊　得失略评

宋朝考试之得失，如铲除阶级，造就人才，减少祸乱，结成朋党，以及不重实际等，皆与唐代相仿佛。前章因唐代为真正考试之始，故言之较详。在此节中，凡相同之得失，不再详述。惟择其特异之点，及本身制度，加以考察而已。

一、其为得者

（1）罢帖经墨义，开经学之新生命

宋代科举，最足称者，殆即帖经墨义之停罢。唐代经学虽发达，要皆拾汉人牙慧，墨守注疏，少有所见。五代承之，经学文艺，皆无足道。入宋范仲淹请罢帖义，问大义。王安石更彻底实行之。于是士人别开门径，注重理解，讲求微言大义，发挥个人心理。乃一面为儒学之昌明，一面为理学之嚆矢。中国学术思想之发达，先秦诸子而外，当以宋为最。如周、程、张、朱、陆，派别虽多，然各有精审之见。其所以然者，殆由人主之奖进，而奖进之工具，即科举也。科举促进经学之发达，即罢帖经墨义也。或谓帖经墨义罢后，专行王安石之《三经新义》，是反加以束缚，何能为之督促。应之曰：督促之法有二，一为正面，一为反面。安石罢帖经墨义，虽其时敌党如司马光等，无不称是；但责其不当以一家之言，掩先儒之耳目。故经义与词赋，虽几经反复，而帖经从未再行。由此解放，士人可别开生面，研究经义；此正面督促也。由不满安石之经义，而再加研究，此反面督促也。如苏洵应试不第，归而悉焚其文，闭户读书；朱熹乃科举中人才，以不满考试制度（从《贡举私议》中可知）而思有所改造，有所著述。此其著者也。是帖经墨义之罢，间接成经学之发达，昭然明甚。

（2）考试重策论，令散文生光辉

宋自神宗熙宁三年，以策论取士，其后因之，少有变动。唐以诗赋取士，故唐代文学，以诗赋见称；宋以策论取士，故宋代文学，以散文见长。中国论理之文，当以宋为最佳。如司马光、欧阳修、王安石以及三苏二程等人之作，皆称精密，立言有本，发论有据，精密简括，难以驳诘。故以散文之精良，连及史学之发达。如新旧《唐书》，新旧《五代史》，《资治通鉴》以及《纪事本末》等，皆如一气呵成，丝毫不乱。中国史学著述之多，体例之宏，亦当以宋为最著。余外宋初以诗赋取士，后以词赋取士，复立宏制科，故宋代之词，亦卓然可观者也。

（3）殿试复试可减少请托之弊

尝观唐人笔记小说之类，纪关节交通之事，几于俯拾即是。宋之小说，殆少见焉。推其原因，在殿试复试之盛行，及主司连坐之法。以此考官权贵，不敢公然舞弊。学士平民，得有进升之机。石林叶氏曰："国初贡举法未备，公卿子弟，多艰于进取，盖恐其请托也。范杲鲁公之兄子见知陶谷窦仪皆待以甲科。会有言世禄之家不当与寒畯争科名者，遂不敢就试。李内翰宗谔已过省，以文正为相，唱名疾辞，不敢入，亦被黜。文正罢相，方再登科。天禧后，立法有官人试不中者，皆科以私罪。"（《石林燕语》卷五）故当时"有以翰林学士之子，而今复试者，陶谷之子邴；有以宰相参政之子弟，而皆罢之者，李昉之子宗谔，吕蒙正之弟蒙亨；有以升黜未公，而再行考试者（王曾等言）；有以取舍未当至击鼓自陈者（徐士廉）；有以赋落韵而特取之者（李迪）。"（见《续通典》卷二十一、章如愚言。）故宋太祖尝对近臣曰："昔者科名多为势家所取，朕今临试，尽革其弊矣。"（《选举志》卷一）然宋考试之得才，以仁宗时为盛。其对考试之整严，亦以仁宗为最。宋朱弁曰："仁宗对于科举，尤轸圣虑，孜孜然唯恐失一寒畯也。每至廷试之年，其所出三题，有大臣在三京与近畿州郡者，多密遣使往取之。然犹疑其或泄也。如'民监'本是诗题；'王者通天地人'本是论题；皆临时易之。前代帝皇间有留意于取士，然未有若是者也。"（《曲洧旧闻》卷一）

(4) 以考试之得人与忠义之士

专制君主行考试，本在罗致人才，羁縻人心，以求减少祸乱。羁縻得法，甚能造出忠君爱国之士。宋之羁縻政策，盛于太宗、真宗。自后历主相仍，忠正之气，磨砻天下。故汴京既陷，犹能支撑江南半壁之天，李纲、宗泽、岳飞、张浚之伦，义胆忠肝，坚如金石。及夫国祚沉沦，四方之义士，仍继起不绝。而宋亡死事之臣，若文天祥、谢枋得、陆秀夫三人，皆出自宋理宗宝祐四年一榜也。(参《宝祐四年登科录》)迄今读文信国之《正气歌》，谢枋得之《却聘书》，其有不感激自兴者乎。

二、其为失者

既言考试之利竟，当进述其所以为失。大略论之，可得四点：

(1) 科场多弊端

宋之考试方法，较唐精密；然士人舞弊，亦较进步。据《宋史新编》(卷三四)所载，科场之弊，有(一)传义，(二)换卷，(三)易号，(四)卷子出外，(五)誊录灭裂。又据《宋史·选举志二》，有程文雷同，一字不差者。原因在考官受贿，或授暗记，或与全篇分传誊写。或因老儒卖文场屋，一人传十，考官不加参稽。此外有冒名等第；如各私自换易而互牒者；有自揆子弟非才，牒同姓之儁茂，利其假手者。有文业素乏，执格法以求牒，转售同姓以谋利者；有父兄没而窃代其名；或同族物故而填其籍者。仁宗庆历三年(西一○四三)欧阳修《论举馆阁之职札子》，其略曰：

> 臣窃见近年风俗浇薄，士子奔竞者多，至有偷窃他人文字，干谒权贵，以求荐举，如丘良孙者。

又有广费资财，多写文册，所业又非绝出，而惟务干求势门，日夜奔驰，无一处不到，如林概者。(《欧阳文忠公集》卷一百一)

其在嘉祐二年，条约举人怀挟文字札子，言之更详。词曰：

> 近年举人，公然怀挟文字，皆是小纸细书，抄节甚备。每写一本，笔工获钱二三十千。亦有十数人共敛钱一二百千，雇请一人，虚作举人名目，依例下家状，入科场，只令怀挟文字。入至试院，其程式，则他人代作。事不败，则赖其怀挟，共相传授。事败，则不过扶出一人。既本非应举之人，虽败，别无刑责，而坐获厚利。

(卷百十一）

总上以观，科场之弊，毕见于宋矣。宋之考试方法颇严，而罚规甚轻。观《廿二史札记》卷二十五宋科场处分之轻条，可以明悉。

(2) 试艺少实用

帖经墨义之无用，已尽人皆知。请言诗赋：司马光起请科场札子曰："……至于以诗赋论策试进士，及其末流，专用律赋格诗，取舍过落，摘其落韵失平侧偏枯不对，蜂腰鹤膝以进退。使天下士不问其贤不肖，……苟程式合格，不废高第。……是致举人专向辞华，……怀挟剿剽，以取科名。"(《温公文集》卷五十二) 是诗赋无用矣。请言策论……苏轼《议学校贡举状》曰："近世士人，纂类经史，缀缉时务，谓之策括；待问条目，搜抉略尽。临时剽窃，窜易首尾，以眩有司。……其弊有甚于诗赋者矣。"(《苏东坡文集·奏议》卷九) 夫策论无用矣。请言制科六论：叶少蕴曰："制科六论，以记问为主，……中选后，往往即忘之。盖初但熟记耳。吴正肃公登科，为苏州签判，至失心几年，医饵以一醉膏乃差。暮年复作，遂不可治。"(《避暑录话》卷上) 苏轼拟进士对御策曰："……今始以策取士，而士之在高科者，多以谄谀得之。"(《东坡文集》卷三) 是策论亦无用矣。请言经义：叶氏石林曰："熙宁以前，以诗赋取士，学者无不先遍读五经。……自改经术，人之教子者，往往便以一经授之；他经纵读，亦不能精。其教之者，亦未必能皆读五经，故虽经书正文，亦率多遗误。"(《石林燕语》卷八) 是诗赋策论经义皆无用矣。故王安石曰："课试之文章……大则不足以用天下国家，小则不足以为天下国家之用。……及使之从政，则茫然不知其方者皆是也。"(《荆川先生集》卷三十九) 朱熹亦曰："朝廷州县每有一事之可疑，则公卿大夫百吏愕顾相望，而不知所出。"(《朱子文集》卷十三) 从此知试艺少实用矣。

(3) 市恩之风

宋代人主市恩，辄在特奏名恩例。哲宗元祐初，知贡举苏轼、孔文仲言，"每一试进士，诸科及特奏名约八九百人。……又许例外递减一举，则当复增数百人。此曹垂老无他望，布在州县，惟务读货，以为归计。(有或因循不学、欲积举以应令、骎弛苟且、浸以成风。《通考》三十一) 前后恩科命官，几千人矣。何有一人，能自奋厉，有闻于时。而残民败官者，不可胜数。……所至州县，举罹其害。乃即位之初，有此过举，谓之恩泽，非臣所识也。"(《宋史》卷一五五)

（4）朋党之见

宋之朋党，见于科举者，不在应试之人，而在主试之官。皆是一朝天子一朝人，同己者取，异己者黜，如王安石秉政，则专行《三经新义》与所撰《字说》《洪范》及王雱《论语》《孟子》义。陈公辅、秦桧等人专政，则斥王程之学。宁宗庆元初，韩侂胄用事，则黜道学。其时叶翥、刘德秀知贡举，文稍涉性理者，悉皆黜落焉。

第六章　辽金元之考试制度

辽金元皆为异民族，其采行考试之动机，多为收买民心、笼络汉人，民族之念固深若鸿沟；国家要职，亦皆本国人任之。然以金元翻译汉籍，各令契丹、蒙古人习之，至若干年后，令与汉人同考，以免汉人独占鳌头，致贻文化落后之讥。考其初衷，所谓移译汉籍，殆在保存本国文化；同时略习中国文化，俾充统治宰割之资。不料结果反被汉人同化，虽曰儒术之效，亦科举为之枢纽。盖不由科第出身而居高位者，终不免于羞愧也。今统为一章述之。

甲　沿革要略

一、辽科举起源考

《辽史》不志选举，故其考试制度不甚明悉。何时采行科举，言人人殊。今略考之。叶隆礼曰："太祖龙兴漠北之区，倥偬干戈，未有科目。数世后，承平日久，始有开辟制。"（《契丹国志》卷二十一）《续通志》曰：

> 辽初官职，多由帐院所选，不设科举保荐之法。至景宗保宁八年（西九七六）诏复南京礼部贡院，圣宗统和以后，用唐宋之制取士。（卷一百四《选举略》）

是辽科举之起源，肇于保宁，而成于统和。但据《辽史·室昉传》，"昉字梦奇，南京人。……会同初，登进士第。为卢龙巡捕官。"（卷七九）案会同为辽太宗年号，元年当西历九三八，后晋高祖天福三年。时宋尚未立国，辽兴亦仅二世，不得云数世后，始有科举。特初行之无常，其制未备，以后亦不甚重耳。

二、金考试沿革

太宗天会元年（西一一二三）始开科取士。

> 《选举志》：凡诸进士举人，其设也，始于太宗天会元年十一月，时以急欲得汉士，以抚辑新附，初无定期，亦无定制。（《金史》卷五十一）

天会五年诏开贡举取士，分南北选。

《纪》：五年七月，河北河东郡县职员多阙，宜用贡举取士，以安新民。其南进士，各以所业试之。（《金史》卷三）《志》：以河北河东初降，职员多阙，以辽宋之制不同，诏南北各因其素所习之业取士，号为南北选。（《金史》卷五一）

海陵正隆元年（西一一五六）定取士题及年限。

正隆元年，命以五经三史正文内出题。始定为三年一辟。（同上）

世宗大定四年，诏进士勿限人数。

大定四年（西一一六四）敕宰臣进士文优则取，勿限人数。（同上）

大定九年设女真进士科。

《志》：策论进士，选女真人之科也。始大定四年。世宗命颁行女真大小字所译经书，每穆昆选二人习之。寻欲兴女真字学校。……命温特赫提克德教以古书作诗策，……十一年议行策选之制。至十三年始定每场策一道，以五百字以上成。免乡试府试，止赴会试御试。其诏京师设女真国子学，诸路设女真府学，拟以新进士充教授，以教士民子弟之愿学者。俟行之久，学者众，则同汉进士三年一试之制。二十年，以图克坦镒等教授中外，其学大振。遂定制，今后以策诗试三场。策用女真大字，诗用小字，程式之期，皆依汉进士例。

大定二十八年，女真进士添试经论。

《志》：二十八年，谕宰臣曰，女真进士惟试以策，行之既久，人能预备。今若试以经义可乎？宰臣对曰，五经中《书》《易》《春秋》，已译之矣；俟译《诗》《礼》毕，试之可也。上曰，大经义理深奥，不加岁月，不能贯通。今宜于经内姑试以论题，后当徐试经义也。

章宗明昌元年（西一一九〇）初设应制及宏词科。（《金史》卷九）

六年，准各以本科人充学官试官。

命择前经义进士为众所推者，才识优长者为学官。遇差考试官之际：则验所治经，参用词赋进士。（《选举志一》）

泰和三年（西一二〇三）敕汉人司女真司，互换封弥。

《志》：泰和三年，上以封弥官漶语于举人，敕自今女真司则用右选汉人封；汉人司则以女真司封。

观此，可知金代考试为极端因时制宜，量才施用之制也。

三、元考试沿革

元代种族观念甚重，对于科举不甚注意，故时行时罢。述其沿革，可分四期：

（1）试行时期

元太宗九年丁酉秋八月，命摩和纳刘中试诸路儒士。《元史》卷二）

丁酉年八月二十五日，皇帝圣旨道……今来名儒凋丧，文风不振，所据民间应有儒士，都收拾见数，若高业儒人转相教授，攻习儒业，务要教育人材。其中选儒士，若有种田者输纳地税，买卖者出纳商税，开张门面营运者，依行例供出，差发除外。其余差发，并行蠲免。此上委令断事官蒙格得依与山西东路征收课程所长官刘中遍诸路一同监试，仍将论及经赋词义分为三科，作三日程试。专治一科为一经，或有能兼者，但不失文义者为中选。其中选儒人，与各处达噜噶齐管民官，一同商量公事勾当者，随后照依先降条理，开辟举场，精选入仕，续听朝命准此。（《庙学典礼》卷一）《选举志》曰，太宗始取中原，中书令耶律楚材请用儒术选士，从之。九年（西一二三七）秋八月……诸路考试，以经及经义词赋分为三科，作三日程，能兼者听。但以不失文义为中选。其中选者，复其赋役，令与各处长官同署公事。得东平杨英等凡若干人，皆一时名士。而当世或以为非便，事复中止。（《元史》卷八十一）

陶宗仪案：遗山元公好问，所撰廉访杨文宪公奂墓碑，"太宗即位之十年戊戌开举选。……"则国朝科举之设，已肇于此。（《辍耕录》卷一《科举》）

按《元史》纪志，俱言太宗九年开科，而《辍耕录》引元好问文，谓十年戊戌开科，《元史·杨奂传》，亦谓"戊戌，太宗诏宣德税课使刘用之试诸道进士。"（卷一五三）卷一四六《耶律楚材传》，又列请行考试之制在九年丁酉；但《庙学典礼》一书，为成宗大德间人，杂抄案牍而成，其谓丁酉年八年二十五日开科，当足据也。岂奏请在九年，而举行在十年耶？此次行科举后，议者以为非便，中止七十七年。至仁宗延祐占二年（西一三一五）始复开科。然其中亦经过不少酝酿。

（2）酝酿时期

至元四年（西一二六七）翰林学士承旨王鹗等请行选举法，……帝曰，此良法也，其行之。中书左三部与翰林学士议立程式。(《选举志一》)至元五年十月，陈祐上三本书，其三曰：

> 人材治本，选举之方宜审。……贤俊经纶之士，岂生于曩代，而独不生于当今哉。顾陛下求之与否尔。……自隋唐以降，迄于宋金，数百年间，代不乏人，名臣伟器，例皆以科第进，……宁复有彼优此劣之间哉。臣愚谓今取士，宜设三科，以尽天下之才，以公天下之用。……颁降诏书，布告天下，限以某年开设科举。(《元文类》卷十四)

十一年十一月……省臣复启，谓去年奉旨行科举，今将翰林老臣等所议程式以闻，奉旨准蒙古进士科及汉人进士科参酌时宜，以立制度，事未施行。(《选举志一》)二十一年十月，中书省臣奏，皆以为天下习儒者少，而由刀笔吏得官者多，帝曰，将若之何？对曰惟贡举取士为便。蒙古之士，及儒吏阴阳儒术，皆令试举，……帝可其奏。继而许衡亦议学校科举之法：罢诗赋，重经学，定为新制。事虽未及行，而选举之制已立。(同上)

集贤直学士少中大夫臣程文海，至元二十三年二月日奏……国家自中统建元以来，中外臣僚亦时闻表表伟杰者，皆自往时故老宿儒，薰陶浸灌而然，历时既久，以次沦谢。……而主论者恬不知怪，视学校为不急，谓诗书为无用，……尝有旨行贡举，求好秀才，上意非不谆切，而委人辄阴沮之，应故事而集议，凡几作辍矣。(《庙学典礼》卷二)

是新制虽立，仍复中辍，未实行也。其后倡议者日多，至仁宗时，始采行科举。元《经世大典·礼典贡举序》曰：

> 以科举取贤能之士，历周汉至于唐以来，其目多矣。我太宗皇帝既取中原，即行试选取士之法。至元中尝议行进士科，(嗣禹案，十二年，侍读学士徒单公履，请设取士科，诏与恭懿议之，恭懿言明诏有谓"士不治经学孔孟之道，日为赋诗空文"，斯言诚万世治安之本，今欲取士，宜敕有司举有行检通经史之士，使无投牒自售，……奏入，帝善之。)(《元史》卷一六四《杨恭懿传》) 历大德至大皆有议而未及行。(案《续通典》卷二一，《选举典杂议论·下》：有成宗大德年间，中孝大夫王浑上论政事书，有曰"设科举以收人才"，然亦未见施行。) 仁宗皇帝始以独断行之。(见《元文类》卷四十一)

故陶宗仪曰：寥寥七十余年，而普颜笃皇帝克不坠祖宗之令典，

尊号曰仁，不亦宜乎。(《辍耕录》卷一《科举》)

(3) 确定时期

仁宗皇庆二年(西一三一三)冬十月甲辰行科举。诏天下以皇庆三年八月，天下郡国兴其贤者能者，充贡有司；次年二月会试京师。中选者亲试于廷。赐及第出身有差。帝谓侍臣曰："朕所愿者安百姓，以图至治，然匪用儒士，何以致此。设科取士，庶几得真儒之用，而治道可兴也。"(卷二五《仁宗纪》)

延祐二年(西一三一五)三月廷试，赐护都沓、张起岩等五十六人及第出身有差。(《选举志一》)

案皇庆三年即延祐元年。翌岁即二年，始行廷试放及第人数。是元真正行科举，当以延祐二年为始。太宗十年一次，诚如元《经世大典》所云，不过"试选取士之法"而已。此后三年一开科，少有间断。行之二十一年，又复罢之。

顺帝至元元年(西一三三五)诏罢科举(《元史》卷四十《顺帝纪》)案至元有二：一为世祖年号，一为顺帝年号。其罢科举之原因，据元史《纪事本末》卷八，系初因"彻里帖木儿为江浙平章，会科举，驿请考官，供帐甚盛，心不能平，及复入中书省，首议罢科举"。吕思诚、许有壬等力争无效，乃罢之。

(4) 复兴时期

元停科举六年，以翰林学士承旨巎巎之言，复行之。

至元六年(西一三四〇)十二月，复科举取士(《元史》卷四一)此后行之九次，而元亦随之亡矣。

总计元朝立国九十八年(西一二七一—一三六八)自始至终，显无求士诚意。其始也，仅为具文，至延祐二年方设科，凡行七科，以稍不惬蒙古人之意而罢之。复兴迄至元二十六年，凡行九科，计前后十六科，此元代科举变迁要略也。

乙　考试概况

一、辽

辽考试概况，据叶隆礼所述，三岁一开科，有乡、府、省三试之设。

乡中曰乡荐，府中曰府解，省中曰及第。

程文分两科：曰诗赋，曰经义；魁各分焉。

三岁一试进士，贡院以二寸纸，书及第者姓名给之，号喜帖。明日举乐（一作接）而出，及门击鼓十二面，以法雷震。殿试临期取旨，又将第一人特赠一官，授奉直大夫，翰林应奉文字；第二人第三人，止授从事郎，余并授从事郎。

圣宗时，止以词赋法律取士；词赋为正科，法律为杂科。

若夫任子之令，不论文武，并奏荫，亦有员数。（《契丹国志》卷二十三）

辽之考试，较早之资料所纪，殆止于此而已，然亦不甚确；如叶氏谓三岁一开科，观《续通考》卷三四，从《辽史·纪》所辑出之登科记总目，圣宗统和六年（西九八八）至十八年，多为每年一开科；十八年以后，至太平五年（西一〇二五）间岁一开科。此后或每年，或间岁，或三岁，或四岁，皆不一定。叶氏谓三岁一开科，或为道路传闻，得诸耳食之误。盖宋之与辽，若今中国与日本，且隆礼撰是书，为时已稍后，故其著述，未必可据也。又按辽之试艺，虽有经义、诗赋二种，然据《辽史·纪》，圣宗太平九年（西一〇二九），放进士张人杰等二十七人，入朝试以诗赋，皆赐第。兴宗重熙五年（西一〇三六），以日射三十六熊赋，幸燕诗，试进士于庭。知辽廷试重诗赋。叶氏谓程文分诗赋、经义二种；圣宗时止以词赋法律取士，则太平九年前已罢经义矣。复按辽登科记，每年所放进士，初不过一二人或四五人；道宗以后，进士多者，如清宁五年，百一十五人；少亦七八十人，故知无定额。此外辽亦有制举，圣宗统和十二年（西九九四），诏贡明经茂才异等，（《纪》卷十二）道宗咸雍六年（西一〇七〇），诏议贤良科。应是科者，先以所业十万言进。（《纪》卷二二）十年，策贤良；天祚乾统二年，亦如之。此亦与宋相仿佛也。

二、金

(1) 科目

①常科

金设科，……有词赋、经义、策试、律科、经童之别。……世宗大定十一年（西一一七一），创设女真进士科。初但试策，后增试论，所谓策论进士也。明昌初，又设制举宏词科，以待非常之士。故金

取士之目有七焉。其试词赋、经义、策论，中选者，谓之进士；律科经义中选者，曰举人。(《金史》卷五一)

据此知金常科，名分词赋、经义、策试、律科、经童、女真进士、策论进士，以及宏词七目；实仅进士、举人二种。其进士之别，有女真进士，策论进士。

策论进士，选女真之科也，始大定四年。(《金史》卷五一) 由此知策论进士，与女真进士，名虽不同，实为一科。《志》称金取士之目有七，乃误。又前文述世宗大定十一年，创设女真进士科，此处称始大定四年，互相抵触。

案《温迪罕缔达传》，"十三年设女真进士科，是岁徒单镒等二十七人及第。"(《金史》卷一百五)《徒单镒传》，九年八月，"诏策女真进士，……镒等二十七人及第。"(《金史》卷九九)《选举志一》："九年……复策试，得徒单镒以下三十余人。"观此二处所记，皆称九年策试女真进士科，则非十一年创设也，明甚。而《温迪罕缔达传》，作十三年，亦不足凭矣。

此外《选举志》，尚有词赋进士、经义进士、律科进士等名。《大金国志》卷三十五，谓"词赋为正科，法律为杂科"。是进士之科，已五别其目。度其用意，大抵进士为及第之通称，而以经义、词赋等示其专长，与今之文学士，理学士相仿。法律进士，一称诸科，一称杂科，与其他进士有别。而试策一科，熙宗天眷三年已罢。是金取士科，其常行者，惟经义进士、词赋进士、女真进士，以及律科宏词五目而已。总括言之，仅进士与宏词二科也。

至于举人二字，唐宋为应试人之通称。顾炎武曰："举人者，举到之人也。"(《日知录》卷十六) 金以律科中选，曰举人，于是由泛称而为一定之名。然与后世举人犹稍有区别。

②制科

金之制科，"有贤良方正，能直言极谏，博学宏词，达于从政等科，试无常期，上意欲行，即告天下。"(《选举志一》) 其博学宏词二科，皆章宗明昌元年所创者也。

制科以外，"凡廷试五被黜，则赐之第，谓之恩例；又有特命及第者，谓之特恩。恩例者，但考文之高下为第，而不复黜落。"(《选举志一》) 案此即唐宋之恩科与特奏名也。

（2）试艺

金考试程文，有词赋、经义、策论。大抵词赋为重，经义次之，策论又次之。但词赋进士亦必试策，律科亦须兼经，使人各有专长，兼有普通知识，此特点一。题目出自经传子史，于题下注其本文；试卷所用典故，恐考试官一时不能记忆，亦各注其出处，此特点二。今分数项说明之：

①词赋

据李世弼金《登科记序》，"词赋之初，以经传子史内出题，次又令逐年改一经，亦许注内出题，以《书》《诗》《易》《礼》《春秋》为次；盖循辽旧也。……正隆元年（西一一五六）以五经三史正文内出题，仍与本传。此词赋之大略也。"志，凡词赋进士，试词赋、策论各一道。

②经义

经义进士，试赋、诗、策论各一道。章宗明昌元年（西一一九○）诏以六经十七史，《孝经》《论语》《孟子》，及《荀扬》《老子》内出题，皆命于题下注其本传。又谕有司曰：举人程文，所用故事，恐考试官或遽不忆，误失人材，可自注出处。注字之误，不能涂注乙之误。六年，"言事者，谓学者率恃有司注本传以示之，故不勉读书，乞减子史注本传之制。……遂命……进士，题注本传，不得过五十字，经义进士，御试第二场，试论日，添试策一道。"（《选举志一》）

凡经，《易》则用王弼、韩康伯注，《书》用孔安国注，《诗》用毛苌注、郑玄笺，《春秋左氏传》用杜预注，《礼记》用孔颖达疏，《周礼》用郑玄注、贾公彦疏，《论语》用何晏集注、邢昺疏，《孟子》用赵岐注、孙奭疏，《孝经》用唐玄宗注，《史记》用裴骃注，《前汉书》用颜师古注，《老子》用唐玄宗注疏，《荀子》用杨倞注，此经书之大略也。

③律科制举及宏词试艺

律科进士，以律令内出题，府试十五题，会试每场十五题，三场共通三十六条以上，文理优，拟断当，用字切者，为中选。章宗即位，有司言律科，只知读律，不知教化之源，可使通治《论语》《孟子》，以涵养其气度。遂令自今举后，复于《论语》《孟子》内，试小义一道。

制举先投所业策论三十道于学士院，经子史内出题。一日试论三道，如可；则廷试策一道。

宏词科试诏诰、章表、露布、檄书，皆用四六。诫、谕、颂、箴、铭、序、记，则于古今体，或参用四六。此盖纯沿宋旧也。

以上皆摘录《金史·选举志一》，间参据《大金国志》卷三十五。各科所试，尤重书法，凡作字点画偏旁微误者，皆曰杂犯，可知其对书法之重矣。

（3）考试程序及时期

凡诸进士、举人，由乡至府，由府至省，及殿廷凡四试。三年一开科，乡试三月二十日，府试八月二十日，会试次年正月二十日，御试三月十二日。每科皆二场，每场间三日。章宗明昌元年（西一一九〇）罢乡试，仅余三试。其府试，即明清之乡试，会试即唐宋之省试。而会试之名，始见于此，元明皆因之。

以上所述，关于金之考试制度，或可得一概念。其有不足者，以金《登科记序》补之，盖亦述其大概而已。案《金登科记》已亡，惟序独存。《四库提要》谓仅见于《玉堂嘉话》，而《春明梦余录》亦有之。因备录之如后。惟其中所述，多与《金史·志》抵触，间亦有错误之处，今以材料缺少，不能悉从。又以二说无旁证，亦难遽定是非，故加注其中，愿读者细参之。

附李世弼《登科记序》

……金天会改元，始设科举。有词赋，有经义，有同进士，有同三传，有同学究，凡五等。（案后三等不见《金志》。本序后文亦仅有词赋、经义，而宋言此三等。）词赋于东西两京，或蔚朔平显等州，或凉庭试。试期不限定月日，试处亦不限定府州。

词赋之初，以经传子史内出题。次又令逐年改一经，亦许注内出题。以《书》《诗》《易》《礼》《春秋》为次，盖循辽旧也。至天眷三年，析津府试；迨及海陵天德三年，亲试于两京，贞元二年，迁都于燕，自后止试于析津府，收辽宋之后。正隆元年，以五经三史内出题；明昌二年（《金志》作元年）改令五经子史内出题，仍与本传。此词赋之大略也。

经义之初，诏试真定府，所放号七十二贤榜，迨及蔚州析津，令《易》《书》《礼》《春秋》，专治一经内出题，盖循宋旧也。天德三年罢，（案正隆二十八年又复之。）此经义之大略也。

天眷三年，令大河已南，别开举场，谓之南选。贞元二年，迁都于燕，遂合南北通试于燕。正隆二年，（《金志》作元年）令每二年一次开辟。（《金志》作三年一开，以《续通考》考之，当以三年为是。）立定程限月日，更不择日，以定为例。府试初分六路，次九路，次十路，此限定月日分格也。

天德二年，诏举人乡府省御试中第。明昌三年，罢去御试，（案《志》明昌元年，罢乡试。此谓罢御试，殆误。）止三试中第。府试五人取一名；合试（案合为会误。）依大定间例，不过五百人。后以举人渐多，会试四人取一名；得者常不下九百人，御试取奏旨，（案前称罢御试，此处又有御试，并无乡试，显然误。）此限定场数人数额也。

自天眷二年，析津放第于广阳门，一僧寺门上唱名。至迁都后，命宣阳门上唱名，后为定例，此唱名之格也。

明昌初，五举终场人直付御试，不中者，别作恩榜，赐同进士出身。会元御试不中者，令榜末安插；府元被黜者，许来举直赴部。初，贞祐三年，终场人年五十以上者，便行该恩，此该恩之格也。

大定三年，孟宗献四元登第，（案四元登第，往古来今，皆无所闻。元杨元诚《山居新语》，谓自宋至元，称三元者，王岩叟一人而已，亦未闻有登四元者。）特授奉直大夫，第二第三人授儒林郎，余皆从事郎，后不得为例。明昌间，以及第者多，第一甲取五六人，状元授十一官，第三人授九官，余皆授三官。此授官之法也。进士第一，任丞簿军防判，第二任县令，此除授之格也。……

庚子岁，季秋朔日，东原李世弼序，（见元王恽《玉堂嘉话》，又见明孙承泽《春明梦余录》卷四一）案以序中年代考之，此庚子岁，即宋理宗嘉熙四年（西一二四〇）时金亡后七年也。

三、元

(1) 考试概况

元代考试概况，仁宗皇庆二年始颁布科场条例。今全录之。

科场每三年一次，开试举人，从本贯官司，于路府州县学，及诸色户内推举，午及二十五以上，乡党称其孝悌，朋友服其信义，经明行修之士，结罪保举以礼敦遣，贡诸路府，其或徇私滥举，并应举而不举者，监察御史，肃政廉访司，体察究治。

蒙古、色目人：

第一场经问五条。（《大学》《论语》《孟子》《中庸》内设问。义理精明，文词典雅，为中选；用朱氏《章句集注》。）

第二场策一道。（以时务出题，限五百字以上。）

汉人、南人：

第一场明经：

经疑二问。（《大学》《论语》《孟子》《中庸》内出题，并用朱氏《章句集注》。复以己意结之，限三百字以上。）

经义一道。（各治一经，《诗》以朱氏为主，《书》以蔡氏为主，《易》以程氏朱氏为主。以上三经，并用古注疏，《春秋》许用三传及胡氏传，《礼记》用古注疏，限五百字以上，不拘格律。）

第二场古赋诏诰，章表内科一道。（古赋诏诰用古体，章表参用古体四六。）

第三场策一道。（经史时务内出题，不矜浮藻，惟务直述，限一千字以上。）

蒙古、色目人，愿试汉人、南人科目，中选者，加一等注授。

蒙古、色目人作一榜，汉人、南人作一榜。第一名赐进士及第，从六品；第二名以下及第二甲皆正七品；第三甲以下，皆正八品；两榜并同。

流官子孙荫叙，并依旧制，愿试中选者，优升一等。

在官未入流品之人，愿试者听。若中选已有九品以上，资级比附一加高一注授。若无品级，止依试例，从优铨注。（《元婚礼贡举考》）

至于科目，仁宗皇庆二年，专立德行明经科，但未见明经进士之文。其会试及第，统称进士，是已有科无目。若夫制举，不详元志。其见于纪，而类于制举者，仅下文而已：

世祖中统二年（西一二六一）三月，命宣抚司官，举文学才识，可以从政，及茂异等，列名以闻。（《元史》卷四）至元十三年（西一二七六）二月，诏凡山林隐逸名士，仰所在官司，具名以闻。（《元史》卷九）时江南初平，故有是诏。其后十八年，诏亦如之，不复赘。

至元二十三年（西一二八六）三月，遣侍御史程文海，访求江南人材。（卷十）

二十八年三月日，命鄂勒哲依为右相，将到圣旨政条内一款，南方儒人，若有隐逸德行文章政事可取者，其依内郡体例，各路岁

贡一人，朝廷量材录用。(《庙学典礼》卷三)

仁宗延祐元年(西一三一四)正月，敕各省平章为首者，及汉人省臣一员，专意访求遗逸，先以名闻，而后致之。(《元史》卷二五)

此盖纯系罗致人才，以为英雄入彀之术。"而权豪势要之官，每纳奔竞之人，辛勤岁月，辄窃士禄，所得资品，或居士人之上，怀材抱器之贤，耻于并进，甘隐山林而不起。"(洪武三年诏语，见《弇山堂别集》卷八一)故元英宗至治三年(西一三二一)命搜访山林隐逸之士，然应诏者罕有闻焉。

(2) 考试时期

上段略述考试概况，尚未言时期，今据《元典章·礼部》四，卷三十一加以补充。乡试：八月二十日第一场，二十三日第二场，蒙古、色目、汉人、南人同；二十六日第三场，止试汉人、南人。会试省部：依乡试例，于次年二月初一日试第一场；初三日第二场；初五日第三场。(后或改用二月中旬，至顺元年，仍用旧制。)御试：三月初七日，于殿廷考试，仅试策一道，限千字以上成；蒙古、色目人时务策一道，限五百字以上成。考试日期，间有一二例外，不必细究。

(3) 乡试省分及名额分配表

元乡试行省十一，宣慰司二，直隶省分四，合取三百人赴会试。今列表明之，表中区域，前四处即直隶，后二处即宣慰司，余为行省。取材于《元婚礼贡举考》《元典章》及《选举志》，大略皆同也。

区域\民族	大都	上都	河东	东平	山东	真定	河南	四川	甘肃	陕西	岭北	辽阳	云南	征东	湖广	浙江	江西	总计
蒙古人	十五	六	五	五	四	五	五	一	三	五	三	五	一	一	三	五	三	七五
色目人	十一	四	四	四	五	五	五	三	二	三	二	二	一		七	十一	六	七五
汉人	十一		四	七	九		十一		九	五	二	五	一		二			七五
南人							七								十八	二八	二二	七五

观此表，可知其一，蒙古与色目分布之广，几于中国各省，无不有其踪迹。其二，南人待遇之低，湖广江浙等省，皆不能以汉人资格入选。

此盖因江南人士，反对蒙古人甚烈，故科举亦加抑压也。

丙　考试规程

一、辽金

《辽史》不志选举，又无其他文献，故其考试规程，知之甚少。所可述者，惟

圣宗统和七年（西九八九）禁举人匿名飞书，谤讪朝廷。（《辽史·纪》卷十二）

兴宗重熙十九年（西一〇五〇）诏医卜屠贩奴隶及悖父母或犯事逃亡者，不得举进士。（《辽史·纪》卷十九）

天祚帝乾统二年（西一一〇二）十一月戊戌，禁商贾之家应进士举。（《辽史·纪》卷二十七）

至于金，则事例较多，今分数项述之。

（1）不得应试之人

据《金史·选举志》卷一，凡犯十恶奸盗者，不得应试。乐人不得举进士，而免奴为良则许之。其后泰和元年又诏良人不得应诸科举，而其子孙则许之。所谓良人，即倡优之家，及配隶诸色之祖，曾经免为良者。

（2）搜检关防之法

金搜检法，有二特点：其一遣不识字军人，监试科场。其二为举子制衣服，使入场时换之，一免怀挟之弊，二免搜检之烦。

凡监检之制，大兴府则差武卫军。余府则于附近猛安内差摘。平阳府则差顺德军。

凡府会试，每四举人，则差一人。复以官一人弹压。御试策进士，则差弩手及随局承应人。汉进士则差亲军人各一名，皆用不识字者，以护卫十人，亲军百人长，五十人长，各一人巡护。

泰和元年（章宗年号，西一二〇一）省臣奏，搜检之际，虽当严切，然至于解发袒衣，索及耳鼻，则过甚矣。岂待士之礼哉？故大定二十九年（西一一八九）已尝依前故事，使就沐浴。官置衣，为之更之。既可防滥，且不亏礼。上从其说，命行之。（《选举志》一）

又有封弥誊录监门之类。(《大金国志》卷三十五)

此外科场规不明,不敢妄述。

(3) 考试官吏

①府试

凡考试官大定间府试六处,各差词赋试官三员,策论试官二员。明昌初,增为九处路,各差九员,大兴府则十一员。承安四年,又增太原为十处,有司请省之;遂定策论进士,女真经童千人以上差四员。五百人以上三员,不及五百人二员,各以职官高者一人为考试官。词赋进士,与律科举人,共计三千以上五员,二千四员,不及二千三员。经义进士,及经童举人,千人四员,五百人以上三员,百人以上二员。不及百人以词赋考官兼之。后又定制,策论试官,上京咸平东平各三员;北京西京益都各二员,律科监试官一员,试律官二员,隶词赋试院。经童试官一员,隶经义考试院。与会试同。其封弥,并誊录官,检搜怀挟官,及修治试院,监押门官,均如会试之制。大定二十年,上以往岁多以远地考试不便,遂命差近者。

②会试

凡会试知贡举官,同知贡举官,词赋则荐十员。承安五年为七员,经义则六员。承安五年省为四员。诠读官二员。泰和三年(章宗年号,西一二〇三)以封弥官渫语于举人,敕自今女真司则用右选汉人封,汉人司则以女真封。宣宗贞祐三年,以会试赋题已曾出而有犯格中选者。复以考官多取所亲,上怒其不公,命究治之。

③御试

凡御试读卷官,策论词赋进士各七员,经义五员,余职事官各二员,制举宏词共三员。

泰和七年(西一二〇七)礼部尚书张行简,言旧例读卷官不避亲,至有亲人或有不敢定其去留,或力加营护而为同列所疑。若读卷官不用与进士有亲者,读卷之际,则平心商榷。上遂命临期多拟,其有亲者汰之。

以上皆据《金史·选举志》,考官案人数分配之制,至此始详。其女真与汉人互换封弥,亦因时制宜之法也。

(4) 取人条例

金初无定额,及格则取,多寡以阙员为准。后虽有最多数之限,要以人才优劣，应试者之众寡为转移。

世宗大定四年（西一一六四）"诏宰臣进士文优则取，勿限人数"。巴古拉言：国家数世收人，"惟进士之选，最为崇重，不求备数，惟务得贤。其设科始分南北两选，北选词赋进士，擢第一百五十人，经义五十人，南选百五十人，嗣后北选词赋进士七十人，经义三十人，南选百五十人，计二百五十人。以入仕者多，故员不阙。其后南北通选，只设词赋科，不过取六七十人。以入仕者少，故县令阙员也。"上曰"自今文理可采者即取，勿限人数"。章宗明昌二年（西一一九一）"平章政事守贞言，国家官人之路，惟女真汉人进士得人居多，……近来放进士第数稍多，此举更宜增取。若会试只以五百人为限，则廷试虽欲多，不可得也。上乃诏有司，会试毋限人数，文合格则取。"承安二年（西一一九七）宰臣奏，自大定二十五年以前，词赋进士不过五百人，二十八年以不限人数，取至五百八十六人。先承圣训，合格则取，故承安二年，取至九百二十五人。兼今有四举经场恩例，若会试取人数过多，则涉泛滥。遂定策论词赋经义多不过六百人，少则听阙。泰和二年平章图克坦镒等言，大定二十五年至明昌初，率三四人取一；平章张汝霖亦言，五人取一，府试百人中才得五耳。遂定制，策论三人取一，词赋、经义五人取一，五举经场年四十五以上，四举经场年五十以上受恩。

以上皆撮录《选举志一》。从此知金取人条格，文优则取之，不限人数，为有金一代一贯之精神。案宋司马光主分路取人，欧阳修主按才录士，文优则取，而金初南北选，有按路取人之意。后在"不求备数，惟务得贤"之原则下，有最多数之限，似主欧阳之说而稍变通者也。

二、元

元考试规程，《元典章》及《婚礼贡举考》，言之颇明，今分二节录之。

（1）考试官吏

《元婚礼贡举考》曰：

> 御试三月初七日，（案《元典章》作御史试，误。）前期奏委考举官二员，（案《元典章》作考试官。）监试御史二员，读卷官二员，入殿廷考试，每举子一名，委怯薛歹一人看守。

案"怯薛歹"三字，《旧元史·选举志》作"赛台"。《新元史》《元史新编》等书，皆作"怯薛歹"，盖为译音不同也。其意义据《经世大典·入官部序》："亲近莫若禁卫之臣，所谓怯薛者"，（见《元文类卷》四十）是即宫中宿卫，或即元主护兵也。其考试官之选择法：

> 行省与宣慰司乡试，有行台去处，行省官行台官，一同商议选差。如不拘廉访司去处，行省官与监察御史选差。山东河东宣慰司，真定东平路，同本道廉访使选差。上都大都从省部选差。在内监察御史，在外廉访使官一员，监试。每处差考试官同考试官一员，并于见任并在闲，有德望文学常选官内选差。弥封官一员，誊录官一员。选廉干文资正官充誊录。试卷并移行文字，皆用朱书写。仍须（《元典章》作颁，误。）设法关防，毋致容私作弊。

> 省部会试省选委知贡举，同知贡举官各一员，考试官四员，监察御史二员，弥封誊录对读监门等官各一员。

此元考试官吏之员额及其选择之法也。《选举志》所采，多有出入，今不具。

(2) 科场条例

元代科场条例，甚为清晰，今将中书省所颁布者，录之。

> 乡会等试，许将礼部韵略外，余并不许怀挟文字，差搜检怀挟官一员，每举人一名，差军一人看守。无军人处，差巡军。

> 提点辦掠试院廉干官一员，度地安置席舍，务令隔远，仍自试官入院后，常川防职，监把外门。

> 乡会试弥封誊录对读下吏人，于各衙门，从便差使。

> 试卷不考，格犯御名庙讳偏犯者非，及文理纰缪，涂注乙五十字以上。（案此条意义不明，《志》无"偏犯者非"四字，末加"不考"二字。）

> 誊录所，承受试卷，并用朱书誊录正文；写记涂注乙字数，标写对读无差，将朱卷逐旋（案《志》作场）送考试所。如朱卷有涂注乙字，亦皆照写字数，誊录官书押，俟考校合格，中选人数已定，抄录字号，索上元卷，请监试官同试官对号开拆。

> 举人试卷各人自备三场文卷，并草卷一十二幅，于卷首书三代籍贯年甲，前期半月于印卷所投纳，置簿收，附用钤缝讫，各还举人。

> 就试之日，日未出入场，黄昏纳卷，受卷官，送弥封所撰字号弥封讫，送誊录所。

科举既行之后，若有各路岁贡及保举儒人等文字到部，并令还付本乡应试。

娼优之家及犯废疾，若犯十恶奸盗之人，不许应试。

举人于试场内，无得喧哗；违者治罪，仍殿二举。

举人（《元典章》于"人"字后，多一"举"字。）与考试官有五服内亲者，自须回避，仍令同试官考卷；若应避而不自陈者殿一举。

乡试会试，若有怀挟及令人代作程文及代之者，汉人、南人居父母丧服应举者，并殿二举。

国子监学，岁贡生员，及伴读出身，并依旧制。愿试者听。中选者于监学合得资品上从优铨注。

别路附籍，蒙古，色目，汉人，大都上都有恒产，住经年深者，从两都官司，依上例推举就试。其余冒贯者治罪。（《元婚礼贡举考》页八至九，《元典章》卷三十一《礼部四》。）

案元十恶：为"不孝，不陆，谋反，大逆，谋叛，恶逆，不义，内乱，不道及大不义"。（《元典章校补》四十二）又案元中书省所定条例，皆参用宋辽金之制，斟酌损益，颇为得中。明清承用，虽有更定，大略不出乎此。其他见于《元史·选举志》者，亦复不少，今辑录之，而归纳为下列二项。

（3）应试人之罚禁

　　诸举人谤毁主司，率众喧竞，不服止约者治罪。

　　诸举人就试，无故不冠，及擅移坐次者，或偶与亲姻邻坐而不自陈者，怀挟代笔传义者，并扶出。

　　诸拆毁试卷首家状者推治。

　　诸举人于试卷书他语者驳放。涉谤讪者推治。

　　诸举人于别纸上起草者，出榜退落。

　　诸试日为举人传送文书，及因而送财者，并许人告。诸冒名就试，别立姓名，及受财为人怀挟代笔传义者，并许人告。

　　退落诸科文内，不得自叙苦辛门第，委誊录所点检。如有违犯，更不誊录，移文考试院，出榜退落。

　　诸被黜而妄诉者治罪。

（4）考试官吏之罚禁

　　诸辄于弥封所取问举人试卷，封号姓名及漏泄者治罪。诸试题未出而漏泄者许人告首。

诸对读试卷官不躬亲而辄令人吏对读。其对读讫，而差误，有碍考校者有罚。

诸誊录人，书写不慎，及错误，有碍考校者，重示责罚。

诸试卷弥封用印讫，以不成字为号标写，仍于涂注乙处用印。

诸官司故纵举人，私将试卷出院，及只应人知，而为传送者，许人告首。

诸监试官，掌试院事，不得干预考校。

诸试院官在帘内者，不许与帘外官交语。

诸监门官，识查出入，其物应入者，拆封点检。

诸色人无故不得入试厅。

诸巡捕及兵役，不得喧扰，及辄试试文，并从容举人无故往来。非因公事，不得与举人私语。

以上皆撮录《选举志》。中国考试规程，至元渐密。然其大要，乃止于此。历明至清，则不胜其繁。盖清《钦定科场条例》，有六十卷之多也。

丁 待遇与出身

辽金元皆为异民族，科举之行，本为奉行故事，牢笼人心，以巩固国基。李世弼金《登科记序》曰："后世所以重科举者，以维持六经，能传帝王之道也。"《续通考》曰："辽之进士皆汉人，契丹人无举进士之条。传载重熙中，耶律蒲鲁举进士，帝怒其父庶箴擅令子就科目，有违国制，鞭之二百。"（卷三十四）是知科举纯为笼络汉人之工具矣。夫如是，对于士人之出身待遇，颇堪注意也。大抵种族观念，元最重，辽次之，金虽最轻，而不能毫无界线也。

一、辽金士人之出身

辽圣宗统和七年（西九八九）三月，宋进士挈家来归者十七人，命有司考其中第者，补国子官，余授县主簿尉。（案此事《续通志》列于六年三月，与《辽·纪》不符。）《金史·选举志一》曰："辽起唐季，颇用唐进士法取人。

然仕于其国者，考其致身之所自，进士才十之二三耳。"是辽始终不重进士，而宋进士归附者，亦不过除县尉主簿而已。其他士人，更可想知。

"金承辽后，凡事欲轶辽世。故进士科目，兼采唐宋之法，而增损之。其及第出身，视前代特重，而法亦密。终金之代，科目得人为盛。诸官护及省台部译史，令史，通事，仕进，皆列于正班，斯则唐宋以来之所无者，……原其立经陈纪之初，所为升转之极，考察之方，井井然有条而不紊，百有余年，才具不乏。"此金《选举志》之叙论也。其制文武选者吏部主之，凡诸进士举人，中选则官之。注官之法，状元及经义进士，女真进士，以及宏词，因榜，律科等，各有差异。宋宇文恺曰：

> 会试榜首曰敕头，亦曰状元。分三甲：曰上甲，中甲，下甲。敕头补承德郎，视南朝之承议。上甲皆赐绯，七年即至奉直大夫，谓之正郎。第二第三人八年或九年。中甲十二年，下甲十五年，不以所居官高卑，皆迁大夫。下甲服绿，例赐银带。（《大全国志》卷三十五）

案此为天会皇统时科举之制。大定间，授官稍低；其后更高。《选举志》曰："旧制，状元授承德郎，（案正七品。）以大定十四年官制，文武散官皆从下添两重命，状元更授承务郎，次旧授儒林郎，（从七品）更为将仕郎，（从九品。）贞元二年，状元授奉直大夫，（从六品。）上甲儒林郎，中甲以下授征事郎。"（《金史》卷五二）此状元之出路也。但状元必须才德兼茂，方授高官，否则降之。大定十八年，敕状元行不顾名者与外除。十九年命本贯察其行止美恶。二十二年敕进士受章服后，再试时务策一道，所谓策试者也。内才识可取者籍其名，历任后察其政，若言行相符，则升擢任使。二十三年，诏今授任奉，一年后，所撰文字无过人者，与外除。观此，金时状元品行之砥砺，学识之督促，皆至周至密。惜会勘状元行止之制，明昌二年已罢。故晚年诏考试词官作程文时，张行简乃言会试考试官皆居显职，擢第后，离笔砚久，难成佳作。倘使此制不罢，或无此弊。

至于经义进士，第一人皆拟县令。（案金初以词赋、经义二科取士，故一场两状元。章宗承安五年，以词赋第一为状元，经义魁次之。）第二人当除察判，以无阙，遂拟军判，第二甲随各人住贯拟为军判丞簿。宣宗贞祐三年，经义第一人授儒林郎，第二甲以下征事郎。女真进士，大定十一年皆除教授。二十二年，上甲第二人初除上簿，中甲除中簿。下甲下簿。二十五年上甲甲首迁四重。余各迁两重。第二第三甲授随路教授，三十月为一任，注九品。第三第四注从事军防判。二十六年，减一资，历注县令。二十八年，添试论后，皆依汉人格。是女真进士，当初放官，不比汉人高，且多为教授；后亦与汉人同等注授，故前言种族观念，金最轻者此也。

宏词出身无定格，上等迁两官，次等迁一官，临时取旨授之。恩榜以世宗大定二十九年例，女真人迁将仕，汉人登基仕，初任教授三十月，任满依本格从九品注授。律科依正隆元年格，初授将仕郎，皆任司候十年以上，并一除一差。十年外，则初任主簿，第二任司候，第三主簿，十下县令。三年，制律科及第七年者与关内差使，七年外与关外差。四十年，方除下令。十四年定制，律科及第者授将仕佐郎。十六年特旨以四十年除下令太远，其以三十二年不犯赃罪者授下令。然亦如蜀道上青天之难矣。

总观金代出身授官之制，无甚种族界限，且比宋唐为优。但岂真无种族界限乎？是又不然。

> 选举之外，有奏补法，有世袭法，有封赠法。其奏补法不论文武，有奏补任子，恩如状元及第。初授承德郎，迨海陵炀王之后，特加一官，授奉直大夫，系从六品，便可荫两子。且如荫子格法，一品荫七人，立补阁门祗候。二品荫六人。……其世袭法，世袭千户，金国深重其赏，非宗室勋臣之家不封。勋臣之家亦止本色人及契丹奚家而已。（《大金国志》卷三十五）

斯则种族之见，昭然较著也。除此以外，尚有争功效劳。

> 凡争功有六：一曰，川野见阵，最出当先，杀退故军。……三曰，争取船桥，越险先登，……凡带官一命，昭信校尉（正七品）以上者，初除主簿，及诸司副使（正九品）二上簿及诸司使。（正八品）……

> 凡劳效（谓年老千户谋克也）大定五年制，河南陕西统军司千户，四十年以上，拟从七品……（《选举志二》）

是皆以禄利驱人作马牛也。故《金史·选举志》曰："宣宗南渡，吏习日盛，苛刻成风，殆亦多故之秋，急于事功，不免尔欤？自时厥后，仕进之歧既广，侥幸之俗益炽，军伍效劳，杂置令录；门荫右职，叠居朝著，科举取士，亦复泛滥，而金治衰矣。"（《金史》卷五一·序）

二、元代士人之出身

蒙古人主中原以来，颇存猜忌异族之思想，故分国民为四等阶级；其官人之制亦如之。蒙古人最占优胜，色目人次之，汉人又次之，南人最下。各行政衙门长官，皆以蒙古人为之长，而汉人、南人贰焉。故一代之制，未有汉人、南人为正官者。其待遇之不平等，可想而知。此时虽有考试制度，然用人行政，多不由之。《续通考》卷三十七曰："元时用人，多由荐举；后虽科举间行，而以征授官者，正未可一二数。"斯言乃一因也。其他情由，尚不止此。元《经世大典·入官部》曰：

> 我国家……得中原，……用人之途不一。亲近莫若禁卫之臣，所谓怯薛者。然而任使有亲疏，……门第有贵贱，……天下未定，介胄之士莫先焉。故攻取有功之士，皆世有其军而官之。……

> 择吏之初，颇由于儒。而所谓儒者，姑贵其名而存之尔。其自学校为教官显达者盖鲜。……至元以来，数欲以科举取进士，议辄中止。延祐始力置进士科，三人一取，不及百人尔。世祖皇帝置国学以通语言，其用人略发儒学之制，而加达矣。(见《元文类》卷四十)

《元史·百官志序》亦曰：

> 元太祖起自朔土，……国俗淳厚，非有庶事之繁；惟以万户统军族，……任用者，不过一二亲贵重臣耳。及取中原，太宗始立十路宣课司，选儒臣用之。……世祖即位，登用老成，官有常职，……其长则蒙古人为之，而汉人、南人贰焉。……大德以后，承平日久，弥文之习胜，而质简之意微。侥幸之门多，而方正之路塞。官冗于上，吏肆于下，……势固然也。(卷八十五)

又据元统元年(西一三三三)进士录，第一名赐进士及第，授承务郎，第二名以下及第二甲，皆承事郎。蒙古、色目人第三甲，赐同进士出身，授将仕郎，汉人、南人第一甲，赐进士及第，第一名授承务郎，第二名以下及第二甲，皆承事郎，汉人、南人第三甲，赐同进士出身，授将仕郎。骤观此格，似出身甚高，而亦无种族界限，但皇庆二年又规定，凡蒙古由科第出身者，授从六品，色目、汉人递降一等。又定蒙古、色目人愿试南人科目中选者，加一等注授，是仍不平等也。初，元以江南人士反抗甚烈，故甚恨之。一切待遇，皆不相同。至顺帝间，始稍弛其限制。

顺帝至正十二年（西一三五二）三月有旨省院台不用南人，似有偏负，……宜依世祖时用人之法，南人有才学者，皆令用之。自是累科南方之进士，始有为御史，为宪司官，为尚书者矣。（《百官志》卷八）是时江淮兵起，故以是收拾人心。然距元亡。仅十余年矣。

至元二十六年（西一五六六）廷试进士七十有三人，优其品秩。第一甲授承直郎正六品。第二甲授承务郎从六品。第三甲授从仕郎从七品。国子生员，蒙古七名，正六品。色目六人从六品，汉人七名正七品。……兵兴以后，科目取士，莫盛于斯。而元之议科，亦止于是岁。（《元史》卷九二《百官志·选举附录》）

综观元之出身，以品级论之，较唐宋辽金为高。夷考其实，并非崇儒。据《廿二史札记》卷三十，元制百官皆蒙古人为之长一条，终元之世，汉人为丞相者止史天泽、贺惟一二人。枢密属僚掌权之处，汉人皆不得与。汉人、南人厕于廉访司者，亦仅五分之一也。明黄喻亦曰："蒙古用人，重吏轻儒。七品文资，选为省掾；八品流官，选为令史，公卿多由此进，舞文弄法，殃民甚矣。"（《双槐岁抄》卷五）夫七品文资为省掾，八品流官为令史，可知品第之高，纯为笼络之具，实际授官，甚为低下也。故《选举志》曰：

当时仕进有多歧，铨衡无定制。其出身于学校者，有蒙古字学，回回国学，有医学，有阴阳学。其策名于荐举者，……有遗逸，有茂异，有求言。……其出于宿卫勋臣之家者，待以不次。其用于宣徽中政之属者，重为内官。又阴叙有循常之格，而超擢有选用之科。……其纵情破律，以公济私，非至明者，不能察焉。是皆文繁吏弊之所致也。（《元史》卷八一）

元代用人之制，表面虽崇，实际则刻薄限制，如张溥《纪事本末》卷八所谕："蒙古用人，以国族勋旧贵游子弟为先，而法不专于科目也，前代之官人选士，合而为一，元之官人选士，分而为二。合而为一者，以士为官，而学校尊，分而为二者，官不必士，而徼幸出。怯薛以下，吏道多端，工匠与隶，崇班高品，即曰好儒，名焉而已。"余外以下第人充放授，及学正，书院，山长；又设乡试备榜，恩例等，要其用意在牢笼，非与士人以正当出路也。

三、辽金元对士人之待遇

观上节，元对士人之待遇，已略可想见；然尚有其他。辽兴宗重熙五年，御史和殿放进士冯立等四十九人，赐绯衣银鱼，大宴礼部，赐物有差。是乃普通仪节上之待遇。先是辽圣宗开泰元年，进士康文昭等坐论贡举私曲，皆杖而徒之。是辽无免刑之待遇。金待士仪节，不必细述；惟大定十七年，敕诸科至下令者免差。（《选举志》二）此乃堪注意者。元太宗丁酉九年试行科举，令"儒人被虏者亦令就试，其中选者，复其赋役，免为奴者四之一"。（参《元史》卷一四六《耶律楚材传》与卷八一《选举志》）夫中选而始免奴复赋役，可知其待士之卑矣。宋《谢迭山（枋得）集·送方伯载归三山序》曰："我大元制典，人有十等：一官，二吏，先之者贵之也，贵之者，谓有益于国也。七匠，八娼，九儒，十丐（同丐），后之者，贱之也，贱之者，谓无益于国也。嗟乎卑哉，介乎娼之下，丐之上者，今之儒也。"惟谢枋得之言，难免无种族偏见存乎其间。《辍耕录》高学士条曰："国朝儒者自戊戌（案即太宗十年。）选试后，所在不务存恤，往往混为编氓。至于奉一札十行之书，崇学校，奖秀艺，正户籍，免徭役，皆翰林学士高公智耀奏陈之方也。"（卷二）据《元典章》卷三十一，徭役之免，始于蒙古学校。"世祖至元八年（一二七一）随路所设教授学，有愿充生徒者，与免一身差役。"盖为奖励蒙古人入学也。二十四年，诏儒户免差役。二十年准江淮等处秀才免杂泛差役。仁宗皇庆元年，又复之。其后科举盛行，反无所加焉。是知元代以尊儒为名，而其所优待者亦至仅矣。

戊 辽金元考试之得失异同

以上数节，已将此三朝之考试制度，加以说明。今再比较其异同，并略述其得失。

一、异同

此三朝之考试制度，大抵场数为二场或三场，此相同者一。除辽制不明外，犯十恶奸盗之人，不许应试，此相同者二。金元皆三年一开科，此相同者三。以军队监试举子，此相同者四。存种族之心，猜忌汉人，此相同者五。

至于异点，则辽有诗赋、经义及法律三科；金有词赋、策论、经义等五科；元仅德行明经一科；此科目之不同也。辽金重词赋，元重经义。金又经传子史并重，元则专重朱子《四书集句》，此试艺之不同也。辽开科无定期，取人无定额；金有定期定额，有最多数之限；元则有省区之分，额数之定，此取人之法不同也。辽有乡荐，府解，及第之名，金有解元，府元，状元之称；元仅进士第一之名，而无其他称呼，此等第之不同也。金试题试卷，皆注出处，元无此制；金考试重书写，元无此制；金考试官之多寡，以应试人之多寡为转移，元无此制；此考试方法之不同也。他如对汉人之待遇，考试条格之繁密等，皆异点也。

二、得失总评

辽金元皆起自漠北，同出游牧。马蹄所过，庐舍为墟。文物典章，黯然无睹，其采考试，原为奉行故事，收买人心，并非尊重儒术。故于人才，罕有注意。辽处偏安无论矣。金占有长江以北，袭辽之遗烈，唐宋之文物，一代人才，仅不过党怀英、赵秉文、王庭筠诸人而已。迄元统一中华，轻视汉人、南人，而重蒙古、色目。考试之举，时兴时废；致怀才抱德之士，甘隐山林而不起。其时学者谈性命心理，不无浅薄之讥；讲文字训诂，则有漫漶之失。一代大儒如金履祥、许衡、吴澄、许谦、姚枢等，文亦独步欧苏之后尘，而更为颓下。他如政治舞台人物，类皆不学无术之徒。元殆为人才最缺乏之时代，而辽金次之。

然亦有意外之得焉。即一，普及文化。二，得忠义之士。金于大定四年，设女真进士科，将中国五经译成女真文字，使国人及第者，每谋克选二人习之。又使温迪罕缔达教以古书作诗策，故四五年后（大定九年）女真人即能得策论进士。大定二十八年添试论，后皆依汉人格考试，是普及中国文化之广且速，诚堪令人惊异。使无科举，人各为政，文化风俗，决难融洽如此之速，此乃科举普遍之利，不独金为然也。元世祖至元四年（西一二六七）"中书佐三部……请依前代立国学，选蒙古人诸执官子孙百人，专命师儒教习经书，俟其艺成，然后试用。庶几勋旧之家，人材辈出，以备超擢。"（《选举志一》）是其当初，为备超擢，不料习久性成，反为汉人所同化。其时重色目，如欧洲、阿拉伯等地之人，入仕中国者，颇不乏人。色目人应试，皆比汉人、南人占优胜，无形之中，又不知传播若干文化。此乃最大之得也。元代虽不重儒术，然末年仗节死义者，乃多进士出身之人。如余阙元统元年进士，守安庆，死陈友谅之难；台哈布哈至顺元年进士，死方国珍之难；李齐元统元年进士，为高邮守，死张士诚之难；此其著者也。（参《廿二史札记》卷三十元末殉难多进士条）此外元代文人学士，如欧阳玄、杨载、苏天爵、吴师道、宇文公谅、陆文圭等；良吏如余阙、月鲁不花、许楫、杨景行、林兴祖、观音奴等；忠臣如李黼、李齐、郭嘉、王士元、赵琏、孙㧑、石普、樊政、周镗、谢一鲁、聂炳、刘畊孙、丑闾等；皆出自科第，且多出自元统元年科，是以中国民族观点言之，固有种族不同之见，然以元代言之，不能谓非科举之得人也。至于论考试制度之本身，元代科举，条例虽细，然以金为最良。中国考试制度之佳，舍明清外，殆无有出金之右者。

三、金考试制度之得失

（1）因时制宜，量才施用

辽起唐季，金承辽后，故科举之制，欲超轶辽世，兼法唐宋，而增损之。初因南北隔阂，故分南北选。南取经义，北取词赋，此盖纯因时宜而设。行之有年，合而为一，专以词赋取士，是又因时之制也。若夫以策论进士，取其国人，而用女真文字，以为程文，斯亦就其所长，以收其用。其女真与汉人互司封弥，以杜科场漏语之弊，意亦同此。女真进士，皆除教授，以教国人，纯皆最才施用之方，而开科举入仕之门。故终金之世，无如唐代之数十年不得入仕者。

（2）人有专长，兼晓时事

金分经义进士、词赋进士等科，意在各有专长。其经义科，大定二十八年，诏专主一经。然其试时，亦兼试诗词策论，词验其文词，策验其时事，使人各有专门学问，亦有普通知识，斯诚今后考试制度堪注意者。唐宋以前，明经多不晓时事，进士多不通经史。今世英美考试，英试普通知识，美重专门智能，金则于古今中外之制，立于中流，其可注意之价值，自不待论而后知。至于经义无帖经墨义之恶习，词赋无严厉之格限，题目皆出经传子史，不宗一人一家之说。且于题下注其本传，答卷示其出处，此又金代考试之良制也。

（3）有前代之利，少前代之弊

科举最大之利，如普及文化，考察人才，金全得之。其弊如奔走夤缘，如结党营私，如传久换卷等等，金皆无有。盖其当初，搜查至耳鼻，至后官为举子制衣更换，又严设兵卫以监之，故科场之弊极少。夤缘结党之习，亦皆罕见，余外榜首之选，先察乡行，方授应奉；否则从常调，斯亦才德兼顾之举也。然金考试之制，亦有二弊：

①私取权赏

> 亲戚不回避，……上中下甲杂取十名，纳之国中，下翰林院重考实，欲私取权贵也。（《大金国志》卷三十五）

案唐宋以来，皇亲故旧，以及大臣子弟，皆须回避，号别头试。金独不然，故有此弊。晚年益重门荫军功，以及鬻爵进纳，科举之制，益形泛滥矣。

②守格法过甚

> 金自大安以来，（大安卫绍王年号，元年西一二〇九）科举之文，其弊益起。有司惟守格法，所取之文，卑陋陈腐，苟合程度而已，稍涉奇峭，即遭黜落，于是文风大衰。贞祐初（西一二一三）赵秉文主省试，得李献能赋，虽格律稍疏，而辞藻繁丽，推为第一。举人遂大喧噪，愬于台省，以为赵公大坏文格。且作诗谤之，久之方息。……而秉文竟以是得罪。（《金史》卷一百十《赵秉文传》）

案金初取人，只顾文优，不限人数。章宗泰和时，定制策论三人取一，词赋经义五人取一，已失纯粹因才取人之旨。

第七章 明清之考试制度

中国考试制度之发展，至明清为最后阶段。其方法之严密，甲于古今中外，而弊病亦繁多，两朝制度，大体相同，合为一章述之。

甲 考试概况

一、概述

《明史》卷七十《选举志二》曰："科目者，沿唐宋之旧，而稍变其试士之法，专取四子书，及《易》《书》《诗》《春秋》《礼记》五经命题试士，盖太祖与刘基所定。其文略仿宋经义，然代古人语气为之，体用排偶，谓之八股；通谓之制义。三年大比，以诸生试之直省曰乡试，中式者为举人，次年以举人试之京师曰会试，中式者天子亲策于廷曰廷试，亦曰殿试，分一二三甲以为名第之次。一甲止三人，曰状元、榜眼、探花，赐进士及第；二甲若干人，赐进士出身；三甲若干人，赐同进士出身。状元、榜眼、探花之名，制所定也，而士大夫又通以乡试第一为解元，会试第一为会元，二三甲第一为传胪云。子午卯酉年乡试，辰戌丑未年会试，乡试以八月，会试以二月，皆初九日为第一场，又三日为第二场，又三日为第三场。初，设科举时，初场试经义二道，四书义一道，二场论一道，三场策一道，中式后十日，复以骑射书算律五事试之。后颁科举定式，初场试四书义三道，经义四道，四书主朱子《集注》；《易》主《程传》《朱子本义》；《书》主《蔡氏传》，及《古注疏》；《诗》主朱子《集传》；《春秋》主《左氏》《公羊》《穀梁》三传，及胡安国、张洽传；《礼记》主古注疏。永乐间，颁《四书五经大全》，废注疏不用，其后《春秋》亦不用张洽传，《礼记》止用陈澔《集说》。二场试论一道，判五道，诏诰表内科一道，三场试经史时务策五道。廷试以三月朔。乡试，直隶于京府，各省于布政司，会试于礼部。主考乡会试俱二人，同考乡试四人，会试八人，提调一人，在内京官，在外布政司官。会试礼部官，监试二人，在内御史，在外按察司官。会试御史供给收掌试卷弥封誊录对读受卷，及巡绰监门搜检怀挟，俱有定员，各执其事。举子则国子生，及府州县学生员之学成者，儒士之未仕者，官之未入流者，皆由有司申举性资敦厚文行可称者，应之。其学校训导专教生徒，及罢闲官吏，倡优之家，有居父母丧者，俱不许入试。试卷之首，书三代姓名，及其籍贯年甲，所习本经，所司印记。试日入场，讲问代冒者有禁，晚未纳卷，给烛三枝：文字中回避御名庙号，及不许自序门第。弥封编号作三合字，考试者用墨，谓之墨卷；誊录用朱，谓之朱卷；试士之所，谓之贡院；诸生席舍，谓之号房；人一军守之，谓之号军。试官入院，辄封锁内外门户。在外提调监试等，谓之外帘官；在内主考同考，谓之内帘官。廷试用翰林及朝臣文学之优者为读卷官，共阅对策，拟定名次，候临轩或如所拟，或有所更定，传制唱第。状元授修撰，榜眼、探花授编修。二三甲考选庶吉士者，皆为翰林官，其他或授给事御史主事中书行人评事太常国子博士，或授府推官知州知县等官。举人贡生不第入监而选者，或授小京职，或授府佐，及州县正官，或授教职。此明一代取士之大略也。"

有清科目取士，悉仍明旧，惟顺治元年定殿试以三月，二年定《春秋》不用胡传，而以《左传》本事为文，参用《公羊》《穀梁》。乾隆间，定会试三月，殿试四月，遂为永制。乡试先期提学考试，精通三场生儒录送，禁冒滥。在监肄业贡监生，本监官考送。试卷题字错落，真草不全，越幅曳白，涂抹污染太甚，及首场七艺起讫虚字相同，二场表失年号，三场策题讹写，暨行文不避庙讳御名，以违式论贴出。除墨卷朱卷外，主考用墨笔，同考用蓝笔。除内帘外帘官外，有内监试，司纠察，不与衡文。以大员总摄场务，乡试曰监临，顺天以府尹，各省初以巡按御史，巡按裁，巡抚为之。会试曰知贡举，礼部侍郎为之。顺天提调以府丞，监试以御史。初，各省提调以布政使，监试以按察使，各副以道员。雍正间以藩臬两司为一省钱谷刑名之总汇，入闱月余，恐致旷滞，提调监视，专责二道员；会试监试以御史，殿试临轩发策以朝臣。进士出身者为读卷官。（参《清史稿·选举志三》）此清代科目取士之制与明微异者也。其他等甲授官之制，皆与明朝大同小异，毋庸赘述。大抵清初之制，多沿明旧，而慎重科名，严防弊窦，立法之周，得人之盛，远轶前明；

其间条例之损益，风会之变迁，后当述其要略也。

二、考试程序

明清士人，计由童生至进士，凡经四大级。即一童试，二乡试，三会试，四殿试。而童试又分县考、府考等。按乡试以前之考试，本当纳之于学校；惟欲窥两朝考试制度之全豹，必稍加叙述，方能了然，故略著于篇。

（1）明清学制述略

明清之制，科举必由学校，而学校起家，可不由科举。学校有二：在京师者曰国学，在直省者曰州县学。州县学诸生入国学者，乃可得官；不入者，不能得也。入国学者通谓之监生，或称国子监生。洪武初，惟品官子弟民间俊秀武臣子弟充之。十五年以后，始有生员入监之例，曰贡监，下第举人入监曰举监，品官子弟曰荫监，捐赀曰例监。而贡监明代分为四：曰岁贡，曰选贡，曰恩贡，曰纳贡。清增优贡副贡不数纳贡为五贡，又改称选贡曰拔贡。其荫监分为二：明曰官生，恩生；清曰恩荫，难荫。此监生之别类也。所谓岁贡者，盖取州府县学食廪年深者，挨次升贡之意也。所谓选贡者，盖由学臣选拔生员文行兼优者，遣贡国学也。清初或六年一选拔，乾隆七年定十二年一选拔，永着为例。（《国朝右文掌录》页六）所谓恩贡者，遇国家有庆典，或登极诏书，以当贡者充之。而纳贡则由于纳捐，副贡即副榜贡生。优贡之选，与拔贡并重，顺治二年，令直省不拘廪增附生，选文行兼优者一二人送监。雍正间始折贡监名色，廪增准作优贡。乾隆四年定三年考选优贡一次，而拔贡则十二年一考选也。统此恩拔副岁优，时称五贡；科目之外，由此谓之正途，所以别于杂流也。

至于荫监，即荫子入监。明初因前代任子之制，文官一品至七品，皆得荫一子，以世其禄；后乃渐为限制，在京三品以上，方得请荫，谓之"官生"。出自特恩者，不限官品，谓之"恩生"。或即与职事，或送监读书。降至于清，凡满汉子弟奉敕送监读书，恩诏分别内外文武品级荫子入监，谓之"恩荫"。顺治二年，定文官四品外，三品以上，武官二品以上，俱送一子入监。十一年觉罗荫生照各官荫生例，一体送监，包衣佐领，下官子弟，向例不得为荫监；康熙九年例除，荫生入监，自康熙五十二年始也。顺治四年，以殉难陕西固原道副使吕鸣夏子入监读书，谓之"难荫"，盖袭明守土官死节亦得荫子之制。九年定内外满汉三品以上官，三年任满，勤事以死者，荫一子入监，后广其例，凡三司首领州县佐贰官死难者，亦得荫一子。（以上参《明史》《清史稿·选举志一》）此国学之大凡也。

凡入州府县学者曰生员，有廪膳生、增广生及附学生之别。明初生员之数，府学四十人，州县以次减十。师生廪食，月米六斗，鱼肉盐醯之类，皆官给之。未几即命增广，不拘额数。宣德三年定增广之额，在京府学六十人，在外府学四十人，州县以次减十。照例优免差徭。（《大明会典》卷七六）增广既多，于是初设食廪者谓之"廪膳生员"，增广者谓之"增广生员"。及其既久，人才愈多，又于额外增取，附于诸生之末，谓之"附学生员"。凡初入学者，止谓之"附学"，而廪膳增广，以岁科两试等第高者补充之，非廪生久次者，不得充岁贡也。（《明史》卷六九《选举志一》）清顺治四年（西一六四七）定，"各省儒学，视人文多寡，分大中小学，取进儒童。大学四十名，中学三十名，小学二十名。又定，直省各学廪膳生员，府学四十名，州学三十名，县学三十名。……增广生员名数同。……八旗学额，八旗满洲蒙古额进六十名，廪生六十名，增生六十名，一年二贡。汉军额进三十名，廪生三十名，增生三十名，一年一贡。雍正二年（西一七二四）题准大学二十五名，中学自二十名至十八十六十五名，小学自十二名或十名八名有差。其特恩广额，则每朝登极，恩诏大学加七名，中学五名，小学三名，皆举行一次。而乾隆十六年、二十二年、二十七年、三十年、四十五年、四十九年六次南巡，每次江苏、安徽、浙江三省，亦增取大学五名，中小学递减一名。咸同兵兴，各州绅民守城，御贼，及团练捐输出力者，往往增额，非恒例也。"（《大清会典事例》卷三七〇）若廪膳生，食饩之数，每人所受，难求定额。康熙二十二年（西一六八三）时，银一万六千六百五十两零，米一万一千六百二十石零，量给廪生贫士，以助膏火之费；可知其给廪之大概。（《学政全书》卷三二）此则所谓学校以养士，科目以抡才者也。凡未入学者，通称童生。童生入学，必经考试，谓之童试。入学以后，又有各种考试，然后可应乡试或朝考。

(2) 乡试以前之考试

①童试

凡初应试之童子，名曰文童。明初由巡按御史布按两司及府州县官选取。英宗正统以后，始特置提学官，专使提督学政，生员即由提学官考取。其合格入学者，谓之附学生员，未入学者，谓之童生。当大比之年，兼收一二异敏，三场并通者，俾与诸生一体考试，谓之"充场儒士"，中式即为举人；不中式，仍候提学官岁试合格，乃准入学。（《明史·选举志一》）清代童生考试，"督学文到，先期晓谕报名，取邻里甘结，身家无刑丧替冒各项违碍，方准收试。每府各州县，关会一日同考。府试亦汇齐一日，以防重冒。……县考取二倍，府考取一倍。府考取录已定，册报名数，榜示童生。照所取次序，五人为一结，取行优廪生亲笔花押保结，查照格眼册式，当堂令各童生亲填年貌籍结三代，经书，汇为一册，并各结状粘送。……其点名册，仍书年貌，不对者不准收考。……点名时，廪生与同结五人，互相觉察，如有倩代等弊，即时举出，容忍者五人连坐，廪生黜革。……发案日，再行复试，笔迹虽同，而文理不通者，亦不准入学。"（《学政全书》卷五三）雍正元年（西一七二三）议准，童生考试，由州县送府，由府送学政，各加印结；（学政举行道考，按定额录取。）方准考取生员。（同上）考取者得以入学，谓之附学，或谓附生，而俗称秀才。附生须经儒学署教官，试以月课；第一年须应岁考，第二年应科考，第三年为大比之年，须应乡试。

②岁考

"提学官在任三岁，两试诸生，先以六等试诸生优劣，谓之岁考。一等前列者视廪膳生有缺，依次充补。其次补增广生，一二等皆给赏，三等如常，四等挞责，五等则廪增递降一等，附生降为青衣，六等黜革"。（《明史·选举志一》）盖以此试廪增附生文字之优劣，以验其进步，定其黜升也。清代岁考，多与明同。凡隶学籍之廪增附生，必应此试。由学署造具格眼册，填年月，籍贯三代，入学帮增补廪年月，除丁忧之生免试外，余因他事未应此试者，以欠考论。下次督学使按临时，必须补试。岁考所试，为四书文一，五经文一，五言六韵诗一。定制亦分六等，"一等文理平通，增附青社均补廪，无缺，青社先复附，各候廪；二等文理亦通，增补廪，附青社俱补增。无增缺，先复附。三等文理略通，原停廪原增降附者，准收复。青衣发社者，准复附。四等文理有疵，廪姑免责，停食饩，予限读书六月。增附青社俱挞责。五等文理荒谬，廪停候缺，原停廪者降增，增降附，附降青衣，青衣发社，原发社者黜为民。六等文理不通，廪十年以上发社，六年以上与增十年以上者，俱发本处充吏。不愿者听，余俱黜退为民。"(参《学政全书》卷三五) 嗣后政从宽大，仅分三等，廪增无降级，青社亦删除。取列一等者，除廪生不计外，如系增生附生，可叙补廪生。而州学廪生，每年可升一生为岁贡生；直隶厅州之廪生，三年升二生为岁贡生；县属廪生，二年升一生为岁贡生。故每岁考一次，照例只可补一廪生。惟除岁贡之外，如廪生乡试中式举人，或考取优贡生，拔贡生，或遇覃恩，升一廪生为恩贡生，此皆上达之途也。此数项廪生出缺，或丁忧病故，则增生附生，又可依次递补矣。

③科考

岁考既毕，继取一二等为科举生员，俾应乡试，谓之科考。盖因次年大比，先以此试，考其优劣以决其可否应试，故又名决科。其先补廪增给赏，悉如岁试，其等第仍分为六，而大抵多置三等。三等不得应乡试，然黜挞者仅百一，亦可谓绝无。(参《明史·选举志一》) 关于清制，稍加详述，则所试凡七日：第一日试经古，第二日试廪增附生，第三日试童生，第四日复试经古，第五日复试取列一等之廪增附生，第六日复试取进之童生，第七日试出学之五贡，即恩拔优副岁五贡，皆出学，不应岁试，不隶于儒学者也。但欲应乡试者，须于科试之年，受督学使者之考试，录取者次年方准其应乡试。凡廪增附生之取列一二等及三等前三名者，亦准应次年之乡试。

当科考之年，各省学政三年任满，学师将平日考文察行，确知文行兼优之生员，举报优劣于督学署；敦本尚实，行谊表著得奖赏，劣者有罚责，且不必品其文艺，优者，学政于生童试毕后，即试此项优行生。此制定于清顺治九年。(参《学政全书》卷三三)

优贡之考选，多三年一次。而拔贡之考选，多十二年一次。逢酉年举行，试于科考之后。向例：每府学贡二人，州县学各贡一人。其考试盘费，官为资给。应此试者，率皆各府厅州县造诣高深之廪生，自行报名投考，不由学师举荐。试共二场：一场试以四书文二，经解一。第二场试以论一策一，五言八韵诗一。写作并重。越日出榜，取中者即为拔

贡生（参《国朝右文掌录》页五至页六）

孝宗弘治十七年（西一五〇四）南京祭酒章懋上选贡疏，乞于常贡外，令提学行选贡之法，不分廪膳增广生员，通行考选。"务求行著乡间，学通经术，年富力强者，乃许充贡，……以后或三年五年量才多少，间一行之，则在大学者，多精锐可进之资。"（《明大政纂要》卷三九）乃下部议行之：此选贡所由始也。自是"选贡多英才，入监课试，辄居上等，拨历诸司，亦有干局"。"岁贡颓老，其势日绌，则惟愿就教而不愿入监。""万历中，工科给事中郭如心言，选贡非祖制，其始欲补岁贡之乏，其后遂妨岁贡之途，请停其选，神宗以为然。至崇祯时，又尝行之。"（《明史》卷六九）

清代拔贡生与优贡生，经学政考试后，尚须应次年之"录科"试。"录科"者，即当大比之年七月，新学政莅临省城，虑府州县学之生员，于岁科考之年未经录取，或以故未与科试，恐有遗才，特再补录名次，以便录送科举，而免阻人上达也。（参《学政全书》卷三六）故又谓之"录遗"。录遗事毕，督学署与总督巡抚，合试正取优行生及拔贡生，谓之"三院会考"。仅试一场，试以四书文一，经文一，策一。正取者谓之优贡生或拔贡生。得出学籍，贡成均应朝考。配取者则只能称优行增生，或附生等，不出学籍。而拔贡生则不然，盖拔贡生于科试时按额取录，次年会考，罕有更易。优贡生至会考时，方按定额取录也。大抵优贡生正取大省八名，中小省份，递减二名；备取亦如其数。（以上参《清代考试制度》）此科考，录科，及优贡拔贡生考选之大略也。

(3) 乡试

乡试每三年举行一次，试之于省城，故实为省试。明初"仿古宾兴之制，定于子午卯酉年秋八月，各直省皆试士于乡，中式者贡于礼部。初，乡举各以地方人才多寡为额，多者不过四十人，洪武三年，诏设科取士，以今年八月为始，使中外文臣，皆由科举而选。京师及各行省乡试，八月初九日试初场，又三日试第二场，又三日试第三场。第一场试四书义三道，每道二百字以上；经义四道，每道三百字以上。……第二场论一道，三百字以上，判语五条，诏诰表内科一道。第三场试经史时务策五道，未能者许减二道，俱三百字以上。……凡直隶府州县，试于应天府；外府州县，试于各布政司。应试者为国子学生府州县学生员之学成者，儒士之未仕者，官之未入流而无钱粮等项黏带者，皆由有司保举性质敦厚文行可称者，各具年甲籍贯三代，经本县申府，府申布政司乡试。其学官及罢闲官吏，倡优之家，隶卒之徒，与居父母之丧者，并不许应试。"（《大明会典》卷七七）若乡试中式，行省咨中书省，则判送礼部会试矣。

清代乡试，与明代什九相同。如"顺治元年十月定乡试俱于子午卯酉年举行"（《皇朝通典》卷十八）二年定秋八月举行乡试，初九日第一场，十二日第二场，十五日第三场。三场试题，均如旧例。（《皇朝通考》卷四七）先是"给事中龚鼎孳疏言，明旧制考取举人，第一场时文七篇，二场论一篇，表一篇，判五条；三场策五道。今应如科臣请减时文二篇，用时文五篇；于论表外，增用诗，去策，改用奏疏。上不准所请，命考试仍照旧例。初场四书三通，五经各四道。二场论一道，判五道，诏诰表内科一道，三场经史时务策五道。"（《皇朝掌故汇编》卷三五）是皆与明代相同也。至于试艺之变迁，及取录人数之多寡，后当述其沿变焉。乡试试毕，揭晓之后，明清二朝，皆设鹿鸣燕，燕考官以下及中式举人。并赏赐举人顶戴衣帽等物。宴赏之后，须请咨文，以便次年春闱入京应礼部会试。

（4）会试

会试亦三年一次，逢辰戌丑未年，行之于礼部，凡"乡试中式举人，出给公据，官为应付廪给脚力，赴礼部印卷会试。将就乡试文字，咨缴本部照验，以乡试之次年二月初九日、十二日、十五日为三场"。（《大明会典》卷七七）其试艺与乡试同，而中式者称贡士。贡士名额，洪武三年，定为百名，英宗正统五年奏准增额为百五十名，宪宗成化以后，以三百名为率，其由恩请而广额者，不为定制。（参《钦定续通志》卷一四一）清制会试，亦与明同。惟自嘉庆初年定令，各省举人到京，必先复试，方能会试；若路远道阻，则会试之后，仍须复试，此则与明特异者。盖明有会试之后，恐取不公，或虑有遗材而复试者：如洪武三十年以会试者多，中式者少，被黜落者咸以为言，上命翰林儒臣考下第卷中择文理优长者得六十一人，复廷试之。永乐二年，上试会试后所选之副榜，亲拔三人，命进学为翰林。（《翰林记》卷十四）然未闻先须复试方行会试之制也。而清代会试日期及场数，亦与明代相同，毋庸重述。

（5）殿试

会试中式者，天子亲策于廷，曰殿试。与会试同年举行，仅课时务策一道。中式者。分一二三甲，以为名第之差，前已言之。据《大明会典》卷七七，"凡殿试用三月初一日（后或用十五日）先期本部（即礼部）奏请读卷并执事等官。其读卷，以内阁官及六部都察院，通政司，大理寺正官，詹事府，翰林院堂上官。提调以本部尚书侍郎。监试以监察御史二员。……至日早，上御奉天殿，文武百官各具公服，行叩头礼毕，……上赐策题，序班举策，……礼部诸官分题，诸举人各就试案对策，皆诣东角门纳卷而出。受卷官以试卷送封弥官，封弥讫，送掌卷官，转送东阁读卷官，详定高下。"拟定名次，"候临轩或如所拟，或有所更定，然后传制唱第，一甲授修撰、编修，二三甲考选庶吉士，其他或授给事御史主事，中书行人评事，太常国子博士，或授府推官，知州县等官。"《明史》卷七十《选举志二》）此殿试之大略也。而清亦大致相同。所异者，明殿试时期，初为三月朔，后改作三月望。清殿试时期，初为四月朔，后改至四月下旬。明殿试之前，未闻有复试，清殿试之前，必须复试。虽少黜落，要必遵行。且贡士力争等第之高下，以为日后定职授官之基础。又明殿试之后，似即按等第高低以授官；清殿试之后，尚须经过朝考，方能授官。而其试文格律，亦较明代为烦难。两朝殿试所试，皆为策论，测其关于时务、国计、民生之意见。然清策试格式特严，其试卷皆由礼部备制，共十二页。"前一页，亲书履历籍贯三代，次页以下，有直格无横格，每页十二行。外给草本一，略小。纵横与正卷同。横格每行二十四字，载策式于草本之前。策式首书臣对臣闻，策冒或四行，或八行。策冒后书，钦惟皇帝陛下，'钦惟'二字书写到底。至逐条分对处，第一条用'伏读制策有曰'起，后数条用制策又以起，末用'臣末学新进，阅识忌讳，干冒宸严，不胜战栗陨越之至，臣谨对。''干冒'二字，亦书写到底，策低二格写，'皇帝''制策''宸严'字皆两抬写，臣等旁写，策内不许添注读注涂改点句勾股，通体不得用四六颂联。策文不限字数，最短以千字为率，不及千字，以不人式论。读卷官校阅试卷，以策对精详，楷法庄雅者为上选。"《大清会典》卷三三）观此等条制，可知殿试之重书写格式，远甚于文字内容矣。考道光以前，对策者，尚讲求国计民生；道光以后，则惟以书法之良窳，定策论之高低。盖应殿试者，殆少有不能文之人，故读卷官乃以书法纵横均匀，文格之不逾成式定高低。而文章之优良，议论之精审，衡文与应试者，皆不首以为重也。

(6) 朝考

殿试以后，新科进士，于引见前，先行考试，知其学问，再行引见，谓之朝考，其制始于雍正元年，上谕"新科进士于引见之前，先行考试，知其学问，再行引见选拔，庶人才不致遗漏。……乾隆六年复准，嗣后新进士朝考坐次，令监视王大臣临期酌派，诗韵不准自带，以武英殿本发给。……嘉庆二十二年谕，向来新进士朝考，以论诏疏诗四项命题，其诏题多系拟古，朕思士子文艺，试以谕疏诗三项，其优劣已可概见。……嗣后新进士朝考，……以论疏诗三项命题，着为令。……道光二十一年奉旨，嗣后新进士朝考阅卷，著昭复试之例，拟定一二三等进呈。"（《会典事例》卷三六一）是朝考所试，为一论一疏一诗，其后有改一论一策者。取录分三等，一等曰朝元，（按殿试分三甲，朝考分三等。二者有别也。）贡士经过复试殿试朝考三场，即分别授职。状元即授翰林院修撰，榜眼、探花授编修。传胪（第二甲第一名）与朝元均可与馆选。其他诸贡士，必综计三场等第，然后授职任官有差。如复试一等，殿试二甲，朝考一等，审定之时，或综计之，求其平均；或以等为准，以定受职任官之法，此朝考之情形也。

以上所述，重在考试程序，兹得《探杏录》一书，自殿试朝考以及谢恩谒师，诸仪节法制，靡不条分缕析，言简意赅。特抄录之，以为探求科举文献之一助。

  四月初十发榜，闻报后，赴礼部亲看，即拜乡试座师，会试房师。

  十一午门谢恩，见房师，趋进侍立，不拜。总裁带领行三跪九叩礼，随赴礼部饮琼林宴，大典所关宜亲到。或十二复试，在保和殿，务先日入内城宿，黎明进场，均坐炕榰，榰矮，务带簟脚小毡墩，带砚罩，防殿上风。一文一诗，格卷式如正场，文五百余字亦可，清而切为妥。诗与字宜工，次日发榜，有一等二等三等，前十名有益，引见时可背明，三等末五名有损碍。分甲榜。复试次日赞见四总裁老师，各处三禀帖，三门包，官尊事冗，多不能见面而退。

  此时不可贪应酬，惟寻密室写殿试卷。善书者求精，不善书者求速，并习熟规矩，务要完卷。即不能鼎甲而分甲次第，即补缺先后，不可不著紧。胭脂渍水则有光，黄连泡水则不浸，元参泡水则不滞，写惯带进场。试卷每行二十二字，共一千九百二十四字。有六法：一，起以"臣对臣闻"，收以"臣谨对"。二，"皇上"及"制""策"字抬头，不可靠边，尊天子也。三，尾必余八路，否则十六路，八路为上，留弥缝地也。四，凡有抬头，前路必写落底。五，不可落一字，笔法不可依俗破体。六，九路抬"皇上陛下"，十一路抬"圣怀冲挹"，及末段"国家宸严"等，抬一定程式。前路短一字，便不好安放矣。策式首尾二段，按著字句，依腔傍调，止换题义，则多少合拍。中间四条，填实运空，随作随写，或排十六路十五路，格完题止，字光而匀者为上，不光而匀者次之，洁净而完卷者又次之。

或二十二三殿试，先日宿内城，黎明进场，是半高棹，自备坐凳，惟棉穿小几收得拢为上。新木凳，恐入场挤坏。棹毡或大卷幅，必要砚罩及长压尺。又买银水壶一个，先日磨墨在壶中，场中略磨便浓，外带黄连水壶一个，备墨干。带写纯熟笔六七管，写百余字即换，防笔惫。一切场用，以小木箱盛贮，合坐凳两项，自带人送到午门，便有差接入。差衣襟有某进士名牌，送出赏以银包，豫先在外包银一钱，朝考亦然。题纸到，监场官带进士跪拜领纸，先行书副本，一切合适乃誊真。则执柯伐柯，不至失事。盖场中副本真本不差丝毫，殿试自早至晚，虽不给烛，亦有六时辰。曾见多带刨字小刀，或误写半字一字及四五字，皆可刨去墨迹，以刀尾捶紧。善刨者略无痕迹。己不善，则求其善者，盖卷纸本厚也。投卷勿忙，殿上有花押，到太和殿旁有老师同乡接场，宜周旋，一收真本，一收副本处，即授以领赏表里票，不可失。

殿试隔一二日，谓小传胪，阅卷者选呈十本，皇上或略易前后，或不易，各进士穿公服，俱在午门内候。忽殿内唱名三鼎甲，及传胪陪六位，皆以次进引见皇上，鼎甲乃定，其余皆回。倘鼎甲不到，降三甲末。次日黎明，皇上坐太和殿发榜，王公在殿前旁，大臣在丹陛，各官在丹墀，进士双西单东，皆三跪九叩。……拜毕，皇上退，乃率进士迎分甲榜，至东长安门，挂三日。日后补缺，以此为先后。是日顺天府尹以执事送鼎甲，及第状元率诸进士上谢恩表，次日饮恩荣筵，宜到。又次日，领赏表里，三跪九叩谢恩，乃执票领,美恶不一,随次拈出。又次日朝考,宿内城,黎明入,点名略迟。殿试后即学写白折,一开十二路,一路十八格,先写论题。止一二句,题低二格,论高二格,如抄文一般,务写到格之干上,不可入格内。无抬头或两开可。疏如写策,俱低二格,起有"臣闻",收有"我皇上"及"今圣天子"抬头,颂扬作尾,抬头不可傍边,写或两开半可,及三开可。诗一首,着紧是字工诗佳,不错不落,有副本,其格与正本横直多少不差,先写副本,以作榜样,则不致落字,行书可,略草亦可,内发韵本,出场时,他取韵本,不与可;既出二三两银投卷,原许带出。

次日朝考入选者有信,又次日榜帖翰林院矣。鼎甲传胪已定,不过陪考耳。朝考次日,状元率众进士到国子监谒孔圣九叩礼,随拜祭酒,设筵,鼎甲则赐以红绸花等项。

将引见,往翰林院演仪两次,每日在家习跪背履历,某人某省人年多少岁某甲进士,如复试一等前十名,则背复试一等第几名,在一等则背复试一等,如朝考入选则背,不然否。如乡榜第一名则背,不然否。如加捐某项则背,如大臣子弟履历写而不背。引见必揭冠叩头,当引见先一日,住近所,黎明,公服入朝,有领班押班翰林或十人五人一排,时时查点齐备,鱼贯而立,皇上升殿,领班牵首一人至阶下跪,余跪齐,从首至尾背明,声宜响亮,行止跪起要不作意而自然合度,忌粗俗,忌钝。衣冠宜整而合时,忠孝带亦要,目平视手直妥而略向后。起跪防踏衣,并嘱同班。引见时,中堂等跪进绿头牌,词林一圈,部属一勾,中书学政半勾,即用一点,归班不动笔,每省毕,皇上即将绿头牌付下军机处,已知次日上谕到矣。

殿试朝考掣签,皆用亲供三代内有某氏有已仕未仕;听说年岁可改,此皆长班办。惟殿试掣签,须印结。引见后点翰林者,隔十余日,上翰林馆先谢恩,三跪九叩,次行香,又数日,教习庶吉士两位到馆,拜老师,一跪两叩礼,次钩书或执《尚书》或执《大学》,取其吉祥。上院之后,即拜同馆二百余人,皆用白折,长班送仪注单,照此行,随开两课,课一赋一诗,清书翰林便止作一诗,向后只课清字考翻译。

按此为光绪时之制，多通行于清代者。明代文献，未见此类简赅之记载。但观《缪彤胪传纪事》，其时虽为康熙丁未科，似存明末清初之制。读者欲知其详，请参《骨董续记》卷二，及清代殿试考略。兹编无庸抄录矣。总上明清士人入仕，概言之，须经四次考试，即童试、乡试、会试、殿试。细察之，已至七八次，即童试、岁考、科考、乡试、会试、复试、殿试、朝考等，而翰林院之考试，尚未计也。其童试、岁考等，略如今之入学及学年试验。然明清学校，形同虚设，要为乡试之准备而已。其殿试朝考，鄙意与唐制吏部考试，略相仿佛，盖出身授官，皆由此定，书法之重，尤相同焉。

（7）其他考试

①拔贡及优贡朝考

上言贡士朝考，而未言拔贡朝考，拔贡考取以后，由学政给单送礼部，限次年五月内，投文验到。礼部奏请朝考，于北闱试场内举行。先一日入场宿，如乡会试然。次日黎明，钦命出题，均系《孝经》《性理》通融互出，书艺论判各一。乾隆二十三年，改为经艺一诗一，（《学政全书》卷二一）其后策论时代，亦改试一论一策。钦命阅卷大臣，分阅各省试卷，其取录分三等，阅卷大臣，拟定名次先后，进呈钦定；然后由监试折号填榜，交礼部张挂。复由礼部定期，举行复试，试后由礼部按省开单，带领引见。授以七品小京官，分部学习，或以知县，分发各省应用。

优贡朝考，悉与拔贡同，惟无复试。录取之后，优者得候补知县，次以教职铨选。（参《清代科举制度》页四○）

②考选庶吉士及考散馆

贡士及拔贡优贡之朝考，为明制所无，而庶吉士之馆选，则两朝均有之。明黄佐《翰林记》曰：

> 考选庶吉士，始自洪武乙丑（十八年）。迨永乐初，益重其事，然其详不可考。大率每科必选。案大学士徐溥言："自永乐二年，或间科一选，或连科屡选，或数科不选，或合三科同选，初无定限；或内阁自选，或礼部选送，或会礼部同选，或限年岁，或拘地方，或采誉望，或就廷试卷中查取，或别出题考试，亦无定制。……请自今以后，……一次开科，一次选用。"孝宗从其请。（《明史》卷七十《选举志》）宣宗时，合三科进士亲试之，拔二十八人为庶吉士，如甲申之

制。正统丙辰（元年），上亲考选庶吉士于文华殿，取萧鎡等十二人。己未（四年）以后罢之。至戊辰，始纯选北方及蜀士为庶吉士，被选者万安等二十人，亲试也。自是其事付内阁，例取平日所为诗文，或翻阅殿试卷，兼采名实，行礼部使人延请至东阁前，会同吏部试以古文暨诗各一篇，合格者改送本院读书。景泰辛未选吴汇等二十五人，甲戌选邱浚等十八人，皆兼选南北士。（卷十五）自嘉靖癸未至万历庚辰中间，有九科不选。……其与选者，谓之"馆选"；以翰詹官高资深者一人课之，谓之教习；三年学成，优者留翰林为编修检讨，次者出为给事御史，谓之"散馆"，与常调官待选者体格殊异。

（《明文》卷七十《选举志》）

清制考选庶吉士，其初令大臣举所知，参用廷对，然后亲试文艺。雍正元年，则以朝考为考选之方，仍令九卿确行保举。《清史稿·选举志三》曰：

庶吉士之选无定额，顺治三年，世祖始策贡士于廷，……简梁清宽等四十六人为庶吉士。四年六年复选用，九年……考选如例。康熙……四十五年至六十七年……各省皆有馆选。世宗令大臣举所知，参用廷对，后亲试文艺。雍正元二年间，汉军蒙古山西……及诸边省，每不入选。……寻议照雍正癸卯（元年）科例，殿试后集诸进士保和殿考试，仍令九卿确行保举，……是为朝考之始。乾隆元年御史程盛修言……"……自保举例行，而呈身识面，广开请托之门，……宜亟停止，报可。高宗谕禁向来新进士请托奔竞，呈送四六颂联之陋习，既慎校文艺，复令大臣察其仪止年岁，分为三等，钦加简选。三年罢大臣拣选例，依省分甲第引见，临时甄别录用，后世踵行其制。……凡用庶吉士曰馆选。"

凡进士与馆选者，仍须入翰林院读书。清初分习清汉书，以学士或侍读教习之。自康熙九年专设翰林院，历科皆以掌院学士领其事，内阁学士，间亦参用，三十三年命选讲读以下官资深学优者数人，分司训课，曰小教习。厥后尚书侍郎阁学之不兼掌院事者，并保为教习。颁内府经史诗文，户部月给廪饩，……俾庶吉士肄业其中。肄业期限为三年，期满亲命诗赋题考试之，名曰考散馆。由吏部收卷进呈，钦定甲乙，分别除授留馆。优者留为编修检讨，次者改给事中御史主事，中书推官，知县教职。其例先后不一，光绪季年，设进士馆，课鼎甲庶吉士及阁部官以法政诸科学。或赀遣游学异国，业成而试优者，授职奖擢，俱未久即罢。(参《清史稿·选举志三》)此外明清两代考试制度，除武举为本编不述外，有清代有之而为明代所无者，如翰詹大考，考中书，考誊录，考翻译等。有明代有之而为清代所无者，如考医士，考僧道，又如明代之考教职，清代之考教习；如明之"考汰官吏"，清之"考职"，似皆不能并为一谈。若简述之，则所谓"翰詹大考"者，即每隔数年，大考翰林官一次，自内阁学士以下及由翰林改补卿寺者，并本院之修撰、编修、检讨等官均须应试，其题由钦命，试艺或一论一疏，或一记一诗，皆临时定夺，未定成例。凡考试优者量予超擢，或升官阶，或赐缎匹，劣者降等录用，或罚俸禄，此其大较也。所谓考中书者，即雍正初年，始允举人考取内阁中书，试以一文一诗；钦命大臣阅卷；试后引见，用为中书，考誊录者，即如现今考试书记。其制始于乾隆三年，令由在监拔贡副优贡生内，考选字画端楷者十人，送武英殿备誊录，年满议叙，可得知县佐贰等职。(详参《科场条例》卷五二)考翻译者，为满洲蒙古人及汉军之考试，有翻译童试，翻译乡试会试殿试，与考试汉字生员举人进士之制相同，而分别举行者也。初，顺治八年定例，凡满洲蒙古通汉文者，翻汉字文一篇，未能汉文者，作清字文一篇，汉军文章篇数，如汉人例。然自乾嘉以后，应试者寥寥，虽诏旨谆谆，勉以"国语骑射为旗人根本"，皆莫能补救；(详参《大清会典事例》卷三六三—三六五)盖清廷欲以此保存固有文化，终以不若满汉合试及第之荣耀，故人皆裹足不前，卒被汉族同化。此数种考试，皆为明代所无也。而明代之考医士，设太医院，分医术为十三科，医官医生医士，专科肄业。凡医家子弟，择师而教之，三年五年一试，再试三试乃黜陟之。外府州县之医生医士或医官，俱由太医院试遣，岁终会察其功过而殿最之。(《明史》卷七四《职官志》)若明代之考校僧道，则始于洪武十年，令僧徒皆通《般若心经》《金刚般若经》《楞伽经》，命学士宋濂考校之，不通者令还俗。二十四年，命礼部清理释道二教。释须通上述三经，道士则《老》《庄》《列》三子。天下只存大寺观一所，能通之者给与度牒，并居一所；不通者勒令还俗。景泰间，三年一度，僧至数万。(《翰林记》卷十四)此则以考试之法，沙汰僧徒，其天文生及阴阳人之考试，置钦天监，掌历数天文地理之事，习业分四科，令自五官正以下与天文生阴阳人，各岿一科，遇天文生有缺，会礼部考验收用；(参《明史》卷七四《职官志》) 此皆清代所无也。其有考试名略同而实异者，如明代之考教职，(《翰林记》卷十四) 即考试愿就教职之举监；清代之考教习，即考教授宗室子弟之教习，而明之"考汰官吏"，与清之考职，准各衙门吏胥供职年满者投考 (考职)，二者又微有不同也。

乙　沿革要略

一、明之沿革

（1）常科之沿革

有明二百九十四年，科举制度，最为完备，然少变迁。盖太祖吴元年 (即为吴王之元年，元至正二十七年)，已蓄意科举，洪武三年实行下诏设科取士，是年亲策明经，四年始开科取士，六年停科，十五年诏复科举，十七年详定法规，再行科举，以后历主遵循，少有改革，其后弊生，屡朝诏令，惟在除弊。虽有修正，未变祖制，因述其要，以示沿革。

太祖吴元年三月 (西一三六七) 定文武科取士之法。

先是令有司每岁举贤才及武勇谋略通晓天文之士，其有兼通书律吏，亦得荐举，得贤者赏，滥举及蔽贤者罚。至是乃下令设文武二科。……俱求实效，不尚虚文。三年一开举。(《明史纪事本末》卷十四)

皇明进士登科考：吴元年三月丁酉，令……设文武二科以广求天下之贤，有司预为劝谕民间秀士及智勇之人，此时勉学，俟开举之岁，充贡京师，其科目等第，各有出身。(卷一)

案宋濂《洪武圣政记》，及明《大政记》亦载此事，词多与《纪事本末》同，惟较冗长。《纪事本末》所述，词意简明，今采用之。若求原令全文，当以《登科考》为最备。然观此令，是时止萌开科之意，而尚未实行也。

太祖洪武三年 (西一三七〇) 诏设科取士：

三年庚戌五月诏曰：朕闻成周之制，取材于贡士，故贤者在职。……汉唐及宋，科举取士，各有定制。然但贵词章之学，而不求六艺之实。至于前元，依古设科，待士甚优，而权贵势要之家，每纳奔竞之人，……辄窃仕禄，……贤者耻与并进，甘隐山林而不起，风俗之弊，一至于此。

今朕统一中国，外抚四夷，……愿得君子而用之。自洪武三年八月为始，特设科举，以取怀材抱德之士，务在经明行修，博古通今，……名实相称。其中选者，将亲策于廷，……待以显擢。使中外文武，皆由科举而选，非科举毋得与官。敢有游食奔竞之徒，坐以重罪，以称朕责实求贤之意，所有合行事宜，条例于后。(下附条例，暂从略。)《皇明进士登科考》卷一)

《明大政纂要》曰：(上同，惟多删略。)经义限五百字以上，四书义限三百字以上，论亦如之。策论惟务直述，不尚文藻，限一千字以上。……是岁命御史中丞刘基，治书侍御史秦裕伯主试，取中七十二人。试录出宋濂手。中士未会试，悉授官。(卷二)

《春明梦余录》曰：明初人才，率得之征聘。洪武三年行科举，诏曰："自洪武三年为始，特设科举，以起怀材抱德之士，务在……文质得中，名实相称。"盖创制之初，原不拘以文义取天下士也。(卷四十一)

案洪武三年下开科诏，四年始开科取士，此人所习知也。然是年以明经荐至京师者，上俱亲策之，赐徐大全等出身有差。故沈德符以洪武三年庚戌为开天第一科，详见《万历野获编》卷十五。

洪武四年定科举例：

诏各行省连试三年。自是三年一举，着为定例。

又令科举凡词理平顺者，皆预选列。惟吏胥心术已坏，不许应试。(《大明会典》卷七七)

时以天下初定，诏各行省连举三年。且以官多缺员，举人俱免会试，赴京听选。(《续通考》卷三五)

是年三月廷试，赐吴宗伯等进士及第。(《明大政纂要》卷三)

洪武六年诏罢科举：

上谕中书省臣曰："朕设科举，以求天下贤才，务得经明行修，文质相称之士，以资任用，今有司所取，多后生少年，观其文词，若可与有为，及试用之，能以所学措诸行事者甚寡。朕以实心求贤，而天下以虚文应朕，非朕责实求贤之意也，今各处科举，宜暂停罢，别令有司察举贤才，必以德行为本，而文艺次之，庶几天下学者，

知所向风，而士习归于务本。"(《昭代典则》卷七)

案罢科举事，各书皆纪之。惟仅言罢科举，罕有详其原因者，细考之，乃知欲以荐举代科举也。

> 自是罢科举，专用辟荐，其目有经明行修，有怀才抱德，有贤良方正，有人才，有孝廉，群举于朝。而各省贡士，但令卒业大学，以次除用，盖罢进士之科者，十有二年。……时既不喜文士，又以初立辟荐法，行之甚严，每举者至京，上亲校阅，不称旨，辄坐举主，往往有谪戍者。(《登科考》卷一)

洪武十五年（西一三八二）诏复科举：

> 十五年八月诏礼部设科举取士，令天下学校三年一试，着为定例。(《皇明大政记》卷三)

案洪武十五年复科举事，《明史·纪、志》同《大政记》。《弇山堂别集》及《明会典》等书皆失纪。然《明大政纂要》，称洪武十七年"三月复科举法"。《双槐岁抄》亦曰："洪武甲子（即十七年）重定科举之制。"其他各书，多称洪武十七年颁科举定法，十八年行殿试，放及第人数。则复科举为十五年抑十七年，不无疑问。考《明史》乃精审之作。既于纪志，俱称十五年复科举，则难言误。后据张朝瑞《皇明贡举考》，十五年止有复科举之诏，至十七年颁科举成式，即复乡试，十八年行殿试。幸此疑问得迎刃而解；并知明停十年，实停十有一年也。

十七年颁行科举成式：

> 初场，试四书义三道、经义四道。四书义主朱子《集注》；《诗》主朱子《集传》，《易》主程《传》朱子《本义》，《书》主蔡氏传及古注疏，《春秋》主《左氏》《公羊》《穀梁》胡氏张洽传，《礼记》主古注疏。

> 二场，试论一道，判五道，诏诰章表内科一道。

> 三场，试经史时务策五道。

> 礼部会试举子则国子生及州府州县学生员暨儒士之未仕者，官之未入流者应之。其学校训导专教生徒，及罢闲官吏，倡优之家，与居父母丧者，俱不许入试。(见《明史》卷七十《选举志二》)

> 以子午卯酉年乡试，辰戌丑未年会试。举人不拘额数，从实充贡。

是冬，诏各布政司府州县官举秀才人材，必会同境内耆宿长者，访求德行道艺，着闻州里之人以充。从邻里保结，命有司验实。盖科荐并行云。（《明大政纂要》卷七）

洪武十八年初选进士为翰林：

上以诸进士未更事，俾观政诸司。各照出身次第资格，月给俸米。其在翰林承敕监等近侍衙门者，取庶常吉士之义，称为庶吉士。其在六部诸司者，仍称进士。（《明大政纂要》卷七）

时廷试擢一甲进士丁显等为翰林院修撰；二甲马京等为编修，吴文为检讨，进士之入翰林自此始。……进士之为庶吉士及观政进士之名，亦自此始。（《明史·选举志二》）

洪武二十四年（西一三九一）定文字格式。

据《大明会典》，大意为出题或经或史，须要含蓄，不使显明。答者务洽题意，不许敷衍。原文见另条，此处从略。其所以"不使显明"者，盖如顾炎武曰：

明初三场之制，虽有先后，而无重轻。乃士子之精力多专于一经，略于考古。主司阅卷，复护初场所中之卷，而不深求其二三场。夫昔之所谓三场，非下帷十年，读书千卷，不能有此三场也。今则务于捷得，不过于四书一经之中，拟题一二百道，窃取他人之文记之。入场之日，抄誊一过，便可侥幸中式。而本经之全文，有不读者矣。率天下而为欲速成之童子，学问由此而衰，心术由此而坏。

（《日知录》卷十六）

洪武三十年始定复试之令：

洪武三十年（西一三九七）丁酉三月朔，临策会试举人。……时廷对之士，宋琮等五十三人，擢陈䢿第一，既而北方举人下第者，言取士不公，上阅所取多南士，亦疑之。乃诏考官刘三吾及䢿等一甲三人皆下狱，命翰林儒臣重阅落卷，得六十一人，皆山东、山西、北平、河南、陕西、四川士也，于是有复试之令。（《登科考》卷二）

成祖永乐二年（西一四〇四）庶吉士始为翰林院专官：

是年廷试授一甲翰林修撰、编修，复命于第二甲择文学优长杨相等五十一人及善书者汤流等十人，俱改翰林庶吉士，于是庶吉士遂为翰林之专官。（《大明会要》卷四七）先是庶吉士不专属翰林院。……（至是）遂专属翰林矣。（《明史·选举志二》）

又是年三月廷试士，初命工部建进士题名碑于国子监。(《明大政纂要》卷十三)

永乐六年(西一四〇八) 六月命翰林官试下第举人：

六月命翰林官试下第举人，择文字优等者以闻。(《成祖实录》卷八三)

帝以会试下第举人既多，其中必尚有可取者。或本有学问而为文之际，记忆偶差，以致谬误。或考阅之官，精神昏倦，失于详审，以致黜落。此皆可矜。于是令翰林院出题更试，得张锭等六十人。召见，皆赐冠带于国子监肄业，以俟后科。四年三月，传胪之明日，进所选副士亲策之，擢周翰等三人肄业翰林，余授学官。……(同上)

《日知录》曰：永乐六年六月，翰林院庶吉士沈升上言，近年各布政司、按察司，不体朝廷求贤之盛心，苟图虚誉。有稍能行文、大义未通者，皆领乡荐，冒名贡士。及至会试下第，其中文字稍优者，得除教官。其下者亦得升之国子监，以致天下士子，竞怀侥幸，不务实学。……是明初才开举人之途，而其弊即已如此。然下第举人，犹令入监，读书三年，……未有游荡于人间者。正统十四年存省京储，始放回原籍。其放肆无耻者，游说干谒，靡所不为。已见于成化十四年礼部之奏。至于末年，则挟制官府，武断乡曲，于是崇祯中命巡按御史，考察所属举人，间有黜革。而风俗之坏，已不可复返矣。(卷十六)

仁宗洪熙元年(西一四二五) 定乡试额：

元年九月，定乡试取士额。(《仁宗实录》卷九)

上谕大学士杨士奇曰："顷者科举取士，往往失人，奈何？"士奇对曰："科举须兼取南北士，长材大器，多出北方，第朴钝少文，难与南人并校也。"上曰："糊名入试，何以别之。"对曰："请令举子试卷，缄其姓名，外书南北二字，约以百人为准，则南北人材，皆入用矣。"上曰："善"。……复议，乃南十六，北卷十四，退五为中数以待之。(《登科考》卷一)

案据《明大政纂要》卷十七，此议发自郑府审理俞辅，士奇惟玉成之。议且定，而上宾天。宣宗即位，乃奏行，定例分南北中卷之制，着为令。是分南北中卷取士之制，具于明宣宗宣德元年(西一四二六)也。

英宗正统六年(西一四四一) 诏戒饬文弊，慎选考官。

六年，令出题不许摘裂牵缀，及问非所当问。取文务须淳实典雅，不许浮华。违者风宪官纠劾治罪。

又令考官必求文学老成行止端庄者。不许将六十岁以上，及致仕养病与署事举人，并少年新进，学力未至者举用。（《大明会典》卷七七）

宪宗成化二年（西一四六六）更定科举程式。

见《大明会典》，别详。

世宗嘉靖七年（西一五二八）始用京官主乡试。

是岁诸省乡试，命科部等官二人主试。（《弇山堂别集》卷八二）

神宗万历十三年（西一五八五）礼部疏议严科场，祛除积弊，以光盛典。（详见《弇山堂别集》卷八三）

案明代科举至此时，制度已定，遂少变迁。屡朝诏令，惟禁怀挟，饬文弊，正文体，端风俗。然已积重难返矣。

（2）制科之沿革

明代制科，远不及唐宋之隆重；其召征也，亦不及唐宋之频繁。盖天下士人，日趋于科举一途；其初虽三途并重，稍后则唯重科目。制科之举，虽有明诏，类皆视若具文。故其可述者寡。然欲知明初用人行政之大端，不能略无一词也。《明史·选举志三》曰：

太祖下金陵，辟儒士范祖干、叶仪。克婺州，召儒士许元、胡翰等，日讲经史治道。克处州，征耆儒宋濂、刘基、章溢、叶深；至建康，创礼贤馆处之。（卷七十一）

甲辰（西一三六四）三月，敕中书省臣：自古帝王建邦设都，必得贤士，……今土宇日广，文武并用，……有能上书陈言，敷宣治道，参军及都督府具名以闻，吾将试之。（《昭代典则》卷三）

吴元年（西一三六七）遣起居注吴琳、魏观等，以币帛求遗贤于四方。

洪武元年（西一三六八）闰七月，征天下之贤才为守令。（并见《明史》卷二《太祖纪》）

十一月，复遣魏观及文原吉、詹同等，分行天下，访求贤才。（《昭代典则》卷五）

洪武六年（西一三七三）罢科举，专以荐举取士。

……罢科举，别令有司举贤才，以德行为本，而文艺次之。其目曰聪明正直，曰贤良方正，曰孝悌力田，曰儒士，曰孝廉，曰秀才，曰人才，曰耆民，皆礼送京师，不次擢用。而各省贡生，亦由大学以进，于是罢科举者十年。（《明史》卷七一）

洪武十三年（西一三八〇）正月己丑，命群臣各举所知。

十四年正月丙辰，诏求隐逸。八月丙子，诏求明经老成之士。

十五年正月庚戌，命天下朝觐官各举所知一人。（以上皆出《明史》卷二《太祖纪》）

是岁都御史赵仁言：囊者以贤良方正、孝悌力田诸科所取士，列职郡县，多不举职，宜核其去留。开济条议，以明经行修为一科，工习文词为一科，通晓书义为一科，人品俊秀为一科，练达治理为一科，言有条理为一科。六科备者为上，三科以上为中，不及三科者为下，从之。《明史》卷一三八《开济传》）

至十七年始复行科举，而荐举之法，并行不废。时"中外大小臣工，皆得推举。……其被荐而至者又令转荐。以故山林岩穴草茅穷居，无不获自达于上，由布衣而登大僚者，不可胜数。耆儒鲍恂、余诠、全思诚、张长年辈，年九十余，征至京，即命为文华殿大学士"。（《明史·选举志三》）何显、周任四辅官，（《弇山堂别集》卷八一）仪智授高密训导（《本传》）。洪武十三年，置四辅官，以儒士王本、杜佑、龚敩为春官，杜敩、赵民望、吴源为夏官，俱兼太子宾客。（《纲目三编》卷二）其他见于明史者，宋讷，征儒士，任祭酒（卷一三七），张志源、张宗德为侍郎（《选举志》三）吴沉以儒士举授翰林院待制（卷一三七），李原名以通经儒士，举任礼部尚书，贝琼以儒士除助教（同上），是皆约略举之也。至于贤良方正，费震洪武初，以贤良征，任户部尚书，（卷一三八《杨思义附传》），刘仕貆，以贤良方正对策称旨，授广东按察司佥事（卷一四〇），郑公智以贤良举为御史（卷一四一《方孝孺附传》）。而"贤良郭有道，秀才范敏、曾泰，税户人才郑沂，儒士赵耈起家为尚书，……明经张文通、阮仲志为佥都御史，人才赫从道为大理少卿，孝廉李德为府尹，……聪明张大亨、金思存为参议，凡其显擢者如此。……盖是时仕进无他途，故往往多骤贵者。……而会稽僧郭传，由宋濂荐擢为翰林应奉，此皆可得而考者也。泊科举复设，两途并用，亦未尝畸重轻，建文、永乐间，荐举起家，犹有内授翰林外授藩司者，而杨士奇以处士，陈济以布衣，遽命为太祖实录总裁官，其不拘资格又如此。自后科举日益重，荐举日益轻，能文之士，率由场屋进以为荣，有司虽数奉求贤之诏，而人才既衰，第应故事而已。"《明史》卷七一）

二、清之沿革

(1) 常科之沿革

清代考试之制，多沿明旧，无甚变迁。然其沿革，亦不可忽。《古今图书集成》曰：国家用人，不拘资格，而以科目取士，其制最重。自顺治二年秋，初行乡试；三年春，初行会试。嗣后定以子午卯酉年秋八月举乡试，丑未辰戌年春二月举会试。间奉特旨开科，随时定期，更为旷典。我皇上加意作人，于宾兴大典，亲加裁定；且疏通仕路，勿使科目壅滞，其制为尤重已。(《选举典》卷七十)

是清乡试，始于世祖顺治二年(西一六四五)，会试始于三年；然此为入关以后初开之科也。先是天聪八年(西一六三四)，太宗文皇帝已命礼部考取通满洲蒙古汉书文义者为举人。崇德三年(西一六三八)赐新进士举人罗硕、王文奎等十人衣服缎布有差(参《皇朝文献通考》卷四九)。盖清未入关以前，亦如蒙古未定鼎中原之时，早开科取士矣。特其取士之制，尚未厘订周详耳。

《大清会典》：凡科举，顺治二年定。遇乡试年分，照各直省，每额中举人一名，止许取应试儒生三十名，提学考试，精通三场者，方准应试。……

又定教官，及在籍恩岁贡生监生愿就本省乡试，一体考送，卷面书官字，贡字，监字，另案发落。……

又定生童有籍贯假冒姓系伪谬者，不论已未入学，尽行革斥。……

凡科场条例，顺治二年定。

一、文有正体，凡篇中字句，务须典雅纯粹，不许故摭一家言，饰为弘博。

一、制科取士，全系司衡，今后主考，除翰林六科，照例皆以次差，临期倍取正陪，题请钦点外，其余各衙门咨送，务遴才品，不得但拘资次。……

一、阅卷主考，与各房同坐一堂，……去取权衡，专在主考，不得但凭房考荐阅。(详参《大清会典》卷三三)

其他试艺格式，内外帘事宜，以至搜检关防等。皆于是年详定之。其后虽代有修改，而大较不外乎此也。

顺治三年，丙戌首科，得人最盛。

《淡墨录》：顺治丙戌首科，得人最盛。大拜四人，……尚书八人，……督抚尚书三人。……左都御史一人，……侍郎十五人，……巡抚右副都御史一人，……通政使二人，……大理卿一人，内院学士一人。（卷一）

八年定录送乡试条例：

直省取中举人朱墨卷，令主考监临布政使知府等官，于揭晓日，公同在场内将中式朱墨卷，每十卷为一封，各用印信。是日即起程解部。定限：顺天揭晓次日到部，山东山西河南限二十日到部，……广东限九十日到部。如解卷违限十日者，府尹布政司罚俸一个月，解送官议处。（《会典事例》卷三三七）

九年满汉进士分二榜：

顺治九年壬辰会试，分满汉为二榜，蒙古入满洲榜，汉军入汉人榜。满榜中赐进士及第，授职修撰、编修，及二甲出身三甲同出身，俱与汉榜同。是科满榜会试中式五十人，……乙未（十二年）科，满榜亦取五十人。……自此后，满榜仍停止，与蒙古俱汉榜合为一。（《淡墨录》卷一）

十五年（西一六五八）准会试移太和殿丹墀前考试：

礼部奏：自元年以来，会试举人俱在天安门外考试，臣等伏思临轩策士，大典攸关，厅于太和殿丹墀前考试，报可。（《皇朝掌故汇编》卷三五）

圣祖康熙二年（西一六六三）停止八股文章：

康熙二年议准，停止八股文章。乡会试以策论表判取士，分为二场，第一场试策五道，第二场四书论一篇，经论一篇，表一道，判五条。直省提学院道，亦以策论考试生童。（《大清会典事例》卷三三一）

案清初乡会试首场，皆八股文，以词达理纯为尚。二年会试，以八比镶龚，乃废除之，专以策论表判取士，然行止二科而罢。其改三场为二场，则仅甲辰会试一科。于时"海宁沈珩昭子，以二场拟太祖太宗上尊号表最工，中会元"。（《淡墨录》卷三）

康熙四年，复三场取士之制：

礼部侍郎黄机言，制科向系三场，先用轻书，使阐发圣贤之微旨，以观其心术；次用策论，使通达古今之事变，以察其才猷。今止用策论，减去一场，似太简。且不用经书为文，人将置圣贤之学于不讲，请复三场旧制，报可。(《皇朝掌故汇编》卷三五)

七年仍以八股文章取士(《大清会典事例》卷三三一)。

十八年(西一六七九)正月，诏举博学宏词科(《皇朝通考》卷四八，详后)。

二十四年(西一六八五)会试，始有十本进呈之例：

> 康熙二十四年乙丑，状元为长洲陆肯堂。先是进士无十本进呈之例；是科总裁刑部尚书张士甄，始以前十本恭呈钦定，上拔肯堂第一。(《淡墨录》卷六)

二十八年(西一六八九)考取满洲生员举人进士，须试骑射。兵部议……考取满洲生员，宜试骑射，应如所请。上命如议。又奉谕旨，满洲以骑射为本，学习骑射，原不妨碍读书。考试举人进士亦令骑射。倘将不堪者取中，监箭官及中式人，一并从重治罪。旋经奏准，奉天八旗考试亦如之。

> (《皇朝通考》)案……自后世溺于章句，而文武判为两途，……人才之偏而不全，远逊三代者，职是之故。我朝以武功定天下，而国书翻译，贯串经史，……凡考试满洲进士举人，必先是二者乃准入围，以其为国家本务，不可逐末而忘乎肇始。是以功令所在，八旗有不与试之士，而无不能射之人，入则含毫挟册，出而跃马弯弧，要皆为可用之学。(卷四十八)

案清廷此举，虽为保持满族强盛，以利统治；然其用意，不为不善。惜乎满洲人士，养尊处优，恶劳好逸。乾嘉以后，宗室考举，日渐零落；降至同光，益形寥寥。虽仍奉行故事，而应者绝寡。盖满人之特性特长，均消磨于汉族同化中矣。

康熙四十四年(西一七〇五)俞化鹏请以诗赋取士，不从。

> 五月初五日，上谕内阁，开科取士，以能明经义为重。若增入诗赋，则士子攻习词章，反于经义疏浅，甚非国家磨砺实学之意。今闱试届期，俞化鹏妄请更张成法，大不合理，该部复议允行，亦属不合，可下旨通行严饬。(《图书集成·选举典》卷七十)

康熙五十一年(西一七一二)特开万寿乡会试恩科：

> 五十一年四月二十四日丙子，上允礼部议复直省举人贡监生员

第七章　明清之考试制度

李长庚等所请，特开万寿乡会科，每十年一举，永着为令。以昭旷典，以隆文治。（同上）

是年四月开万寿恩科，于五十二年二月乡试，八月会试。五月定会试分省取中进士之制。（《皇朝通典》卷十八）

世宗雍正元年（西一七二三）世宗宪皇帝登基极，诏开恩科（同上）。

又敕今年殿试，天气已寒，诸贡士着在太和殿内两旁对策，再传谕总管太监，多置火炉，使殿内和暖，诸贡士得尽心作文写卷。
（《皇朝通考》卷四九）

案清会试之地，自顺治十五年准由天安门改至太和殿丹墀前考试，至雍正元年，又可在殿两旁对策矣。

雍正五年（西一七二七）取"明通榜"：

议准会试落卷内，拣选文理明通者，引见，以教职即用，谓之"明通榜"。（《皇朝通典》卷十八）

案《会典事例》卷三五三，于"明通榜"下，先纪顺治初年定，举人中副榜者，礼部咨送吏部授职。盖与雍正之明通榜实同也。自兹以降，乾隆二年、十年、十九年、二十六年、三十四年以至五十五年，俱照例举行，而录用亦如之。然从此以后无闻焉。

高宗乾隆十年（西一七四五）正月特命会试改期于三月，以待春温，永着为例。……三月，敕改殿试之期于四月二十六日，五月初一日传胪。
（《皇朝通典》卷十八）

案乾隆二十一年，又改于四月二十一日殿试，二十五日传胪，至同光各朝皆遵行不变。

乾隆二十二年（西一七五七）改试五言八韵诗：

二十二年议准，御史袁芳松奏，自乾隆己卯（二十四年）科乡试为始，于第二场经文之外，一体试以五言八韵唐律一首。（《科场条例》卷十五）

案乾隆四十七年以后，改诗于第一场。（见《通典》卷十八）

乾隆二十三年，议准乡会试第一场，四书文外，仍加试性理论一篇（《皇朝通考》卷四九）。二十四年，严中磨勘之议。

秦司寇蕙田，进呈磨勘顺天试，上阅第四名有"钦君心于江海"之语，上云揍其意不过如"饮和食德"常语，而杂凑不成文理，罚停五科。嗣后磨勘定议其严，场中之文，斤斤绳墨矣。（《国朝贡举年

表》卷二）

按磨勘之法，明制不显，入清甚重。吹毛求疵，无所不用其极。盖不仅文字之校勘，并及文句之推敲。凡语意稍涉暧昧者，则犯上关节之猜疑，不难立即附会；从而难免于刑辱矣。

五十七年（西一七九二）定《春秋》俱以《左传》本事为题，参用《公羊》《穀梁》。

> 礼部尚书纪昀等奏，向来考试，《春秋》用《胡安国传》，《胡传》中有经无传者多，可以出题之处甚少。请嗣后《春秋》题，俱以《左传》本事为文，参用《公羊》《穀梁》，即自下科乡试为始，一体遵行。得旨此奏是。（《乾隆东华续录》卷一百六）

仁宗嘉庆二十二年（西一八一七）朝考减诏一道：

> 上谕向来朝考，以论诏疏诗四项命题，其诏题多系拟古。朕思士子试以论疏诗，其优劣已见，着裁去诏一道，以论疏诗三项命题，着为令。（《贡举年表》卷三）

宣宗道光十五年（西一八三五）御史易镜清奏三场试策，请改用律例一道。不从。（《道光东华续录》卷三二）

是后清代科举之制，历道咸同治三朝，除防弊功令外，均无重大改革。

光绪十三年（西一八八七）慈禧令总理衙门，公议御史陈绣莹奏请将明算人员，量予科甲出身事。

> 原奏大意，略谓"洋务需才孔亟，然求才于船政机器等局。同文方言等馆及出洋学生，率不免怵于先入为主之说。以事事为必效法外洋，不若范才于科目之内，以算学取士，由此从事于泰西格致专门之学，讲求水师船炮机器铁路矿务洋律等事，……不致如左袒泰西者之易滋流弊"。该御史盱衡时世，长虑及兹，所陈不为无见。……第舍实历之学堂练船，而强驱之，使入于空文相应之科目，凭一日之短长以衡士，毋乃慕虚名而不程实效乎？……臣等公同体察，就该御史所奏，酌中立法，拟请饬下各省督府学政诸臣，访求格物测算之士，能通中西各学者，准其咨送总理衙门，试以九章，四元代数几何诸题，作为算学生员，一体准就顺天乡试。头二场照常试以四书五经义，三场策问五道，别以算术发题，仿官卷例，另编字号，立为定额，每十卷中，准考官取中一名，一体会试，取中

亦如之。殿试朝考后，量授京官，临时奏明请旨。……所有臣等遵议明习算学人员，准予科甲出身缘由，谨合词恭折具陈，伏乞皇太后圣鉴，训示施行，谨奏。(《政典类纂》一九一引《邸抄》)

按此奏是否见诸实行，不得其详。然清代以外患之刺激，至于罢科举，则此时已见其端倪矣。

光绪二十四年（西一八九八）令自下科起，概用策试。

上谕：我朝承宋明旧制，以四书文取士，康熙年间，曾经停止八股，改试策论，未久旋复旧制。……乃近来风气日漓，文体日敝，若不因时变通，何以见实学而拔真才。着自下科为始，乡会试及生童岁科各试，向用四书文者，一律改试策论。(《皇朝续文献通考》卷一〇五)

是年因湖广总督张之洞，奏请变通科举，设立经济特科。已志在必举，嗣以戊戌政变，慈禧复训政，科举改革，遂未即行。二十七年（西一九〇一）乃改用新章取士。谕：科举为抡材大典，我朝沿用前明旧制，名臣硕儒多出其中。……乃行之二百余年，流弊日深，……急宜讲求实学，挽回积习。查近来各国通商，智巧日出，尤贵博通中外，储为有用之材。所有各项考试，不得不因时变通，以期造就。着自明年为始，嗣后乡会试头场，试中国政治史事论五篇，二场试各国政治艺学策五道，三场试四书义二篇，五经义一篇，考官阅卷，合校各场，以定去取。不得偏重一场，生童岁科两考，仍先试经史，一场专试中国政治史事及各国政治艺学策论。一场试四书义五经义各一篇，考试试差庶吉士散馆，均用论一篇，策一道。进士朝考论疏殿试策问，均应切实敷陈，不得仍前空行剽窃。……其余各项考试未尽事宜，着礼部会同政务处，妥议具奏，钦此。

此论盖因江督刘坤一、鄂督张之洞奏请变通科举而废。刘张条奏科举一事，为自强求才之首务，时局艰危至此，断不能不酌量变通。故有是谕，变通以后，行之至废科举而止。

（2）制科之沿革

清代科目取士，垂为定制。其特诏举行者，曰博学鸿词科、经济特科、孝廉方正科。若经学，若巡幸召试，虽未设科，可附见也。《清通典》曰："我朝自定鼎之初，乡会开科，征召遗逸。圣祖仁皇帝振兴文治，培植士林，于常制乡会之外，特举博学鸿词之科，以收奇才异能之士。世宗宪皇帝循名责实，搜罗群彦，广开保举之门，累颁求贤之诏，举孝廉方正、孝友端方，增设翻译之科，加惠边远之士。我皇上御极之初，亲试鸿博，举察孝行，复诏九卿，荐举经学。迨乎大驾六巡江浙，幸山东，临天津，凡献赋属车之次，皆蒙召试授官，而拣选举班，疏通淹滞。凡士之操一技以自见者，莫不甄综无遗，猗欤休哉。"(卷十八)

康熙十八年（西一六七九）召试博学鸿词科：

> 钦取五十人，分别授职。先是十七年奉谕旨，自古一代之兴，必有博学鸿儒，振兴文运，阐发经史，润色辞章，以备顾问著作之选。……凡有学行兼优文词卓越之人。不论已仕未仕，着在京三品以上及科道官员，各举所知，朕将亲试录用。……所举官人，恐有贫寒难支者，户部量给衣食。于是月给俸廪及柴炭银两。至是集诸人于体仁阁考试，钦命试题，赋一篇诗一首。上亲览试卷，大学士掌院学士参阅，分为四等：曰上上，曰上，曰中，曰下。以彭孙遹为第一。共取五十卷。（《清通考》卷四八）

案博学鸿词科之举，李调元《淡墨录》卷四，记载最详。凡考日期，仪节，取录经过，皆记述之，并附及第人传略。据李氏所述，是科之开，盖因康熙十五六年间，上厌薄八比，谕内三院九卿，于甲辰、丁未两科，改换策论，着以经济时务取士。而廷臣狃于故习，皆言古学不可卒办。仍暂用八比，以俟徐复，因特开是科。试期为三月初一日，授职为二十四日，凡已仕者，俱照品级授讲读官坊编修等；其未仕者，概授检讨，总充明史馆纂修。其杜越，傅山，王方谷等，文学素著，念其年迈，从优加衔，均授内阁中书正字衔回籍，以示恩荣。计此五十人为彭孙遹、倪灿、张烈、汪霦、乔莱、王顼龄、李因笃、秦松龄、周清原、徐嘉炎、陆棻、冯勖、钱中谐、汪楫、袁佑、朱彝尊、陈维崧、汤斌、汪琬、邱象随、李来泰、潘耒、沈珩、施闰章、米汉雯、黄与坚、李铠、徐钬、沈筠、周庆曾、尤侗、范必英、崔如岳、张鸿烈、方象瑛、李澄中、吴元龙、庞垲、毛奇龄、钱金甫、吴任臣、陈鸿绩、曹宜溥、毛芳升、曹禾、黎骞、高咏、龙燮、邵远平、严绳孙，皆知名之士也。康熙四十二年（西一七〇三）圣祖仁皇帝巡幸江浙，御试士子中选者，赏白金，令赴京录用有差。（《会典事例》卷三五四）

四十四年再巡幸江浙，谕各省总督举贡监生等，有精于书法，愿赴

内廷抄写者，赴尔等衙门报名，朕亲加考试，特谕。(同上)

雍正十一年（西一七三三），诏举博学鸿词，罕有荐者。

> 上谕：博学鸿词之科，所以待卓越淹通之士，……康熙十七年，特诏……荐举，召试授职，……得人号为极盛。迄今数十年来，……未尝广为搜罗。……朕延揽维殷，宜有……枕经菲史殚见洽闻，足称博学鸿词之选；所当特修旷典，特与旁求。……汇送内阁，……朕将临轩亲试，优加录用。(《雍正内阁上谕》四月)

乃降旨已久，而外省之奏荐者，寥寥无几。十三年二月二十八日，复降旨催促，责诸臣观望。(详参《雍正上谕》)

乾隆元年（西一七三六）定鸿博试题之例，兼再举鸿博科。

> 考试鸿博，定为两场：首场试以经解一篇，史论一篇，二场照例试以诗赋论三题。(《清通考》卷五十)

是年九月，召试雍正十三年各部院各省荐举博学鸿词于保和殿。取一等五名，刘纶、潘安礼、诸锦、于振、杭世骏，授编修。二等十名，陈兆仑、刘藻、夏之蓉、周长发、程恂，授检讨；杨度汪、沈廷芳、汪士锽、陈士璠、齐召南，俱授庶吉士。(详参《淡墨录》卷十一)

此外是年召试被放可考者，尚有袁枚、全祖望、万经、沈德潜等三十一人。(详参《国朝历科馆选录》)

乾隆二年，补试博学鸿词，取一等万松龄，授检讨；二等朱荃、洪世泽，俱授庶吉士。又二等张汉，亦授检讨，复由检讨改知府。(参《馆选录》) 按此次词科，旁求至四年，内外大臣，亦有矜慎未及荐者，其得荐者二百六十七人，较之康熙十八年为盛。然其中有辞不至者，有已升外吏四品以上免试者，有已邀馆选免试者，有病逝者，有以病不试者。其豫试者仅二百二十人尔。二百六十七人之履历，均见全祖望《公车征士录》。凡考选者，俱榜下授职，待遇颇优。然清代博学鸿词之开，止有康乾二次，其后未再举行矣。

乾隆十四年（西一七四九）诏保举经学：

> 诏曰：崇尚经术，有关世道人心，今海宇升平，学士大夫精研本业，穷年矻矻宗仰儒先者，当不乏人。大学士九卿督抚，其公举所知，不限进士举人诸生，及退休闲废人员，能潜心经学者，慎选毋滥。(《清史稿·选举志四》)

据保举经学名单，所举者共七十人，皆略加考语，述其学问人品。如礼部左侍郎秦蕙田保吴鼎，其考语为"潜心经学，人品端朴"。又有谓其人"老成敦朴"者，盖其用意，不免于牢笼驾驭也。

乾隆十六年，大学士九卿等，遵旨保举经学人员陈祖范等：

> 疏上，上谕陈祖范等平日研究经义，必见之著述，……俟观其著述，另降谕旨。……寻赏给陈祖范、顾栋高国子监司业职衔，授吴鼎国子监司业，梁锡玙额外司业。（《清通典》卷十八）

按保举经学，七十人中，仅赏给四人职衔。而祖范、栋高，俱以年老，不能供职，惟获虚衔。举者与被举者，恐均不免于失望，故清代保举经学，仅此一次，后不复举行。至属车临幸，宏奖士林，则康熙四十二年、四十四年，圣祖巡幸江浙，召试士子，已述于前。高宗六幸江浙（乾隆十六年、二十二年、二十七年、三十年、四十五年、四十九年），三幸山东（三十六年、四十一年、五十五年），四幸天津（三十八年、四十一年、五十三年、五十九年），凡士子进献赋颂，特予召试。优者考列一等之进士举人，以内阁中书即用；贡监生员赏给举人，授于内阁中书学习行走。次者赏给缎匹。（参《清通典》卷十八及《学政全书》卷二《召试事宜》）仁宗嘉庆十三年，东巡淀津；十六年，西幸山西，召试之典，亦如前例。（《学政全书》卷二）自时厥后，未复举行。降至清末，外侮孔亟，海内皇皇，昌言变法，光绪二十四年（西一八九八），戊戌政变，贵州学政严修，请改经济特科，下总理各国事务衙门会礼部议复，八月慈禧临朝训政，以经济特科，易滋流弊，罢之。庚子拳匪之乱，乘舆播迁，两宫怵于时局阽危，乃于光绪二十七年（西一九〇一）慈禧诏举经济特科，御史陈秉崧奏请力除夤缘。既而三品以下京卿纷纷保送，帝觉其冗滥，复罢之。（参《皇朝掌故汇编》卷三七）

二十九年，实行考试经济特科：

> 政务处议定考试之制，如廷试例，于保和殿，天子亲策之。凡试二日，首场入选者，始许应复试，均试论一策一，简大臣考校。取一等袁家谷、张一麟、方履中……袁励准等九人；二等冯善征、罗良鉴、秦树声……陈曾寿等十八人。迨授官，命下，京职外任，仅就原阶，略予升叙。贡举用知县州佐，以视康乾时词科恩遇，浸不如矣。《清史稿·选举志四》）

二十四年（西一九〇八）御史俾寿，请特开制科，政务处大臣议，以孝廉方正、直言极谏两科，皆无实际，惟博学鸿词科，……得人称盛。……时方诏各省征召耆儒硕彦，湖南举人王闿运被荐授翰林检讨。两江安徽，相继举荐王耕心……姚永朴等，部议以诸人覃研经史，合于词科之选，俟章程议定，呈请举行，未几，德宗崩，遂寝。（同上）

至于孝廉方正之举，始于康熙六十一年，诏各直省每府州县卫，各举孝廉方正，以六品顶带荣身，以备召用。雍正元年谕旨，……前所颁恩诏内，有举孝廉方正一条，距今数月，亦未疏闻，着各直省督抚遵前诏确访举奏。《皇朝掌故汇编》卷三七）雍正二年、五年，并诏举之。（同上）乾隆元年，吏部议准：凡府州县卫保举孝廉方正，悉由地方绅士里党合词公举，州县官采访公评，详稽事实。倘所举不实，照滥举匪人例，分别议处。

乾隆五年，定考试例：

> 除朴实拘谨无他技能不能应试者，例予顶带不送部外，其膺荐赴部者，验看后试以时务策笺奏各一，于太和殿内，道光间，改于保和殿，如考试御史例。（《清史稿·选举志四》）

其后同光元年，两举行之。光绪八年，御史洪良品，以考试孝廉方正，弊窦甚多，请严行复试。略谓"风闻前日考试孝廉方正，士子竟有不能完卷，预觅枪手，假充当差官员，混入朝房，代作代写。……各省所举人员到京，竟有微服冶游，……毫不顾名思义者，而临场复作奸舞弊，无所不为。夫上以方正求之，而下以邪曲应之，进身之始，已违其实，安望其服官有恪耶？（《掌故汇编》卷三七）故良品请严行复试，并坐举而不实者罪。然已积重，莫能复返。宣统初年，各省所举，冗滥更甚。大要清初定制，孝廉用知州知县；厥后荐举人众，乃分别授以知县州判佐杂等官；而历朝以来，有司奉行，第应故事，罕加重视。故略述其沿革，附录于此"。

三、废科举之原因

废科举之原因，可分为二：一为八股文之反动，二为外患之刺激。

（1）八股文之反动

科举行至明清，方法虽至周密，而弊病亦复繁多。其最要者，莫如八股文之空洞无用。于是一班实用学派，如顾亭林、颜习斋等，大倡反对。顾氏之言曰：

> 愚以为八股之害等于焚书，而败坏人材有甚于咸阳之郊所坑者但四百六十余人也。……
>
> 今日欲革科举之弊，必先示以读书学问之法。暂停考试数年，而后行之。然后可以得人。（《日知录集释》卷十六）

其于生员论曰：

> 国家之所以取生员而考之以经义论策表判者，欲其明六经之旨，通当世之务也。今以书坊所刻之义，谓之时文。舍圣人之经典，先儒之注疏，与前代之史不读，而读其所谓时文。时文之出，每科一变，五尺童子，能诵数十篇而小变其文，即可以取功名，而钝者，至白首而不得遇。老成之士，既以有用之岁月销磨于场屋之中；而少年捷得之者，又易视天下国家之事，以为人生之所以为功名者，惟此而已。故败坏天下之人才，而至于士不成士，官不成官，兵不成兵，将不成将，夫然后寇贼奸宄得而乘之，敌国外侮得而胜之。苟以时文之功，用之于经史及当世之务，则必有聪明俊杰通达治体之士，起于其间矣。（《亭林文集》卷二）

而颜习斋《存治编·重征举》亦曰：

> 今之制艺递相袭窃，通不知梅枣，便自言酸甜。不特士以此欺人，取士者亦以此自欺。彼卿相皆从此孔穿过，岂不知考试之丧气，浮文之无用乎。顾甘以此诬天下也。

此外论八股文之害者，尚更仆难数。卢抱经学士之论时文曰："时文者验其所学而非所以为学也。"顾景范则曰："秦坑儒，不过四百；八股坑人，极于天下后世。"于是乾隆九年兵部侍郎舒赫德上废科目疏，时首相鄂文端公尔泰，持议力驳，得以不废。其原疏云：

> "科举凭文而取，案格而官，已非良法，况积弊已深，倖幸日众。古人询事考言，其所言者即其居官所当为之职事也。今之时文，徒空言而不适于用，此其不足以得人者一。墨卷房行，辗转抄袭，肤词诡说，蔓衍支离，以为苟可以取科第而止，其不足以得人者二。士子各占一经，每经拟题，多者百余，少者不过数十，古人毕生治之而不足，今则数月为之而有余，其不足以得人者三。表判可以预

拟而得，答策随题敷衍，无所发明，其不足以得人者四。且人材之盛衰，必于心术之邪正，今之侥幸求售者，弊端百出，探本清源，应将考试条款，改移而更张之，别思所以遴拔真才实学之道"等语。文端公驳曰："……科举之弊，诗赋则只尚浮华而全无实用，明经则专事记诵而文义不通。……时艺之弊，则今舒赫德所陈奏是也。圣人不能使立法之无弊，在乎因时而补救之。……若专务循名，则虽高言复古，而法立弊生，于造士终无所益。今舒赫德所谓时文经义，以及表判策论，皆为空言剿袭而无用者，此正不责实之过耳。……且夫时艺取士，自明至今，殆四百年，人知其弊而守之不变者，非不欲变，诚以变之而未有良法美意以善其后，……虽曰小技，而文武干济英伟特达之才，未尝不出乎其中。……若今之抄袭腐烂，乃是积久生弊，不思力挽末流之失，而转咎作法之凉，不已过乎。即经义表判策论等，苟求其实，亦岂易副。……今若着为令甲，非工不录，则服习讲求，为益非浅。表判策论，皆加核实，则必淹洽乎词章，而后可以为表。通晓乎律令，而后可以为判。必有论古之识，断古之才，而后可以为论。必通达古今，明习时务，而后可以为策。凡此诸科，内可以见其本原之学，外可以验其经济之才，何一不切于士人之实用，何一不见之于施为乎。……然此亦特就文章而言耳。至于人之贤愚能否，有非文字所能决定者，故立法取士，不过如是，而治乱盛衰，初不由此，无俟更张定制为也。舒赫德所奏，应毋庸议。"八月十四日奏，奉旨，"所议是"。(《淡墨录》卷十三)

案此时鄂尔泰当国，声势颇盛，以力议驳，科举制义，赖以不废。然鄂氏已洞悉弊奸，明言"立法取士，不过如是"，"人知其弊而守之不变者，……以变之而无良法美意以善其后也。"故历乾嘉道咸，皆因仍不变。至咸丰间，冯桂芬又谓时文无用，欲另建良策。冯氏《制洋器议》曰：

国家重科目，中于人心久矣。聪明智巧之士，穷老尽气，销磨于时文、试帖、楷书无用之事。又优劣得失无定数，而莫肯徙业者，以上之重之也。今令分其半以从事于制器尚象之途，优则得，劣则失，划然一定，而仍可以得时文、试帖、楷书之赏，夫谁不乐闻。且其人有过人之禀，何不可以余力治文学、讲吏治，较之捐输所得不犹愈乎？即较之时文、试帖、楷书所得，不犹愈乎？即如另议改定科举而是科却可并行不悖，中华之聪明智巧，必在诸夷之上，往时特不之用耳。(《校邠庐抗议》卷二)

冯氏在其改科举议，即主以"经解为第一场，经学为主。凡考据在三代以上者皆是。而小学算学附焉。经学宜先汉而后宋，无他，宋空而汉实，宋易而汉难也。以策论为第二场，史学为主，凡考据在三代以下者皆是。以古学为三场，散文骈体文赋各体诗一首"。(见同书)冯氏之议，虽未实行；然观其立论，不仅八股文之反动，并为宋明理学之反动矣。

(2) 外患之刺激

中国自鸦片战争以后，外患纷至沓来。虽割地赔款，屈辱求和，而秉国之主，仍复自高自大，不为所动。有识之士，憷然心忧。如冯桂芬已于同治间议制洋器矣。甲午之役，举国震惊。痛定思痛，朝外人士，乃纷纷讲求富国强邦之策，经世致用之学。于是光绪二十三年十一月二十三日，贵州学政严修，奏请开经济特科，以收实用。原奏略谓近世士大夫，颇多讲求实学，而书院学堂之设，所成就者，仅及于少年新进，而耆儒宿学及已通经籍者，不入院堂肄业，转无由邀朝廷特达之知，因请仿照从前鸿博之例，开经济特科。(详参《光绪东华续录》卷一四二) 上以严氏奏折谕总理各国事务衙门会同礼部议妥，复奏可行。二十四年正月初六日，上谕采严修折，以内政、外交、理财、经武、格物、考工六事，开经济特科，详定新章。(同上) 三月梁启超联合举人百余人，连署上书，请废八股文取士之制。(《戊戌政变记》卷三) 而浙江巡抚廖寿丰，奏请饬妥议章程，以收实效。三月十三日，上谕总理衙门会同礼部速议特科新章。四月间，康有为草变科举二折，交杨深秀上之。(均见《戊戌奏稿》)二十八日，康氏朝见德宗于仁寿殿，痛论八股文之害曰：

> 今日之患，在吾民智不开，故虽多而不可用。而民智不开之故，皆由八股试士为之。学八股者，不读秦汉以后之书，更不考地球各国之事，无以应今日之事变者，皆由八股致之。故辽台之割，不割于朝廷，而割于八股；二万万之款，不赔于朝廷，而赔于八股；以致胶州，旅大，威海卫，广州湾，亦莫不割于八股。皇上既以为可废，请下明诏，勿交部议；若交部议，部臣必驳斥矣。上曰可。(《康氏自编年谱》)

朝见以后，于四月二十九日，复草请废八股取士折，以御史宋伯鲁之名上之。

五月五日丁巳，诏改八股取士旧制。谓：

> 钦奉上谕，我朝沿宋明旧制以四书文取士，……历科所得，不乏通经致用之材。乃近来风尚日漓，文体日敝，试场文卷，大都循题敷衍，于经义罕有发明，而谫陋空疏者，每至滥竽充选。若不因时变通，何以励实学而拔真才。着自下科为始，乡会试及生童岁科各试，向用四书文者，一律改试策论。其如何分场命题考试，一切详细章程，该部即妥议具奏。此次特降谕旨，实因积弊太深，不得不改弦更张，以破拘墟之习。（《光绪东华总录》卷一四五）

癸、甲二科会试，均已改八股文为策论（详见《光宣小纪》会试条）。是年六月，又诏改定文科新章，用两湖总督张之洞、湖南巡抚陈宝箴奏也。奏既入，上谕云：

> 乡会试改试策论，前据礼部详议分场命题各章程，已依议行。兹据该督等奏，……剀切周详，颇中肯綮，着照所议乡会试，仍定为三场，第一场试中国史事国朝政治论五道，第二场试时务策五道，专问五洲各国之政，专门之艺。第三场试四书义两篇，五经义一篇。……其学政岁科两考生童，亦以此例推之。……礼部即通行各省，一体遵照。（《东华续录》卷一四六，《光绪政要》卷二四）

新章定后，三品以上京官及督抚学政，保举人才，不免夤缘滥进，御史郑思赞，奏请照滥保匪人之例，交部议处，以示惩戒，诏从之。（《东华续录》卷一四六）七月又诏停止朝考，不凭楷法取士。所有特科人员，一经殿试，即可据为授职之等差。于时各项改革，雷厉风行；特科之开，志在必举。无奈戊戌政变，八月六日，德宗被囚，慈禧复训政，一切制度，悉仍旧贯。科举改革，同遭此厄。八月己巳（二十四日），钦奉慈禧懿旨：

> 国家以四书文取士，原本先儒传注，阐发圣贤精主，二百年来，得人称盛。近来文风日陋，……此非时文之弊，乃典试诸臣不能厘正文体之弊。……嗣后乡会试及岁科考等，悉遵旧制，仍以四书文试帖经文策问等项，分别考试。经济特科，易滋流弊，并着即行停罢。（《光绪东华续录》卷一四八）

二十六年正月，谕饬考试拔取真才。大要为谕各省学政督抚，恪遵科场条例学政全书所载取士之法，切实磨勘，力除近年邪妄之习。如经磨勘有文体不正之处，即将该学正及匿不查参之督抚议处。(详参《光绪政要》卷三十六) 是年因庚子拳匪之乱，各省军务倥偬，六月令将恩科乡试，展期至次年三月初八日举行；会试八月初八日举行。二十七年正月，谕闹教地方，停止文武考试。(同上卷三七) 四月礼部奉慈禧谕，谓时局艰难，应破格求才，以资治理，照博学鸿词例，开经济特科。(同上) 此又纯因外患之刺激而作也。五月两江总督刘坤一、湖广总督张之洞第一次会奏变法事宜，共筹拟四条，其二曰酌改文科，三曰停罢武科。第二次会奏变法事宜，酌拟十二条，其八曰改选法。(同上) 于是七月己卯 (十六日)：

> 谕科举为抡才大典，我朝沿用前明旧制，以八股文取士，……行之二百余年，流弊日深。……急宜讲求实学，挽回积习。……所有各项考试，不得不因时变通，以资造就。……嗣后乡会试头场，试中国政治史事论五篇。二场试各国政治艺学策五道，三场试四书义二篇，五经义一篇。考官评定，合校三场，以定去取。不得全重一场。……凡四书五经，均不准用八股文，程式策论，不得仍前空衍剽窃。(《光绪东华续录》卷一六八)

是日又谕永远停止武科。二十九年正月，诏开恩科。以慈禧七旬万寿，于是年举行癸卯恩科乡试，次年举行甲辰恩科会试。其癸卯甲辰正科乡会试，即归并丙午、丁未举行。(《光绪政要》卷二九) 二月，直隶总督袁世凯、两江总督张之洞奏请递减科举。"俟万寿恩科举行后，将各项取中之额，预计均分，按年递减。学校岁科试，分两科减尽，乡会试分三科减尽，即以科场递减之额，移作学堂取中之额。"(《光绪政要》卷三九) 十一月，管学大臣张百熙、荣庆、张之洞会奏一折，复请递减科举事宜。于是光绪三十一年 (西一九〇五) 八月初四日，谕立停科举，以广学校。先日直隶总督袁世凯、盛京将军赵尔巽、两湖总督张之洞、两江总督周馥、两广总督岑春萱、湖南巡抚端方，会衔举云：

> 窃惟科举之弊，古今人言之綦详；而科举之阻碍学堂，妨误人才，臣世凯臣之洞等，亦叠经奏陈。……臣等默观大局，熟察时趋，觉现在危迫情形，更甚曩日，……欲补救时艰，必自推广学校始；欲推广学校，必自先停科举始。拟请宸衷独断，雷厉风行，立沛纶音，停罢科举。庶几广学育才，化民成俗，内定国势，外服强邻，

转危为安,胥基于此。疏入,奉上谕:袁世凯等奏请立停科举,以广学校;一折,……所陈不为无见。着即自丙午科(光绪三十二年)为始,所有乡会试一律停止,各省岁科考试,亦即停止。其以前之学贡生员,分别量予出身。及其余各条,均照所请办理。(《光绪东华续录》卷一九五,《光绪政要》卷三十一)

此令一下,科举之制,自唐高祖武德五年(西六二二)正式开科以来,行之千二百八十四年,而于清光绪三十一年(西一九〇五)告终矣。先是久传议停科举,王文勤公(文诏)力持不可,及公罢军机,未逾月,袁世凯、端方及张之洞等连合各强臣,奏上邀准。此金梁《光宣小纪》所述,可补上文之不足也。

丙　考试规程

明清两代,考试规程,最为繁密。此节所述,只能示其大略。

一、考试官

(1) 乡试考试官

明初乡试,惟两京用翰林;而各省用教官,"或郡县京官之居乡者,亦有贡士儒士主考职官分考者"。(《双槐岁抄》卷五场屋知人条) 故有不在朝列,累秉文衡者。洪武十七年定例,乡试考试官,皆"访明经公正之士,于儒官儒士内选用。官出币帛,先期敦聘主文考试官二员,文币各二表里。同考试官四员,文币各一表里。在内应天府请,在外布政司请。提调官,在内应天府官一员,在外布政司官一员。监试官,在内监察御史二员,在外监察司官二员。供给官,在内应天府官一员,在外府官一员。收掌试卷官一员,弥封官一员,誊录官一员,书写于府州县生员人吏内选用。对读官四员,受卷官二员,已上皆选居官清慎者充之。巡绰监门搜检怀挟官四员,在内从都督府委官,在外从守御官委官"。(《大明会典》卷七七)总计明代乡试官员,已二十有七,而书写员不计。景泰三年令"布按司同巡按御史,公同推保见任教官,年五十以下三十以上,……精通文学持身廉谨者,聘充考官"。(《明贡举考》卷一) 于是教官主试,遂为定例。其后有司徇私,聘取或非其人,监临官又往往侵夺其职掌。成化十五年,御史许进请各省俱视两京例,特命翰林主考。帝谕礼部严饬私弊,而不从其请，屡戒外帘官毋夺主考权，考官不当，则举主连坐。又令提学考定教官等第，以备去取，然相沿既久，积习难移。嘉靖七年，兵部侍郎张璁，请遣京官或进士主乡试，未从。（《明史》卷七十）至万历十三年乙酉，各省始改遣京官主试。"自乙酉至辛卯，行之已三举，而御史不甘文柄之见夺，每科必有争执，至癸巳（二十一年）冬，而纷纷互讦愈不休，上命礼部会官议之，因……（以京官）为领袖，其余仍旧聘取教职，而知州知县有地方之责者不与焉。"（参《万历野获编》卷十五，及《补编》卷二）"四十三年，又从南京御史奏，两京同考用京官，进士《易》《诗》《书》各二人，《春秋》《礼记》各一人，其余仍参用教官。（《明史》卷七十）自后京官教职主考，互有黜升，终于教职式微，用者甚稀。其不用本省有司主考，则皆遵行未变也。"

清乡试官，初制顺天江南正副主考，浙江江西湖广福建正主考差翰林官八员，他省用给事中，光禄寺少卿，六部司官行人中书评事，某官差往某省，皆有一定。（《清通考》卷四）康熙三年题准，乡试正副主考，不必拘泥旧例，指定某衙门官差往某省。各衙门应差官员职名，概行开列，题请简用。（《会典事例》卷三三三）顺天初同各省简正副二人，"乾隆中叶增为三。协办大学士尚书以下，副都御史以上官，编检不复兴矣。道光中间简三四人，同治后额简四人。初，考官不限出身，康熙初，主事蔡驺、曹首望，俱以拔贡典试。十年从御史何元英言，请考试官专用进士出身人员。然举人出身者间亦与焉"。（《清史稿·选举志三》）雍正三年谕："前各省正副主考，间有不能衡文者，此皆由中式之后，荒疏年久故耳。着将应差委之翰林……及进士出身官员，……召集于太和殿，试以四书文二篇，以备乡试差遣。"（《会典事例》卷三三三）是年"将御试取定人员，书名牙签，盛以全筒，每届按省分差之期，……令书名人员会集，……掣签唱名，……钦定正副主考往差。"（同上）乾隆元年，命大臣先于翰林科道内各举所知，然后考试差遣。九年，御史李清芳奏："大臣保举应差主考人员共四十九人，各省直止十六人，满洲四人，余二十九人均系江浙两省。……可见保荐者，大抵饶于财而凭于势。至守正不阿者，不肯伺候公卿之门。边隅之士，声气不通，交游不广，是以无人荐举。请将合例人员，通行考试。"（同上）帝疑清芳未列保举，激为是语，不允所请，仍考试与保举并行。十二年谕，向来各省乡试正副主考官，有通行考试者，亦有令大臣保举者,今岁大比之年,著将应行开列人员,通行考试,其不愿考试者听。十八年、三十三年及三十五年,皆通行考试。(同上)自此以后,考试试官,遂着为令。先是御史取录名单皆发出。其后密定名次,不复揭晓。嘉庆五年,更别试满汉二品以下进士出身之侍郎内阁学士及三品京堂等官,俱赴尚书房考试,钦命论题诗题各一,名曰大考差,以作他日题请简放各省考官张本。其有年老及自揣学问荒疏不愿赴考者,即毋庸开列。(以上参《会典事例》卷三三三)是清试官资格之限,与考试差选之法,皆较明代为周密矣。

(2) 会试考试官

明清会试主考官,分总裁、房官二种。总裁一称座主,管考试。房官俗称"房师",管阅卷。明二十房,清十八房,然亦略有变迁。据《洪武四年登科录》:总提调官二人,为右丞相汪广洋,左丞相胡惟庸。读卷官四人:一国子监祭酒,一前太常寺博士,一奉议大夫科给事中,一翰林院修撰。监试官二人,一监察御史,一监察史。掌卷官一人,工部员外郎。受卷官一人,工部主事。弥封官一人,秘书监监丞。对读官二人,一尚宝司司丞,一翰林院编修。搜检监门,巡绰各一人,用武职。提调官二人,俱礼部尚书。总共十八员,资格不合翰詹,职掌亦未严格区分也。洪武十七年,颁行科举成式,定主文考试官二人,同考试官八人,提调礼部官一人。监察,监察御史二人。余与洪武四年大致相同。(《弇山堂别集》卷八一)十八年令会试主考官二员,并同考官三员,于翰林院请用。其余同考官五员,于在外学官请用。(《明大政纂要》卷二)然《永乐十年登科录》:读卷官八人,进士出身者四人,贡士二人,儒士监生各一,此或一时变例。《嘉靖十七年登科录》:则读卷官十七人,提调官三人,监试官二人,皆进士。故《明史·选举志》曰:

> 初制,会试同考八人,三人用翰林,五人用教职。景泰五年,……俱用翰林部曹,其后房考渐增,至正德六年,命用十七人,翰林十一人,科部各三人,分《诗经》房五,《易经》《书经》各四,《春秋》《礼记》各二。万历十一年,以《易》卷多,减《书》之一,以增于《易》。十四年《书》卷复多,乃增翰林一人,以补《书》之缺。至四十四年,用给事中余懋慈奏,《诗》《书》《易》各增一房,共为二十房。翰林十二人,科部各四人。至明末不变。

顾炎武曰：

> 今制，会试用考试官二员，总裁同考试官十八员，分阅五经，谓之十八房。（原注《宋史》各房分经，始于宋理宗绍定二年。）嘉靖末年，《诗》五房，《易》《书》各四房，《春秋》《礼记》各二房，止十七房，万历庚辰、癸未二年，（案即八年及十一年。）以《易》卷多，添一房，减《书》一房。仍止十七房，丙戌《书》《易》卷并多，仍复《书》为四房，始为十八房。至丙辰，又添《易》《诗》各一房，为二十房。天启乙丑（五年）《易》《诗》仍各五房，《书》三房，《春秋》《礼记》各一房，为十五房。崇祯戊辰复为二十房。辛未，《易》《诗》仍各五房，为十八房。癸未复为二十房。今人概称为十八房云。（《日知录集释》卷十六）

清沿明旧，顺治三年，同考官用二十房，内翰林院十二，六科四，吏礼、兵部司官各一，户、刑、工、官，每科轮用一。顺治十五年，定会试同考官十八房，遂为永制。内《易经》《诗经》各五房，《书经》四房，《春秋》《礼记》各二房。康熙五十四年谕，"会试每一房之卷，令不同省房官二员同阅，如一人有情弊发觉，二人并坐，俾各知畏惧，互相察觉。"（《会典事例》卷三三三）谨案会试房考，例用十八员，独是科用三十六员，顺天乡试同。每房二人对坐，防弊之法，实更上一层。然法久弊生，一房两考官，设有一狡黠者参杂其中，即为贤者之累；若两人皆不肖，则朋比作奸，为害更甚。于是雍正元年谕，仍照旧定科场条例，各房止用一人。（同上）其会试总裁，初用阁部大员四人或六人，多至七人，嗣简二三人或四五人。咸丰间后，简四人，以为常。考官综司衡之责，房官膺分校之任，亦与明同。惟其罚责极重，如顺治十四年丁酉，康熙十四年辛卯。咸丰八年戊午，三次科场大狱，皆前明所无也。三狱原委甚复杂，容于明清比较节略述之。至于殿试，以天子亲策于廷，大臣佐读卷，前已纪于考试概况节，故不复赘云。

二、试艺规程

以八股文取士，明清皆同。惟其规程，明简清繁。叙述之时，难以划一，亦莫可如何也。

（1）八股文格式及其起源

《明史·选举志二》曰："科目者，沿唐宋之旧，而稍变其试士之法。

专取四子书,及《易》《书》《诗》《春秋》《礼记》,五经命题试士。盖太祖与刘基所定,其文仿宋经义,然代古人语气为之,体用排偶,谓之八股,通谓之制义","亦谓之举子业,有破题,承题,起讲,提股二,小股二,中股二,后股二,谓之八股。"(《朱舜永集》卷十五《答安东守约问》)其起源与结构,顾炎武氏言之较详,词曰:

> 经义之文,流俗谓之八股,盖始于成化以后,(明宪宗年号,西一四六五——一四八七)股者,对偶之名也。……成化二十三年,会试"乐天者保天下"文,起讲先提三句,即讲乐天四股。中间接过四句,复讲保天下四股,复收四顺,再作大结。……每四股之中,一反一正,一虚一实,一浅一深。其两扇立格,则每扇之中,各有四股,其次第之法,亦复如之,故今人相传,谓之八股。……发端二句或三四句,谓之破题;大抵对句为多;此宋人相传之格(原注本之唐人赋格。)下申其意,作四五句,谓之承题。然后提出夫子为何而发此言,谓之原起。至万历中,破止二句,承止三句,不用原起。篇末敷演圣人言毕,自摅所见,或数十字,或百余字,谓之大结。(《日知录集释》卷十六)

复考宋神宗熙宁四年(西一〇七一)王安石罢经义及明经诸科,以经义论策试进士,命中书撰大义式颁行,使天下主于疏解理趣,不为章句之陋,即为八股文之先声。盖重义理,与八股文相同一也。尚排偶二也。何以知其尚排偶,徽宗大观四年(西一一一〇)"臣僚言场屋之文,专尚偶丽,题虽无两意,必欲厘而为二,以就对偶。其超诣理趣者,反指以为淡泊。请择考官而戒饬之,取其有理致,而黜其强为对偶者。"(《宋史·选举志》)此亦与后世八股文略同。故秦蕙田曰:"场屋经义之文用对偶,自宋时已然。则八股之式,不始于明代矣。"(《五礼通考》卷一七四)梁章巨曰:"制义始于宋,而盛于明。"(《制义丛话例言》)而袁子才《随园随笔》言之更详,谓"宋文鉴有张庭坚经义二篇,皆是尚书题,其文有似乎论,即当日王荆公所定格式也。欧公云:'天圣间,……学者务以言语声偶摘裂,号曰时文。'是时文者,乃指进士之诗赋也。元仁宗皇庆三年定考试程式,蒙古、色目人第一场经问五条,《大学》《论语》《孟子》《中庸》,用朱子章句。汉人第一场与蒙古同,惟于卷尾作一大结,以己意结之,限三百字。……明太祖与刘基,又酌定四子书,文仿宋经义,……体同排偶,对之八股。考两朝选举志,则是时文之体,滥觞于宋,行于元,

而大定于明。"(卷十)

(2) 乡会试文字程式

明清两代，皆以八股文取士，陈陈相因，无大变更。然其文字之规程，文风之转移，有足述者。初，洪武三年定例，"乡会试文字，各试本经一道，不拘旧格。惟务经旨通畅，限五百字以上，《易》程朱氏注，古注疏；《书》，蔡氏传，古注疏。《诗》，朱氏传，古注疏。《春秋》《左氏》《公羊》《穀梁》，胡氏张洽传。《礼记》古注疏。四书义一道，限三百字以上。第二场，试礼乐论，限三百字以上，诏诰表笺。第三场，试经史时务策一道，惟务直述，不尚文藻，限一千字以上。第三场毕后十日，面试骑，观其驰骤便捷；射，观其中数多寡；书，观其笔画端楷；律，观其讲解详审。殿试时务策一道，惟务直述，限一千字以上。"(《弇山堂别集》卷八一) 十七年复颁科举成式，大致皆依三年所定，惟文字字数，更为减少。盖明初惟取书旨简明，不尚华采也。洪武辛亥、乙丑，廷试皆亲制策，其后或命翰林院拟撰以进取士，而上裁用之。永乐二年甲申会试，命学士解缙采天文律历礼乐制度拟为题，以求博洽之士，惟曾棨卷，记忆独详，上喜，御批"贯通经文，识达天人"等语褒奖之，并擢为一甲第一名。(《皇朝进士登科考》卷三) 自是文风稍变。"永乐间，颁《四书》《五经大全》，废注疏不用，其后《春秋》亦不用张洽传，《礼记》止用陈澔集说。二场试论一道，判五道，诏诰表内科一道，三场试经史时务策五道。"(《明史·选举志二》) 经书加限制后，自宣德至正德，举子文字，皆纯正典雅。其后乃标新领异，益漓厥初。至嘉靖十一年，文体诡易，旧格屡更。"尚书夏公，学士张公潮等，力请崇雅抑浮，浇风顿杀。是岁以对策而无策冒者，林大钦第一，其不拘格式，有如此者"。(《登科考》卷十一) 然不数科，故态复萌。二十五年，"御史闻人铨言：'今时文诡异已极，乞申饬天下，力崇古朴，其要在先责督学宪臣，次责场屋考校等官。得旨，自是遇乡试，礼部必磨勘试录，有仍前离经畔道，诡秘辞邪说者，则治监察考校官之罪，黜其中式者为民。"(《春明梦余录》卷四一)。时已积重，莫之能反。万历十四年，礼部尚书沈鲤疏：

> 近年以来，科场文字，渐趋奇诡，而坊间所刻及各处士子之所肄习者，更多怪异不经，及今不为严禁，恐益灌渍人心，浸寻世道，

为害甚于异端，臣等心窃忧之。夫唐文初尚华靡，而士趋浮薄；宋文初尚钩棘，而人习险谲。国初举业，有用六经语者，其后引《左传》《国语》矣，又引《史记》《汉书》矣。《史》《汉》穷而用六子，六子穷而用百家，甚至佛经道藏摘而用之，流弊安穷。弘治、正德、嘉靖初年，中式文字，纯正典雅，宜选其尤者，刊布学官，以为准则，……从之。(《御选明臣奏议》卷二九)

时方崇尚新奇，厌薄先民矩矱，礼部虽取中文字百一十余篇，刊作准绳，而士子仍以所好为趋，不遵上指。至万历二十三年乙未会试，会元七艺，竟尽录坊刻成文，自破题至结题不易一字。(《野获编》卷十六)其时蹈袭之风，从可见矣。至启祯之间，文体益变，以出入经史百氏为高，而恣轶者亦多矣。虽数申诡异险僻之禁，势重难返，卒不能从。"论者以明举业文字，比唐之诗，国初比初唐，成弘正嘉比盛唐，隆万比中唐，启祯比晚唐"云。(《明史》卷六九《选举志二》)

清代乡会试，顺治三年定，第一场四子书三题，五经各四题，士子各占一经。第二场论一篇，诏诰表各一道，判五条。第三场经史时务策五道。而首场皆试八股文。康熙二年，以八股抄袭，废之。以三场策五道移第一场，二场增论一篇，表判如故，行止二科而罢。四年复三场旧制，七年仍用八股文，二十四年议准，会试第一场，四书题目，恭请钦定，其五经及二三场题目，仍由考官拟出。二十九年议准，乡会试二场，孝经论题甚少。嗣后将《性理》《太极图说》《通书》《西铭》《正蒙》，一并命题。五十五年议定，二场论题，专用性理，表题不许出本年时事。(《清史稿·选举志三》载此事于五十七年，误。)雍正元年，会试二场论题，仍用《孝经》，又定，第一场四书题，考官密拟进呈。雍正十三年，又复准，论题专用《孝经》，章句无多，士子易于豫拟，嗣后与宋儒性理书参酌间出。是年谕乡会两试考官，每因避忌字样必择取经书中吉祥之语为题，遂使士子易为揣摩，倩人代作，临场抄写，以致薄植之少年，得以幸取科名，嗣后凡考试命题，不得过于拘泥，俾士子殚思用意，各出手眼，以觇实学。其时文字之狱甚严，考官畏祸，故致如此。(以上参《会典事例》卷三三一)乾隆九年(《清史稿》作三年，误。)，兵部侍郎舒赫德言科场情弊日深，侥幸日众，时文徒空言，不适于用，墨卷房行，辗转抄袭。肤词诡说，蔓衍支离，请罢科举，别求遴拔真才之道，以大学士鄂尔泰当国，力持礼部议驳，得以不废。(《乾隆东华录》卷二十）二十二年。诏别旧习。求实效，移经文于二场，罢论表判，增五言八韵律诗。四十七年移置律诗于首场试艺后，性理于二场经文后。五十二年，高宗以分经阅卷，易滋弊窦，且士子专治一经，于他经不旁通博涉，非敦崇实学之道，命自明岁戊申乡试始，乡会试五科内，分年轮试一经毕，再于乡会二场废论题，以五经出题并试，永着为令。嘉庆元年论，本日复勘大臣进呈广东等省试卷，所出四书五经题，多涉圣颂，皆可预拟而得，易启揣摩宿构之弊，嗣后出题，务将四书五经内义旨精深，及诗题典重者，课士衡文，以收实效。(以上参《会典事例》卷三三一）初，顺治九年题准，制义体裁，以典实纯正为尚。是年会试，第一程可则，以悖戾经旨除名，考官学士胡统虞等并治罪。十六年议准，场中作判，务宜随题判断，引律明确，不专以骈丽为工。世宗亦屡以清真雅正，诰诫试官。乾隆元年谕："国家以经义取士，将使士子沉潜于四子五经之书，以觇学力之浅深，与器识之淳薄，顾时文之风尚，屡变不一，当明示以准的，使士子晓然知所别择。"于是学士方苞奉敕选录明清诸大家时文四十一卷，题曰"钦定四书文"，颁为程式。(《会典事例》卷三三二）行之既久，攻制义者，或剽窃浮词，罔知根柢，杨述曾至请废制义，以救其弊。四十五年会试，三名邓朝缙，首艺语意粗杂，江南解元顾问，四书文全用排偶，考官并获谴。(《通考》卷四九）嘉庆十九年，士子拮撦僻书字句为文，竞炫新奇，不顾题义。御史辛从益论其失，举例甚多，上谕内阁："近日士子猎取诡异之词，……以艰深文其浅陋，敝习相沿，大乖文体。……考官校士衡文，务各别裁伪体，简拔真材。如有将支离怪诞之文，目为新奇，妄行录取者，经磨勘官查参，必将原考官严加惩处。"（《圣训》卷二八）考清代各帝，皆谆谆谕告，厘正文体。开国之初，若熊伯龙、张玉书辈为文，雄浑博大，起衰式靡，康熙后，益轨于正，李光地、韩菼为之宗。桐城方苞，以古文为时文，允称极则。雍乾间作者辈出，律日精而法益备，皆不负主望。陵夷至嘉道而后，国运渐替，士习日漓，而文体亦甚衰薄，至世末而剿袭庸滥，制义遂为人诟病矣。光绪二十四年，张之洞等有变通科举之奏。二十七年，乡会试首场改试中国政治史事论五篇，二场各国政治学艺策五道，三场四书义二篇，五经义一篇，其他考试例此，用之洞议也。行之至废科举止。

(3) 试文格式

明制，举人试卷及笔墨砚皆自备，每场草卷正卷各用纸十二幅，首书三代姓名及其籍贯年甲，所习经书。前期在内赴应天府，在外赴布政司印卷，会试殿试，礼部印卷，置簿附写于缝上，用印钤记，仍将印卷姓名，置长条印记，用于卷尾，各还卷人；(参《大明会典》卷七七及《弇山堂集》卷八一) 此虽为洪武十七年程式，然明清皆遵行未变。可从各登科录审阅也。试卷中所书："首行曰'第一'，顶格写。次行曰'四书'，下一格，次行题目，又下一格。五经及二三场皆然。至试文，则不能再下，仍题起顶格。此题目所以下二格也。若岁考之卷，则首行曰'四书'，顶格写次行题目，止下一格。经谕亦然。后来学政，苟且成风，士子试卷，省却四书各经字，竟从题目写起。依大场之式，概下二格。"(《日知录集释》卷十六) 此等格式，清亦略同。乡会试卷，书肆及缙绅之家，多有存留，人所习见，毋须细述。惟抬写法，更为复杂。有双抬、单抬、三抬之别，详见《科场条例》卷二十四。初，明代科举程式，四书义每道二百字以上，经义每道三百字以上，策限千字以上。清顺治二年，定四书文每篇不得过五百五十字，二三场表不得过千字。康熙二十年议五百五十字恐词句不尽，若不限字，恐又相沿冗长，嗣后限六百五十字。乾隆四十三年，敕乡会试场及学臣取士，每文一篇，皆以七百字为率，违者不录，(《清通典》卷十八) 自是遵行不易。第三场策题，原定不得过三百字。乾隆元年，禁士子空举名目，草率塞责。其后考官拟题，每问或多至五六百字，空疏者辄就题移易，窜点成篇。三十六年议准：考官策问，每问不得过三百字，违者分别议处。五十一年议准：策文原不限字数，但不满三百字者，篇幅简率，应比照纰缪例，罚停一科。然考官士子重首场，轻三场，自前明已然。积习相沿，难以变更。然前明制义，篇末用大结；万历而后，每以此为交通关节。康熙十六年，悬为禁令，乡会试文字，概不许作大结。(《科场条例》卷十五) 而雍正之时，考官出题，喜用经书吉祥语；士子为文，亦喜用颂扬词，其可作关节之用者，盖亦不亚于大结也。

三、科场规程

明清两代科场规程之严密，为中国列朝之冠，今分数节，每节录其要令数条，以示一斑。又两朝制度，大致相同，今以明为主，清相同者不复列，以省繁文。

(1) 搜检关防

洪武十七年定例：

搜检怀挟官，凡遇每场举人入院一一搜检。除印过试卷及笔墨砚外，不得将片纸只字。搜检得出，即记姓名扶出。仍行本贯，不许再试。

每人用军一人看守，禁讲问代冒。

巡绰官凡遇举人入院，并须禁约喧哄，如已入席舍，常川巡绰，不得私相谈论，及觉察，帘内外，不得漏泄事务。

试官入院之后，提调监试官，封钥内外门户，不许私自出入。如送试卷，或供给物料，提调监试官，眼同开门点检送入，即便封钥。

宪宗成化二年（西一四六六）又再定例：

举人不许怀挟，并越舍互录，及浼托军匠人等夹带文字。其军匠人等亦不许替带，及纵容怀挟互录文字，违者各治以罪。

巡绰搜检看守官军，止于在营差操。曾差者不许再差，若他人冒顶正军入场者罪之。

提调监试官，公同往来巡视，不许私自入号。其巡绰官，止于号门外看察。不许入内与举人交接。违者听提调监试官举问。

试场外照例五城兵马率领火夫弓兵严加防守，不得违误。

供给巡绰等官入院，监试官搜检铺陈衣箱等物，不许夹带文字朱红墨笔。厨役皂隶人等，审实正身供事，不许久惯之徒，私替出入。

搜检巡绰，取在外都司轮班京操官军，三场调用。把门人等，时切更换。不许军人故带文字，装诬生员，勒取财物。（此二条成化十年定。）

明孝宗弘治十三年（西一五〇〇）奏准：

应试生儒举人监生，但有怀挟文字银两，并越舍与人换写文字者，俱问发充吏。三考满日为民。若系官吏，就发为民。

其官旗军人夫匠等，受财代替夹带传递，及纵容不举察者，旗兵调边卫食粮差操，官罚俸一年。夫匠发口外为民。

若冒顶正军入场看守，属军卫者发边卫，属有司者发附近。俱充军。（以上参《大明会典》卷七七）

此明搜检关防之大要也。洪武初年，搜检之法，仅行之于乡试，而会试则否。盖太祖尝云："此已歌鹿鸣而来者，奈何以盗贼待之。"其后搜检之法有行有不行，而试录中，则仍无搜检官，犹循初制也。至嘉靖末年，时文冗滥，千篇一律，记诵稍多，则掇第如寄。而无赖孝廉久弃帖括者，尽抄录小本，挟以入试。时世宗忌讳既繁，主司出题，多所瞻顾，士子易以揣摩，其射复未有不合者。先是己未之春，御史亦有建言宜搜检者，上允之至乙丑南宫，上微闻挟书之弊，始命添设御史二员，专司搜检，其犯者先荷校于礼部前一月，仍送法司定罪，遂为厉例。至于万历，会试虽有宽有严，而解衣脱帽，一搜再搜，无复明初待士之礼，然试录之不载搜检如故也。(参《野获编》卷十六)

清代搜检关防之法，更为严厉，其治本方法，有考具定制，"帽用单毡，袍褂衣裤俱用单层，袜用单毡，鞋用薄底，坐具用毡片，不许携带厚褥，卷袋不得装裹，砚台不得过厚，笔管镂空，水注用瓷，蜡台用锡，单盘空柱，糕饼食物各切开，……考篮或竹或柳，编成玲珑格眼，底面如一，毋许携带坐褥。"(《大清会典》卷三三)"是防挟带之法，无微不至。又定外帘关防四所总门，'除送薪水一次外，皆实封锁，……俟誊录对读完日，方许撤封。'(《皇朝通考》卷四七)十六年议准，士子进场搜检，严责各门搜检官役，如大门搜过无弊，而二门搜出者，将大门官吏处治。"(《会典事例》卷三四一)乾隆九年，至有搜及亵衣裈裤者。先是康熙三十九年复准，主考官有交通嘱托，贿卖关节，夤缘中式，事发，情实者从重治罪。其父兄为子弟作弊者，有官者革职提问，无官者从重治罪。(《科场条例》卷三三)此皆治本之法，而为前明所无或不及者。其治标有严刑峻法：

> 顺治二年，定生儒入场，如有怀挟片纸只字者，行于贡院前枷示一月，问罪发落。如有倩人代作文字及受倩托之人，均枷示问罪。其搜检官役，知情容隐者坐。(《会典事例》卷三四一)

> 雍正元年议准，考官士子交通作弊，一应采名受贿，听情关节中式者，审实将作弊之考官，并夤缘中式之举子处斩，俱立决。(《科场条例》卷三三)

其他严刑，不及备述。然乾隆六年，即闻有士子豫先赁倩缮写细字之人，抄录文艺，为入场挟带之具矣。道光二年，有倩人写成小卷，将坊刻小本书籍携带入场，甚至有贡院夫役包揽，代为带入者。(《会典事例》卷三四二)可知防弊者固无微不至；而作弊者，亦无孔不入也。

（2）誊录对读

明制举人作文毕，送受卷官收受。类送弥封官编字号封记，送誊录所，誊录毕，送对读官，对读毕，送内院看试。提调官监试官不得干预。

受卷所置立文簿，凡遇举人投卷，就于簿上附名交纳，以凭稽数，毋致遗失。

封弥所先将试卷密封举人姓名，用印关防。仍置簿编次三合成字号，照样于试卷上附书，毋致漏泄。

誊录所务依举人原卷字数语句，誊录相同。于上附书某人誊录无差。毋致脱漏添换。

对读所一人读红卷，一人读墨卷，须一字一句用心对读。于后附书某人对读无差，毋致脱漏。

举人试卷用墨笔，誊录对读受卷皆用红笔。考试官用青笔。其用墨处不许用红，用红处不许用墨，毋致混同。

每卷誊录红卷，送入内帘考试。候三场考试红卷已定，方许调取墨卷，于公堂比对字号，毋致疏漏。

誊录对读等官，取吏部定选官年四十上下，五品至七品有行止者充之。

誊录对读所，须真正誊录，明白对读。若誊录字样差失潦草，及对读不出者罪之。

清誊录对读之法，据《科场条例》卷三八及三九，大致皆同，无须重述。惟关防较密，而罚则较严。如：

弥封官于卷面姓名籍贯，不行详看，错印应编字号者，每卷罚俸三个月。（公罪）

应行敬避缺笔之字，誊录不照原卷缺笔者，誊录官每卷罚俸一年。（公罪）

应行缺笔之字，誊录所不照原卷缺笔，对读所亦未对出改正者，每卷罚俸一年。（公罪）

以上从《钦定吏部则例》卷二十九，将弥封、誊录、对读三部之罚责，各录一条，以示一斑概念。

（3）场规

据洪武十七年条例，明代场规如下：

试之日、黎明，举人入场，每人用军一人看守。禁讲问代冒，黄昏纳卷，未毕者给烛三枝。烛尽文不成者扶出。

宪宗成化十年（西一四七四）定在京科场事宜：

每场进题，考试官先行密封，不许进题官与闻，以致露泄。

生员作文，全场减场者，监试官各用全减关防印记。至黄昏，全场誊正。未毕者给烛，不及数者扶出。

明孝宗弘治四年（西一四九一）

令各处乡试，帘内事不许帘外干预。

考官务以礼待，不许二司并御史欺凌斥辱。文章纯驳，悉听去取。不得帘外巧立五经官以夺其权。如考官不能胜任而取士弗当，刊文有差，选举主坐罪。（《大明会典》卷七七）

孝宗弘治七年，又定科举条格：

考官不许听滥请，各将举主职名，咨呈本部。

应举生儒人等，不许未熟三场初学之士，及外处人冒滥入试。亦不许重冒古今显者姓名，有即改正。

席舍照依编定字号并所治本经，相间入坐，毋得搀越错乱。

作文务要纯雅通畅，不许用浮华险怪艰涩之词。答策不许引用缪误杂书，其陈及时务须斟酌得宜，便于实用。不许泛为夸大。……

文字试题上，不许加奉试字。其正卷务依所出题目次第楷书，不许草书及先后错乱。（同上）

嘉靖四十三年（西一五六四）：

令入场之时，务要逐名挨次点入，审视其人，细加搜检。入场之后，不时巡行号舍稽察。如有通同传递者，有买求同号生需凑集文字者，有预将家人童仆冒顶场中供事人役，以图传递者，有将三场文字写成全部蝇头细书，方寸小册，或造为假砚而藏匿其中，制为宽博而装缀其内，其则公然怀挟，出诸袖中而抄录者，即便拿送法司究治，务在尽法，不得姑息。邻号知而不举，及搜检巡绰官役知情容隐者，事发审实，一体连坐。

四十四年，二月会试，枷号怀挟举人，于礼部前示众。（《明贡举考》卷一）

以上多录自《大明会典》卷七十七，而《明史》所纪亦多采自此书者。清代场规，大致相同，惟处处地方，表示严密。如试场布置，至周至密，稍有罅漏，即令先期修补，观《科场条例》卷二十六，贡院之关防，直欲使广堂大厦，不能隐藏片纸。临试之期，并特派搜检及稽察龙门接谈换卷王大臣，自至公堂以及砖门，复均派有御史监察，即棘闱以外，又有巡墙御史并营员等周围巡逻。其关防之缜密，监视之严厉，几有鸟飞不下蝇营不入之势。道光十一年，从给事中刘光复奏，试场规程，更为周密。其一，砖门之外，各设栅栏。其二，士子入场，点名散签。其三，点名不到士子，逐一查问。其四，接签后，例应以次进门搜检。其五，搜检士子，各令开襟解袜，以杜裹衣怀挟之弊。其六，士子应名领卷，迟到者不得入场。其七，士子接卷到手即令入号，不许在外歇守，呼朋唤友；归号后，不许复出栅栏，以免接谈换卷换号等弊。其八，士子入闱，封门后，监临监试提调等官，逐号严查，以杜乱号之弊。某号系某官亲查或代查，并须登记号簿，以专责成。其九，各号口例设栅栏，以严出入，惟栅栏之厚，不过一寸有奇，易于破坏，嗣令用厚三寸之坚木，安置牢固，高与号檐相齐，外加封锁。十六年又定照出之签，俱有提调朱笔画押，黏贴其上，受卷吏一手接卷，一手付签。如士子出龙门无签，及持假签断签而无朱笔花画者，即行押回查讯。如此则枪倩无卷者，固难混出；而士子有不完卷及一切犯规恐被贴出欲将试卷私带出场者，亦无所用其伎俩矣。凡此数端，皆举子所必拳拳服膺者。若稍逾越，则不免于罚责。而考试官吏，限制亦严。入帘以后，须杜绝干谒；家人亲戚，亦须断绝往来。即衣服等物，初未备带，准于试前数日补行索取，过期则不允许。其他随带官员仆从，以及巡绰搜检员役之规程，并一切罚规，《科场条例》与《会典事例》，均已详载，不能备述。

丁　待遇与出身

士人待遇与出身，明清两朝，亦大致相同。但明初用人，不尽由科举。清虽纯一，后以保举捐纳破其例。今为清醒起见，将明清分述，其同者则略之。

一、明代士人之出身

明初重荐举及监生，继则三途并用，终重进士轻举人，而亦有保举换授之法焉。

(1) 明初重荐举及监生

《大明会典》卷二曰："国初用人才，不拘一途，设贤良方正、聪明正直、孝悌力田、通经孝廉等科，或从耆民及税户人才与科目并用。"洪武六年罢科举，以士官人悉由荐举。时以布衣登大僚者，不可胜数。"耆儒鲍恂、余铨、全思诚、张长年辈，年九十余，征至京，即命为文华殿大学士。儒士王本、杜敩、赵民望、吴源，特置为四辅官，兼太子宾客。贤良郭有道，秀才范敏、曾泰，……聪明张大享、金思存为参议，凡其显擢者如此。其以渐而跻贵仕者，又无算也。"（《明史·选举志二》）洪武十七年复科举，荐举之风稍煞；然仍并行不废。建文、永乐间，犹有内授翰林，外授藩司者。自后科举日益重，荐举日益轻。能文之士，非由场屋进升，不以为荣矣。而常时监生亦甚重视。

洪武二十六年，尽擢监生刘政、龙镡等六十四人为行省布政、按察两使，及参政参议副使佥事等官，其一旦而重用之，至于如此。其为四方大吏者，盖无算也。李扩等自文华武英擢御史，扩寻改给事中，兼齐相府录事。盖台谏之选，亦出于太学。其常调者乃为州府县六品以下官。初以北方丧乱之余，人鲜知学，遣国子生林伯云等三百六十六人，分教各郡，后乃推及他省。择其壮岁能文者为教谕等官。太祖虽间行科举，而监生与荐举人才参用者居多。故其时布列中外者，太学生最盛。一再传之后，进士日益重，荐举遂废，而举贡日益轻。……众情所趋向，专在甲科。宦途升沉，定于谒选之日；监生不获上第，即奋自镞砺，不能有成，积重之势然也。

迨开纳粟之例，则流品渐淆。且庶民亦得援生员之例以入监，谓之民生。亦谓之俊秀。而监生益轻。（《明史·选举志一》）

案明初定鼎，人才缺乏，又其定制，"科举必由学校，而学校起家，可不由科举。"（《选举志一》）故明初制科监生易于显擢，清代生员，则无此尊荣矣。

(2) 明初三途并用

清代官人，例由科举。明则三途并用。《选举志三》曰："任官之事，文归吏部，……选人自进士举人贡生外，有官生恩生功生监生儒士，又有吏员承差，知印，书算，篆书，译字，通事诸杂流。进士为一途，举贡为一途，吏员等为一途。所谓三途并用也。京官六部主事，中书行人，评事博士，外官知州推官知县，由进士选。外官推官知县及学官，由举人贡生选。京官五府六部首领官，通政司太常光禄寺詹事府属官，由官荫生选。州县佐贰，都布按三司首领官，由监生选。外府外卫盐运司首领官，中外杂职入流未入流官，由吏员承差等选，此其大凡也。"（《明史》卷七一）

案《明·志》所称三途，与顾氏炎武所述，微有不同。顾氏之言曰："《大明会典》：'洪武二十六年定，凡举人出身，第一甲第一名从六品，第二第三名正七品，赐进士及第。第二甲从七品，赐进士出身；第三甲正八品，赐同进士出身。''而一品衙门提控正七品出身，二品衙门都吏从七品出身，一品二品衙门掾吏典史，二品衙门令史，正八品出身，其与进士，不甚相远也。后乃立格以限其所至，而吏员之与科第，高下天渊矣。故国初之制，谓之三途并用，荐举一途也，进士监生一途也，吏员一途也。或以科与贡为二途，非也。"（《日知录》卷十七）观其所述，并及明初制科之重，则所谓三途并用者，当以其言为洽当也。初，进士，监生，荐举，吏员，皆参错互用；品级高低，亦无甚差异。弘正以后，始拘资格。举贡虽与进士并称正途，而轩轾低昂，判若霄壤。今述进士之出身。

（3）明重进士轻举人

明黄佐《翰林记》曰：

> 洪武初年，本院（即翰林院）官皆由荐举进，四年辛亥，虽设进士科，未有入翰林者。十八年三月丙子，以第一甲赐进士及第，丁显、练安、黄子澄为修撰。第二甲赐进士出身，马京、齐麟等为编修，吴文等为检讨。皆出简用，不由选法。命下吏部，惟铨注而已。后遂为例。二十一年，策进士，以第一人任亨泰为修撰，第二人唐震，第三人卢原质为编修，着为令，至今因之。……盖自永乐以来，进士得铨注者，惟第一甲。而二甲三甲，必改庶吉士，乃得铨注云。

（卷三进士铨注条）

案明《贡举考》卷一，一甲进士即授官，二三甲进士观政后，方以次授官。所谓观政者，即恐进士未更事，分拨各司，办事数月，依照名序，吏户礼兵刑工部，都察院各二员，通政司大理寺各一员，周而复始，榜末十余员，俱留吏部。此诚良制，可法后世也。其观察期间，仍依品级支俸。数月以后，开选铨注。如国少人众，守部任事。守部进士，得酌其年久勤劳，除授在京行人等官。"成化二年，奏准进士俱讲读法律。正统年间，刑部查得各衙门办事进士，谙晓刑名者，题取与见任官金书问刑半年之上，勤慎谙练者，题送吏部，照依甲第次序，选除刑部主事。"（《贡举考》引《吏部职掌》）此又因材施用择人取士之良法也。凡进士愿就教职者，听依奏请。以故进士用途至广，举人用途至狭。两者地位之轻重，不啻天渊之别。穆宗隆庆五年，高拱乃议处科目人才疏曰：

臣惟国家之用人，皆欲砥砺名节，建立事功，以共成熙平之治；非从以一日之短长，遂为终身定例，而故有所抑滞于其间也。今布列中外，自州县正官而上，大较皆科目之人。而科目分数，进士居其三，举人居其七。所谓进士举人者，亦惟假此为网罗之具，以观其他日之何如，而非谓此必贤于彼也。国初，进士举人并用，其以举人登八座为名臣者，难以数计，厥后进士偏重，而举人甚轻，至于今则极矣。其后进士出身者，则众向之，甚至以罪为功。其系举人出身者，则众薄之，甚至以功为罪。上司之相临，同列之相与，炎凉迎面，可鄙可羞之甚，而皆不自愿也。

至于保荐，则进士未必皆贤，而十有其九；举人未必皆不贤，而十曾无其一也。至于升迁，则进士治绩之最下者，犹胜于举人治绩之最上者也。即幸有一二与进士同升，然要其后日，则进士之俸多，而升官又高；举人之俸少，而升官又劣也。若夫京堂之选，则惟进士得之，而举人不复有矣。其偏如此，遂使进士气常盈，举人气常怯。盈者日骄，每袭取而寡实；怯者日沮，率骙堕而恬汙。以故举人皆不乐仕。苟年稍强，学未甚荒者，皆相与迁延，冀幸一第。直至年迈学荒，沦落已甚，然后出而就选，以为姑用了事云尔。问有一二壮年从仕者，又皆为贫之故，求温饱者也。若是而欲望其有为，胡可得哉。夫崇尚进士才三分耳，而又使之骄。弃却举人已七分矣，而皆使之沮。则天下之善政，谁与为之，而民生奚由得安也。臣愚以为欲兴治道，宜破拘挛之说，以开功臣之路。……吏部自行体访，但系贤能，一例升取，不得复有所低昂。……伏惟圣明裁断，敕下吏部施行，天下幸甚。

疏入得旨。祖宗用人，原不拘资格，近来偏重太甚，以致人无实用，事功不兴。览卿奏，具见经济宏猷，于治道人才大有裨益。

依议著实举行，吏部知道。(《御选明臣奏议》卷二十九)

穆宗虽然其言，然势已积重，不能复返。盖当嘉靖之时，部臣屡请严行三途并用之旨，谨守立贤无方之意，主上虽降旨允诺，实已未能奉行。其时抚按所荐进士十之七八，举人百之一二，岁贡则绝不齿及。而贡举之在大学者循资待选，年老始博一官，又积久不迁。重以纳粟例开，致举贡监生，益形壅滞。降至隆庆，因循更久，卒难改移，此所以积重而莫能挽也。其后崇祯间，言者数申三途并用之说，间推一二举人，如陈新甲、孙元化者置之要地，卒以倾覆，而甲榜之误国者，亦正不少也。

（4）进士之选为庶吉士

翰林为文学侍从之臣，以备顾问，司讲幄，代言论思，掌制编校，位甚清闲，职綦繁重。《春明梦余录·翰苑考》："《周礼》内史掌八柄之法，以诏王治。凡命诸侯及公卿大夫则策命之。"盖八柄诏于冢宰，内史复掌以诏王；吴澄谓内史翰林之职，犹今学士院之草制诏也。然谓之史，乃掌文书赞治之名。今制并史馆于翰林，其亦此意也。(卷二二)自汉京以宿儒处直庐，历代咸加优礼。唐宋以来，始以翰林为官署，然尚多书画医卜杂流。其清华者，惟学士耳。至前明则专以处文学之臣，其庶吉士之选，始自洪武十八年乙丑。采《书经》庶常吉士之义，俱改称为庶吉士。其在六部及诸司者，则仍称为进士。则黄佐曰：

> 前辈谓翰林官惟首甲即除授。选为庶吉士者，远则八九年，近则四五年，而后除授，有不堪者，乃改授他职。世以职清务闲，称翰林为玉堂仙。好事者因称首甲三人为天上神仙，余为半路修行，亦切喻也。(明《翰林记》卷三)

初，庶吉士虽择进士为之，尚不专授于翰林。"永乐二年，既授一甲三人曾棨、周述、周孟简等官，复命于第二甲择文学优等杨桐五十人俱为翰林院庶吉士，遂专授翰林矣。"(《明史》卷七十)弘治间，"大学士徐溥请新进士录平日所作文十五编，呈之礼部，送翰林考订，而按号行取之。再糊名试之，中者为庶吉士，谓之馆选，以翰詹资格深者一人课之，谓之教习。三年学成者授编检讨，次者出为给事御史，谓之散馆"。(《随园随笔》卷十)

成祖初年，内阁七人，非翰林者居其半。翰林纂修，亦诸色参用。自天顺二年李贤奏定纂修专选进士，由是非进士不入翰林，非翰林不入内阁，南北礼部尚书侍郎及吏部右侍郎，非翰林不任。而庶吉士始进之时，已群目为储相。通计明一代宰辅一百七十余人，由翰林者十九。盖科举视前代为盛。翰林之盛，则前代所绝无也。
（《明史·选举志二》）

案庶吉士选为翰林官之制，有清亦同，而较为盛。明翰林，不必皆由庶吉士，亦不必皆由科目；而清则非科目出身者不能得也。

(5) 明不重高第

唐宋以来，登高第者，多位至公卿宰相。而明清两代，反不甚重。观《洪武四年登科录》：定例第一甲三名，赐进士及第，第一名授承直郎，第二三名授承事郎。二甲赐进士出身，亦授承事郎。而第一吴宗伯，实授礼部员外郎；第二郭翀，授吏部主事；第三吴公达，授户部主事。第二甲第一名杨自立，亦授吏部主事。其后吴宗伯初谪凤阳，继谪教谕，终授检讨卒。(见《明大政纂要》卷六) 可知其不重视矣。洪武十八年登科录：上御奉天殿策试举人黄子澄第四百七十二人，擢丁显等第一，授翰林院修撰。第二第三俱授编修，余赐进士出身有差。是稍稍优异。永乐二年三月朔会试，命庶吉士王直、陈敬宗、李时勉等二十五人，同首甲三人，进学内阁，周忱自陈，愿与其列，遂增为二十九人。(《登科考》卷三) 首甲与庶吉士，仍无甚差别。

> 永乐甲辰（二十二年，西一四二四）进士，邢宽第一，梁礼第二，孙日恭第三，首甲姓名皆朱书，前此所未有也。……人以朱书之异，喧谓三人者，必大用也。然礼终编修，日恭终侍读，景泰壬申，宽以侍讲起，复适南京掌院员缺，吏部推宽，命以本职，往莅内阁，奏言宽学行老成，使以属官从公卿后，事体未便，乃得升侍读学士。甲科至是将三十年矣，竟终于五品。(《双槐岁抄》卷三)

再阅明《贡举考》卷一，明初至万历间之状元，直文渊阁者十一人，(案直文渊阁，即所谓入内阁办事也。侍上左右，备顾问，典机务。) 会元直文渊阁者八人。状元官一品者九人，会元官一品者四人，状元官二品者九人，会元官二品者十二人，状元官三品者八人，会元官三品者十一人，状元会元官四品者俱五人，有谥者俱二十一人，是二者相差甚微也。盖明清状元，其获取也，不一定皆由于学识超人，有以容貌俊秀见取者，有以某省无状元，为牢笼人心计，而特授之者。取后升迁又至难，初授为修撰，十二年考满为谕德，若九载升迁，仅得中允，又三年而为谕德赞善，又三年而为庶子，又三年而学士，前后二十年，已老死荒丘矣。清末数科状元之出路，如夏同和、王寿彭等，亦皆不甚显耀也。

二、清代士人之出身

清代士人出身，本以科甲为准。无所谓三途并用，但后有正异两途。其举人，进士与恩，拔，副，岁，优贡生等为正途，外此为异途。异途经保举，亦同正途。但不得考选科道，非科甲正途，不为翰詹及吏礼二部官，惟旗员不拘此例。清中叶后，盛行保举纳捐之法，乃不免薰莸同器，良规荡然，今略述之。

（1）正途

①进士授职

《熙朝纪政》曰："进士授官之制，国初选庶吉士，专由保举。雍正初，设朝考，犹与保举兼行。乾隆二年，御史程盛修言，新科进士，俱未经出任之人，九卿等原不能深知，……行之既久，或有冒滥。于是罢保举，以朝考次之。"（卷一）向例"进士除迁，第一甲第一名，除翰林院修撰，第二名第三名除编修，二甲三甲进士选庶吉士外，分送各衙门观政三月，内外以次兼除。十五年谕，二甲三甲进士，除选庶吉士外，俱除授外官。康熙四十八年，复准，进士候选知县，有情愿就教职者，……遇本省府教授缺员，即行补用。雍正元年议准，进士归班，候选知县，均令回籍，……依甲第名次挨选。道光十八年定，新进士奉旨分发各省，以知县即用，掣定省分后，始行呈改教职。恐有规避情事概不准行"。（《会典事例》卷七二）至于庶吉士散馆，"原定奉旨留翰林院者，二甲授编修，三甲授检讨，以知县即用者，以论双单月即用。以知县归班用者，仍归进士原班候选。乾隆四年奏准，庶吉士散馆，以主事用者，令其掣签，先分发六部，在额外主事上行走。三十年，定庶吉士散馆，奉旨以部属用者，亦照新进士，以知县即用人员之例。照奉旨名次先后铨选。"（同上）读此，知清代状元授翰林院修撰，榜眼、探花授编修。二三甲进士经馆选庶吉士三年后，考试及格者，第二甲授编修，第三甲授检讨。其不及格而散馆者，亦得为六部主事，即用知县及教授。此进士出身之大略也。

②举人出身

举人出身，有就教职者，有兼掣州同者，有考任推官知州知县者。

原定举人会试下第后，愿就选者，考授推官知县转判等官。顺治九年议准，会试三科为限，以推官知州知县考用。康熙九年议准，举人会试五科后，准其拣选，俱以知县用。又定举人愿就教职者，照考定名次，以学正教谕用。雍正三年议准，直隶州州同，归于知县班内，令举人兼挈补授，仍与知县一例升转。乾隆四年议准，各省举人就教，应于每科会试发榜后，云南、贵州、四川等省会试一科后，直隶等近省会试三科后，愿就知县者在部具呈拣选，择其年力富强者，准以知县注册，其年力就衰者，以教职注册。（《会典事例》卷七二—七三）乾隆间，奉谕旨：举人选班，壅积日久，现今犹需次至三十余年，方可得缺，其壮岁获旧者，既不得及锋而用，而晚遇者，年力益复就衰。因查每科中额，一千二百九十名，统十年而计，加以恩科，则多至五千余人，铨官不过十之一。（《清通考》卷五十）谋疏通之法，始定大挑制。大挑者，以举人三与会试无成，虑有遗才，特设此制，以收罗之，盖亦近乎恩科也。大挑六年一举行，钦派王大臣司其事。从十举人拣选五人，授之以政。一等二人用知县，二等三人用学正教谕。由此法为知县者，谓之大挑知县。由大挑知县，得借补府经历、直隶州同、州判、县丞、盐库大使。用学政教谕者，得借补训导。若衰颓不能供职，未及挑选者，亦授以国子监学正学录，士林典簿等虚衔，此举人之出路也。

③五贡就职

《熙朝纪政》曰："国初贡监，内得考补中书，外得考授知县以下官，岁四月汇试百人，取正印八人，余为佐贰，而副榜亦考授知县。……顺治九年，吏部以贡生考取通判积八百余员，请改授布政司经历理问等职。"（卷一）其后定恩拔副贡以复设教谕用；岁贡以训导选用。康熙二十六年，捐纳岁贡，并用训导。雍正元年，捐纳贡生教谕改县丞，训导改主簿。三年仍许廪生捐岁贡者用训导。恩拔副贡年力富强者，得就职直隶州州判，嘉庆十九年奏定，凡朝考未经录取之拔贡，及恩副岁优贡生，遇乡试年，得具呈就职就教，优贡就教，附岁贡末用训导。道光初，许满蒙正途贡生就职，与汉员通较年分先后选用，贡监考职，定例必监期已满，乃详送考；惟特恩考职，不论监期满否，凡正途捐纳各项贡监生，及候补誊录教习校录，一体送考。其已就教就职，及捐职袭世职者，不许。初制考职岁一举贡监一例以州同州判县丞主簿吏目录用。乾隆元年，定考职以乡试年,恩科不考,恩拔副考列一等,以州同,二等以州判,三等以县丞选用,岁贡一等以主簿,二等以吏目选用,愿就教者听。捐纳贡监考取,如岁贡例。五十六年停考职,嘉庆五年仅一行之,(《会典事例》卷七四)光绪三十一年,直隶总督袁世凯等,奏停科举折,宽筹举贡生员出路一条,请十年三科内优贡加额录取,己酉选拔如旧。(《清史稿·选举志一》)

(2) 异途

①保举

康熙初,生员例监吏员出身官,须经堂官督抚保举始升京官,及正印官,此保举之一义。其第二义,为清酬庸之典,所以励劳勋,待有功。换言之,即为罗致人才,奖进忠君效劳之臣也。历朝纂修实录,各馆奉敕修书,皆罗致人才也。各省军营河工征赋缉盗有功者,尽先录用,乃鼓励忠君之徒也。如李鸿章以编修,崎岖十年,继入曾文正幕府,累以知兵保荐,始由道员超擢巡抚。而曾文正由检讨至侍郎,后奉讳家居,起兵讨洪杨,亦因军功始获大用是也。至于军营河工等奖案,始不过加级,或不俟俸满即升,名器非可幸邀。迨季世以保举为捷径,京外奖案,率昌不遵成例。咸同军兴,保案叠起。吏部至特设处,以司稽核。而最冗滥者,当为河工。光绪末年,山东河工保案,每年多至五六百人。缺口多寡,以所保人数为衡。封疆大吏皆以此为调剂之举,考试之旨,扫地无存。故光绪三十二年御史刘汝骥上言:"为吏治之蠹贼者,则莫如保举一途。……其冈上营私者,一曰河工保,……二曰军功保,三曰劝捐保。顺直赈捐一案,保至一千三百余人,山东工赈捐,保至五百余人,……天下之颠倒是非,孰有甚于此者乎?"(《光绪东华续录》卷一九八)然清代捐纳为吏治之蠹,盖有过于保举而无不及者。

②捐纳

保举之外,尚有捐纳一途。捐纳者,即由人民纳赀纳粟,而与以实职或虚衔也。由此所得之官,谓之捐官。所得之监,谓之捐监。揆厥原始,盖在秦汉之际,时有赀算入官之制。迄后边费不足,输选成俗;唐宋已来,亦间行之,然未闻有生员纳粟纳马入监之例也。其创此例者,始于明代宗景泰元年(西一四五〇),"户部议令军民输纳者给冠带,官吏罪废者输草于边,得复职"。(《纲目三编》卷十一)四年"夏四月,始令生员纳粟为国子生"。(同上)然不久即止。后遇岁荒,或因边警,或大兴功作,率据前例行之，而军民子弟，亦得援生员之例以入监，谓之民生，亦谓之俊秀，或竟谓之例监，而监生日益轻。然尚未如清代之冗滥也。清代捐纳之开，《会典》《三通》《东华录》等书，不详其始。考《余国柱传》，国柱康熙十五年七月，"以考选授户部给事中，十月疏言，迩者关中底定，……不可无粮饷，宜于浙江，江西，湖广开捐例，纳米豆谷麦草束，以济军需。山东河南，岁值大稔，并宜捐米。……疏下部议，……准开例湖广江西福建三省现任官，捐加级纪录，四品以下降革官，捐复原职，分别录用，先用及顶带荣身。"（《清史列传》卷八）余氏此疏，其传明言酌开事例，但别无旁证，未敢妄断清朝开捐纳，即始于康熙十五六年。然观康熙三十年时，陆机上疏，请停捐保举先用之例，似非不足为凭。陆疏谓："捐纳一事，……不过因一时军需孔亟，不得已而暂开，……近复因大同宣府运送草豆，并保举而亦许捐焉，则与正遂无复分别。……若夫前此有捐纳先用一例，正途为之壅滞，至今尚未疏通，一云云，则清代始开捐纳于康熙十五六年，盖无大误也。康雍之间，观张玉书请行选拔疏，有近因'军兴繁费，又有克期进剿及捐枪运米等项，名目愈多，流品愈杂，有年不满数岁，目未识丁者'。"（《张文贞公集》卷一）可知其间举行不废。雍乾两朝，屡因军需河务，支用浩繁，曾暂开捐例，旋即停止。乾隆中叶，停止捐纳者二十余年，五十八年，仅准贡监一途，仿古人纳粟之意，捐给顶带，余均停止。（《乾隆东华续录》卷一一八）嘉庆初年，开捐如故。十一年准正印等官，捐纳道府，贡监生员，捐纳外任佐杂等官。均以简缺，一体选用。（《会典事例》卷七六）二十四年，以河南武陟大功，需费浩繁，准各省投效人员，按捐输之多寡，自道员至杂佐，分别授职。（《嘉庆东华续录》卷四八）是年因豫工例，添设增附捐教职一条，始犹限以年逾三十；顺天捐输例因之，遂无年齿之限，并有遇缺尽先等名目。以致科深年老之举贡，无力捐纳，遇缺尽先，一概向隅；而浅学薄植之增附，反得捐教，误天下苍生，莫此为甚。于是咸丰元年，给事中汪元方泰请停增附捐纳教职，上谕永远停止。（参《咸丰东华续录》卷七及《文宗圣训》卷五七）然不久又复旧。时以洪杨与捻匪之乱，拟宽筹军饷，定翰詹科道，准捐外任，内阁中书，准捐免试俸，降革及不准捐复人员，除实犯赃私外，准加倍半捐复，举人及恩拔岁副优贡生，准报捐国子监助教学正学录，文武各官准各按品级，报捐花翎。而兵勇商贾，并准捐纳。（《会典事例》卷七六）三年，需饷孔亟，减折收捐，行之数年，流品溷杂，难以清厘。同治元年，御史裴德俊奏请由商贾出身者，只准其捐虚衔顶带，不准报捐正印实在官阶，未及允行。(《同治东华续录》卷十四）二年部臣又奏，'近日捐官，流品大杂，竟有市井驵侩及劣幕蠹书土痞……之徒，亦皆张罗杂凑，溷入仕途。'(《圣训》卷二三）请饬各省认真考察，又未见诸实行。其后有识之士，如左宗棠、冯桂芬等，纷请变更捐例，疏通正途。卒以府库亏空，莫能罢除。同光两朝，仍屡行之。至光绪二十七年，始谕'无论何项事例，均著不准报捐买官'。(《政典类纂》卷二百十一引《邸抄》)，光绪三十二年，始行废除。(《光绪政要》卷三二）大要捐纳之途，京官自郎中，外职自道府以下，皆可由捐纳而得。此外三班分缺先分缺尽先大八成各花样，暨分发指省等项，俱准报捐。途径不为不广。而正途反为壅滞。进士出身人员，定例为即用知县者，尚久无委署之期，至有以得科名为悔者。其最冗滥者，莫如咸同两朝，其时减成纳捐，人多以官为贸易，挟赀干进者，皆任情侵蚀，罔利营私，以图弥补捐赀，而百姓倍受其困。是捐纳之举，不能谓非清代一秕政也。

（3）满人入官

满人入官，多以笔帖式为进升之阶，发轫之地，笔帖式乃满洲语，盖即录写移译之意也。《历代职官表》曰：“本朝诸司衙门，各置满洲蒙古汉军笔帖式，以翻译清汉章奏文牍，盖即金元女真令史译史蒙古笔且齐之职，而其原实沿历代令史遗制，特是唐宋用人颇轻，而今笔帖式为八旗子弟进身之阶，自举人贡监任子以逮官学义学生，皆得预选，集试而后命之，引见而后官之，为之内外升转之法，以激励之，抡核维精，人材奋起，盖登用之广，视金制而详慎弥加，迁擢之优，视汉制而考核尤备，洵非前代仅称杂流者所可比拟矣。”(卷五）《清史稿》曰：

> 满人入官，或以科目，或以任子，或以纳捐，议叙亦同汉人。其独异者惟笔帖式。京师各部院盛京五部，外省都统，副都统各署，俱设笔帖式额缺。其名目有翻译缮本帖写，其阶级自七品至九品。其出身：有任子，纳捐，议叙，考试。凡文武翻译，武人贡监生，文武翻译生员官，义学生，骁骑闲散等，用九品六部主事额，设百四十缺。满蒙缺八十五，补官较易。笔帖式帖补主事，不数年辄致通显。其由科甲进者，编检科仅数人，有甫释褐，即迁擢者。翰林

坊缺，编检不敷补用，得以部院科甲司员充之。谓之外班。翰林外官，东三省，新疆各城，各省驻防，文武大员，俱用满人。甘肃，新疆等边地，道府同通州县，各省理事，同知通判，皆设满洲专缺。满缺外，汉缺亦皆同补。（《清史稿·选举志五》）

是则满人入仕之机缘，多于汉族远矣。加以"汉人异途，须经保举，方为正途。旗人并免保举，得同正途出身"。（《吾学录初编》卷七）则其入仕之机更广，而满汉待遇之歧异，亦可谓昭然若揭矣。

三、待遇

（1）进士举人之待遇

明制进士张榜后，顺天府官用伞盖仪从，送状元归第。翌日，赐状元及进士宴于礼部。又翌日，赐状元冠带朝服一袭。诸进士宝钞人五锭。洪武二十一年，特命有司建状元坊以旌之，永乐二年，命工部建进士题名碑于国子监。其后进士入翰林院，"司礼月给笔墨纸，光禄给朝暮馔，礼部月给膏烛钞，人三锭。五日一休沐，帝时至馆召试"。（《明史·选举志二》）而编修俸粮，月可得七石五斗，岁该九十石。检讨月支七石，岁该八十四石。侍书待诏，皆有俸给。疾病祭祀有特假，省亲并赐川资。此外，明代有一特殊风俗，即揭竿之制也。"王弇州《觚不觚录》云：'士子乡会得隽，郡县始揭竿于门上，悬捷旗。'……壮丽倍于报捷。……近日此风，处处皆然，沿以为例，而富室入赀为中书舍人者，及近日诸生冒廪纳准贡生者，皆高竿大旗，飘飘云汉，每入城市，弥望不绝，更可骇叹。又南宫报后，得鼎甲者及选为庶常者，复另植黄竿，另张黄旗，比乡会加数倍，其僭侈无谓更极矣。"（《野获编》卷十六）此种风俗与待遇，实为明代前后所未有也。

清代会试举人，官给水脚银。新疆云南贵州士子会试，并准其驰驿，即如当今免费乘车也。士子于三月初九初十及二十二三日，给粥饭各一餐。修脯菜羹备。乡试揭晓次日，设鹿鸣燕，燕考官以下及中式举人。中式举人，得领牌坊银二十两，并项戴衣帽等物，由布政司备办。"会试传胪日，燕一甲进士三人于顺天府，次日赐恩荣宴于礼部，读卷官以下诸进士咸与。读卷官暨诸进士用彩花，状元金饰银花，于工部取用。诸进士坊银各三十两，一甲三名各加五十两，于户部领给。进士表里各一端，由部题请日期，于午门外颁赏。给状元六品顶凉帽披领腰带手巾佩囊小刀全分及靴袜等物，由工部制备。"（《大清会典》卷三三）

凡进士入翰林院者，待遇情形，多与明同。王士禛《分甘余话》云："大内南书房，在乾清门西廊下，内值翰林官居之。其出入皆奉旨由某门侍卫某人导引伴送。壬戌后，特旨内值官许于禁中乘马至所出入之门，故《朱检讨彝尊纪恩诗》云：'回思身贱日，足茧万山中。'盖异数云。"沈廷芳曰："国家右文盛治，……远迈前代。……今天子圣学闳深，尤隆儒林，临幸苑中，赋诗赐宴。"（《国朝馆选录》序）优礼有加。其余官邸之赐，月费之赡，以及舆服休沐等事，皆沿明制施行，不必细述。但有一事堪注意者，则明清进士举人，授官之后，苟有罪犯，须先褫夺功名及职权，然后治罪。此则较平民增加一层保护矣。

（2）生员之待遇

明清两朝生员之待遇，名较进士举人为低，实际享受之特权，殆有过之而无不及，盖生员不受地方官吏管辖，有罪归学官办理。如果犯事情重，地方选报学政，俟黜革后，方能治以应得之罪。若词讼小事，发学责惩。而学政亦甚至受生员之压迫，如朋友结党，殴骂师长，群拒考试，卒之学政以训导不良，不免受皇上之处分。或犯奸盗诈伪，挟制官府，教唆词讼，说事过钱，包占人财物田土等项，无所不为。故明太祖有卧碑十二条，遍立学宫，悬为禁令。（《大明会典》卷七六）而生员横行乡里，鱼肉小民，造成特殊阶级，仍如故也。其他免田役，免差徭，免笞刑，赐廪膳，入缙绅之阶，以及种种弊端，顾炎武氏《生员论》，言之最详，今摘录之。顾氏之言曰：

合天下之生员，县以三百计，不下五十万人。……而下之人犹日夜奔走之如鹜，竭其力而后止者，何也？一得为此，则免于编氓之役，不受侵于里胥，齿于衣冠。得以礼见长官，而无笞捶之辱。故今之愿为生员者，非必慕其功名也，保身家而已。《亭林文集》卷二《生员论上》）

以上乃生员之待遇，及其所以钻营之因。其横行之状，在生员论中曰：

今天下之出入公门，以挠官府之政者，生员也。倚势以武断于乡里者，生员也。与胥吏为缘，甚有身自为胥吏者，生员也。官府一拂其意，则群起而哄者，生员也。把持官府之阴事，而与之为市者,生员也。……故曰废天下之生员,而官府之政清也。天下之病民有三:曰乡宦,曰生员,曰吏胥。是三者法皆得以复其户,而无杂泛之差。于是杂泛之差,乃尽归于小民。……一县之地,有十万顷,而生员之地九万,则民以一万而当十万之差矣。……故曰废天下之生员,而百姓之困苏也。……(同上)

案顾氏之言,最为精详。明朝生员之待遇,及其流弊,皆可见于此文矣。清制最严,然劣生干预公事,包揽词讼,处处有之。生童闹考罢考之事,更屡见不鲜也。

戊　明清考试之得失异同

明清考试之制度,大致相同,第加细察,差异亦多。同者,前已总括叙述,不同者,于此节比较之。此较之后,略详其得失。

一、异同

(1) 试艺之异同

①清试帖诗

明之考试,第一场四书艺三题,五经义一道。第二场试论一题,判论五条。第三场试经史时务策五道。清第一场试四书义三题,五言诗(六韵加至八韵)即试帖诗一首,此不同一也。

②清曾两废八股文

明代自洪武十七年,定制,成化后,始终用八股文取士(八股始于成化以后,兹仍依顾说),清则一废于康熙,再废于光绪,此不同二也。

③明八股文,作者多优,清仅方管诸子

观梁章钜《制义丛话》,明代作者如王鏊、唐顺之、归震川、胡有信等人之文,论事似对策,敷理似经义,取材博于赋,持律严于诗,似皆中制。其他一班作者,亦雅洁可观。降至清代,格式日严,束缚日甚。舍二方三山外,其他普通人士,类皆千篇一律,剽窃揣摩。虽曰流弊使然,亦明清不同之第三端也。

④明殿试重对策,清重书写

明代殿试策论,虽不免谄媚逢容之言,然尚略关系国计民生,朝廷大政。清代策论，禁涉时务，唯以书写匀润为准。薛福成曰：

> 人才所由大用，其在小楷与试帖乎？即使连掇科第，苟不工于小楷试帖，不过得一知县而止。而世所谓清要之选，如翰林，如御史，如内阁中书，如军机章京，大都专选小楷，或以试帖辅之，舍是莫由进也。……自校阅之大臣，不皆邃于学。又殿廷之上，朝限促迫，日趋苟简，惟小楷试帖，一望可知优劣，不能无偏重之势。避烦关捷，流风相师，久之而考者阅者，皆忘其所以然，莫不谓功令当然矣。……余尝疑策论之禁涉时务，及翰詹各员专以小楷试帖为殿最，或由故相和珅之欲揽权蔽贤，为此束缚英豪之举。盖此风盛于乾隆中叶以后，浸淫渐染，以迄今日也。（《庸庵文集外编》卷一《选举论下》）

案所谓今日，据题下"甲子"二字，知为同治三年。殿试书法之重，为明清试艺不同之第四点。

(2) 明始终重科举，清不一致

大体言之，明清两代重科举，驱天下人于一途，此相同也。然其差度，殆不一致。明初重荐举，继则三途并用。建文、永乐以后，荐举生员日益轻，科举日益重。虽至崇祯亡国之时，犹不减常态，惟稍变试期而已。［据《启祯记闻录》卷三，崇祯癸未（十六年），以房寇交讧，四方道梗，改期八月会试，九月廷试。］清康熙朝重科举，雍正则专抑制科甲出身之人，文字之狱，不知凡几。乾隆以后，科甲又渐抬头，至于道光，天下士人，始普遍趋向科举。然保举之制，一代不息，纳捐劳绩，日复增多。加以满汉待遇不均，科举之制，表面尊崇，实已败坏殆尽。晚年痛恨科举者遍天下，亦物必先腐而后虫生，非仅其时外患之刺激也。

(3) 明有朋党，清无朋党

① 有朋党之原因

明代士人，好论政治得失，往往过于矫激。自东林党兴，敌党亦立。皆欲吸收党羽，以便操纵政治，树立门户，诛锄异己，此一因也。明代八股文章，人人皆有佳构，取录甚为困难。谚称"童子入学，难如登天"。富裕之子，可买通贿赂；穷困之士，必赖入社，以谋关节，此二因也。明崇祯时，有张溥、陈大士，皆名彻都下，声通朝野，结社讲学，志在复古，名曰复社。一时高才宿学，多出其间，门生故旧，遍布天下，乡试科考，得以操纵。天下童生不入复社者，几无入学之望。故虞山（钱谦益）奏曰:"臣先张溥成进士二十余年,结社会文,止为经生应举。"（《复社纪事》页八）又谓"名为廉洁奉法,实纵子弟,暴横乡里,招权利,通金钱",此皆复社自身辩护之文,堪为信谳。外有豫章社,艾南英（千子）魁之;又有几社,陈子龙魁之。皆志在操纵科举,结收党羽,互相标榜。故黄汝成曰:"科第莫盛于明,党伐亦莫过于明。"（见《日知录集释》卷十七进士得人条注）诚笃论也。

②清无朋党之原因

清代士人出身,有保荐,纳捐,劳绩,军功,各途,不必一于科举。无须过事钻营,此一因也。然此尚小焉者,其最大原因,为清廷之压迫,及考试规程之严厉,顺治二年,严禁夤缘诓骗之弊。十四年丁酉,大兴科场之狱。又禁"师生之称,以绝朋党之根"。（《通典》卷十八）"顺治十五年戊戌科,给事中胡悉宁建言,乡会试不分经房,不称师生。至康熙十八年己未科,始复分房旧例,而师生之例仍旧。"（《制义科琐记》卷四）世宗雍正元年正月,"帝初御乾清门听政,顾语群臣曰:'朋党恶习,起于明季,此风至今未息。尔大臣有则痛改,无则永以为戒',反复数百言,诰诫至切"。（《雍正内阁上谕》）其时定例,考官士子夤缘中式者,但处斩并立决。（见前）其后乾嘉各朝,皆时兴禁令,又益以严刑峻法,教刑并用。故舍晚清新旧党外,二百余年,表面上未见朋党之祸也。

(4) 考试之法清严于明（附清代三大科场之狱）

明清两代,科场规则,皆甚严厉。二者相较,以清为最,其卓然显著者,有三大科场之狱焉。

①顺治十四年（西一六五七）丁酉科

纪此狱最详者,莫如信天翁丁酉《北闱大狱记略》,今此书为主,归纳其要点如下:是岁天子遣翰林侍读曹本荣,侍讲宋之绳,为顺天乡试主考,以李振邺、张我朴、蔡元曦、郭浚等十四人为同考。邺等虽名进士,然皆少年轻薄,而邺尤为孟浪。其在内所通关节者,二十五人。在外一时难以群获,邺携一童仆,发榜之日,令手画蓝笔一纸,托其寻对。其不中者二十人,中者止五人,田耘、乌作霖与焉。其仆以此纸示同伴冯元,元素与邺寡合,遂攫去。其后事泄,皇帝与闻,同考李振邺,及张我朴、蔡元曦、举人田耘、贺鸣郊、乌作霖等七人,骈首菜市,家产没入,并戍其父母兄弟妻子于边。罣议逮徙者,二十五人,正副主考,各降五级。

时江南主考，侍讲方犹，检讨钱开宗，亦因贿通关节，有人作《万金传奇记》诋之；又有作《黄莺儿词》云："命意在题中，轻贫士，重富翁，诗云子曰全无用，切磋欠工，往来要通，其斯之谓方能中。告诸公，方人子贡，原是货殖家风。"以是科题为"贫而无谄"一章也。（《制义科琐记》卷四）于是言官交章论劾，刑部审实，世祖大怒，犹、开宗及同考叶楚槐等十七人，俱弃市，家子家产没籍。其余株及者，更仆难数。以致"朝署半空，囹圄几满"。（页七下）当是时也，人人谓此天威严重，此二百人者，不知几许登鬼录，幸复试止革去八人，"案《槐厅载笔》卷十三引《史馆杂记》，谓革去方域等十四名"。余均准会试。其时乘风袭唾，弹劾科场者大起。阴应节参南闱，而主考分考十八人逮，蒋彻修参河南陕西，而主考逮。山东磨勘一字讹，而疏逮房官。知是年科场之狱，不仅北闱有之，而他书多未纪也。

② 康熙五十年（西一七一一）辛卯科

是科江南考官副都御史左必蕃，副考官编修赵晋。（见《清秘述开》卷四）必蕃广东举人，素无文望，晋则少年鼎甲，任意妄为，视左如木偶。时有士子吴泌、程光奎，贿赵晋获中，二人素不能文；其他亦多中扬商子弟。于是士论沸腾，有"左邱明两目无珠，赵子龙一身是胆"之联，贡院匾改作卖完。（参《槐厅载笔》卷十三，及明清《贡举考略》卷一）事闻，帝命尚书张鹏翮会江南督抚严鞫，苏抚张伯行劾总督噶礼贿卖徇庇，噶礼亦劾伯行他罪。诏俱解任，令鹏翮会总漕赫专确讯。复奏请，镌噶礼级，罢伯行职。帝怒二人掩饰和解，复遣尚书穆和伦、张廷枢往鞫，奏略如鹏翮等，指部议互讦，乖大臣体，应并褫职。卒夺噶礼职，以伯行清名素著，褫职仍留任。处晋及同考王曰俞、方名大辟，以失察夺正考官左必蕃官。其原委经过，《康熙东华录》，记载其详。并饶有兴趣，缘择其要者录之。

康熙五十年辛卯十月癸亥，"江南正主考副都御史左必蕃奏：'臣典试江南，撤闱后，闻舆论喧传，有句容县知县王曰俞所荐之吴泌，山阳县知县方名所荐之程光奎，皆不通文理之人，臣不胜骇愕。……祈将新中举人吴泌、程光奎，或提至京复试，或发督抚严讯，以正国法，而肃科场。'得旨，该部严察议奏"。（《东华全录·康熙朝》卷八八）

丁丑，江苏巡抚张伯行奏，今岁江南文闱，榜发后，议论纷纷，于九月二十四日，有数百人，抬拥财神，直入学宫，口称科场不公，臣不敢隐匿，相应奏明，得旨，该部严察议奏。（同上）

十一月丙戌朔，礼部议复"江南科场一案，应行文该督抚将举人吴泌等解京，请旨复试，如果文义不通，即将情弊严审究拟"。得旨，"这事情着张鹏翮会同江南江西总督，江苏安徽巡抚，在扬州地方，彻底详察，严加审明具奏。左必蕃、赵普，俱着解任，发往质审"。（同上）

五十一年二月，江苏巡抚张伯行奏参：江南江西总督噶礼，得银五十万两，徇私贿卖举人程光奎、吴泌等，不肯审明。请将噶礼解任严审。得旨，"噶礼着解任，此事着张鹏翮会同总漕赫寿，确审具奏。江南江西总督印务，着江西巡抚郎廷极署理"。噶礼奏参："张伯行诬臣私卖举人，得银五十万两，乞赐对质。"得旨，"张伯行着解任，此事着张鹏翮会同总漕赫寿确审具奏。江苏巡抚印务，着浙江巡抚王度昭署理"。（同上卷八九）

谕九卿等，噶礼、张伯行参奏一案，噶礼有办事之才，用心缉拿盗贼，然其操守则不可保。张伯行为人老成，操守廉洁，然盗劫伊衙门附近人家，尚不能查拿。噶礼曾参原任知府陈鹏年，陈鹏年居官虽善，乃一胆大强悍之人。噶礼、张伯行互相不睦者，皆陈鹏年怂恿所致。据张伯行参奏云"噶礼得银五十万两"，未必全实，亦未必全虚。即噶礼所参张伯行之事，亦必有两三款是实。……此案察审实难，若命满大臣审，则以为徇庇满洲；若命汉大臣审，则以为徇庇汉人。至张伯行参奏内，连及张鹏翮者，意欲审理此事时，使张鹏翮回避，故朕仍令张鹏翮从公审理。（同上）

六月，差往江南审事尚书张鹏翮等回奏："查噶礼、张伯行互参一案，应将张伯行革职，拟徒准赎。噶礼降一级留任。"

上谕大学士等，张伯行参噶礼索银五十万两，审属情虚，江南一省举人，能有几何，纵尽行贿买，亦不能至此数，噶礼若受赃，即五万亦当置之重典，噶礼原非清廉之官，但在地方亦有效力之处。张鹏翮等审噶礼参张伯行，并未审出一款，……似为两边掩饰和解。……此案发回，着大学士九卿等详看会议具奏。张鹏翮等又奏，查察正考官左必蕃，奏参吴泌等贿买举人一案，将吴泌等拟绞监候，秋后处决。副考官赵普，同考官王曰俞、方名，俱革职，佥妻发烟瘴地方充军。正考官左必蕃所参虽实，而取中举人革退四名，应将左必蕃革职。（同上）上谕大学士等，……赵普干犯国宪，于考试时，私受贿赂，暗通关节，张鹏翮等并未将伊拿问严审。且赵普行止不端，举国无不知者。左必蕃昏愚已甚，被赵普欺弄，今但照革去举人三四名之例，仅以革职军流，草率完结，可乎？此案亦发回，着大学士九卿等详看会议，缮折具奏。（同上）

庚午，大学士等遵旨议复，噶礼、张伯行、左必蕃、赵普等一案，应交张鹏翮再审具奏。得旨，此案不可仍交与张鹏翮等审理，着户部尚书穆和伦，工部尚书张廷枢，前去再行严加审明具奏。穆和伦等不必来请训旨，即带满洲司官速行。（同上）

十月乙卯，吏部议复，"户部尚书穆和伦等，审噶礼、张伯行互参一案，张伯行所参噶礼各款，既经穆和伦等审明皆虚，张伯行畏缩不能出洋，反诬陷张元隆通盗，不审不结，拖毙多人，不能严拿盗贼，迟延命案，又妄行奏参，有玷大臣之职。应如所请革职。至噶礼所参张伯行各款，既经穆和伦等审明，俱系从前旧案，不于彼时参奏，亦应议处。但所参张伯行不能出洋等处俱实，应如所请免议。"得旨"张伯行居官清正，天下之人，无不尽知，允称廉吏，但才不如守，果系无能。噶礼虽才具有余，办事敏练，而性喜生事，并未闻有清正之名。伊等互参之案，皆起于私隙，听信人言所致，诚为可耻。……朕以张伯行操守为天下第一，断不可参。……此所议是非颠倒，着九卿詹事科道，会同矢公据实再议具奏"。（同上卷九十）

五十二年正月，九卿议复，"江南科场贿通关节之副考官编修赵普，原拟监斩候，但赵普系副考官，擅通关节，大干法纪，应照顺治丁酉科场例，改斩立决。呈荐吴泌试卷之同考官句容县知县王曰俞，原拟流三千里，查王曰俞通同作弊亦应改斩立决。夤缘中式之吴泌及说事通贿之俞继祖等，照原拟绞监候。呈荐程光奎试卷之同考官山阳县知县方名，原拟绞监候，查方名平素与程光奎往来，见过程光奎之文，程光奎在场内抄录旧文，方名明知其文，即行呈荐，榜后又向程光奎索谢，应改斩立决。其场前在贡院内埋藏文字入场抄写中式之程光奎，照原拟绞监候。倩人代笔中式之徐宗轼，及夹带文字中式之席玕，并照原拟枷责。正考官副都御史左必蕃，系专任科场之官，失于觉察，应革职。"从之。(同上卷九一)

由上各节，可知清圣祖之精明审慎，内外大臣之心术，皆了然在目，如数家珍。然于此事，精明之余，尚有疏忽之处，即赵普入狱，以缢死闻，又谓生死不明，追究多年，终无下落。此虽非精明康熙之咎，抑亦此狱之余波也。康熙五十三年二月，"辛巳刑部议复，江苏巡抚张伯行奏，江南乡试副考官赵普，自缢身死。……赵普果否身死之处，着交巡抚张伯行彻底查明具奏。"(《东华全录·康熙朝》卷九三)六月"壬午，江苏巡抚张伯行奏：'……赵普进监场后，扬州知府赵宏煜一任典史金镕纵容，及报赵普自缢，又草率取供，不亲自相验，委高邮州知州李之檀验报，尸图与赵普状貌不符，众供互异，据此赵宏煜故行疏纵，情弊显然。……不惟赵普生死难明，并在监与否，亦不敢定。'"(同上)五十五年正月谕："赵普果否身死之处，前令张伯行确查，今究竟如何？……大学士等奏"，臣等询问张伯行，据云"赵普未死之处，实系传言，尚未有确证"。上曰："此案甚大，牵联人亦甚多，且府县官皆因此挂误。若赵普果不死，便当查拿，若已死，便当结案，将此交与刑部，速行完结。"(同上卷九七)从此以后，别无下文。时圣祖年迈，精力渐疲，稍加放逸，部臣则听其自然矣。据《石鼓斋杂录》，赵普定罪后，有王楼村者，与赵同年，"时告假在籍，入监探视，赵即于次日伏法。有谓王带病仆易赵出者，遂下王狱，通缉数年无获，王方得释。(见《槐厅载笔》卷十三引)此可备一说也。"

考康熙辛卯五十年科场之狱，非仅江南，而顺天福建之乡试，亦以科弊，诛革多人。

五十二年正月又议福建科场贿通关节之同考官吴肇中，应拟斩立决。夤缘中式之王汤三，说事通贿之林英，应拟绞监候。正考官检讨介孝瑺，副考官工部主事刘俨，失于觉察，应革职。从之。(《东华全录·康熙朝》卷九一)

是年二月癸酉，刑部等衙门会议，顺天府乡试，中式第一名查为仁之父查日昌，倩人为伊子代笔，贿买书办，传递文章，事发后，又脱逃被获，应斩监候。查为仁中式情弊，虽由伊父主使，而通同作弊，又相随脱逃，希图漏网。其书役龚大业，收受贿赂，传递文章，俱应绞监候。代查为仁作文之举人邵坡，应革去举人，杖徒。

失察之监察御史常泰、李宏文，应罚俸一年，从之。(同上)

甲戌，刑部等衙门会议，顺天乡试中式之周启，系原任步军统领托合齐家人周三之子倩人代笔，串通誊录受卷所吏役，通同作弊，应绞监候。周三于贿属司狱周芝荃，致死首告伊子之邵文卿，希图灭口，案内已经论斩，从重归结。至于说事通贿之谈汝龙、高岳，受赃之誊录所书吏何亮公，受卷所书吏钱灿如，亦应绞监候。代周启作文之王廷铨，应杖徒。失察受卷所官唐县知县李嶟瑞，降一级，罚俸一年。监试御史杨笃生、陈勋、阿尔赛、石芳柱各罚俸一年。誊录所官无极县知县陈明伦，已经休致。提调官顺天府府丞李法祖，已经别案革职，俱无庸议。得旨，"周三、周启，身系奴仆，肆行贿赂，紊乱科场大典，情罪可恶，俱着处斩，李嶟瑞、杨笃生、阿尔赛、石芳柱、陈勋等，系专司科场事务官员，怠玩疏忽，不行严禁，殊属溺职，着革职"。余依议(同上)

总上是年科场之狱，其牵连之广，处理之严，伏诛之众，皆详述于前。夫然后知是案之所以为人重视也。然此案之后，科场积习，并未转移。五十六年丁酉，浙江乡试，正考官索泰，应允侍读学士陈恂属托，将陈凤墀中式，陆续借陈恂银一千五百两之巨。事发，泰、恂、凤墀，及营谋关节之陈莘衡、陈凤墀之父陈文炽、陈恂之子陈铨，皆绞决。其他一干人犯，革黜尚多，详见《康熙东华录》卷百三，可知用刑虽严，仍未能补偏救弊也。清代三大科场之狱，其最大而影响亦最大者，当推咸丰八年戊午科。

③咸丰八年(西一八五八)戊午科

是案《庸庵笔记》记载最详，其原因曲折，及其影响，并数十年来科场积弊，皆详晰乎言之。可为记载清代科举制度重要之文也。其词曰：咸丰八年，顺天乡试主考为大学士柏葰(案柏葰为一品大臣，曾任内务府大臣，军机大臣，时任大学士，在内廷行走)、尚书朱凤标、左副都御史程庭桂。甫入场，监临顺天府尹梁同，新提调顺天府丞蒋达，即因细故，意见不合，达径开龙门而出，疏劾同。新知贡举，侍郎景廉，又具疏并劾二人，二人皆被吏部降调以去。而至公堂于某夕，哗传大头鬼出见，都人士云："贡院中大头鬼不轻出见，见则是科必闹大案。"榜既发，有旗籍满洲平龄，中式在前十名中，平龄素娴曲调，曾在戏院，登台演戏，盖北方风俗，凡善唱二黄曲者，虽良家子弟，每喜登台，自炫所长，与终岁入班演戏者稍有不同。然京师议论哗然，谓优伶亦得中高魁矣，御史孟传金疏劾平龄朱墨不符，请特复试，奉朱谕，派载垣（案为惠亲王，怡亲王）、端华（郑亲王）、金庆、陈孚恩（二人皆尚书）查办，牵涉柏葰之妾及其门丁靳祥，于是考官及同考官之有牵涉者，皆解任听候查办。是时载垣、端华、肃顺（尚书）方用事，与柏葰不相能，欲借此事，兴大狱以树威，前刑部尚书陈孚恩，终养起复，候补年余，上意不甚响用，孚恩窘，乃自昵于肃顺，得补兵部尚书，遇事每迎合其意。孚恩素与程庭桂相善，方言路未劾之前，孚恩驰往，见庭桂曰，"外间喧传此科中者条子甚多，有之乎？"条子者，截纸为条，订明诗文某处所用之字，以为记验，凡与考官房官熟识者，皆可呈递，或辗转相托而递之，房考官入场，凡意所欲取者，凭条索之，百不失一。盖自条子兴而糊名易书之法几穷矣。庭桂闻孚恩之言，以为无意及之，乃答曰："条子之风，不始今日矣，奚足为怪，今科若某某等，皆因条子获售者也，某某等皆有条子而落第者也，吾辈衡文取士，文章之力仍居七八，条子不过辅助一二耳。"孚恩问，"然则吾子亦接条子乎？"庭桂笑曰，"不下百余条"乃出而示之。孚恩曰，"盍借我一观"，袖之而去。不数日，孚恩奉旨审问此案，按条传讯，株连益多。庭桂之次子秀，尝递数条，孚恩谓，"但到案，问数语，即无事"。庭桂召其长子炳采谓之曰："汝弟气性不驯，若令到案，必且获罪，汝姑代汝弟一行，陈公与我至厚，必无事也。"炳采既到堂，孚恩穷诘不已，且命用刑，遂一一吐实，而孚恩之子亦有条子托庭桂之次子递之，孚恩知不能隐，奏请回避严议，并请革伊子景彦职，诏即革景彦员外郎，孚恩交部议处，毋庸回避。孚恩乃请载垣等设法开释其子，而拟炳采以重辟，并奏言，此案情节甚多，非革职逮问，不能澈究，奉旨柏葰、朱凤标、程庭桂皆革职下狱，而孚恩于庭桂用刑讯焉。柏葰之门丁靳祥，闻案出，即逃逸，至潼关，为陕西巡抚曾望颜所拿获，解至刑部，归案审讯，案未结，先死狱中，大抵平龄之中式，靳祥实为经营，而柏葰不知也。若仅失察之罪，不过褫职而止，肃顺与载垣、端华，必欲坐柏葰大辟。锻炼久之，终无贿纳实迹，上意亦以柏葰老成宿望，欲待以不死，肃顺等力言，取士大典，关系至重，亟宜执法，以惩积习，九年二月狱成上闻，大旨以柏葰虽无纳贿情事，而靳祥之求请柏葰撤换试卷，其弊显然，靳祥未伏厥辜而死，当即以靳祥罪名加之柏葰等语。于是上召诸王大臣，谕以不得已用刑之故。（时在咸丰九年二月甲寅，详见《东华续录》卷五五）柏葰及同考官浦安，中式举人平龄、罗鸿绎，及为罗鸿绎行贿之主事李鹤龄，程庭桂之长子炳采皆弃市。程庭桂发往军台效力，朱凤标从宽革职。未有一年，旋复起用，其余各员获咎褫革降调者数十人。程炳采既出狱，将赴西市，乃大哭曰，"吾为陈孚恩所绐，代弟到案，以至于此。陈孚恩谄媚权奸，吾在冥间，常观其结局也。"闻者皆为挥泪。当咸丰之初年，条子之风盛行，大庭广众中，不以为讳，敏给者常制胜，朴讷者常失利，往往有考官夙所相识，闱中不知而摈之，及出闱而咎其不递条子者。又有无耻之徒，加识三圈五圈于条上者。倘获中式，则三圈者馈三百金，五圈者馈五百金，考官之尤无行者，或歆羡之，余不知此风始自何时，然以余所见，则世风之下，至斯极矣。识者早虑其激成大狱，而不知柏相之适当其冲也。然自戊午严办考官之后，遂无敢明目张胆显以条子相授受者，迄今三十余年，乡会两试，规模尚称肃穆，则此举诚不为无功。然肃顺等之用意在快私憾，而张权势，不过假科场为名，故议者亦不以整顿科场之功归之也。（《庸庵笔记》卷三）

上述三大科场之狱，关系清朝科场甚大。盖不有此严刑峻法，恐弊端更甚，不克维持至清末；故不惮烦劳，而破例详录之。至于明代，亦有科场之狱；而其罚责，不若清代之严厉。如弘治十二年会试，李东阳、程敏政为考官，有劾其鬻题与举人者，敏政仅谪官而止。嘉靖四十年，主考取同邑十三人，罚止谪外。万历四十四年会试，沈同知倩人抢替，获取第一，事泄，罚止谪戍。（参《明史》卷七十）天启间，钱谦益典试浙江，所取钱千秋卷七篇，文涉关节，时尚书温体仁与谦益互攻，罚止罢官，（参钱牧斋《初学集》卷八七）若在清代，必不免于难。此亦可见考试之法清严于明也。

④停止乡试之罚则

清代考试制度之严密，不仅科场大狱已也。而停止乡试之罚，亦为特规之一。世宗雍正四年，冬十月以光禄寺卿王国栋，为浙江观风整俗使，十一月谕九卿科道等："浙江文词，甲于天下；而风俗浇漓，敝坏已极。如查嗣庭、汪景祺，……丧心悖义，谤讪君上。……且巡抚李卫等从查嗣庭家中，抄出科场怀挟细字密写数百篇，似此无耻不法之事，浙江士子未必不因此效尤。应将浙江人乡会试停止，俟风俗渐趋淳朴，再降谕旨。"（雍正上谕四年十一月，《东华全录·雍正朝》卷九）逾二年后，即行复兴。庚子义和团之乱，北京媾和条约第二款，规定滋事地方，均停文武考试五年。忆中国自唐宋以来，只有一人或同保数人殿举之罚，从未停全省之考试权。乃一以文字之狱，停浙江科举。一以义和团之乱，受外人强迫，停肇事城市之科举，洵可耻亦可哀也。

⑤磨勘特规

磨勘之法，亦为清代特规。不但唐宋金元各朝所无，即在明代，亦不甚显。其制，各省乡会试揭晓，依程限，至礼部磨勘，迟延者罪之。盖防考官撤闱后修改试卷，避吏议也。磨勘首严弊幸，次检瑕疵字句，偶疵者贷之。字句可疑，文体不正，举人保名若干卷以上，考官及同考革职或逮问。不及若干卷，夺俸或降调。其校阅草率，雷同，滥恶，杂然并登，及试不谙禁例，字句疵蒙，誊录错误，内外帘官举子，议罚有差。（详参《吏部则例》卷二十九）至于磨勘规程及其处分，《会典事例》，暨《科场条例》，俱胪列数卷之多。张之洞《輶轩语》有磨勘条例摘要，录其关于乡会试者，以示一斑。

试卷文理悖谬，文体不正，不遵小注章旨者，黜革。

不谙禁例，直书庙讳御名及先师孔子讳者，均罚停四科。（凡停科者举人或会赋贡士停殿试。）

应抬不抬及抬写不合，或抬写后涂改者，照违式贴出，中式者罚停三科。

题目错落未经改写，或遗漏全题，于夹缝添注，或真草篇数不全，或颠倒或全然不对，或五策误写全题，凡曳白越幅，及添注涂改全行漏写，并添注涂改过百字，犯者贴出，已中式者罚停三科。

卷中有空白，犯者贴出，已中式者罚停一科。

脱写题目，改写跳行者，出科，已中式者罚停两科。

草稿未写全题，贴出，已中式者罚停一科。

草稿越幅，贴出，已中式者罚停一科。

草稿模糊辨认不清者，罚停一科。

草稿非全然不符而脱落太多者，罚停两科。

添注涂改字数添改者，罚停两科，或漏一二处者，贴出，中式者罚停一科。

涂改字数不符在十字以外者，罚停一科。

重写添注涂改字数者，罚停一科。

二三场均系改写添注涂改字数者，贴出，中式者罚停三科。

四书文不得过七百字，违者贴出。

试卷剿袭雷同者，罚停两科，全篇抄录旧文幸中者，黜革。

文中字句疵谬，重字书作两点及引用后世事迹暨书名，并文内遗漏对策不满三百字者，俱罚停一科。

诗内平仄失黏者，罚停一科。

试卷内有书写卦画及篆体者，贴出，中式者罚停一科。

墨卷誊真用行草书者，罚停一科。

卷内挖补数字及挖补抬头者，贴出，中式者罚停一科。

试卷反写及倒写对策顶格及策题用大写壹贰叁肆伍者，均干帖例。

初，磨勘官礼部主之。康熙间，始钦派大臣专司其事。己卯三十八年，始严磨勘之条，顺天停科四十余人，陕西广西各一人。乾隆初，增编检，额定四十人。二十一年始令磨勘官填注衔名，功令益严。御史辛从益，俱以抉摘精审闻于时。历科举子，因是谴黜者，颇不乏人。（参《会典事例》卷三五九）细察磨勘处分，固多吹毛求疵之举，然士子行文用字，丝毫不敢苟且，亦是训练学人精密审慎之一法。如康熙四十年，"壬午，勘卷某，摘一用社稷镇公子卷应议。裘文达充大磨勘官，疑非杜撰，归第问公子麟，对以句出《国语》，客有以出《左传》对者，立命取书以证，果出《左传》。遂长跪而几受责，时麟已官编修矣。"（《藤阴杂记》卷二）一言有惑，归寻出典：于是举子与衡文者，皆不敢草率了事，以免罚责。因而科第出身之人，行文书写，十九端谨，错落涂抹，皆所罕见。精谨之处，洵非现今学子所能望企。故《清史稿·选举志三》曰："磨勘例行，足以纠正文体，抉剔弊窦，裨益科目，良非浅鲜。禁令之密，前代未有也。"

（5）科场之弊清多于明

科场之弊，正史杂记，以及野史笔记，如《弇山堂别集》，如明《翰林记》，如《玉堂荟记》，如《皇明奏议》，《皇清奏议》，如《大清会典事例》，如《科场条例》等，皆言之详矣，蔑有加矣。总其要点，可得数端：曰贿买钻营，曰怀挟倩代，曰割卷传递，曰冒名顶籍，曰誊录殁裂，曰暗记密号，以及考官舞弊等等，皆明清之通弊，可勿穷究。数者之中，尤以关节为甚。而康熙之通榜，乾隆、咸丰之条奏，为清之特弊。今将此二者略述之。

①通榜

考通榜始于唐德宗贞元十八年（西八〇二），权德舆主文，陆修员外郎通榜帖，韩文公荐十八人于修，而权公凡三榜，共放六人，余不出五年内皆捷矣。通榜之义，即不顾试艺高下，专取知名之士。其榜帖（即名录）可托人为之。如郑灏都尉第一榜，托崔雍员外郎为榜帖；又杜门黄生主文第三场，由举子袁枢为帖榜，而自列为状元，此皆见于王定保《摭言》者。唐以后，毁之者多，用之者寡。至康熙辛丑六十年，"李穆堂侍郎主礼闱，用唐人通榜法。名宿网罗殆尽，而下第举子，相与愤怨，拥邸舍欢噪，被劾免官，发永定河效力"。（清朝文献《迈古录》卷七通榜取士条）先是康熙四十年，"汪霦、姚士藟，主直闱，挟才者多黜落，士子束草为人，象主司，斫于通衢。……康熙五十年，江南乡试，主司房考，贿通关节，士子抬财神像，入文昌宫，事闻，下吏杂治，房考抵法"。（见同书）是皆通榜之弊也。

②条奏

条奏者，即不依科场定规，临时请求变通，以便营私舞弊。乾隆十二年，已有上谕禁止。（见《会典事例》卷三四）四十四年，"又申禁令，并定文会试条奏，不得过上年冬月。……如有临期条奏者，照违令律，罚俸九个月"。（《吏部则例》卷二九）然禁者自禁，犯者自犯，至嘉庆十三年谕曰：

> 乡会试年分，定例不准条奏科场事宜。况佛柱等，业已入场监临，乃于将届发榜之前，奏请增南北皿官卷中额，明系有心邀誉。吏部议，照违令公罪例，罚俸九个月，实属过轻。佛柱、温汝适均着实降一级调用。（《会典事例》卷三四）

从此奏中，可知临时保奏之用意。他如"修卷"之弊，即贿属誊录，点改疵句；又如条子之弊，几致誊录对读，失其功效。更如地下埋藏挟带，作弊之精，亦妙想天开。

二、得失

观上节比较，得失利病，已隐约可见，若再略事说明，可得三端。

（1）考试方法之严密为古今中外之冠

本文自汉至清，对于历朝考试方法，皆有叙述。知明清方法之严密，不惟足以冠古今，亦并足以法中外。英美之文官考试制度，虽非本文范围所及，然观西籍，亦未有如明清之严重及其周密者。中国盛行考试，已千有余年：历代继绳，时加改革，积千余年之心思才智，殚精竭思，兴利除弊，制度严密，良有以也。后虽流弊丛生，要治人之不善，非方法之不良。不足为本身病也。

（2）考试制度多由官吏破坏

然则考试何由而破坏乎？曰多由于官吏。盖官吏若不敷衍了事，徇视情面，有此严刑峻法，士人作弊，固难施其伎俩。明谢铎上《维持风教疏》，其三曰重科举，略谓：

> 科举一途，虽称得人，奈何考试等官，类皆御史方面之所辟召，职分既卑，学亦与称。恩之所加，势亦随之。……又以外帘之官，预定去取，或者多为防闲，而实则关节。内外相应，悉凭指麾，而科举之法日坏矣。岁贡一途，虽近有之。但近来提学等官，类从姑息。试廪之初，不以势听，则以贿行，不以济贫，则以优老。……往往名为陛考，而实则虚文，上下相蒙，迄无可否。而岁贡之法益坏矣。（《皇明疏抄》卷四九）

黄梨洲亦曰：

> 取士之弊，至今日制科而极矣。故毅宗尝患之也，为拔贡，保举，准贡，特授，积分，换授，思以得度外之士。乃拔贡之试犹然经义也。考官不遣词臣，属之提学，既已轻于解试矣。保举之法，虽曰以名取人，不知今之所谓名者，何凭也。势不得不杂以贿赂请托。及其捧檄而至，吏部以一义一论试之，视解试为尤轻矣。准贡者，用解试之副榜。特授者，用会试之副榜。夫副榜黜落之余也，其黜落如此之重，将何以待中式者乎？积分不去赀郎，其源不能清也。换授以优宗室，其教可不豫乎？凡此六者，皆不离于经义，欲得胜于科目之人，其法反不如科目之详，所以徒为纷乱而无益于时也。（《明夷待访录·取士上》）

案明换授之法，"皆自亲王保举，以换授在仕途者，不下六七千人。且本府无亲王，则各郡王所保举。大都以五十金求荐，得之甚易。……至京，复加营谋，优者得中书舍人，次者不失为京官正官"。《玉堂会记》

卷下）而号为正途者，反远逊不及。此君主之所以破坏考试也。万历十七年，礼部郎中高桂奏曰："我朝二百年公道，赖有科场一事。自权作俑，公道悉坏。势之所极，不能亟返。十年前，张居正挟私求进，幸门四启，私属公行。王篆、朱琏等尤而效之。……接踵相继，致使富宦有力者，曳白可以登紫；寒畯无援者，倚马不能登龙。此忠臣义士之所惋惜而不平也。"（《弇山堂别集》卷八四）亦即考试制度之所以由官吏败坏也。有清一代，皇亲旗人，无别头试，（案明亦然。）此为主上破坏考试之一因。为罗致人才，及筹备军饷，保举捐纳，一代不息，致使正途出身，反居杂流之下，是亦官吏破坏考试之第二因。状元之授，不凭才学，惟务怀柔，如乾隆二十六年殿试，本赵翼第一，胡高望第二，王杰第三。然以杰为陕西人，于时陕西尚无状元，因以王为第一，而易置赵翼第三。（见《瓯北年谱》）是亦官吏破坏考试制度之第三因。其他军功之酬劳，门荫之陋习，皆足令考试本旨，扫地破坏。俗言中国有治法，无治人，于考试制度史，亦可验之矣。

（3）考试过于重形式而忽略实际

然官吏破坏考试规程外，尚有一最大之过失，即过于重形式而忽略实际；过于治标而忽略治本也。试观两朝考试功令，精谨严肃，令人凛然生畏。而于作育人材之学校，反不加以重视。教者尸位素餐，学者徒食廪饩，优游卒岁。故两朝学校，形同虚设。一旦临乡试之期，则惟严防弊之法，是不教而使其就试，焉能不百弊丛生，以身试法，行险侥幸哉。康熙十八年，谓向来岁科两考，有十积弊。"童子未经府考，册内无名，钻求道径取入学，巧图捷便，一弊也。考试各府州县卫所童生，额外滥取，拨发别学，明收冒籍，以占本学正额，二弊也。弥封编号印簿，及场内生叫红簿，不发该府州县封贮，私存道署，查对字号贿卖，三弊也。考完一府，不将红案速行发学，（红案即生童之红榜，故有案首之称，言红案之第一人也。）任意迟延，徇私通贿，更改等第，拨下作上，四弊也。每考一处，令书办承差快手人等出入过付，暗访生员稍有家资者，先开六等草单，吓诈保等银两，五弊也。文童人多额窄，武童人少额宽，或将文童充为武童，入学之后，夤缘改文，娼优奴隶，滥行收取，真能骑射者，摈而不录，六弊也。各府地方设有考棚，惮于亲临，将生童远调考取，各州县告病生员，扛抬验病，困苦难堪，七弊也。纵容无赖教官，包揽生童,私通线索,效劳分润,名曰作兴,大坏风教,八弊也。曲徇上司同僚情面,并京官乡宦私书,及亲戚朋友随住地方,讨情抽丰,孤寒之士,弃而不录,九弊也。开捐报册,将额外滥取入学童生,未经科岁两考,预附三等,其姓名不入新案,造入衣项下,以赵甲顶钱乙,温作实在之数,朦混礼部,十弊也。"(《学政全书》卷十六)圣祖虽知此十弊,终不能彻底革除,厘正根基,降至清季,廪生增生,多终年家居,或教私塾;月试小考,名存实废。一遇科比之年,类多面壁濡毫,难致一词。乡试会试,重头场八股文,而轻视二三场;殿试朝考,舍文章而重书写,是皆舍本逐末,虚张声势,过于重形式而忽略实际,以致弊端百出,卒致后来之停废。斯诚两朝考试制度一最大之缺失也。

  此外明清科举之得,如开通东南文风,并及满蒙苗瑶之文化。其失如八股文之弊端,如生员之横行等等,因限于时,俟结论中略述之。

附：太平天国之考试制度

彭　靖

甲　考试概况

一、概述

　　太平天国运动，是洪秀全领导的中国近代历史上一次轰轰烈烈的农民大起义，也是19世纪中叶中国的一场大规模反清运动，对于后期推翻满清政权统治起到了重要的作用。从1851年（清咸丰元年）开始，至1864年结束，历时14年，纵横18个省。这次农民大起义发生在中国刚刚进入近代的早期阶段，势必带有当时的历史特点。其中，在推行科举考试制度方面，洪秀全于1853年定都南京后，就开科取士，到1862年止，共举行过十次京试，从未间断。在科举考试形式上虽然与明、清两代相似，但在制度与内容上，都具有强烈的改革创新精神，先后录取几百名进士，其中文、武状元19人。并专门设立女科，考选女状元。太平天国除科举之外，同时还有招贤制度，这些都是太平天国在选拔人才制度上做出的重大贡献。

　　目前已出版的研究科举制度的各类著作，往往仅是研究隋、唐、宋、元、明、清几个所谓的正统王朝。这些朝代立国时间长，实行科举制度时间久，把它们作为研究的重点自然是应该的。但是这样做的结果给人一种错觉，似乎除了几个正统的王朝之外，其它政权就没有实行过科举考试。实际上不仅洪秀全建立的太平天国实行过科举考试，张献忠建立的大西国也曾开科取士，也有状元，但是没有文献记载。而太平天国的历史要长得多，更具有代表性，并具有相关文献记载。

　　邓嗣禹在为太平天国史专家简又文，出版《太平天国全史》一书撰写的序言曾指出："太平天国革命为十九世纪中国政治社会经济一巨变。

其重要性与法国大革命,美国南北战争相仿佛。"① 而对于这一时期科举制度改革意义的评价,他在其所著《太平天国与西方列强》一书中又曾指出:"太平天国的科举考试制度,对于中国传统考试制度产生过重要的影响作用。"②王凯旋在近年出版的《中国科举制度史》一书中,也强调:"从科举史的角度说,太平天国科举实践是中国科举制度和科举文化的重要内容,其许多内容仍是值得今后认真考证、发掘和分析研究的。"③ 因此,将这一阶段的科举制度列为一章来论述,就使得对于科举制度的研究更加全面。同时也是人们全面研究科举制度,正确认识和评价太平天国不可或缺的一个重要方面。

另一方面,国内目前出版的涉及太平天国科举制度的书籍极少,商衍鎏于1961年由中华书局出版的《太平天国科举考试纪略》,仍是至今研究太平天国科举制度最全面的书④,但此书仅是对这一阶段的科举事件粗述事实,附加应试诗文,辅以个别考证,并未对其利弊得失做任何分析。在考证中,也没有论述太平天国曾开设女科,考录女状元这一在历史上有重大影响的事件,否认有其事存在,并在2004年最新修订出版的《清代科举考试述录及有关著作》(商衍鎏著、商志䫒校注,百花文艺出版社,2004年)一书中,仍然坚持认为设立女科一事是伪证,这是非常遗憾的事。太平天国史权威罗尔纲先生在20世纪50年代初,曾对太平天国开设女科,考录傅善祥为女状元一事表示怀疑。后来经过不断探索与考证,终于给出肯定的结论。他在1991年由中华书局出版《太平天国史》第三十三卷科举附招贤一章,总说的附录注解[1]中就曾明确写道:"关于太平天国癸丑三年建都天京后,曾考试女子事,是在太平天国史上有争论的问题。经过同志们大家多年的探索和讨论,今天已经可以断定太平天国考试女子是一件确实的事。"

2012年11月召开党的十八大时,党中央决策层首次将男女平等的内容作为基本国策写入报告之中,这是对男尊女卑社会风俗的彻底否定。

---

① 简又文:《太平天国全史》,北京:简氏猛进书屋,1962年,邓嗣禹序言。
② 邓嗣禹:《The Taiping Rebellion and the Western Powers》,Oxford:Clarendon Press,1971年,第164页。
③ 王凯旋:《中国科举制度史》,沈阳:万卷出版公司,2012年,第421页。
④ 刘海峰:《中国科举文化》,沈阳:辽宁教育出版社,2010年,518页。

目前重新考证太平天国科举考试的真实细节，评定其历史影响，探索其当代价值，以及对于当代高考制度和公务员制度改革的启示，为目前科举学研究拓展一个新的视角都将具有重要的价值。本章节将依据这一历史史实来进行论述。

二、考试程序

太平天国的考试制度初期按照清朝的传统形式，分为县、省、京三级，县试取中为秀才；省试取中为举人；京试也称天试，取中元甲三人称状元、榜眼、探花，二甲称翰林，三甲称进士，都分为文武两科。1859年，洪仁玕奉命总管科举考试兼任文衡正总裁后，颁布了《钦定士阶条例》，将科举考试分为乡、县、郡、省、京五级，分别由军帅、监军、总制、提学官及文衡总裁主考，其程序如下：

（1）乡试

乡试每年试期限于二月份举行，由各省、郡、县的师帅先期出示，并行文所属的旅帅、卒长、两司马，其各统下有应试者，不论门第出身，以及他省流寓的人也都准其入试，以执照报名，免保结旧例（应试县、郡者并同）。报名后各造具名册送师帅处，师帅汇集本师名册，呈送军帅，由军帅典试出题校阅。二月初三日考乡文学（类似于清制文童生）一场，试一文一诗，取列首名者曰信士。二月十三日考乡武学（武学类似于清制武童生）一场，试马箭三枝，步箭五枝，及弓、刀、石技勇者，取列首名者曰艺士。军帅给以信士、艺士执照，职同伍长。其余评定甲乙，亦概行录送于县监军，接考县试。

（2）县试

郡试将各县录送的考生，由郡总制典试出题校阅，三月初三日考县文学一场，题目一文一诗；初六日复试，题目一策一诗，取列首者二名曰秀士。三月十三日考县武学一场；试马步箭技、技勇者同乡试；十六日复试步箭五技，取列首二名曰英士。县监军给以秀士、英士执照，职同两司马。其余评定甲乙，亦概行录送于郡总制，接考郡试。

（3）郡试

郡试将各县录送的考生，由军总制典试出题校阅，四月初四日考郡文学一场，题目一文一诗。初七、初十两日复试二场，均一策一诗，取列首二名者曰贤士。十四日考郡武学一场，试马步箭技，技勇者同县试；十七、二十两日复试二场，均步箭五技，取列首二名者曰能士。郡总制给以贤士、能士执照，职同卒长。其余评定甲乙，亦概行录送于提学官考试。乡所取信士、艺士，县所取秀士、英士，郡所取贤士、能士，皆类似于清代的文、武生员。

提学官由天京于每年选送，每省二员。到省以后，等候各郡总制考试毕业时，视路途远近，分赴各郡，将郡试录送的考生召集出题考试。五月初五考文试一场，题目两文一诗。十五日考武士一场，科目为马步箭技、技勇者同郡试，按应试人数多少校阅评定，每十人（最初为五人）中取中一名，文曰俊士，武曰毅士，提学官给以俊士、毅士执照，职同旅帅。凡属于信、艺、秀、英、贤、能、俊、毅各士均免差役。

提学官除典试考取俊士、毅士外，逢荣（卯）、酉两年，五月二十五日集该省各郡、县、乡新旧科所取的信、秀、贤、俊各文士验明执照报名，定期考试一场。题目两文一诗，视每郡人数多少校阅评定，于五名中选择中一名曰杰士，提学官给以杰士执照，职同师帅。杰士为荣、酉两年特行选拔，未取的约士亦可进京应考天试，但亦可以仍在本省应考约士。

至于在考期场内饮食的供应，乡、县、郡由典试官备办；提考官由郡总制备办，均报明佐将在公费中列支。

(4) 省试

省试（类似于清制的各省乡试）继乡、县、郡及提学官的考试后举行。开始时每年都有考试，后改定从甲子科起为三年一科，逢子、午、卯、酉年为考期。应考资格文为信士、秀士、贤士、俊士、杰士。武为艺士、英士、能士、毅士。届期在省验明执照报名考试，考生不限于本省，各处人士皆许入试。每值科年，由天京遣放正、副提考各一员（类似于清制正、副主考）。提考先期行文。文场于七月初七考头场，初九日复试，由提考出题。武场于七月十七日考头场，十九日复试，由提考校阅。文场取录若干名曰约士，武场取录若干名曰猛士，提考给以约士、猛士执照。

(5) 天试

天试亦称京试，是最高一级的考试，继省试后举行，类似于清制的会试、殿试。初定于天王万寿十二月为考期限，旋改移于幼王万寿时。以每年月初一在天京开天试。后改定从甲子科起为三年一科，逢辰、戌、丑年为天试的考期。凡遇天试科年，各省新旧科提考官所取文试的约士，武试的猛士及卯、酉两年提学官所取的杰士来京应天试者，先期将执照于佐将处呈验，请领文凭。佐将在公项内按路途远近给盘费。到京文士子约士、杰士投礼部验凭，武士子猛士投兵部验凭，持执照往诏命官处报名，由诏命官开册送考，其士子已过试期来京者，概不补考。各省士子试毕聊中式由正总裁保封某职奏留者外，余者均领凭回省缴佐将注销。如前科京试已经中式的人，除元甲首名外，余均准其再考，故有连得榜眼、探花者。又属官未经中式士等无执照而有志观光者，由各本官行文诏命官处报名，亦准入册收考。至京朝官有愿应试者，并准报名送考。据此则天试考试资格甚宽，不仅约士、杰、猛为正式考生，其已中京试者可再考，未中省试的京属官可由本官送考。京朝官自丞相以下不限职位一律准考，是皆与清制不同的地方。

太平天国的天试制度，是将清代的会试、殿试、朝考的考法合而为一。清制京考程序，是先为会试，中试后殿试，殿试分为一、二、三甲，其二、三甲进士须再经一次朝考，始分别授职，而太平天国则对旧制加以简化①。

（6）武科

太平天国关于武科考试的记载，更略而不详，仅可考见者，只有甲寅四年（1854年）乡试、会试连考的一科，都在天京举行。投考的武生于乡试前五日赴诏命官处报名。当时应试者三百余人，皆是各衙的刀牌手。四月初一日为武乡试的考期，由天王钦遣佐天侯陈承镕为主试官赴教场校阅，先试马上箭五枝，次试步下箭三枝，无弓、刀、石技勇，即日完场。取中谷光辉等一百四十七名为武举。本月十五日即继续举行会试，钦遣北王韦昌辉为武试主考官赴教场校阅。北王以陈承镕所取名数过隘，复出诰谕令不中的也一体会试。于考试马、步箭外，加试马上炮三声，取中刘元合等二百三十余名为武进士。五月初一东王杨秀清复集合取中的武进士到教场校阅考试（类似清制殿试），评定甲乙后，遂奏请

---

① 罗尔纲：《太平天国史》第二册，北京：中华书局，1991年，第1291—1294页。

天王以刘元合为武状元，职同指挥，谷光辉、周得三为榜眼、探花，职同将军，余二百多人皆职同总制。次日在朝门设宴，称为会武宴，一律回原衙听候调用①。

（7）东试、北试与翼试

在天京等候天试者，尚东王、北王、翼王生日时举行的东试、北试与翼试。东王杨秀清八月生，以八月初八为东试期；北王韦昌辉六月生，以六月二十日为北试期；翼王石达开二月生，以二月初一为翼试期。太平天国每年共有四次考试，三王考试地点仍在天朝试院，其取士考法名目与天试相同，题目则由某王考试时单独出。至1856年东王杨秀清、北王韦昌辉自相残杀，1857年翼王石达开出走不归，三王的考试遂无形终止②。

乙 沿革要略

一、改革考试制度

太平天国设立科举考试，前期沿袭了明清的旧制，将科举考试分为三级，即县试、省试、京试。京试每年在天京（今南京）举行，由天王、东王、北王、翼王等到王府分别开科取士，分别称为天试、东试、北试、翼试等，均于各王之诞辰日举行。其中，天试始于天王万寿时举行，后移于幼王寿时举行。天京变乱后，东王死难，北王被诛，翼王出走，京试唯余天试一项。

据《钦定英杰归真》中记载，太平天国前期，"以每年十月初一宏开天试。嗣复改为每岁三月初三日考文秀才，三月十三日考武秀才，五月初五考文举人，五月十五考武举人，各省皆然。于九月初九日考文进士翰林元甲，九月十九日考武进士等，又于每岁正月十五试选各省提考举人之官"③。

---

① 转引自商衍鎏等：《清代科举考试述录及有关著作》，天津：百花文艺出版社，2004年，第362页。
② 转引自商衍鎏等：《清代科举考试述录及有关著作》，天津：百花文艺出版社，2004年，第362页。
③ 《钦定英杰归真》，第765页。

据《贼情汇纂》中记载，太平天国前期，"会试元甲三人，取中者为状元、榜眼、探花，封为伪指挥职。次甲无定数，取中者为翰林，封为伪军职。三甲亦无定数，取中者为伪总制职。先是贼定伪例，试取壹等为军帅，二等为师帅，三等为旅帅，后乃易之"①。

洪仁玕主政之后，认为前期的科举制度已焕然一新，而其名目仍然如旧，应该扫除旧的名称，而由新的名称取代。因此，乡试取中者，文称信士，武称艺士；县试取中者，文称秀士，武称英士；郡试取中者，文称贤士，武称能士。郡试另有文科俊士、武科毅士考试，又有杰士考试；省试取中者，文称约士，武称猛士；京试取中者，元甲三名，文武都称状元、榜眼、探花；二甲首名，文武都称传胪，其余文称国士，武称威士；三甲首名，文武都称会员，其余文称达士，武称壮士②。

太平天国后期，考试制度更趋完备，除建立健全了各种考试制度之外，还制定了招贤制度，并积极鼓励知识分子和有才之士参加考试。同时要求地方当局"闻村镇有读书人，必须设法往劝，代为报名，至期引入城中"参加考试。凡应考者均由地方当局供应膳宿，赴京试者，由其供给旅费。1859年，干王洪仁玕奉命总管科举考试兼任文衡正总裁，陈玉成为副总裁，颁布了《钦定士阶条例》，1861年将科举考试分为乡、县、郡、省、京五级，分别由军帅、监军、总制、提学官及文衡总裁主考。与明、清两代相比，太平天国的科举制度具有明显的改革创新精神。

二、改革考试内容

太平天国对科举考试的改革方面，除了前一节提到的改革考试程序与取中人员的名称之外，更多的表现在改革考试内容上。在太平天国后期颁布的《钦定士阶条例》规定："文士子所习之经，须钦遵圣诏，习理《旧约》《新约》《真约》诸书。《旧约》即《旧遗诏圣书》，《新约》即《新遗诏圣书》，《真约》即《天命真圣主诏旨书》，以及钦定《天条书》《三字经》等，皆宜时时攻习，以悟天情"。这就是说，太平天国对科举考试内容，一反四百多年来的封建传统，废除了以四书五经为主的内容，

---

① 张德坚：《贼情汇纂·伪科目》，第112页。
② Teng Ssu-yu, *The Taiping Rebellion and the Western Powers*, Oxford: Clarendon Press, 1971, p.163.

改命题范围是从天国颁布的官书内出题,如《旧遗诏圣书》《新遗诏圣书》,并根据实际需要加试策论。不准从四书五经中出题,违反者将受到惩罚。

例如在1854年,太平天国前期,安徽与湖北省相继举行了考试。安徽省文试题目为"真命天子福命将",湖北省文试首题为"真神独上一皇帝",次题为"皇上帝乃真皇帝",诗题为"天父下凡喜好因谁?耶稣舍命待何为"。天京各试论题、诗题还有"真道岂与世道相同""四海之内有东王"等①。

太平天国后期,苏福省的情况更具典型意义。据《虎窟纪略》《吴江庚辛纪事》等苏州地方文献资料记载,1860年至1862年,苏福省省、郡、县各级考试试题情况如下:

咸丰十年苏福省省试,"头场头题:同顶天父天兄纲常。二题:天王作主救人善。三题:能正天所视。……复试题:颁行天历富国强民策"。

同时,违反规定受到惩罚的事例也有记载:

据谢介鹤在《金陵癸甲纪事略》中记载:"武立勋,天试状元,和州人,东贼使往安徽为正掌教官,因出五经题,贼怒目为妖,降为伍"。在《汇纂·科目篇》也有记载:"其试文亦如八股,诗则主要贴,惟题目皆出伪书,不在四书五经及经史子集"。

三、设立女科考试

太平天国革命运动是我国历史上规模最大、影响最大的农民起义。在这次革命中,起义军所推行的政治、经济、文化纲领比过去任何一次农民革命都要更加进步。在对待妇女问题上,1851年初,洪秀全率领两万太平军士兵在广西金田宣布起义之后,即开始建立女营,由女官统率。当时太平女军建制为四十军,约有十万余人,还建立了女官制度。朝内女官设正、副军师各一员,六官正、副丞相各二员。军中女官自总制、监军,到两司马,名号均与男军相同。这些女军官兵英勇善战,经常使敌人望而生畏,她们是太平军的重要力量。

为了招揽人才加入各级军政建设,1853年在洪秀全的倡导下,开始

---

① 张德坚:《贼情汇纂》,第112页。

正式开科取士,到 1862 年共举行了十次天试。除天试之外,各省、郡、县都举行了文武科的各种考试。1853 年在东王杨秀清的主持下,在男科考试之前,举行过一次女试,金陵女子傅善祥考中女状元。

关于太平天国曾开女科之事,在太平天国史上是一个多年来有争议的问题。1961 年出版商衍鎏的《太平天国科举考试纪略》,1963 年出版郦纯的《太平天国制度初探》(增订本)两书均否认太平天国曾开女科之事,否认傅善祥为女状元。

关于太平天国曾开女科之事,江苏上元县生员吴家桢在其所写《金陵纪事杂咏》中,有一首诗记载此事:

刺闱先设女科场,女状元称傅善祥;
堪惜扬州朱九妹,含冤六月竟飞霜。

诗后自注道:"将识字女子考试,取傅善祥为第一,唤入伪府,令司批答的。杨州朱九妹,工书算,谋用砒霜毒死杨逆,未成,被杀,极惨。"

沈懋良在《江南春梦庵笔记》中也曾记载:癸丑尝设女科,以傅善祥、钟秀英、林丽花为鼎甲。……发女榜后,俱入伪宫,隔数日发还,并传其父谢恩,人咸悔之,故甲寅岁无一应者矣。

以上两则史料中都曾记载,在癸丑三年(1853 年)太平天国确实曾开设女试,金陵女子傅善祥考中状元后,先在东王杨秀清府中任政事文书,颇受倚重,后提升为殿前左丞相。这些史料还说明,当时的女试是带有一定强迫性的。以后识字女子大为减少,即使有识字女子也不敢应试,以致太平天国的女科只举行过一次就再也未能续开了。

太平天国史专家罗尔纲先生在 20 世纪 50 年代初,曾对太平天国开设女科,考录傅善祥为女状元一事表示怀疑。后来经过不断探索与考证,终于给出肯定的结论。他于 1987 年在《学术月刊》杂志,对于商衍鎏、郦纯所著两书中的观点进行了明确否定:"商衍鎏、郦纯两先生不相信吴家桢《金陵纪事杂咏》那首'刺闱先设女科场'诗句的真实性,是因为他们忽略了处理在有不同问题的书中的资料应区别对待的原则。他们所提出太平天国没有于癸丑三年开过女科的种种论据,又都不能成立。……今天可以断定,癸丑三年太平天国曾考试女子,是一件铁的事实。"

罗尔纲先生在 1991 年由中华书局出版《太平天国史》第三十三卷科

举附招贤一章，总说的附录注解［1］中又明确写道：

"关于太平天国癸丑三年建都天京后，曾考试女子事，是在太平天国史上有争论的问题。经过同志们大家多年的探索和讨论，今天已经可以断定太平天国考试女子是一件确实的事"。

另一方面，他对以前在《太平天国史稿·科举制》中称为"女科"加以修正，认为最稳妥的应该把它称为"女试"。太平天国女状元的出现，既是农民革命运动的产物，也是对于几千年男尊女卑的封建传统观念的有力挑战。同时还说明太平天国在科举选人问题上，与以往科举制度相比有了重大进步。

丙 考试规程

太平天国对于科举考试，制定了各种规则章程。这些规章制度对于前代制度有改革之处，也有继承的地方，还有一些创新的举措。

一、考试办法

太平天国时期坚持报名与考试规定，考前张贴告示，向军民告知试期，士子必须在规定的日期到"典诏命"衙报名，不报名者不得参加考试。对报名者不做门第、出身限制。凡天朝臣民"无论何色人，上至丞相，下至听使，均准与考"。"无虑布衣、绅士、倡优、隶卒，取中者即状元、翰林诸科。"［中国史学会：《太平天国》（三），111页］

关于各类报名者资格，参加会试者，已中省试获举人身份者可以与考；前期会试落榜者、取中者（除元甲首名外）值期仍可入试；已中清政府各级功名的士子也可与考。凡考试者，文科笔试，武科演试，开考前日五更前，士子齐集试院门前候考。

二、考场规则

太平天国考场称为"天朝试院"，大门绘龙虎，有专人负责管理试院大门启土封，监试官到启门，士子点名按照秩序进场后，印封试院大门锁链，直到士子交卷放牌时启门。试间，任何人不得私自出入，禁只字片纸入内。考生每人发考卷一本，卷长1.2尺，宽尺余。主考官跪读试题后，令人将抄好的试题交巡察官分送考生。答题格式和要求抄在木牌上传阅士子。考生不得私自走出阁房，所有茶水、食物、灯台油烛，有圣兵传送。试毕，试卷由特定阅卷人收卷阅卷。[中国史学会：《太平天国》（四），721页]

太平天国在洪仁玕总揽文衡，任正总裁之后，提议改革考试制度，对于科举考试制定了多种考试规程，如《钦定士阶条例》《科场士阶条例》等一系列科场考试规程，经天王批准于1861年公布。使考试选拔人才有章可循，有法可依。但由于战争紧张，太平天国并没有严格执行这些规章。

三、考官选任

太平天国初期，科举考试的主考官往往是不确定的，事先不通知，而且大多数为兼职。会试主考官由天王特任，称天（东、北、翼）试正副掌考。东试派北王韦昌辉监试。省试主考官一般一正一副，也为天王特命，由会试鼎甲人员充任。甲寅年湖北省试正副掌考为翼试状元杨启福和榜眼张友勋。同年，安徽省试正掌考为天试状元武立勋，无副掌考。县试主考官由监军兼任。

太平天国己未九年，洪仁玕总揽文衡之后，建立了考试组织领导机构。洪仁玕为太平天国文衡正总裁，陈玉成、蒙得恩为副总裁，下设正副总阅、磨勘、阅文等职，他们直接对天王负责，共同领导地方考试事务，从而结束了前期无专人负责其事的局面。同时，对省、郡试主考官实行考试选拔制度，每三年选拔一次。其条件是"惟朝官及扣廷府等处有印属官以及京试曾经中式者准其应考"。正取者任省试主考官，称"提考"；备取者由总裁选定，奏请分任各郡度主考官，称"提学"，均一科一任，考毕回京。

四、考试管理部门：诏命衙与诏书衙

所谓"诏命"一词是指来自太平天国朝内，包括天王诏旨在内的命令。对于"诏命"一词，以往太平天国史的研究者都没有重视，《太平天国大辞典》与《太平天国词语汇释》均无该词条目[①]。实际上，诏命衙与

---

① 朱从兵：《太平天国文书制度再研究》，合肥：合肥工业大学出版社，2010年，第128页。

诏书衙都是在不同时期，负责太平天国科举考试的重要管理部门。按照现在的说法，可以称之为招生考试办公室。

更为重要的是，"诏命"并非单纯指太平天国某种级别的命令，负责这一工作的职位也是太平天国的一种官职，称"诏命官"或"典诏命"。张汝南在《金陵省难纪略》中记载，天王朝内有正典诏命、副典诏命。张德坚在《贼情汇纂》中亦有记载："典诏命二人，职同指挥。"[①] 因此，在太平天国朝内存在诏命衙的文书机构则是确凿无疑的。而负责这一机构的人员则是太平天国的高级官员。

在前期，诏书衙曾负责太平天国的科举考试，据佚名《粤逆纪略》中载："贼设诏书衙，令通文者就试，听候录取，其考试题目皆伪书中字句。取中则勒带行李到馆歇宿，并令出城抬米，就试者大半散去，余仅六十余人，以为抬米外无苦差矣，乃忽传令，威逼上船充当贼兵，一时文人无可如何，含泪而去，自是无就试者。"[②] 从文中介绍可以看出，太平天国初期的科举考试是由诏书衙负责的。

由于诏书衙在一段时期内职能较多，工作压力较大，太平天国曾一度设立簿书衙来缓解诏书衙的压力。后来，诏命衙被东王赋予负责东试的职能，而原本由诏书衙负责的天试武科，也逐渐成为它的职能管辖范围。从资料的记载中看，诏命衙的地位要比诏书衙更高一些，诏命衙兼管东试与天试武科，不仅抬高了东试的地位，而且也表明东王杨秀清在部分地抢夺洪秀全的用人大权，特别是抢夺天试武科的管理权，这也意味着东王对武力人才的偏爱[③]。

从目前所掌握的资料来看，关于诏命衙士写告示的记载较多，实际上是一个级别较高的秘书单位，相对来说它的职能比较单一，让它代行诏书衙负责科举考试的部分职能是极有可能的。因为科举非同小可，不可能立即全部取代，让其负责天试的一部分，也是合情合理的。

在太平天国后期制订的《钦定士阶条例》中，规定了诏命衙在科举考试过程中的三项职能：第一，诏命衙为科举报名处。"凡遇天试科年，……

---

① 罗尔纲：《太平天国》第三册，北京：中华书局，1991年，第87页。
② 罗尔纲：《太平天国》第三册，北京：中华书局，1991年，第113页。
③ 朱从兵：《太平天国文书制度再研究》，合肥：合肥工业大学出版社，2010年，第134—135页。

到京文士子投礼部验凭，武士子投兵部验凭，即持照投诏命官处报名，由诏命官开册送考。"第二，诏命衙负责试卷的准备工作。"试卷由诏命官内选派理卷官二员，于每届试期先行照知刷书官备办文卷多本，编列字号。"第三，诏命衙还负责考官的遴选。"其各部的提学，各省的提考，每逢子、午、荣年，于正月十五日京试考选择。"由此可见，诏命衙在太平天国科举考试中行使职权之重大。

诏命衙职能的演变过程可以基本折射出太平天国的命运和历史，它是太平天国成立较早的重要机构之一，并逐渐成为前期内部权力斗争的工具。由于它肩负着为太平天国选拔人才的重任，因此它的使命是与太平天国共存亡的。

丁　出身与待遇

一、参试人士之出身

太平天国基于男女、民族、政治、经济四大平等思想，对应试资格很少限制，而且从清代文人的记载来看，参加科举考试的人员很多都是贫苦知识分子。如《汇纂》卷三中记载："乡试中者无定额，亦不论门第出身，取中者即或为举人。……多僧、道、卦、星之流。"《金陵省难纪略》也载："上至丞相，下至听使，均准予考。"常熟龚又村的《自怡日记》也记载，常昭邑应试考者多为清贫知识分子，如钱筑岈等人。这些都是太平天国民主思想的体现。

太平天国的科举制度，不但废除了门第、出身、守孝、保结等限制，而且在录取标准上也放得很宽。如甲寅四年，湖北省乡试在一千人中取举人八百多人，安徽乡试也取七百多名，后期也是同样。《汇纂·科目篇》也有记载："宽其资格，诱以仕途，且示心悦服，进取者众也。"

二、待遇

（1）参试人士之待遇

太平天国对于参加科举考试人士明显有别于明、清两代需要自筹食宿费用的做法。明文要求地方当局"闻村镇有读书人，必须设法往劝，代为报名，至期引入城中"参加考试。凡应考者均由地方当局供应膳宿，赴京试者，由其供给旅费。在考期场内的饮食供应，乡、县、郡由典试官备办；提考官由郡总制备办，均报明佐将，在公费中支出。同时，严格执行考试政策，如《难中记》中规定："凡军帅名下，无人应考，职需黜革"。无锡县曾下令："不应试者砍其手。"《越州纪略》记载："有乡官以求典试者不得为恨者。"

总之，太平天国在前期阶段，为了吸收广大知识分子参加太平军工作，虽然在战争的环境下，始终坚持每年举行各级考试，而且在政策、制度及经费方面都给予了充分的保障。尤其是在庚申十年，在占领了江、浙两省大片土地以后，更是雷厉风行，军帅名下，无人应试者，一律革职查办。

（2）进士举人之待遇

太平天国对于考中进士、举人的待遇也是很高的。据《士阶条例》中记载：秀士（秀才）职同两司马；举人（约士、猛士、杰士）职同师帅；进士（国士、威士）职同军帅；三鼎甲封职指挥，二甲首名同将军，余同总制。

据谢介鹤在《金陵癸甲纪事略》中记载：天试状元武立勋，翼试状元杨启福，探花张友勋，天试会员傅少阶，东试翰林严定邦、杨在甲、赖汉光，东试探花何震川等人，在考取之后，都按级别给予了很好的待遇。

附：太平天国状元名录

据林白、朱梅苏在《中国科举史话》一书中记载[①]，太平天国时期共考取文、武状元共计19人。其中文科状元17人（含女状元1人），武科状元2人。

文科状元17人：

叶春元、刘盛培、范朴园、沈抡元、朱世杰、武立勋、傅善祥（女）、吴容宽、刘闼忠、程文相、乔彦材、杨朝福、陈佚、陆培因、徐首长、吴镇坤、汪顺祥

武科状元2人：刘元合、覃贵福

---

① 林白、朱梅苏：《中国科举史话》，南昌：江西人民出版社，2002年。

戊　太平天国科举制度改革起因与利弊分析

一、太平天国对科举制度改革的起因

1853年，太平天国起义后不久既宣布开科取士，招贤纳士，这在中国历代农民起义中是十分罕见的。太平天国之所以把科举考试作为人才选拔的主要方式，并又对其进行改革，是由多方面原因决定的，特别是当时太平天国所处客观环境的限制，同时也与太平天国主要领导人的主观认识有着密切的关系。

（1）与太平天国主要领导人的科举经历与认识有关

在太平天国起义之前，太平天国的主要领导人都曾参加过科举考试，均名落孙山，这就形成了他们对科举的矛盾和复杂心理。洪秀全从1827年到1843年，先后参加过四次科举考试，均落第。在第四次科举落第之后，他曾发誓"不考清朝试，不穿清朝服，让自己来开科取士吧！"[①] 洪秀全因屡试不第，而对科举制度怀有恐惧与仇恨，萌生要变革的心态，由此产生对现实社会强烈的不满，对这种复杂心态才是他造反的真正原因。太平天国定都天京后，洪秀全终于实现了自己当年开科取士的梦想，所以他便急于要实施科举考试。

除了洪秀全之外，太平天国其他领导人，跟随洪秀全走向造反之路，也有其重要的个人因素。例如冯云山，这位拜上帝会时期的重要人物，走上反叛之路很大程度上也是缘于科场的多次失意。因此，太平天国开科取士时，领导人竞相主持科举考试并不奇怪，至于领导人亲自出题考试，并在沿用清朝科举制度的过程中，对其进行变革，这也就是顺理成章的事。在太平天国后期，洪仁玕主张在科举制度中进一步加入一些西方的内容，这也是与他个人的经历和认识分不开的。同时也反映了接受过西方教育之后的中国人，对于西方先进文化的认同，是符合历史发展趋势的[②]。

---

①　广西师范学院历史系：《金田起义》，南宁：广西人民出版社，1975年，第23页。

②　于书娟：《太平天国的科举制度初探》，《教育与考试》2007年第5期。

(2) 招募人才和巩固政权的需要

在定都天京之后，太平天国虽然建立了自己的政权，但这一政权是极不稳定的，时刻面临着被清政府消灭的危险。这就决定了在太平天国时期，洪秀全没有条件从建立学校开始，从容地培养出自己所需要的大批人才，于是只有从社会现有人才体系中去招贤纳士。要招募符合自己要求的人才，就必须用太平天国的指导思想作为人才的选拔标准。但同时，作为农民起义队伍的局限性，太平天国的领导人也不可能想出一套完全有别于清朝政府，以及更好的选拔方式，因此对清朝的科举制度就要先继承下来，在接受的同时，对原有的科举制度加以必要的改造，以便符合自己的切身利益。太平天国初期，在实行科举的同时，又出台了一系列招贤制度就充分说明了这一点。

太平天国对科举制度考试内容和程序的改革，完全是从选拔自己所需要的人才出发，对士子在意识形态和思想领域进行控制的一种方式和手段。而对应试对象标准的放宽、录取人数的扩大、资助费用的增加等方式，也是太平天国领导人急于巩固政权，以及收买人心的需要。在实施科举考试过程中，采用生硬的求才方法，一方面表明了太平天国时期用人之切，在这种情况下，采取这样的做法也就不足为怪了。

(3) 由于科举制度弊端所引发的结果

科举自从被确定为帝制社会的官员选拔制度以来，政府便陷入了长期不休的争议之中。争议的焦点无不是为了探寻一种更加完善、有效的人才选拔制度。在1300年的历程中，科举的利弊存废遭遇到各种议论。到了晚清时期，对于清代政府长期采用"八股取士"的做法极大地限制了人才的思维发展，以及文学作品的创新，各界人士对科举制的抨击更加集中，更加尖锐。科举选士对于人才的制约，与政权巩固急需大量实用人才的矛盾空前激化，太平天国对于科举制的改革也是顺应了时代的发展。

二、太平天国对科举制度改革的利弊分析

太平天国的科举制度，是中国在沦为半封建半殖民地社会历史条件下，农民起义军为选拔服务于政权所需人才而制定的考试制度，它沿袭了清代政府的考试制度，但又有所突破与创新。由于农民起义组织的局

限性,他们所制定科举制度也必然有其弊端。

(1) 积极影响:太平天国科举制度的历史进步性

第一,太平天国的科举制度,打破了清朝统治者所规定,参加科举受三代出身限制的常规,扩大了下层劳动者出身考生的范围。太平天国定都当年即开科取士,并规定凡天朝臣民"无论何色人,上至丞相,下至听使,均准与考","无虑布衣、绅士、倡优、隶卒"。太平天国将人人平等的思想运用到科举中,使下层广大劳动人民子弟有机会通过参加考试入仕,而参与政权管理。这样做的结果,其政策与政权受到了广大中下层人民的拥护,也极大促进了社会向上流动的局面。

第二,太平天国的科举制度,变革了科举考试的内容和形式。清代科举考试规定,考试内容以四书、五经章句命题,考试形式采用八股试帖体。这种考试形式造成士子们成年累月埋头于故纸堆里,"束发就学,皓首穷经"。洪秀全把西方的经书引入科举考试,谕令太平天国以新、旧约、圣经作为科举考试的基本,而不得用孔孟经书①。后期,考虑到一些长期受孔孟和儒家学说影响的士子对于西方文化的接受能力,洪仁玕又在考试内容中增加了真圣主御笔改正过的四书五经作为士子可读书目②。科举考试内容的变化,克服了清朝政府"八股取士"的弊病,也反映了当时农民阶级已意识到变革科举考试内容的必要性。

第三,太平天国根据巩固政权的需要,采用自己的取士标准。他们不再把士子的试卷是否符合"八股文"的要求,作为录取的主要条件,坚持以不反对太平天国政权,遵守太平天国规定的宗教信仰为原则,"士子知全敬上帝,自然同心合力振天威"。按照自己的取士标准,对清朝科举考试的等级、中式士子的称呼都进行了改变,充分表明了太平天国对于旧科举制度彻底改革与摒弃的决心。因此,太平天国录取了一大批士子充实到政权管理之中。天试状元武立勋,安徽和州人,被任命为安徽省试正掌考;太平天国十年,广西人覃贵福,因习武技能出色,在洪秀全亲自主持的天试中,被钦定为仅有的二名武状元之一。按照太平天国的规定,授予覃贵福职同指挥,成为太平天国军中的一名高级将领;天试进士胡万智,不仅在充才馆任职,后来还带兵驻守兴国。

---

① 中国史学会:《太平天国》(三),北京:中华书局,1959年,第232页。
② 谭文凤:《关于太平天国科举考试的若干问题》,《历史档案》1994年第1期。

第四，太平天国在科举考试的历史上，首次开考女试，这是具有划时代意义的事件，充分体现它所倡导的男女平等的精神。在我国科举的历史上，各朝代均明文规定，女子不得应试，虽然这并非科举的特殊规定，而是封建制度的普遍禁地，但却在客观上造成了"男尊女卑"这一封建思想的长期存在。太平天国定都天京后，"行考试女子之典，正主试为洪宣娇，副主试为张婉如、王自珍。题目为《惟女子与小人难养也》，应试者二百余人"。"傅（善祥）作独力辟难养之说，引古来贤女内助之功，为秀全所激赏，遂充状元，饰以花冠锦服，鼓吹游街。"① 此后，女状元傅善祥在东王府担任簿书，替东王杨秀清指示批阅机要文件。后来，由于识字女子不多和受其它条件的限制，太平天国再没有开设过女科。傅善祥也就成为中国唯一的女状元。但是，这次开设女科事件非同一般，是科举史上一次伟大的突破与创新，对于后来女子教育和近现代考试制度来说，都产生了深远的影响。

（2）消极影响：太平天国科举制度的历史局限性

近代中国是在西方列强不平等的条约束缚下，被迫开始接受西方文化。太平天国革命作为一次较大农民起义运动，受历史的局限性，其领导人没有也不可能正确认识西方文化。首先，他们本能地感到变革科举考试的重要性，但却把西方宗教经典全部照搬过来，规定科举考试内容以《旧约》《新约》等圣经内容为根本，因此使考试带有浓厚的宗教色彩。其结果是引起了许多读书人的不满，阻碍了一些原本投身于起义军队伍的士子。自从科举考试以来，孔子就是读书人的至圣先师。太平天国宣传天下人都是上帝所生所养，没有高低、贵贱之分，这是文人士子所不能接受的。相反，以圣经为根本，还给曾国藩提供了煽动知识分子敌视太平军的把柄。以此，曾国藩网罗了不少能人学子充实到湘军队伍，向太平天国展开了猛烈的进攻。

其次，科举考试过于频繁，中举名额太多，从而有失科考的严肃性。太平天国科举考试以天试最为奇特，一年竟设有天试、东试、北试和翼试共四次，试期分别以天王、东王、北王、翼王的生日为期，各自开科取士，各自出金榜。这样做的缘由可能是天王洪秀全为了体现出诸王的

---

① 徐珂：《清稗类钞》，《傅善祥应粤寇试》，北京：中华书局，1981年。

平等，天试、东试、北试和翼试具有同等的资格，不分高低，每试均可产生状元、榜眼、探花。但其结果却失去了科举考试的严肃性，也造成报名少，录取比例大的现象，从而降低了人才录取的质量。太平天国后期颁布的《钦定士阶条例》将科举考试由每年一次改为三年一次，但最后并没有真正实施。

最后，求才方式生硬，考试带有明显的强迫性。如上所述，由于报名者少，取士过滥，中举者没有得到传统科举下应该有的荣耀，所以士子们大都不愿意去应试。但发展中的太平军又急需大量知识阶层与管理人才，所以他们不得不采取一些诱惑、劝说，甚至杀戮等高压手段，来强迫士子们去应试。由于当时处于战争年代，物质并不富裕，而太平天国给予士子们的许诺有时根本无法实现，从而更加挫伤了应试者的积极性。面对这种强迫措施，很多人选择逃跑，逃不掉被迫应试者则满怀愤怒，甚至作诗讽刺，从而给自己招来杀身之祸。

己　太平天国科举制度改革的意义与社会影响

以往对于太平天国科举制改革研究，主要是侧重于是否有利于招募人才与巩固政权这一政治层面，较少从社会结构变迁的角度观察问题。其实科举制度是一项集文化、教育、政治、社会等多方面功能的基本体制，它上至封建官僚之政教，下系普通士人之耕读，使整个社会处于一种循环的流动之中，在中国社会结构中起着重要的联系与中介作用。因此，深入研究太平天国科举制度的意义与社会影响，对于当今教育体制的改革、人才选拔制度的创新、旧的社会风俗的破除等方面都有积极的意义。

一、太平天国科举改革的意义

太平天国与历次农民起义相比，它最大的不同之处在于建立了比较完备的政治制度，特别是实行了科举考试制度。尽管由于农民运动自身的局限性，并没有完全实现他们最初所倡导的太平世界、人间天国的梦想，但它所推进的科举考试却对近代中国产生了重大影响。无论是在形式上，还是在内容上，都力图体现与历代科举不同。它把"男女平等"

"四海之内皆兄弟"等思想贯穿在科举考试之中,打破了旧科举制中有关籍贯、出身、门第等种种限制,最大限度地将入仕资格向中低阶层子弟开放;首次开设女科,使满腹经纶的才女有用武之地,从而在一定意义上破除了男尊女卑的封建习俗;考试注重与时局相结合,对历代科举形式既有继承也有创新;同时注意引进和吸收西方的思想;等等。这些无不体现出它的文化特色与时代风格。

因此说,太平天国的科举考试尽管没有像洪秀全所希望的那样,完全摧毁旧的科考制度,并且具有这样那样的瑕疵。然而,在当时清代"八股取士"已经根深蒂固,但又广受社会各阶层人士抨击的情况下,它的改革无疑对中国社会产生了重大影响,是对传统科举考试的一次伟大变革。它不但推动了近代中国向西方学习的步伐,而且促进了晚清科举制的变革乃至废除,有学者甚至认为它是"传统科举与近代考试制度的一个分水岭"[①]。

二、太平天国科举改革的社会影响

太平天国对于科举考试的改革,不仅为选拔巩固自身政权所需要的人才奠定了基础,而且对于清朝政府的科举制度变革也产生了一定的作用,同时对于改变传统教育体制、人才选拔机制,以及改变传统社会风俗等都有深远的影响。

(1) 对于清朝政府科举制度改革的影响

太平天国的科举改革对于清朝政府也曾产生过影响。这一时期,清政府对于太平天国的改革并非是完全无动于衷的。例如,太平天国对于科举制的改革,迫使清政府在收复曾被太平军攻克的地方,也增加了科举考试的次数,扩大了录取人员的比例和数量。太平天国设立学校教育的内容就有军事教育、各种手工技术教育等,这些教育形式避免了学校沦为科举附庸的命运,为以后清朝废除科举、广兴学堂提供了很好的借鉴作用。如1862年,清政府在北京建立了同文馆;1898年又创立了以西方传教士为主的京师大学堂;1901年,清政府曾颁布法令,要求全国建立的大、中、小学等各级学校,均以新学(西学)为主要内容。这样一

---

① 杨银权:《论太平天国科举考试的特点及意义》,《贵阳学报》(社会科学版) 2009年第4期。

来，由于新学在全国的确立，西方文化随即旋风般地席卷全国。

1840年鸦片战争以后，西方国家用重炮轰开了中国的大门，西方文化也伴随着它的经济和技术实力，开始对中国文化进行冲击。在其强大的攻势下，曾经统治中国文化达一千多年的正统儒家学说逐渐失去了它昔日的光彩。清朝统治阶级中的许多有识之士，也意识到中国传统文化的落后及其对社会生产力的束缚，因而提倡引进西学，建立以西方科学文化为主的新型学校，改变传统科举制以学习儒家经典为主的考试方式，1905年延续了1300年的科举制只好被废除。太平天国对于科举制度的改革，无疑加速了清政府对于科举制度废除的步伐。

（2）对于改变传统教育体制的影响

历代科举制度对教育的影响，莫过于"应试教育"传统的形成，即一切教育活动皆以科举考试为重心，由考试引导教育，使学校沦为科举的附庸而形同虚设。科举产生之初主要是一种人才选拔机制，人才的来源并不限于学校，但是在后来，科举俨然成了学校教育各方面工作的指挥棒，也就形成了科举士子皆由学校出的惯例。太平天国对科举考试改革还有一个非常重要的意义，就是打破了学校对于科举的依附，恢复了科举对于人才选拔机制的本来面目。

由于当时太平天国政权的不稳定性，这就使得它的教育与以往有所不同，尤其是与当时清代政府的教育有很大区别。据史料记载，太平天国早期虽然设立有应用性学校，但由于是在战争年代，这在客观上决定了不可能举办许多学校，从而也不可能从学校中选拔出自己所需要的人才。所以，它在科举考试对象上对于出身限制加以废除，不仅从自身队伍中选拔，也从清朝政府内部招揽人才。除了科举考试之外，还设有招贤制度。这就使得科举考试和学校考试之间的关系适当分离。直到近代科举制的废除，学校才重新恢复其独立培养人才的地位。从这个意义上来说，太平天国时期所实行的科举制，打破了它们之间的这种僵硬、单一的固定关系，对于现代教育有着深远的影响。我们今天研究这段历史，就要重新挖掘它的当代价值。

（3）对于后世人才选拔机制的影响

科举制度于隋朝创立以来，就不断产生新的问题和流弊，因此经常遭到一些有识之士的批判与抨击。宋神宗时，在朝廷内曾就科举制度的利弊进行过一场激烈的辩论。著名改革家王安石指出：当今少壮之人，都是年轻有为者，此时不让他们懂得和学习治理天下之道，却令其闭门学诗作赋，这就从根本上坑害了人才。明末清初思想家顾炎武说得更为深刻：现行科举制度注重诗文，其实这都是雕虫小技，对社会不仅没有多少益处，而且使士不成士、官不成官、兵不成兵、将不成将。为此，他主张"文须有益于天下"。魏源曾谴责科举制度，认为它培养了无数的无用人才，他主张：按照一个人的办事能力及其业绩选拔人才，以改变八股试帖下扼杀人才的弊端[1]。

在中国封建社会，一贯轻视工匠，认为"劳心者治人，劳力者治于人"，吹鼓手在国家法典中更被定为贱民之列。太平天国对于劳动人民及其所从事的工作极为重视和尊重。对各类人才尽行搜罗录用，除实行科举考试之外，还采用公开张贴"招贤榜"的办法，平等招贤。据赵文烈《落花春雨巢日记》中记载，太平天国建都天京后，曾出招贤榜曰："江南人才最多，英雄不少，或木匠，或瓦匠，或钢铁匠，或吹鼓手，你有那长，我便用你那长，你若无长，只可出力了。"太平天国有时为某一专门人才不惜重赏特行招贤[2]。此政策的出台，克服了以往在人才选拔上"重经术轻技艺"的不足，征引来了许多怀有绝技的人才，从而改变了科举着重以拜上帝教义进行考试的偏颇[3]。罗尔纲指出：太平天国根据自己的科举路线和取士标准，对人才的衡量与封建朝廷大不相同，一反封建社会之所为，追求人人平等之权力，使中国劳动人民的才智"在中国历史上第一次得到了扬眉吐气"，这也是太平天国科举和招贤制度所体现出的根本精神[4]。因此说，太平天国时期所采取的科举与招贤相结合的并轨选拔人才运行机制，对于后世人才选拔制度的影响是深远的。直到现在，人们不仅把在高考成绩中，摘取桂冠的才子称为"状元"，还把那些在各个领域工作中取得优异成绩，名列第一的人也称为"状元"，诸如"销售状元""木工状元""养猪状元"等。当今人人常说"七十二行，行行出

---

[1] 李尚英：《科举史话》，北京：社会科学文献出版社，2011年，第157—160页。
[2] 转引自田建荣：《中国考试思想》三十三卷《科举》，北京：商务印书馆，2004年，第315页。
[3] 田建荣：《中国考试思想史》，北京：商务印书馆，2004年，第313—315页。
[4] 罗尔纲：《太平天国史》第二册，北京：商务印书馆，1991年，第1289页。

状元",各行业优秀人才都有用武之地。科举制度废除之后,虽然状元已成为历史的陈迹,但是状元的称谓却并未因此而消失,传统的状元情结依然存在。

(4) 对于改变传统社会风俗的影响

由于中国历代封建社会都规定,女子不得应举,客观上造成男女不平等,以至于在中国"重男轻女"之风俗流传至今①。正如邓嗣禹所说:"中国儿童向学之早,及重男轻女之习,考试之制,不无影响。"② 的确,在中国封建社会,妇女即使满腹经纶,才华横溢,也没有资格应试,中举做官只是男人的事。

在中国古代文学作品中,有许多以科举为题材的佳作。在那些作品里不少女性都有女扮男装参加科举的经历。有一出戏叫《女驸马》,讲的是冯素珍女扮男装考中状元,被招为驸马,但却犯了欺君之罪,险遭杀身之祸;清代才女陈端生,写了长篇弹词《再生缘》,说的是主角孟丽君,一位天生丽质而又多才多艺的奇女子,女扮男装,中状元招驸马,在洞房花烛夜,和真公主上演了一场紧张、惊险的好戏。当然,这些只能是文学作品中的虚构故事,但却反映出了广大剧作家们为争取女权而发出的呐喊。

在太平天国时期,富有才华女性不仅可以成为太平军的各级文武官员,统领千军万马,而且可以参加科举考试,甚至被录取为状元;一般女性也不用缠足,而缠足恰恰是宋代以后中国知识分子强加给妇女的一副巨大的苦难枷锁。笔者认为,历代科举制度在1300多年时间里,对于女性的长期歧视,是造成中国"重男轻女""男尊女卑"社会风俗形成的主要根源③。

在中国历史上,只有洪秀全领导的太平天国时期,实行科举制度时,对于清朝科举考试的程序与内容都做出过重大改革,在选择士子标准上提倡男女平等,并设立过女试,考选出一名女状元傅善祥,这是太平天

---

① 彭靖:《科举学的当代价值:国际影响力的提升与公务员制度改革》,《中国考试》2013年第1期。
② 邓嗣禹:《中国考试制度史》,北京:吉林出版集团有限责任公司,2011年,第266页。
③ 彭靖:《从太平天国科举看当今高考制度改革》,《中国考试》2013年第3期。

国在科举选拔人才方面作出的又一重大贡献。从而在一定意义上破除了男尊女卑的封建习俗,是比平均地权更具深远影响的一件大事,对后世产生过深远的影响,它留给人们许多启迪。田建荣也认为,太平天国的科举对于打破在人才培养和选拔方面的"女禁",使中国考试走向近代化,做出了不可磨灭的思想贡献[①]。

2012年12月召开的党的十八大时,党中央决策层首次将男女平等的内容,作为基本国策写入报告之中。当今之时,真正实现了男女平等。为此,许多十八大代表表示:"从国家层面来讲,男女之间最重要的还是真正实现男女平等。""将此内容写入报告,对女性参政议政是一个鼓舞,对于女性地位的提高会起到很大的促进作用。"这一举措也是对于中国千百年来"重男轻女"之风俗的彻底否定。

(5)动摇了地主阶级愚昧人民的统治,为中国革命运动奠定了基础

太平天国科举考试改革还有一个非常重大的意义,却被以往的科举研究学者所忽视。在传统的科举制度下,中国的知识分子群体完全是站在地主阶级、封建统治者一边。封建统治者为了愚弄人民,他们拼命树立以孔子为代表的知识分子的榜样形象,让人民被迫接受"万般皆下品,惟有读书高"的信条,其目的就是要恐吓人民,禁锢人们的思想,不许人民在深重的压迫下有任何反抗的念头。

太平天国科举制度在考试内容上,剔除了四书五经作为士子必考内容,并对孔庙、孔牌进行冲击。由洪秀全为首的,以中下层知识分子为代表发动的太平天国起义,由此宣告了中国中下层知识分子与传统文化的决裂。

知识分子群体大分裂的开始,也预示着科举制将走到尽头,所以40年后科举制废止。而科举制的废止,使儒家思想凝聚机制急剧瓦解,社会成员从原有的生存结构中脱离出来,又无法被新的生存结构所吸纳,从而迅速形成"游离化"状态。这种"游离化"的社会群体,对于清末及民国初年的社会转型,构成了巨大的政治参与压力,进而引发急剧的社会震荡。

萧功秦指出:造成这种"游离化"的社会原因,是因为大批士绅知识分子失去了通过原有儒学知识获取仕途的指望,加之年龄、知识结构、

---

① 田建荣:《中国考试思想史》,北京:商务印书馆,2003年,第313页。

经济能力等多种原因,而无法进入新的学堂,因而产生群体性的对现实的疏离与不满①。这些处于游离状态的阶层,由于社会地位的不稳定、前途的渺茫与心理的失落,以异乎寻常的速度,急剧地涌入政治领域。另一方面,革命的情绪也最容易在这一批富有理想,同时又在现实中备感绝望的青年知识分子中发展起来。

这些人正是辛亥革命、五四运动的真正中坚力量,同时也有越来越多的中下层知识分子成了共产主义者,从而为日后的中国革命运动奠定了舆论基础和人才基础。

自从有科举制度以来,中国的读书人大略分为两种,多数人是"两耳不闻天下事,一心只读圣贤书"。具有远大志向的少数人则是"风声雨声读书声,声声入耳;家事国事天下事,事事关心"。如果说洪秀全是因为没有考上功名,想通过造反来改变命运,或者说是对现实不满铤而走险,康有为、孙中山、毛泽东等人更多则是出于对国家前途、命运的考虑和关注。他们都从不同角度借鉴了太平天国成功与失败的经验和教训,在不同时期开展了反清、反封建的革命运动。

康有为从1882年到1888年,曾有多次进京参加乡试的经历。1888年9月,他在又一次名落孙山之后,第一次上书光绪皇帝,痛陈国家的危亡,批判因循守旧的现状,要求变法维新。后来,他又联合其学生梁启超、谭嗣同等人,起草了著名的《公车上书》,向朝廷提出了"拒和""迁都""变法"的三项建议②。戊戌变法运动是先进的"秀才们"在太平天国之后的又一次造反行为,但在强大的封建集团的反扑下,终以"戊戌六君子"的鲜血,在中华大地上画上了一个令人惋惜的句号。

变法之路走不通,秀才们就萌发了武装造反之念。少年时代就仰慕做洪秀全那样英雄的孙中山,为了振兴中华,组织兴中会,发行股票,集资购械③。1911年的辛亥革命则是积蓄已久的各种矛盾的总爆发。清

---

① 萧功秦:《从科举制度的废除看近代以来的文化断裂》,《战略与管理》1996年第6期。
② 王晓华、俞前:《秀才造反与民国创立》,上海:上海人民出版社,2011年,第8页。
③ 王晓华、俞前:《秀才造反与民国创立》,上海:上海人民出版社,2011年,第19页。

王朝为一种新的政府形式所取代，帝王作为传统政治形态的制度底线在革命的炮火中陷于崩溃，曾经支撑起无数观点和政治习惯的帝制被废除了[①]。

辛亥革命十年后，爱国知识分子借鉴前人和世界上优秀无产阶级政党的经验，用马克思主义思想武装头脑，建立了先进的政党——中国共产党。毛泽东曾精辟地指出，马克思主义的道理千头万绪，归根结底就是一句话，造反有理。根据马克思的理论，秀才们脱去长衫，走与工农相结合的道路，依靠群众，发动群众，坚持"枪杆子里面出政权"的方针，始终贯彻"党指挥枪"的原则，实行工农武装割据，高举反帝反封建的大旗，经过长期艰苦卓绝的斗争，终于造反成功，不仅取得了新中国革命的成功，而且还取得了社会主义革命建设的胜利。

---

① 刘建军：《中国现代政治的成长》，天津：天津人民出版社，2003年，第238页。

第八章　结论

甲　考试制度与政治之关系

考试本旨，固在得才，以为治国安民之用。吾国考试，行之千二百余年，果于政治有何关系？此即本节所欲论述者。

一、考试权独立

唐有天下二百八十八年（西六一八—九〇七），自武德五年（西六二二）开科取士，曾举行二百六十二次，中停者仅二十二年。五代五十二载，惟梁与晋，各停贡举二年。（参《文献考》卷二九至三十）宋有天下三百一十九年（西九六〇—一二七九），约行考试一百二十次。辽二百十七年，自统和六年计算，行五十次；金一百十九年，行五十四次。元行十六次。明自洪武三年开科，六年停之，十七年复开，共行八十八次。清自顺治三年会试，至光绪三十一年，共行百十有一科，未曾间断。其中兵戈扰攘，外患叠兴，内乱时作，考试之典，从未一废。当唐之时，进士王如泚妻公，以伎术供奉明皇，欲与改官，拜谢而请曰："臣女婿王如泚，见应进士举，伏望圣恩回授，乞一及第，上许之，宣付礼部，宜与及第。"（《唐语林》卷一）而礼部仍必考试，是天子尚难干预，明清以来，分主考房考，主考司试，房考衡文，又分内帘外帘官，各不相涉，清季各部腐败，达于极点，惟抡才之典，虽有流弊，始终慎密，是考试制度在中国政治史之地位，殆有不可忽视之价值。虽然，此亦仅在举行抡才之典，始终进行，不为政局所扰而已。若夫及第授官，固非如英国事务官员，不受政党之影响也。

二、考试统一思想兼助统一政治

忠君尊孔之思想，支持中国政治千余年，果何由乎？曰：由于考试。西汉策问，多诒媚之言；东汉孝廉，率取年少能报恩者。唐高宗永徽四年，颁孔颖达《五经正义》于天下；玄宗开元二十二年，御注《老子》；唐武后制《臣范》，宋太宗刻《礼记·儒行篇》，王安石著《三经新义》及《字说》，元始以朱子四书义取士，明洪武十二年编《春秋本末》成，所以内中国而外夷狄；永乐十三年修《五经四书性理大全》成，命礼部刊刻，颁行天下。以之试士。清世祖御定《孝经衍义》，圣祖御纂《性理精义》，亦以之为课士准绳。此等书籍，名为崇圣，实则尊君。故李世弼金《登科记》序曰：

> 科举……岂徒篆刻雕虫而已哉，固将率性修道，以人文化成天下，上则安富尊荣，下则孝悌忠信，而建万世之长策。……国家所以借重古道者，以六经载道；所以重科举也。后世所以重科举，以维持六经，能传帝王之道也。科举之功，不亦大乎！（见《玉堂嘉话》）

以科举传帝王之道，结果差可目为成功。自唐以来，科场试艺，类皆颂圣忠君之词，稍有放肆，辄指为异端。明清八股，尤为千篇一律。今阅制艺观海集，殆如机械制造品，长短格式，靡不相同。夫既限之以经书，限之以文格，又复律之以殿举之罚，连坐之法，天下士人，耽于利禄，焉能别有枢机？故自唐以后，于学术少疑古之士，于政治少叛逆之徒。求如先秦诸子之学术，无有也；春秋战国魏晋南北朝之纷乱，亦无有也。而疑古者，叛逆者，乃无意于举业之士，或受挫于科场之徒，如唐之黄巢，清之洪秀全，其最著者。以思想之统一，叛逆之减少，故政治亦随之而统一。

三、庸人多于非常之士

夫科举之重视，千有余年矣。而考试之本旨，又在得才，千余年中，此种目的，果达到乎？殆难言矣。历代名臣贤相，建功立业，及硕学名儒著书立说者，十之八九，盖从此孔穿过。不能谓未得人才也。然以盖世奇才，有不尽出身科场者。此中原因，盖一以奇伟之士，无意举业，虽有荣禄，不能网罗；一以科举之时，人数众多，阅卷草率，易于遗才。试观宋俞文豹曰：

> 柳子厚《送章秀才序》曰："今进士岁数百人，咸多为文词。……有司一朝而受者，不知几千万言，读不能十一，即偃仰疲耗，目眩

而不欲视，心废而不欲营。"余尝见贡院誊录人说，每日各抛下卷子若干，限以时刻，迟则刑责随之。日夜不得休息，饥困交攻，眼目赤涩。见试卷有文省字大，涂注少，则心开目明。……为考官者可知矣。(《吹剑录外集》页二)

明叶盛曰：

> 景泰二年，予为殿试弥封官，最知读卷事。第一甲盖阁老预属意于受卷官，已皆知之，余皆分送读卷诸大臣，且率以三分上一等，次二等各置一所。少顷，阁老收上一等则判二甲，次二等则判三甲也。将午，三人者持一甲卷诣文华进读，午后填黄榜，明早榜出矣。盖辰巳二时，榜中人第已定。若曰须一一品量高下次第，固有所不能也。(明《翰林记》卷十四)

杨士聪曰：

> 文至今日，饾饤满纸，几于无处着眼。……余每阅卷，不须由首彻尾，不拘何处，偶觑一二行，果系佳卷，自然与人不同，然后从头看起。场中搜察落卷，多用此法。即数百卷，可以顷刻而毕，无能遁者。(《玉堂荟记》卷下)

钱大昕《湖南乡试录序》曰：

> 湖南应试举子四千余人，三场之卷凡万二千有奇。合经书，经义，策书计之，不下五万六千篇。臣等自阅卷之始，至于撤棘，计十八昼夜。文卷浩繁，而时日有限，谓所去取者，必皆允当，而无一遗才，臣诚未敢自信也。(《潜研堂文集》卷二三)

观此可知阅卷难精。士聪播弄聪明，数百试卷，可顷刻而毕，其难精准，无俟言喻。大昕为学精密，甲于清代，然尚不敢自信无遗才，其他更可想见。先是康熙四十一年，"浙江巡抚赵申乔言：浙省每科试卷一万二千有奇，旧例同考仅十三人，不能遍阅，请增三员，礼部覆允"。(《香祖笔记》卷二)然至乾嘉之时，试卷日益多，而阅卷官之忙碌如故也。自宋以来，考官因繁忙，即有重首场轻三场之习，黄尊素所谓"主司去留，止以初场，余束不观"，为宋明两朝大弊。(见《续通典》卷二二)清代尝悬为禁令，命有司阅卷须三场均重，而势有所不能。且文字风尚，随衡文者而异，无一定准。故"士有积学数十年，文字不中有司程式，终老场屋者,而浅学薄植,偶因一日之长,侥幸弋获者"。(语出钱大昕《山东乡试录序》,《潜研堂集》卷二三)又有因父兄亲朋,曾经科第出身,习知科场情弊,主司意向,告以筹防迎合之道,易于中式者。

尝读《纪文达公集》,前后所拟策题,大旨皆相差不远;所作各乡会试录序,则强半为其策题之答案。倘使有人居京师,获读其文,则其中式必易。若穷乡僻野之士,乡梓无先进,朝庭无高官,一旦应试,是犹乡人远涉重洋,而无人预为指示,其周旋动静,必难应时。文体场规,必难尽适。故科举发达之区,中式较易;否则较难,以阅卷之草率,及夤缘揣摩之习,致真才实学,往往见遗。此诚科举制度之一失也。

其幸而中式,得达国家抡才之旨,以为治繁理剧之用,则科第出身人材,亦未尽副所望。唐宋之时,用人行政,不尽由考试,姑置勿论。明清之际,多由此途。于斯时也,士人居位,皆富书生习气。明代士人,尤好意气用事,党同伐异。故自有科举,则有党祸。清以严厉之压制,党祸始衰,然唐宋重帖经墨义,士人不识义理,所得之人,如王安石所言:"小则不足为天下用,大则不足用天下国家。"明清重八股,舍此以外无学问。殿试重书写,舍此以外无文章。如陆建瀛、叶名琛、何桂清等,皆专小楷试帖者也,乃出而殃民,为世大僇,岂不哀哉!顾炎武曰:"用八股之人才,而使之理烦治众,此夫子所谓贼夫人之子也。"《集释》引杨氏曰:"八股之才,无一可用,只儒学一选,是其本色。然而溺职者比比也。"(《日知录集释》卷十七"出身授官"条)"夫科举之文,依于四子五经,而礼乐兵刑财赋河渠边塞之类,无不惟所试,是皆修身之要,天下国家之所以为用;以是取士,宜可得士,而顾不能者何哉,四子五经之精微,非老师宿儒专力致精不能究其义,而礼乐兵刑财赋河渠边塞之类,皆专门名家之学,聪明才杰之士为之数十年,仅乃通之,而举责之于一人之身,三场之试,其责之也难,其求之也备,士不能副其求,则襞积剽略,苟且以塞责,而上之求士,取盈其数而已。故虽不如所求,而亦收之,虽有贤者能者出于其间,然而寡矣。……但能奉吾法循之勿失而已。懦庸阘茸之辈,侥幸迭进,而奇材异能,或困于科目,老死不能自见。……是以朝廷常有乏才之患,是取之不精之过也。"(孙鼎臣《刍论》卷

—《论治三》)吾故曰:庸人多于非常之士。

四、官人有定准,不敢过用私人

虽然科举制度,虽未能将天下英贤,一网打尽;然于政治,有一大利焉。即用人行政,可获一定之标准也。当魏晋南北朝之时,行九品中正之制,政治掌于高门阀阅之手,舍高门外无准则。唐行科举,礼部中式,尚须试于吏部,身言书判,四者得兼,然后出身致仕。否则虽韩愈之才,不能得之于有司也。清代保荐之制,尚须略行考试,即宗室八旗,亦贵笔帖式出身。故明清以前,登仕籍者,皆比较为解律例治文书之人。知县大都进士举人出身。舍元朝外,未有为官不识字者。当此数朝,官场请托之习,固非绝无;然欲将未经科第之私人,纳诸要津,予以高官美爵,殆不可能,是其功效,在科举制度,固已显示无遗。而英美各国采用文官考试者,亦在救请托之病,而又成效卓著。此孙中山先生当罢科举之后,所以毅然倡行考试制度也。

乙 考试制度与文化之关系

一、普及文化,为民族同化之工具

中国民族,几经沧桑,五胡十六国时,汉与异民族互相融合,致令原来衣冠礼乐,浸失古风。自唐以后,而金,而辽,而蒙古,而满洲,悉为汉民族所同化。历代史家,皆知其然,而不知其所以然也。或谓孔孟之功,岂孔孟有魔力耶?要为考试之效也。即孔孟之地位,亦赖考试之趋向,方能维持如此之悠久。不观四书之名乎?宋以前无有也。当唐之时,皮日休请以《孟子》列学官,疏入不答。于时《中庸》尚为《礼记》之一篇目。迨至南宋朱熹,表章《学》《庸》,始有四书之名,然尚未立于学官也。元以之择士,言大儒之效者皆归之,其实非也。盖其所以尊崇者,非真重其学说,乃以之为工具,驱民于忠君之途,以保皇基也。奔走之术既成,荣利之途又广,天下士人,虽位极人臣,不由科第出身者,终不以为荣;异民族入中国,虽秦越冰炭,不由科举出身者,亦不觉其尊。久而久之,冶于一炉,无分尔我矣。此种功效,唐代已见其端倪。孙樵曰："唐宅有天下，二国（新罗，南诏）之民，率以儒为教先，彬彬然与诸夏肖矣。其新罗大姓士，有观艺上国科举射策与国士偕鸣者。"（《孙樵集》卷七）降至金代，金本女真族，远处漠北，逐牧水草，固无文化之可言。然于大定四年，设女真进士科，将中国五经，译成女真文字，使国人及第者授之，每谋克选一人习之。又使溢迪缔达，教以古书作诗策，故四五年后（大定九年），女真人即能得策论进士。大定二十八年，添试论，后皆依汉人格考试。是普及中国文化之广远，诚堪令人惊异。使无科举之制，则人各自为政，文化风俗，决难周洽如此之速也。

> 元世祖至元四年（西一二六七），中书左三部……请依前代立国学，选蒙古人诸职官子孙百人，专命师儒，教习经书，俟其艺成，然后试用。庶几勋旧之家，人材辈出，以备超擢。《元史》卷八一）

夫元初习经书，乃为试用，备超擢，终乃同化于汉族，而清亦然。顺治十八年，八旗各设宗学，选满洲生员为师。雍正二年定制，左右两翼，设满汉学，分习清汉书，兼骑射，以翰林官二人，董率课程，分日讲授经义文法。乾隆十八年，令习汉文者，与天下贡士同殿试，赐进士甲第。其于湖南贵州广西四川等省之苗猺民族。亦有一定名额（详参《会典事例》礼部所载各省学额）至各省回民错处，久与汉人一例考试。（参《学政全书》卷六二《土苗事例》）是科举普及文化之功，为民族同化之具，昭然明甚。钱大昕《山东乡试录》曰：

> 皇上慎重科举……远近闻风，山左距京师千里而近，被化尤速。今之观光而来者，率多衔华佩宝之彦，彬彬乎质有其文，致足嘉也。（《潜研堂文集》卷二三）

夫猺苗等族被其开通，满蒙受其同化，何止千里而已哉？当明代时，外国高丽、交趾之英才，学于中国而登进士科者亦多有之。（详参陈继儒《真珠船》卷三）清代虽无外人中进士，而高丽自康熙以至同治，皆遣陪臣子弟入监读书，可见科举披靡之广，而江南文风之所以极盛，当归功科举，更了如指掌，不待言矣。

二、桎梏人心，为物质文明之障碍

普及文物，同化民族，为中国考试制度最大之收获，然利之所在，弊亦随焉。其最大者，为桎梏人心，阻碍物质文明之发达。唐五代之诗赋帖经墨义，篆刻雕虫无论矣。自宋熙宁间罢诗赋，主专经义，则如宋朱弁所云，士趋时好，专以三经义为捷径。非徒不观史，而于所习经外，他经及诸子无复有读之者。故于古今人物，及时世之治乱兴衰之迹，亦漫不省。元祐初，韩察院以论科举改更事，尝言："臣于元丰初，差对读举人试卷，其程文中或有云：'古有董仲舒，不知何代人？'当时传者莫不以为笑。"此与定陵时，省试举子于帘前上请云："尧舜是一事，是两事？""绝相类，亦可怪也。"（《曲洧旧闻》卷三）其后经义与诗赋并行，而辽金大略如宋制。元自仁宗罢诗而存赋，其空虚如故。明则诗赋皆罢之，而惟主八股。自八股盛行，为弊弥彰。

明杨慎曰：

> 本朝以经学取士，士子自一经之外，罕所通贯。……五经诸子，则割取其碎语而诵之，谓之蠡测；历代诸史，则抄节其碎事而缀之，谓之策套。其割取抄节之人，已不通经涉史，而章句血脉，皆失其真。有以汉人为唐人，唐事为宋事者，有以一人析为二人，二事合为一事者。余曾见考官程文引制氏论乐，而以制氏为致仕；又士子墨卷引《汉书·律历志》"先其算命"，作"先算其命"。近日书坊刻布其书，士子珍之，以为秘宝。……破题谓之"马笼头"，处处可用也。……起语百余言，谓之"寿星头"，长而空虚也。其中例用"存乎存乎"，"谓之谓之"，"此之谓此之谓"，"有见乎，无见乎"，名曰"救命索"，不论与题合否，篇篇相袭，师以此授徒，上以此取士，不知何所抵止也。（《升庵舍集》卷二〇八《科举》）

谢铎《上修明教化疏》，其三"慎科举"曰：

> 今之科举，虽可以得豪杰非常之士，而虚浮躁竞之习亦多。盖科举必本于读书，今而不读《京华日钞》，则读主义；不读源流至论，则读提纲。甚者不知经史为何书。（《皇明疏抄》卷四九）

"嗟乎八股盛，而六经微；十八房兴，而廿一史废！"（《日知录集释》卷十六）此顾炎武氏之所以长叹息也。然岂惟微经废史而已哉！习八股者，小至诗赋不能精；大至科学与物质文明，更无闲情余兴，从事思索。一心一意，惟在名利，此种风气，自宋已然。曾记苏轼有言："仆少年读书作文，惟在应举而已。"明薛瑄曰："学举业者，读诸般经，只安排作时文材料用……借经书之文，以徼利达。而不知一言之可用。……一第之后，四书五经，悉置而不观。……道之不明，科举之学害之也。"（《读书录类编》卷十九）颜习斋曰："自幼惟从事做破题，捭八股，父兄师友之期许者，入学、中举、会试、做官而已。万卷诗书，只作名利引子，谁曾知道为何物？"（《存人编》卷二）夫以名利趋天下士人于一途，而又以严厉之格式，桎梏其心思，范围其学术，父子相传，兄弟相效，惟在登第。谁复舍此肥美，从事于艰深困苦之学术；此中国科学之所以数次萌芽，而终如昙花一现也。梁启超曰：

> 学术界最大的障碍物，自然是八股。八股和一切学问，都不相容，而科学为尤甚。清初袭用明朝的八股取士，不管他是否有意借此愚民，抑或误认为一种良制度，总之，当时功名富贵，皆出于此途，有谁肯抛弃这种捷径，学些艰辛迂远的科学呢？《中国近三百年学术史》页二八）

是知科举桎梏人心，为物质文明之障碍，及科学不发明之原因。于普及文化之功，不为不大；而其为罪，亦不小矣。

丙　考试制度与社会风俗之关系

一、打破魏晋南北朝之旧阶级，造成士大夫新阶级

世人谓科举一律平等，打破阶级制度，此为比较之词，相对之论。非谓自有科举制度，社会即一律平等，而无阶级也。盖科举所打破者，在魏晋南北朝之阀阅，以代远年湮，势渐倾颓，重以九品中正，弊端丛集，乃以科举之制，灭其余焰，从此平民可自由竞争，赖其文采，得有参与政治之机会，不致高官美爵，为高门所把持。故世俗有"将相本无种，男儿当自强"之谚，意即有科举，不论门第种族，苟人能自奋励，皆有为将相之望也。而所谓打破阶级制度，及所谓平等，乃指此耳。然大臣子弟进身，犹与平民大异。唐宋辽金元定例，大奸大恶，工商异类，倡优之家，隶卒之徒，以及身家不清白而有钱粮等项粘带者，大要均不许应试。明清功令约同，而施行较宽。明初以吏胥心术已坏，不许应试。

其后未入流官吏，武生医生军余舍人匠人之类，皆得应试，并得取中。各科所中之人及其名次高低，详见顾起元《客坐赘语》卷八"科卷事例"条。正统、宣德间，至有驿丞典史中进士状元者。(《野获编》卷十五) 清代开捐纳以后，有罪可听赎，商人子弟，并有商籍学额 (参《学政全书》卷六十、卷八五) 且所有禁例，几于失效，因冒滥之风甚盛也。(详参同上，《清厘籍贯》及《区别流品》二卷) 而所谓科举平等，又止于此耳。然大臣子弟进身，犹与平民大异。试观历代国子监，有荫子入监之例，比较平民多一进身之机焉。大臣子弟，关节交通，尚可勿论。再阅清宗室贡举考，嘉庆四年以前，宗室不赴乡举，即可径赴会试。是后与生监一体乡试，而中额由礼部核议奏闻。皇帝得以酌量录取，必较平民易于中式。中式之后，复较平民易于显达。计自嘉庆四年至光绪十二年，宗室中科第者约三百十六人，其中入仕而得赐谥者六人，任大学士者五人，协办大学士者一人，官一品者十一人，官二品者十八人。苟以通常二万余进士与宗室中科第者较，其能得高官之比例，恐相隔天渊。而此三百余人中，获榜眼者，仅光绪癸未科寿耆一人；得传胪者，道光戊戌科灵桂一人。其他乡会联元者二人，解元登会元者七人。中式不高，而能居高官，可知其不平等矣。故宋太宗所谓"昔者功名，多为势家所取"。明高桂所谓"富贵有力者，曳白可以衣紫；寒畯无援者，倚马不能登龙"。《清史稿》所谓"达官士族子弟，初制一体应试，而中式独多"。(《选举志三》) 皆非廓然大公，绝对平等之明证也。且不旋踵，而新阶级兴矣。初，婚姻重门第，自唐有榜下择婿之风，(《摭言》卷三，"曲江之宴，行市罗列，长安几于半空。公卿家，率以其日拣选东床"。案，东床，即女婿，《隋唐嘉话》，亦有类似之记载。) 至宋丁骘，乃有禁绝登科进士，论财娶妻之奏。(见《宋文鉴》卷六一，略谓"近年进士登科，娶妻论财，衣冠之家，随所厚薄，则遣媒妁往返，甚于乞丐。小不如意，弃而之它。出捐千金，则贸贸然而来，安以就之"。) 是士大夫新阶级，自唐宋以来然矣。降至明清，其势益横。

其居乡也，一登科第，志切馈遗；欲广侵余，多收投靠。妻宗姻娅，四出行凶；子弟豪奴，专攻罗致。女子稔色，则多方委禽；田园遂心，则百计垂饵。缓急人所时有，事会因尔无穷。搜夺图谋，终期必济……曲直挠乱，黑白苍黄，庇远亲为宦户，挤重役于贫民。(《朱舜水集》卷二七，阳九述略。)

此顾炎武所以有废生员之论也。且科第中人，造成新阶级，不但对平民而言，其相互间亦然。邱橓陈吏治积弊曰："今荐则先进士，而举人非有凭借者不与焉。……于是同一官也，不敢按席而坐，比肩而行，诸人自分低昂，吏民观瞻顿异。助成骄纵之风，大丧贤豪之气。"（《御选明臣奏议》卷三十）其同年门生之习，年侄门孙之分，更不用述。今世乡里所谓豪劣之绅，尚多科场遗产也。

二、鼓励士人向上之风，促成文弱之习

科第中人，既为士大夫之特殊阶级，又有免赋税笞刑等特权。中进士后，更可安富尊荣，高枕无忧。故人人皆慕之，而争启奋兴。三十年前稍可糊口之家，每举一男，甫四五岁，即令发蒙读书，以便应童子科。中国儿童向学之早，及重男轻女之习，考试之制，不无影响。启蒙以后，家资虽贫，必茹苦含辛，送子学成；天资虽鲁，父师必严厉挞责，谆谆告诫，俾成可造之材。贫苦子弟，类皆廉谨自勉，埋首窗下，冀求一第。即纨绔公子，亦知苦读，以获科第，否则虽富不荣。倘肄业之时，一曝十寒，遇大比之年，名落孙山，则不拘富贫，皆垂首丧气，无面见人。非若现今学校，毕业与否，不甚紧要也。因此之故，前清时代，无分冬夏，几于书声遍野，夜静三更，钻研制义。是皆科举鼓励之功，有甚于今日十万督学之力也！自罢科举后，中大学毕业，无啖饭之所，于是纨绔子弟，终日逸游；贫困之士，有志莫逮。其至平民义务学校，免费供膳，犹辞不入。强迫教育之令日盛，反不若科举时代能使人力争向上也。

虽然，科举勉人上达之力固大，而罪亦不小。试观前清秀才廪生，佝偻蹒跚，多似弱不胜衣。盖前人启蒙皆早，而又以三更读五更起为美德为勤勉。遇考试之时，贡院之苦，读艾千子（南英）文，不啻身临其境矣。艾氏《前历试卷自叙》曰：

> 予年十有七，以童子试，受知于平湖李养白先生。其明年春，为万历庚子，始籍东乡县学，迄万历己未，为诸生者二十年，试于乡闱者七年，饫于二十人中者十有四年。……嗟乎！备尝诸生之苦，未有如予者也。……试之日，衙鼓三号，虽冰霜冻结，诸生露立门外，督学衣绯坐堂上，灯烛辉煌，围炉轻暖自如。诸生解衣露足，

左手执笔砚，右手持布袜，听郡县有司唱名，以次立甬道，至督学前，每诸生一名，搜检军二名，上穷发际，下至膝踵，裸腹赤踝，为漏数箭而后毕。虽壮者无不齿震冻栗。腰以下，大都寒冱僵裂，不知为体肤所在。遇天暑酷烈，督学轻绮荫凉，饮茗挥箑自如。诸生什佰为群，拥立尘坌中，法既不敢执扇，又衣大布厚衣，比至就席，数百人夹坐，蒸薰腥杂，汗淫浃背，勺浆不入口，虽设有供茶吏，然率不敢饮。饮必朱钤其牍，疑以为弊，文虽工，降一等，盖受困于寒暑者如此。既就席命题，题一以教官宣读，便短视者，一书牌上，吏执而下巡，便重听者。近废宣读，独以牌书某学某题。一日数学，则数吏执牌而下，而予以短视，不能见咫尺，必屏气嗫嚅，诟傍舍生，问所目。而督学又望视。台上东西立瞭高军四名，诸生无敢仰视，四顾，鹿立，伸欠倚语侧席者。有则又朱钤其牍，以越规论，文虽工，降一等。用是腰脊拘困，虽溲溺不得自由，盖所以縶其手足便利者又如此。所置坐席，取给工吏，吏大半侵渔所费，仓卒取办，临时规制，狭迫不能舒左右肱，又薄脆疏缝，据坐稍重，即恐折仆，而同号诸生，常十余人，虑有更号，率十余坐以竹联之，手足稍动，则诸坐皆动，竟日无宁，时字为跛踦，而自闽中一二督学，重怀挟之禁，诸生并不得执砚，砚又取给工吏，率皆青刓顽石，滑不受墨，虽一事，足以困其手力。不幸坐漏痕，承檐所在，霖雨倾注，以衣覆卷，疾书而毕事，盖受困于胥吏之不谨者又如此。比阅卷，大率督学以一人阅数千人之文，文有平奇虚实烦简浓淡之异，而主司之好尚亦如之。取必于一流之材，则虽宿学，不能无恐而予常有天幸。然高下既定，督学复衣绯坐堂上，郡县有司候视门外，教官立阶下，诸生俛行，以次至几案，前跽而受教，嗫不敢发声，视所试优劣，分从甬道西角门以出，当是时，其面目不可以语妻孥，盖所为拘牵文法以困折其气者又如此。嗟乎！备尝诸生之苦，未有如予者也。至入乡闱，所为搜检防禁，囚首垢面，夜露昼曝，暑暍风沙之苦，无异于小试。独起居饮食，稍稍自便。

(《天佣子集》卷二)

此虽明制，清代亦同。应试生儒，自负考篮，拥挤之烈，可令人吐血。而贡院房舍之狭隘，难容中人之体，昂首出入，伸体仰卧。每试一场，惊心动魄，恒亘一昼夜之久。故强壮之躯，凡经一试，多致消瘦，老弱之士，必更不支。其中式者，趾高气扬，行为放荡，不甘休养；其落第者，垂首丧气，郁郁不乐，无心安息。故无论成败，皆足以损伤身体。

三、增加迷信及巩固安身立命之说

考试劳碌过甚，必易于头昏目眩；得失之念过重，必易于神经错乱。由是梦也，狐也，鬼也，幻象也，冤家也，以致种种迷信，种种无稽之谈，皆从之而起，而安身立命之说，亦从之而生。唐代考试之异闻，皆见《太平广记》贡举及报应类。至宋葛洪曰：

> 举人投牒自应之制，盖昉于唐。……积弊成俗，流毒至今。士拘一日之长，偶乖程式；虽生平力学，不免摈弃。程度苟合，虽末学肤浅，俯拾科级。以此，士之进退，多言命运，而不言行业。本朝文正范公有言："明君在上，固当使人以行业而进，而乃云命运者，是善恶不辨，而归诸天也。岂国家之美事哉！"（《涉史随笔》"杨绾请更贡举之制"条）

案安心立命之说，倡自儒家，所谓"道之将行也欤，命也"。又谓"不怨天，不尤人，下学而上达，知我者其天乎？"等语，而其赖以巩固者，科举也。清吕相燮《科场异闻录》，记述各朝考试迷信，即为阐明此旨而作。其在《小试录序》曰："功名之有定者，宜安命；功名之无定者，宜立名。"夫安命之说，本为失望自慰语。中国以科举之巩固，行之千有余年，国民进取之心，不知束缚若干，然名利诱人过甚，于是"又创为文昌帝君之神，谓司人间科甲贵贱。又恐其教之淡薄苦寂，士大夫未必肯受也，又创为准提菩萨会，每月只几日不食酒肉"。（《存人编》卷二）而今文昌阁、魁星楼，尚多存略于各城市中。八月二十七日，亦多屠豕宰牛，为文昌帝君祝寿。其他三教九流之说，如轮回报应，如关帝，如城隍，皆附会科场故事，以增其愚民之力，并深入士人之心。（详参《科场异闻录》）是皆科举与社会风俗之关系也。

四、增加朋党之祸

中国朋党之祸，多与科举制度有关联。两汉魏晋南北朝，考试之制，不甚发达，故朋党之祸，尚不甚烈。唐宋以后，科举与朋党，几成不可分裂之势。因登第难，则赖关节；赖关节，则需朋党。此登第之有赖于朋党也。而权术之士，欲争权柄，必有势力；欲增势力，必广党羽，此朋党之有赖于科第也。当唐之时，应试士人，以有司为座主，自称门生；结党营私，靡不由此。曲江题名之燕，更可以助其团结。故牛李之争，为祸烈而为时亦久。唐末刘允章、韦澳等，曾欲革除其弊。而历宋至明，终莫能改。宋代新旧党派之争，如王安石、司马光等，皆假考试之名，以行其学说，展其势力也。降至明代，为祸益烈。明神宗时，暗君在上，国是日非，无锡顾宪成、高攀龙，重兴东林书院，聚徒讲学，砥砺风节，而声气蔓延之徒，几遍天下，莫不私立门户，互相标榜。始以君子严小人之防，既而小人乘君子之隙，终以小人混君子之清。及其末流，吴应箕、杨已任、张溥之徒，又以复社继之。包揽生员升黜，暗操朝纲国政，党祸之烈，迄于明亡。较之东汉，殆有甚焉。清以高压，屡颁功令，严加禁止。雍正之时，对于科甲出身人员，如杨名时、王士俊、惠士奇等，皆不加以重视，卒之，有清一代，未罹斯祸，诚幸事也。辽金元三朝，以异主专制，功令严峻，皆少此祸。然而关节之习，固未尝免焉。

此前在考试动机节，谓笼络人心，为采行考试之一因。今观此种用意，实已成功，唐宋元各朝，皆已评述，毋须重题。明末殉难者，数百千人，进士出身者居多。如刘理顺、刘同升、管绍甯、史可法等，或全家殉难，或与城偕亡，皆忠烈可风。然明代状元宰相，膺特达之知，荷不次之擢，当国破君亡，腼面乞活。亦有"才听胪传，赐宫花袍笏，即稽首贼庭，受其伪命"者，为数亦甚多，《荷牖丛谈》卷一《昭代状元考略》及卷三《鼎甲不足贵》二篇，纪之详矣。而全祖望《跋明崇祯十七年进士录》，（见《鲒埼亭集外编》卷二九）内得流贼所授降臣官簿，于忠逆二者，皆纪之尤详，令人读之，更觉痛心。

综观历代取士之制，《尧典》与《周礼》所载者，渺矣不可考，汉用察举以取士，对策以抡才，先德行而后文学，得人称盛。而其失也，有增年矫貌之举，有窃声盗名之徒。魏晋南北朝取士官人，用九品中正之法，当初以内行不谨，被清议者甚众。官职之升沈，多本于乡评之予夺，颇具舆论控制之功效。及其末流，毁誉失实，专向阀阅，论者非之。唐鉴其失，普行科举，其崇儒之笃，可谓为中国历朝之冠，而进士文人之推重，尤为后世各朝所莫及。于时考试之制，科目广而限制不严，士子得展其所长，擅其所学，故人才济济称盛。迄乎末流，帖经之制日盛，夤缘之弊日繁。陵夷至于五代，干戈扰攘，岁无宁日，上以帖经取士，士惟以此见长。然能使人熟习经书，亦非毫无裨益。迄宋罢帖经，重策试，宋之散文，独放异彩，史学一门，尤多巨制。惜乎朋党之争，与科举学术相糅合，终于空言放论，无裨于世。辽处偏安，考试之制，所知不多。金参唐宋之法，因时制宜，折中损益，立法简而明，设科寡而审，使天下士人，有普通知识，兼有专门技能。舍明清二朝，立制之佳，殆无出其右者。元代以异民族入主中华，用人行政，常存种族偏见，而于科举，第应故事，不甚尊重。幸承前代之积习，人多趋于此一途。卒当灭亡之时，殉难多进士，盖亦始料所不及也。明清两代，用八股文，宗四子书，天下士人，趋之若鹜，夷考其始，八股文章，规律整严，其助人组织条理之功，实亦未可厚非。乾嘉考据学派，每能于一短文之中，作为精深邃密之考据，简而文，精而赅，八股文之薰陶，不为无功。惜后过重形式，忽略内容，以致末流千篇一律，形同机械制造品。厥后国事日非，人争集矢于科举。终于光绪三十一年，由张之洞、袁世凯等之请求，永远停止。而其廓清摧陷之功，亦不可一笔抹煞也。大抵历朝取士之制，各有得失，今后举行考试，要在为政者鉴古观今，集中外古今之长，而舍其短，则能事尽矣。

附　考试制度与社会流动之关系

彭　靖

社会流动是指在一定的社会分层结构中，人们在各种社会集团内部、各种社会集团之间，以及在各种活动空间之间变动、转移的形式和过程①。一般认为，社会流动有垂直流动与水平流动两种基本类型。其中，垂直流动是指社会分层体系中个人或群体跨越等级（或阶层）界限位置移动情况，根据移动的方向，又可进一步分为向上流动和向下流动。由于垂

---

① 程继龙：《社会学大辞典》，北京：中国人事出版社，1995年，第290页。

直流动可以给处于较低地位的人提供破坏不平等制度的动力,因而高的社会流动率可以作为一种安全阀,释放较低阶层的不满,起到稳定社会秩序的功能①。社会流动受政治、教育、地理、人口乃至战争等多种因素的影响,考试,特别是大规模国家级考试也是其中较为重要的因素之一。

关于科举与社会流动的关系,社会学、教育学、历史学、政治学等学科的学者都从不同的角度进行过研究,科举引发社会流动目前已成为大多数学者的共识。那么,科举到底引起了多大的社会流动? 这一问题不仅是以往学术界的热点与公案,而且将会继续引起各界学者的普遍关注与兴趣,因为它是科举与社会之关系研究的重要视角。以往海外学者受欧美社会科学的影响,多从社会流动的角度来研究中国古代选官制度。近年来,中国学者也逐渐认识到科举与社会流动关系研究的重要性,以及此项研究对当代社会的政治意义,通过对大量有价值史料的分析研究,对于部分海外学者的观点,从不同角度进行反驳、补充或修正,并结合新时期的特点,探讨了高考与公务员考试对于社会流动的影响,取得了卓有成效的最新科研成果。

一、海外学者的主要研究成果

科举制度建立之后,随着用人标准向"以文取士"的转变,统治阶级原有的单一封闭的社会成分结构开始受到冲击。尤其是宋代以后,科举在社会政治生活中的地位日渐加重,统治阶层社会成分结构也发生了前所未有的变化,并对当时的政治、教育和文化均产生了重大影响,因而,科举与社会流动的关系,成为社会学家和历史学家一个研究的兴奋点。现代关于科举对于社会流动关系的研究成果,大致可分为三种学派:即流动派、非流动派和中间派。以下介绍定量研究中影响较大的成果②。

(1) 流动派

流动派认为科举促进了社会的流动,尤其是促进了阶层的上下流动。

---

① 郑若玲:《高考对社流动的影响——以厦门大学为个案》,《教育研究》2007年第3期。
② 本部分参见刘海峰:《科举学导论》,武汉:华中师范大学出版社,2007年;郑若玲:《科举、高考与社会关系研究》,武汉:华中师范大学出版社,2007年。

其中，以潘光旦和费孝通、柯睿格（E. A. Kracker）、何炳棣等人的研究影响较大。20世纪40年代，潘光旦和费孝通便较早对科举与社会流动的关系进行了实证研究。他们对清代康熙至宣统年间915份中榜的进士、举人和贡生卷所载谱系做了层层筛选与分析，统计研究对象先辈之功名分布。他们所界定的社会流动是举子家世上五代中没有获得任何功名，即举子从白衣而得功名。他们认为，若举子的祖或父已是有功名之人，则其中式不过是维持社会地位，并不能认为在社会阶梯上上升了一步。他们统计出五代之内均无功名者为122人，占总人数的13.33%，认为这一比例便是这一时期科举考试对社会流动所做出的贡献。

据此他们认为，科举并不是由已有功名的世家垄断，但是科举成为社会流动的渠道也并不是太宽。不过，这个看似不高的比例，却证明了没有功名，仅凭借子弟们的努力，就能上升到受社会所尊敬阶层，得到官职并获得较好生活的可能。在等级森严的封建社会，科举制度多少是社会流动的一条路，是当时了解人才获取上升或"出头"的一个阶梯。不论这个上升的机会有多大，只要事实上证明是可能的，就可能促使无数有读书条件的人孜孜不倦地向这条路上去追求上进①。需要指出的是，他们的研究只是以有无功名为标准对社会阶层做了简单的划分（分为有功名和无功名），并没有涉及有功名家世的功名大小之上下流动。

同年，美国学者柯睿格在《科举考试中的门第与能力》一文中，通过对南宋绍兴十八年《题名小录》的统计，得出在可考家庭背景的279名进士中，上三代祖先全无做官者157人，占56.3%，对宝祐四年《登科录》的统计，得出可考的进士中，来自平民家庭者331人。他们认为科举是有才能者进入官员阶层的重要途径，并成为促进社会流动的重要因素。②

何炳棣的研究则是目前所有关于此问题的研究中统计样本最多的一份。他在1962年出版的《明清社会史论》一书中，根据明清大部分科榜

---

① 潘光旦、费孝通：《科举与社会流动》，《社会科学》（国立清华大学）1947年第四卷第1期，第1—21页。

② E. A. Kracker, "Family vs. Merit in the Chinese Civil Service Examinations During the Empire", *Harvard Journal of Asiatic Studies*, Vol. 10, 1947, pp. 103-123.

的进士题名录、举人录和一些拔贡生录所载资料，调查了明清举子近 4 万人的家庭。他将这些研究对象的家庭分为四类：A 类指祖宗前三代没有过任何功名，更不用说有官员头衔的家庭；B 类指祖宗前三代出现过一个或多个生员，却没有高官头衔的家庭，以及清朝祖宗前三代出现过一个或多个监生，或者翰林院学士头衔的家庭；D 是 C 类的分支，指祖宗前三代出现过一个或多个有三品及其以上官衔的家庭，此类还包括那些出身于皇室和世袭贵族家庭者。

何炳棣的统计数据表明，出身于 A 类和 B 类家庭的明清进士比例为 42.7%，晚清举人和贡生的比例为 45.1%。也就是说，经由科举途径实现社会向上流动的平民子弟几乎占总体举子半数。而且调查对象的科名层次越高，其平民层次越低。何氏因此认为，官僚阶级的内部构成是处于流动状态的，即不断有新的血液输送统治阶层。但由于仍有相当一部分举子来自较高功名或官衔的家庭，使得这个统治阶层还能保持一定的内部延续性与平衡性。科举考试在帝制时期，发挥了重大的促进社会流动和保持官僚阶层稳定的作用①。

（2）非流动派

非流动派以海姆斯（Robert P. Hymes）、哈韦尔（Robert A. Hartwell）和艾尔曼（Benjamin A. Elmean）等人为代表，他们认为科举并未造成多大的社会流动，甚至根本不存在通过科举实现向上流动。海姆斯在其 1986 年出版的《政治家与士大夫：两宋江西抚州的精英》一书，对以柯睿格为代表的流动派观点进行了尖锐的反驳，认为考察科举所造成的社会流动，不能仅以直系父祖三代家世为据，而应该将母系、旁系乃至五服以外的亲属之家世，以及庇荫等因素都考虑进去。他因此认为柯睿格大大高估了士人通过科举的向上流动率，甚至认为社会流动率是无法被准确测算的②。

---

① Ping-ti Ho, *The Ladder of Success in Imperial China：Aspects of Social Mobility，1368—1911*，New York：Columbia Uiniversity Press，1962，pp. 92-125.

② Robert P. Hymes, *Statesmen and Gentlemen：The Elite of Fo-chou, Chiang-His, in Northern and Southern Sung*，New York：Cambridge Uiniversity Press，1986，pp. 34-48.

对于海姆斯观点最有力的支持者，是现任美国普林斯顿大学东亚系主任艾尔曼。他曾于2001年出版长达800多页的皇皇巨著：《帝制晚期中国科举考试的文化史》①一书及相关论文。艾尔曼认为："科举考试是在选拔人才的幌子下，掩盖了社会选择的真相。此外，参加县级初试和复试后，才有资格参加府试。这种考试需要具备的条件是农民、手工业者和商人家庭所达不到的。他们的儿子要干活养家，不可能为了坚持参加一次次考试而成年累月地读书。"②

1989年，哈韦尔在《750年至1550年间中国的人口、政治与社会变迁》一文中，对宋代官员的传记资料进行了研究，他认为科举造成的社会流动不大。宋代朝廷中经常由数个或数十个大家族所垄断，科举出身不过是锦上添花而已③。

（3）中间派

相对于流动派和非流动派而言，中间派的观点似乎更具有弹性，他们一方面肯定科举改变了社会结构，另一方面又认为其对社会流动的作用和影响非常有限，以张仲礼、贾志扬（John W. Chaffee）、李弘祺等人的观点较具代表。就目前所掌握的资料来看，中间派的人数可能最多，而且其观点是在流动派与非流动派之间徘徊。

1955年，张仲礼在《中国绅士：关于其在19世纪中国社会中作用的研究》一书中，分析了从地方史，如省、州、县的方志"列传"部分所收集的5473份绅士传记，其中家世出身明确的有2146人，得出有35%的士子来自普通家庭的"新进者"，实现了阶层的向上流动。他认为财富、势力和家庭背景对于某些特殊集团来说，都是得以利用的有利因素。但对于没有这些条件的人，利用他们自己的才智和勤勉，也有某种机会进入绅士阶层。然而，捐纳的存在，漫长的科考及其对经费的要求，以及科举对于高官显贵或富商的特殊恩惠政策，使它实际上对于有财有势

---

① Benjamin A. Elmean, *A Culture History of Civil Examination in Late Imperial China*, New York: Columbia Uiniversity Press, 2001.
② 艾尔曼：《明清时期科举制度下的政治、社会与文化更新》，《国外社会科学》1992年第8期。
③ 转引自刘海峰：《科举学导论》，武汉：华中师范大学出版社，2005年，第241页。

者非常有利,从而减少了平民子弟向上流动的概率,使得科举的"平等精神"被大打折扣。

张仲礼所得出的35%,这一出身普通百姓家庭的新进者的比例,与何炳棣统计所得出的清代出身平民的进士36.7%的比例基本相当。但在张氏的研究中,其绅士所涉及的范围更广,不仅指可任官员的高级学衔或功名持有者,也包括属于"下等绅士"的生员在内。不仅包括由科考正途进入者,也包括由捐纳等异途进入者。而何氏的研究对象属于上层绅士的进士阶层。因此,若从出身平民的上层绅士看,张氏研究所得出的比例无疑要低于何氏。

美国学者贾志扬也认为:一方面,男子在科举考试中取得成功将提高他在婚姻缔结中的身份;另一方面,出身显贵的妻子对于提高丈夫在科场中的竞争力也非常有利。尽管知识与婚姻之间的关系越来越紧密,考试之外的因素,诸如家世和婚姻等对社会结构变动的作用越来越重要,但考试仍是决定精英社会变动的关键因素。而且,官员们也往往选择以考试而非其它因素(如武力)来维持其家族地位。因为他们认识到,不是由考试竞争得来的家庭财富往往缺乏安全和保障[①]。

此外,中国学者李弘祺的观点也大体可划归于中间派,更准确地说则是偏向于非流动派。一方面,他指出哈韦尔的观点"十分极端",认为"考试制度是宋代社会唯一有系统性及重要性的社会流动机制",并且他将无法查找其直系先世的传主排除后,对《宋史》中有传记的官员进行了家世统计,得出有32.5%的人出身于非官僚家庭[②]。但另一方面,他又认为寒素之士中举的可能性提高,并不意味着此种制度具有普遍和高度社会流动率的效能,因为政府的职位相当有限,通过考试取得回报,对于平民阶层的影响面极小。此外,他还对向下的社会流动进行了反向分析,认为在显要官员家庭的向下流动中,政治原因而非考试是最具决定性的因素,与其将科举制度带来的高度社会流动率视为中国社会内的

[①] John W. Chaffee, *The Thurny Gates of Learning in Sung China:A Social History of Examinations*, New York:Cambridge University Press,1985,pp.187-188.
[②] 李弘祺:《宋代社会与家庭:评三本最近出版的宋史论著》,《清华大学学报》1989年第19卷第1期,第191—207页。

流动，不如将它理解为官僚队伍中不稳定的一种表现①。

这三派观点之所以笔争不断，舌战不辍，固然受学术门脉和根基之影响，但所持史料的时代和地域之差异、样本分析之大小，研究方法之差别等因素的影响，恐亦不可小觑。这正是刘海峰所持"科举促进社会流动的功能和结果，既没有流动派说的那么大，也没有非流动派所说的那么小"② 等观点占主流地位的原因之一。

近年，台湾的宋史专家也对科举促进社会流动提出了自己的观点和结论。陶晋生指出："由于士大夫社会地位的维持并不容易，就造成相当大的向上或向下流动。……士大夫家族的流动性，过去已经有很多研究，本书著者并没有在这方面做量化研究。不过应该指出，著者并不认为过去关于社会流动的研究方法有严重的问题。研究社会流动以一个人的祖先三代有否为官作为标准，其实就是宋代政府判定一个人是否属于士族的标准。"③ 何炳棣在对比了何氏一门四房中，对于家族促进社会流动之后得出结论："宋代也好，20 世纪也好，一个家族能否维持或改进它的社会地位，最主要还是要看族中有没有杰出的新血脉。"④

二、从清代朱卷研究科举对于社会流动的影响

（1）朱卷研究的价值与不足之处

朱卷为科举考试的卷子，所载内容丰富详细，其结构一般由三部分组成：一是考生的履历，包括考生的姓名、字号、排行、出生、籍贯、世居地、本族谱系、师承、同谊等。其中，族谱简则明列祖上三代，详则上自始祖，下至子女、旁及同族尊长、兄弟侄辈，以及母系、妻系等无不载入，凡是科名、官阶、封典、著作等，皆一一注于名下，以显扬门庭之昌盛；师承则记录其受业师、问业师、受知师的姓名、字号有科

---

① 李弘祺：《宋代官学教育与科举》，台北：联经出版事业公司，1994 年，第 237—245 页。
② 刘海峰：《科举学导论》，武汉：华中师范大学出版社，2005 年，第 242 页。
③ 陶晋生：《北宋士族——家族、婚姻、生活》，台湾历史语言研究所专刊，2001 年。
④ 何炳棣：《读史阅世六十年》，北京：中华书局，2012 年，第 24—25 页。

名官阶,以示学问渊源有自。二是科份页,载有本科科份、考生中式名次、各类考官的姓氏、官阶和批语,以及房官原荐批语等。三是考生文章,有三场全刊者,也有选刊自认为得意之作者。

朱卷刊刻的历史始于明代,到清代刊刻之风已十分盛行。起初,朱卷是朝廷为了防止考官能识别考生笔记特点,乡、会试时举子所写试卷,交誊录生用朱笔重新誊录的试卷。后来在各种考试中,中式的试卷皆采用此类似形式①。新中式的举人、进士都要将自己的试卷刻印以分送亲友,亲友则在其开贺之日必还赠礼品以表示祝贺。遗憾的是,作为科举学研究的重要文献,朱卷现存的数量相对于理论上应有的数量不及百分之一。其中,明代朱卷现存数量不详,清代的数量从理论上据估计,至少也在 18 万份以上②。所幸,上海图书馆的有识之士长期以来搜集不辍、集腋成裘,终于达到 8000 余卷。由顾廷龙先生主编的、于 1992 年在台湾成文出版社出版了一套大型精装本《清代朱卷集成》,洋洋 420 册,具有很高的史料价值。

1947 年,潘光旦、费孝通首先在清华大学《社会科学》上发表《科举与社会流动》一文,认为朱卷详尽记载了作者的履历和家世,成为研究社会流动极为有用的材料。顾廷龙认为,朱卷的考生履历部分比官刻的登科录、乡试录、会试录以及同年齿录等所载的信息详细,不啻是一部年谱的缩影。作为应考者的档案,其所反映的世系资料,在一定程度上比家谱更为真实确切,成为研究人口学、社会学、民俗学及宗教制度等不可或缺的文献资料。相比而言,科举录因受篇幅所限,记载较为简单,而传记性的材料通常又存在一些漏洞或缺陷,正如何炳棣所指出:一是缺乏传主的个人家庭背景资料(除非其祖先是高官显贵或有特别的才能和贡献,才会有所记载);二是传记材料的选择通常带有偏见,传主的材料有可能被夸大或刻意隐瞒,或受编撰者主观因素影响③。而朱卷不

---

① 顾廷龙主编:《清代朱卷集成》(序),台北:成文出版社有限公司,1992 年。
② 刘海峰:《科举学导论》,武汉:华中师范大学出版社,2005 年,第 348—349 页。
③ 何炳棣:《中华帝国的成功阶梯:明清社会史》,纽约:哥伦比亚大学出版社,1962 年,第 95—97 页。

仅所载家族史料详细具体,且由于使用场合的严肃性,信息的准确度较高,故对此文献的研究越来越为史学界青睐。

另一方面,我们也应该注意到朱卷履历作为历史资料的局限性。以往学者对于朱卷的研究,多侧重于研究朱卷的价值与可利用之处。但任何事物都有它的缺陷与不足之处,张杰指出:朱卷履历记载以本人中式时间为限,在利用朱卷履历时,就要注意其时间性。朱卷刊刻履历,由于没有固定的格式,家族先人的世系、原籍与居住地的迁移、师承关系等都会因人而异,因而详略不一,普遍情形是以简明为主。有相当部分朱卷履历记载了极为珍贵的史料,更多的朱卷履历如同家族人名索引,需要配合其它文献才能弄清史实①。笔者认为,作为一个负责任的后代,对于先人的业绩及著作,一般都会认真对待。尽管朱卷刊刻履历没有固定的格式,但他们也会尽其学识、能力所及,挖掘以掌握其资源。"朱卷履历如同家族人名索引"的问题应属于个别现象。但笔者同意张杰所指出的:在利用朱卷履历时,要注意其时间性问题。在从朱卷中研究科举对于社会流动的影响时,要对照相关传记,多角度地去分析研究,克服朱卷履历中存在的不足之处。

(2) 朱卷研究的主要成果

迄今为止,取朱卷为史料对于科举与社会流动问题进行研究,笔者认为较为有影响的成果主要有三项:一是有潘光旦、费孝通的论文:《科举与社会流动》;二是辽宁大学张杰的《清代科举家族》一书与相关论文;三是厦门大学郑若玲的《科举、高考与社会关系研究》一书,以及《清代朱卷集成》的社会学研究价值的论文。

1947年,潘、费两先生的研究首开朱卷研究的先河。他们穷其所能收集到的915份朱卷的履历为调查对象,将举子父祖五代功名分为上、中、下级和无功名四类进行统计分析。所界定的社会流动是举子从上五代父祖中没有获得任何功名的布衣家庭而得功名。经过层层筛选统计,得出五代之内均无功名者的比例为13.33%,由此认为这一比例便是科举对于社会流动的基本贡献率了。并以此认为,科举并非完全由已有功名

---

① 张杰:《论朱卷在明代科举文献中的价值》,《科举与科举文献国际学术研讨会论文集》下册,上海:上海书店出版社,2011年,第302页。

的世家所垄断。但由于他们所用朱卷数量较少，在一定程度上可能影响到结论的说服力和研究的精确度。

1999年，张杰就通过朱卷的准确记载，来考证、发现一些著名人物悬而未决的籍贯、族属和生年等问题①，以及研究科举世家问题②。在2003年出版的《清代科举家庭》一书中，张杰主要是通过《清代朱卷集成》的史料信息，对于一些有典型意义的科举家族进行研究。该书第五章"社会流动"③，分别从应试中的水平流动问题、中举者的垂直流动、由乡村向城市的迁移等三个方面，对于科举社会流动问题做了定性和定量的研究。其中，所做阶层垂直流动主要是根据陕西省23份举人履历，来统计非科举家族实现整个家族垂直流动，变成科举家族所需要的时间。由乡村向城市的迁移问题，主要是从清代顺天乡试外地考生与外地官员人数的对应关系，来考察科举对士大夫居住地迁移的影响。该书详细论证了经济条件在科举家族形成过程中所起到的决定性作用，将科举家族兴旺发达的原因归结为重视文化教育，充分肯定了科举家族的历史地位，填补了满族科举家族研究的空白。

2007年开始，郑若玲在潘、费研究的基础上，直接效仿其研究方法，从《清代朱卷集成》中选取了更大量的样本，总计为7791份有效试卷。将举子世家以功名为据，分为进士、举人、贡生、生员、其他和无功名，共计六类，从各级考试朱卷作者的祖上功名、姻亲和母系功名两个维度来分析科举对于清代社会流动的影响，比潘、费的四级分类更为细化。郑若玲研究的统计结果表明，若仅计父亲一代，所有举子有44.51%的人实现了向上流动；若以父祖两代计算，则有27.66%的举子实现了向上流动；若以上三代计算，也有20.84%的人实现了向上流动，由此得出科举是促进社会流动一条公平且重要渠道的结论④。对于没有其它社会资源的

---

① 张杰：《高鹗会试履历的发现及其史料价值》，《满族研究》1999年第4期。
② 张杰：《清代东北边疆地区的科举进士家族》，《中国边疆史地研究》2000年第3期。
③ 张杰：《清代科举家庭》，北京：社会科学文献出版社，2003年，第220—239页。
④ 郑若玲：《科举、高考与社会关系研究》，武汉：华中师范大学出版社，2007年。

底层士子而言，科举是他们实现升迁的唯一途径。即使在科举制度已然腐败、售官数额越来越多的晚清，仍能有超过二成，三代均无功名的平民子弟实现了家族自身的向上流动，说明科举的大门的确是向着各阶层普遍开放的。这一结论，也在一定程度上佐证了柯睿格、何炳棣等流动派的观点。

2011 年，郑若玲为探究姻亲和母系因素对于阶层变动的影响，还统计了所有举子岳父和外祖父的功名情况[①]。得出岳父为布衣的进士、举人和贡生比例分别为 43.88％、45.27％和 39.00％，平均为四成左右；外祖父为布衣之进士和举人的比例都超过了一半，分别为 53.13％和 51.80％，贡生的比例依然最少，但也有 45.72％，接近一半。为进一步探究姻亲和母系因素对布衣家庭出身举子功名的影响，郑若玲还专门统计了上三代均无功名举子的岳父和外祖父功名情况。结果表明，出身于三代均无功名家庭的各层举子中，岳父亦无功名者的比例相当高，进士、举人、贡生分别为 71.63％、71.06％、68.75％；从母系家世看，出身于上三代无功名的进士、举人、贡生，其外祖父亦无功名者的比例分别为 86.06％、83.46％、84.38％。

因此，郑若玲得出结论是：姻亲和母系家族对于举子提升社会阶层影响几无助力。在此之前，以海姆斯和哈韦尔为代表的非流动派针对流动派的主要攻击论点之一，就是认为后者没有考虑婚姻关系和母系家族对举子升迁的作用。郑若玲通过大量统计数据之后的研究结果表明，出身于上三代无功名的布衣家庭举子中，七成以上的岳父和八成以上的外祖父亦为布衣，说明非流动派攻击论点站不住脚。同时如此高的比例，也验证了古代联姻是讲究"门当户对"，出身于布衣家庭的举子，主要还是靠竞争机会的开放和自身努力，来实现阶层向上流动。

三、从其它朝代研究科举对于社会流动的影响

近年来，国内学者除了从《清代朱卷集成》中研究科举对于社会

[①] 郑若玲：《〈清代朱卷集成〉的社会学研究价值——以社会流动的考察为例》，《科举与科举文献国际研讨会论文集》下册，上海：上海书店出版社，2011 年，第 9—10 页。

流动的影响之外，还从《宋元方志丛刊》《明代登科录汇编》，以及上海图书馆和宁波天一阁所藏大量科举文献中，研究宋代、明代期间科举对于社会流动的影响。就笔者目力所及，比较有影响的论著有：宁波大学钱茂伟所著《国家、科举与社会——以明代为中心的考察》一书；浙江大学何忠礼发表的论文《贫富无定势：宋代科举制度下的社会流动》。

2004年，钱茂伟在他所著《国家、科举与社会——以明代为中心的考察》一书的第五章："明代科举制度下的社会流动"中[1]，从永乐九年到崇祯十六年，对于明代进士家庭成分进行统计，虽还不全面，但却涵盖了明代的始末，比何炳棣在《明清中国史论》一书中的统计更加全面。从钱茂伟列出的统计表中以看出，明代平民之家与功名之家，其进士的比例一直是各占一半左右，说明这套制度有其公正性与继承性。说继承性，就是功名之家总有一定优势，尽管不少功名之家子弟被淘汰了，确有不少人占优势。说公正性，是因为平民总能冒出来，不以人的意志为转移。因此他得出结论："科举绝对可以促进社会流动，也就是说，相当多的平民子弟可以上升到士大夫阶层，而不少官僚家庭子弟则降为平民。"[2]

同时，钱茂伟还对于何炳棣在《明清中国史论》一书中的结论进行了两点修正。他指出：第一，永乐九年至成化五年之间，平民之家进士的比例在60%～86%之间递减，何氏说平民之家不超过60%的极限是错误的。第二，弘治十八年以后，平民之家在38%～55%之间浮动。何氏说万历三十八年以后，降到28%。此说是没有依据的[3]。2006年，沈登苗也对何炳棣的研究结论提异议，他认为明代前期科举社会流动率较高，出身仕宦家庭的进士较少，是由于前期元朝推行民族歧视政策，汉族知识分子政治地位低下，占人口绝大多数的南人很难入仕或深造形成的，

---

[1] 钱茂伟：《国家、科举与社会——以明代为中心的考察》，北京：北京图书馆出版社，2004年，141页。

[2] 钱茂伟：《国家、科举与社会——以明代为中心的考察》，北京：北京图书馆出版社，2004年，146页。

[3] 钱茂伟：《国家、科举与社会——以明代为中心的考察》，北京：北京图书馆出版社，2004年，141页。

可看成元代特殊的文教、用人政策留下的"后遗症",是一种短暂的、非正常现象,在中国的科举史上不具备典型意义①。

2012年,何忠礼针对非流动派艾尔曼提出的"对于大多数农民、商人和手工业者而言,他们是没有机会参加(科举)考试进入到精英圈子中的"观点进行了反驳②。他指出,此语如果不是翻译错误,显然是不妥,因为迄今为止,学术界从未有人说过中国"大多数农民、商人和手工业者"会有机会参加科举考试,参加科举考试者是他们的子弟,而不是他们本人。至于考取进士的人,是否都可以称作"精英",也是值得商榷。何炳棣所说"每两年举行一次院试",究竟指的是什么,更是令人费解。

鉴于以往学术界在研究科举对于社会流动的影响时,多注重明清科举,对于两宋科举的论述偏少;对社会流动与否的量化指标研究得较多,对于贫民子弟通过科举进入社会上层的原因探索较少;对于向上流动论述较多,对于向下流动则少有涉及的现状。何忠礼指出:宋代下层平民子弟通过科举跻身仕途的原因,除了科举制度本身以外,还有主、客观两个方面因素:

从客观上来说,有五方面的有利因素。支持士子参加科举。随着商品经济的发展,贫富分化加速,宋代某些农民家庭的经济条件有所改善;朝廷、地方政府和学校对士人应举的鼓励与资助;民间义庄、义学对本族子弟读书应举的支持;乡塾村校的普及;贫困士人相互间的互助等。

从主观上来说,平民子弟为了改变自己的命运而攻苦食淡、发愤读书,加上某些人天赋较高,也容易取得成功;平民子弟通过科举进入到统治者的行列,造成了自下而上的社会流动。与此同时,一些官僚、地主家庭,只要其子孙考不取进士,随着时间的推移,就会逐渐丧失权势和财富,甚至沦入社会下层。

对于何忠礼所提出"民间义庄、义学对本族子弟读书应举的支持"

---

① 沈登苗:《也谈明代前期科举社会的流动——对何炳棣研究结论的思考》,《社会科学论坛》2006年第9期。
② 何忠礼:《贫富无定势:宋代科举制度下的社会流动》,《学术月刊》2012年第2期。

的客观因素，储建国则给出了佐证。他指出：中国科举制度实行期间代代辈出，比比皆是，究其原因，其中与中国地缘、血缘关系结成的宗族社会，鼓励宗人读书、应试、入仕有关。中国的宗族社会推动了知识的普及和民间的读书风气，无疑对科举入仕铺平了道路[①]。笔者也认为，宋代以来由于受科举制度的影响，民间私塾、村校普及，士子完全可以通过在参加完一次科举考试的间歇时间，到民间私塾或村校教书，赚取讲课费用，以补贴家用或为下一次科考积累资金，可不必完全由家庭供养。

此外，在士子赶考的费用方面，自清代开始，朝廷为了笼络知识分子，顺治八年（1651年）做出规定："举人公车，由布政使给予盘费。"意思是举人到京城参加会试，享受政府提供车马费用待遇，各省府还要给予相应的路费。路费的多少，由各省根据赶考士子路途的远近来确定，处于"天涯海角"的广东琼府最多，每名赴京赶考的考生可获得三十两银子。山东最少，每名考生只有一两银子。其它地方由二三两到二十两不等。这些考生的车上还会插上写有"礼部会试"明显标志的黄布旗，可见清政府的重视程度。

虽然明清朝廷并没有规定地方政府对参加乡试的考生给予经费上的资助，但是有的地方官员为了提高当地的科举及第率，动用地方的经费来资助参加乡试的秀才，但这种做法一般要上报朝廷，经过批准之后才能实行。例如清代湖南长沙府规定，官方在农历七月发放资助金，每名参加乡试的考生可获得三两银子的资助[②]。因此笔者认为：明清时期考生参加考试的资金来源是相当广泛的，并具备完善的管理办法。对于这些史实的分析，都是艾尔曼等国外非流动派学者所忽略的重要因素。

四、高考对于社会流动的影响

由于高考建制时间仅仅60余年，人们对它的研究兴趣多集中于这一

[①] 储建国：《论中国宗族社会对科举平民入仕的作用》，《科举与科举文献国际研讨会论文集》下册，上海：上海书店出版社，2011年，第27—33页。

[②] 李兵：《千年科举》，长沙：岳麓书社，2010年，第103—104页。

制度本身的改革与完善。有关高考与社会流动的关系这一问题，近些年出现的一些研究成果，多数是以定性研究为主，且停留于感性的泛泛而谈，缺乏深入的学理层面的分析与思考。如张宝昆的著作《大规模教育考试的社会控制功能研究》，李家林的论文《论考试在社会流动中的作用》等，其研究内容主要是综合性定性研究，而且没有将统一高考与非统一高考的情况作对比。从这一角度来看，在2007年之前，研究高考对于社会流动的影响，基本上是一个空白。尽管与此相关的，涉及高等教育与社会分层的研究成果颇为丰富，但均未将视角直接落到高考制度的分析上。

2007年，厦门大学郑若玲在《高考对于社会流动的影响——以厦门大学为个案》的论文中[①]，通过对厦门大学建国前几乎所有的学生档案，包括学生家庭状况、教育环境调查表、学生人事档案表、学生自传等文献，共得到文理各院系学生档案3141份，其中有家庭出身情况记载的档案样本2356份；建国以后有高考记录的学生档案6465份。建国前后档案总计8821份，进行归类分析，并将家长职业划分为工、农、军、学、政、商、其他七大类。得出结论是：建国前学生家长职业比例占前三位的分别是商界、学界和政界，三者共占79.11%，而工、农二者的比例仅占15.75%，说明建国前高等教育入学机会有八成被较高社会阶层子女所占有，通过单独招考实现阶层向上流动的工、农子女所占比例不到两成。

建国以后，以1965年为例，学生家长的职业分布发生了根本性变化，商界、学界、和政界三者的比例下降至27.91%，工农子女比例则增至64.40%，说明建国以后低社会阶层子女凭借统一高考，实现向上流动的比例已大幅提高。1965年以前各年的比例也都说明了这一点。

1966年—1976年，由于中国开展"文化大革命"，国家统一高考被停废了11年。1976年特殊的政治背景下，采取的是推荐上大学，家长职业分布的以政界为最高，比例高达36.17%，其结果与干部子女占优势的结果相吻合。1977年—1980年，家长职业中政界比例下

---

① 郑若玲：《高考对于社会流动的影响——以厦门大学为个案》，《教育研究》2007年第3期。

降到30%左右，而工农界的比例呈逐年上升趋势，由1977年的27.20%上升到1980年的40.38%，说明建国以后在实行正常高考制度下，低社会阶层子女凭借统一高考实现向上流动的比例大幅提高。此外，郑若玲还对厦门大学1977—2001届博士生的家庭出身做过统计，发现有56.7%的博士生来自除教师和干部家庭之外的非知识阶层家庭，其中有37%的生源来自农民家庭[1]。这些统计结果都说明，低阶层子女通过高考等层层竞争性考试，得以有机会实现向上流动，乃至成为国家栋梁之材。

笔者认为，厦门大学由著名爱国侨领陈嘉庚先生于1921年创办，建校历史悠久，在民国时期高校的地位就属于中等偏上，目前该校仍是国家"211工程"和"985工程"名单中重点建设的大学，在全国范围内具有一定的代表性。但厦门大学地处福建侨乡集聚地区，会有比内地高校更多的商界子弟入校学习，如果考虑这一因素，国内其它院校低阶层子女的入学比例可能会更高。

五、公务员考试对于社会流动的影响

我国公务员考试录用制度是指国家行政机关按照一定的标准和程序，通过考试和考核等方法，从社会上选拔部分优秀人才到党政机关担任主任科员以下非领导职务的考试形式。公务员考录制度最早起源于我国古代的科举制度，在古代官吏制度中具有重要地位。它既受悠久的古代选官制度的影响，也受到西方国家文官制度的影响。

新时期的社会流动，是指社会成员在社会关系的空间中由某个社会位置向其它社会位置的移动，它既表现为个人社会地位的变更，又表现为个人社会角色的转换。一般认为，社会流动有垂直流动与水平流动两种基本类型。其中，垂直流动是指社会分层体系中个人或群体跨越等级（或阶层）界限位置移动情况，根据移动的方向，又可进一步分为向上流动和向下流动。由于垂直流动可以给处于较低地位的人提供破坏不平等制度的动力，因而高的社会流动率可以作为一种安全阀，释放较低阶层

---

[1] 郑若玲：《高等教育与社会的关系——侧重分析高等教育与社会分层之互动》，《现代大学教育》2003年第2期。

的不满，起到稳定社会秩序的功能①。社会流动受政治、教育、地理、人口乃至战争等多种因素的影响，大规模国家级考试，如国家公务员考试就是其中较为重要的因素之一。

我国的公务员考试录用制度，从 1993 年 8 月《国家公务员暂行条例》颁布开始实施，建立仅仅才有不到 30 年的时间，学者们对它的研究大多集中在这一制度本身的改革与完善方面。有关公务员考试对于促进社会流动的关系这一问题，可能是入职公务员档案仅由各级人力资源管理机关掌握，对外界很少公开的缘故，几乎未见公开发表的论著。因此，对于这一领域的研究工作基本上还属于空白。公务员考试对促进社会流动意义重大。

（1）有助于强化社会流动的有序性

有序性是社会合理流动的重要标志之一。考试在促进社会流动有序性方面的强化作用，是通过建立作为社会流动制度重要组成部分的考试制度，并参与社会流动系统的运行来实现的②。在我国漫长的封建社会时期，尽管在秦汉时期就建立了面向社会招贤纳士的察举制，魏晋南北朝时期又推出九品中正制，但由于通过考试程序选士处于辅助地位，招聘大权被豪门世族所把持，他们以出身、裙带关系等作为士子进入仕途的先决条件，以此垄断下层民众向上流动的途径，致使普通百姓几乎无向上流动的机会。底层人士为了实现向上流动的愿望，不得不通过买官、行贿、婚姻等非正常的渠道和方式，从而导致社会流动的无序化。自隋唐以来，科举制度较低的入仕门槛、相对的公平选士原则，为社会底层人士的流动开辟了一条合法的渠道，为这些人创造了凭借个人素质和知识来实现向上流动的机会和条件，社会流动的秩序因此得以强化，从而促进了整个社会的繁荣与发展。李强指出，科举制度造成了社会流动，这是中国古代在制度上优于世界其它各国的重要表现。中国唐宋时期之所以能够在经济、文化发展上高于当时世界各国，主要原因之一就是中

---

① 郑若玲：《高考对社流动的影响——以厦门大学为个案》，《教育研究》2007 年第 3 期。

② 李家林：《论考试在社会流动中的作用》，《安徽大学学报》（哲学社会科学版）1998 年第 1 期。

国的科举制度优越[①]。钱茂伟认为，从国家层面上来说，科举制促进社会流动，解决了统治基础的三方面问题：第一，科举制度最大的贡献是建立了一套健康的文官造血机制，士不断补充进官僚队伍，国家统治得到巩固。第二，可以建立一个稳定的中间层。从社会的稳定性来说，最理想的结构是橄榄型的。也就是说，中间层大，上层与下层小。这样的社会结构最利于稳定。第三，可以消弭许多社会矛盾。人有一种天然往高处走的理念，科举为古代中国人提供了最佳的垂直流动的渠道。其妙处在于，从被统治群体中选优秀分子来管理国家，将国家治国目标与个人奋斗目标奇妙地结合在一起，这一做法深受社会各阶层的支持。这套体制使中国社会统治阶级与被统治阶级之间建立了一种富有弹性的社会整合体制[②]。

公务员考试即是借助考试制度本身的规范效应来规范社会流动行为，从而强化优秀社会人才向政府机关流动的有序性。我国由于长期受封建专制的影响，政府机关多年形成了重"人情"、轻"法理"的不良环境，家长制作风根深蒂固，反映在公务员录用中就形成因人设岗、任人唯亲的不良现象。通过严格的考试制度来强化社会流动的有序性，可相对减少许多人为因素的干扰和腐败现象的发生。笔者认为，从一定意义上来说，公务员考试可以称为新时代的科举。

目前，出于经济体制改革、企业用人制度的变革等种种原因，我国近年来出现了空前的"公务员热"现象，国家公务员考试的竞争激烈程度已明显超过高考和考研，被称为"中国第一考"。因此，进一步强化社会流动的有序性，创造公平竞争的就业环境就显得格外重要。

（2）有助于公务员系统新陈代谢功能的实现

新陈代谢、吐故纳新是国家公务员系统实现元素更新和再生、求得补偿、填补消耗、达到平衡、保证其存续的基本要求。这一要求必须借助公务员的流动机制才能实现。具体体现在以下两个方面：

第一，通过流动机制实现人员的更新。公务员系统的人员编制有可

---

① 李强：《当代中国社会分层与流动》，北京：中国经济出版社，1993年，第3页。
② 钱茂伟：《国家、科举与社会——以明代为中心的考察》，北京：北京图书馆出版社，2004年，第147—148页。

能因为一些人员到了退休年龄或生病、伤残等自然规律而产生的自然减员等情况现出现缺位，为了维持人员数量的稳定和年龄结构的合理配置，保证公务员系统的正常存续和发展，必须借助考试的方式，通过公务员流动机制的运作，不断从社会上和高校应届毕业生中吸收大批适宜的新生力量，作为现有公务员队伍中人员自然减员、淘汰的补充。

第二，实现系统功能的补足。随着行政环境的不断变迁，行政功能可能会不时地扩张或经常性地调整。为适应政府功能的变迁需要，必须借助流动机制提供新的人才支援，避免政府各部门工作负荷超载，或借助流动机制提供符合新的行政功能要求的人员，同时吸收具有新知识、新技能的高素质人员。

附历代考试沿革略表

中历	西历	
汉高祖 十一年	前一九六	初下诏举士
文帝 二年	前一七八	诏举贤良方正能直言极谏者
十二年	前一六八	诏举孝悌，无应令者
十五年	前一六五	汉廷策士之始
武帝元光元年	前一三四	初令郡国举孝廉各一人
元狩六年	前一一七	遣博士巡行天下举贤良独行之士
元封五年	前一〇六	始举茂材异等之士
昭帝始元元年	前八六	遣使行郡国举贤良
元帝永光元年	前四三	以朴质敦厚逊让有行者四科举人
光武帝建武十二年	三六	定逐岁察举之制
章帝建初八年	八三	以德行高妙、志节清白等四科举人，并须试以职事
元和二年	八五	按人口分配，令郡国举明经者
顺帝阳嘉元年	一三二	从左雄奏，令郡国举孝廉，须限以年龄，课以笺奏
献帝延康元年	二二〇	吏部尚书陈群立九品官人之法
魏文帝黄初三年	二二二	诏举士勿限年龄
明帝太和二年	二二八	诏郡国贡士，以经学为先
四年	二三〇	郎吏通一经者，博士课试，擢其高第者录用
晋武帝咸熙四年①	二六七	诏举贤良方正直言之士
成帝咸和六年	三三一	同上。按晋重贤良之举，且有策试，并有一试而至于再试者

---

① 此处仍沿用魏元帝"咸熙"年号，作"咸熙四年"。晋武帝泰始三年，即公元二六七年。

续表

中历	西历	
宋武帝永初二年	四二一	策试诸州郡秀才孝廉。按宋文帝元嘉中，又限年三十方得入仕
齐武帝永明五年	四八七	太子临国学，亲临策试
明帝建武四年	四九七	休源州举秀才，对策称善。按齐因宋代限年之制，故有增年矫貌以图进者。其时九品中正之制甚行，士人皆厚结姻援，以图幸进。遂令甲族以二十登仕，寒门以二十试吏
梁武帝天监四年	五〇五	令九流常选，年未三十，不通一经，不得解褐
敬帝太平二年	五五七	诏诸州各置中正。按梁初无中正，限年入仕，量才取录，门第之风稍息。至此复置中正。时有射策，大半为国子生；有对策，则属于秀才
陈文帝天嘉元年	五六〇	诏举贤良
宣帝太建四年	五七二	诏举贤能，随才明试。按陈有贤良秀才之举，有射策对策之试，亦有限年龄入官之法
北魏孝文帝太和十六年	四九二	帝临思义殿，策问孝秀
宣武正始元年	五〇四	罢郡中正
北齐（不详）		北齐策孝秀，皇帝坐朝中楹，有脱误书滥孟浪者，饮墨水。颇有后世场规之意
后周武帝建德六年	九七六	诏山东诸州县举有才者，各四五六人有差。当周文帝霸府时，苏绰为六条诏书，其四曰擢贤良。罢门资之制，察举称精慎
隋文帝开皇二年	五八二	诏举贤良
炀帝大业二年	六〇六	初以进士为科
十年	六一四	诏举孝悌廉洁各十人
唐高祖武德五年	六二二	唐始开科取士
太宗贞观八年	六三五	进士初只试策，是年加试帖经
高宗永徽二年	六五一	罢秀才科
调露二年	六八〇	帖经之始

续表

中历	西历	
永隆元年	六八〇	始以制科取士。又高宗麟德以后,承平日久,选人渐多,取用不给。于是礼部中式以后,吏部尚须以身言书判试之,然后入仕
二年	六八一	始以杂文试进士。唐封演曰:所谓杂文,即一诗一赋,以诗赋取士,始于此
武后载初元年	六八九	殿前试人之始。又《通典》纪"武后以吏部选人不实,乃令试日自糊其名暗考"
中宗神龙元年	七〇五	始定进士三场试。自神龙以后,进士赴杏园毕,皆于慈恩寺塔题名。后世之题名碑渊源于此
玄宗开元九年	七二一	亲策制科举人。十四年,二十六年亦然
二四年	七三六	礼部选士之始
二九年	七四一	始立道举科
天宝十年	七五一	举人私怀文策坐殿三举,并贬所保之官,殿举之问始此
十三年	七五四	制举试诗赋之始
代宗广德二年	七六四	两都试人之始
德宗建中元年	七八〇	停孝廉科
二年	七八一	以箴论表赞代诗赋,仍试策二道,不久复试诗赋。又是年始用墨义
贞元十八年	八〇二	始以通榜取士。通榜者,即不顾试艺之高下,专取知名之士也
穆宗长庆三年	八二〇	立史科及三传科
文宗开成元年	八三六	举子容情隐蔽,同保五人殿三举
宣宗大中元年	八四七	漏泄题目,考官罚俸
昭宗光化三年	八九〇	恩科举人之始,当时称为五老榜
后唐明宗长兴二年	九三一	命学士撰诗赋一首,以为举人模式。案唐试诗赋,初止命题。后唐庄帝时,乃定韵定格
四年	九三三	出题书明所对经书墨义,云几道不第,几道粗第。……诉考官不公者,可再考校。若考官不公,或举子妄陈文状,俱有罚责

续表

中历	西历	
辽太宗会同元年	九三八	室昉登进士第,可谓为辽行科举之始。其传云会同初,姑列于元年
后晋高祖天福五年	九四〇	停拔萃明算道举百篇等科
周世宗显德二年	九五五	罢明经童子科。按五代重童子科,中式之后,可克日得官,并得蠲免徭役。中式以后,无心习业,因而停止。又五代进士及第,其中文艺可取者,便与除官,不若唐代之谨严也
宋太祖乾德二年	九六四	初设制科,未有应者
开宝三年	九七〇	立特奏名,即沿唐之五老榜,明清之恩赐也
六年	九七三	因徐士廉伐鼓诉讼,太祖御讲武殿复试,复试自此始
辽景宗保宁八年	九七六	诏复南京礼部贡院。圣宗统和以后,用唐宋之制取士
宋太宗太平兴国三年	九七七	诏律赋以平侧依次用韵。按宋初沿五代制,进士试诗赋策论,诸科试帖经墨义,至此稍加变更
八年	九八三	进士诸科,加试律义十道。及第后始分三甲,稍后有状元、榜眼、探花之名,并有状元牌坊之立。而乡试又有分为五等者,初考以朱,复考以墨,自宋已然
淳化三年	九九二	殿试始用弥封糊名之法
真宗景德二年	一〇〇五	诏复贤良能直言极谏等六科
四年	一〇〇七	礼部贡院始用糊名考试
大中祥符四年	一〇一一	始排坐位,先发坐位榜
五年	一〇一二	诏贡举人曾预省试,公罪听赎,其后私罪杖,亦许赎论
天禧三年	一〇一九	立双重定等第之法,详参正文
辽圣宗太平九年	一〇二九	以诗赋试举人,赐张人杰等二十七人进士及第。按辽取士重诗赋

续表

中历	西历	
宋仁宗明道二年	一〇三三	诸州考试，始用糊名之法
景祐四年	一〇三七	诸州考试，始用誊录易书之法
庆历四年	一〇四四	用范仲淹奏，罢帖经墨义，改试策论诗赋，行止一科而罢
嘉祐六年	一〇六一	双重定等第之良法，为王安石所改变
英宗治平三年	一〇六六	始行三年一开科之制，是年司马光主分路取人说，欧阳修主凭才取人说
辽道宗咸雍六年	一〇七〇	诏议贤良科，应是科者，先以所业十万言进
宋神宗熙宁四年	一〇七二	王安石改革科举；罢诸科，惟留进士科，并新立明法律。罢诗赋帖经墨义，惟试经义及策问
哲宗元祐元年	一〇八六	复试词赋。第一场试经义，二场词赋，三四场策论
四年	一〇八九	复制科。先是神宗初，以制科对策，与进士无异，罢之
绍圣元年	一〇九四	复罢诗赋，专用经义
二年	一〇九五	立宏词科
辽天祚帝乾统二年	一一〇二	禁商贾之家应进士举
宋徽宗崇宁三年	一一〇四	诏天下取士，悉由学校升贡。即用王安石之三舍法也
大观四年	一一一四	立词学兼茂科
宣和三年	一一二一	诏罢天下三舍法
金太宗天会元年	一一二三	初开科举士
宋钦宗靖康元年	一一二六	复以诗赋取士。禁用老庄及王安石之学说
金太宗天会五年	一一二七	诏开贡举取士，分南北选
宋高宗建炎二年	一一二八	又专用经义
绍兴十五年	一一四五	经义词赋，分为两科
金世宗大定四年	一一六四	诏进士文优则取，勿限人数。按金设科，有词赋，经义，策试，律科，经童之目
九年	一一六九	设女真进士科

续表

中历	西历	
二八年		女真进士添试经论。是年官方为举子制衣,俾进试场时更换,以免怀挟之弊
章宗明昌元年	一一九〇	初设应制及宏词科。又诏经义进士,试赋,诗,策论各一道。六经十一史内出题,皆于题下注其本传。举人试卷,所用典故,自注出处
承安四年	一一九九	定府试考试官人数,以应试人多寡为转移
泰和三年	一二〇三	敕汉人司女真司互换封弥
元太宗丁酉九年	一二三七	试行取士之法。自此次后,议者以为不便,停止七十余年。至元中,尝议行进士科,历大德、至大皆有议而未及行
世祖中统二年	一二六一	诏举文学才识可以从政及茂材异等
仁宗皇庆二年	一三一三	诏行科举
延祐二年	一三一五	三月廷试,赐护都沓、张起严等五十六人及第出身有差。其制三年一科开,分蒙古色目人为一榜。第一场,经问五条,主朱子四书义,第二场,时务策一道。汉人南人为一榜,第一场经疑二问,经义一道。第二场古赋诏诰章表内科一道。第三场策一道
顺帝至元元年	一三三五	诏罢科举
六年	一三四〇	复行科举取士
明太祖　吴元年	一三六七	定文武科取士之法。又遣起居注吴琳、魏观等,以币帛求遗贤于四方
洪武元年	一三六八	征天下之贤才为守令
三年	一三七〇	诏开科取士。诏行科举程式。专取四子书及《易》《书》《诗》《春秋》《礼记》五经命题试士
四年	一三七一	定科举条例
六年	一三七三	诏罢科举,专以荐举取士
十三年	一三八〇	命群臣各举所知。并置四辅官,以待儒士
十四年	一三八一	诏求隐逸

续表

中历	西历	
十五年	一三八二	命天下朝觐官各举所知一人。是年诏复科举
十七年	一三八四	颁行科举程式。而荐举并行不废
十八年	一三八五	初选进士为庶吉士
二一年	一三八八	命建状元坊，以旌表状元
二四年	一三九一	定文字格式
三十年	一三九七	定复试之令
成祖永乐二年	一四〇四	庶吉士始为翰林院专官。是年始命工部建士题名碑于国子监
六年	一四〇八	命翰林官试下第举人
仁宗洪熙元年	一四二五	定乡试取士额
英宗正统六年	一四四一	诏戒饬文弊，慎选考官
代宗景泰四年	一四五三	始令生员纳粟为国子生
宪宗成化二年	一四六六	更定科举程式
武宗正德六年	一五一一	会试主考官，命用十七人，翰林十一人，科部各三人，分诗经房五，易经书经各四，礼记春秋各二
世宗嘉靖七年	一五二八	始用京官主乡试
四四年	一五六五	枷号怀挟举人，于礼部前示众
神宗万历十三年	一五八五	礼部疏议，严科场，祛除积弊，以光盛典。是年各省始改遣京官主试
四四年	一六一六	会试考试官，增为二十房，用翰林十二人，科部各四人，至明末不变
清世祖顺治二年	一六四五	初行乡试。先是天聪八年（一六三四）已行科举。此为入关以后初行乡试，而清代考试规程，亦多定于是年
三年	一六四六	初行会试。乡会试首场皆试八股文，取四子书。第二场论一篇，诏诰表各一道，第三场经史时务策五道

续表

中历	西历	
八年	一六五一	定录送乡试条例
九年	一六五二	会试分满汉为二榜,蒙古入满洲榜;汉军入汉人榜
一四年	一六五八	丁酉科科场大狱
十五年	一六五九	准会试移太和殿丹墀前考试。先是会试举人,自元年以来,俱在天安门外考试。定会试同考官十八房,遂为永制
圣祖康熙二年	一六六三	以八股文剿袭雷同,停止八股文。并将考试三场,改为二场
四年	一六六五	复三场取士之制
七年	一六六八	仍以八股文章取士
十六年	一六七七	余国柱疏请湖广江西福建三省现任官,稍加级纪录,从之
十八年	一六七九	始试博学鸿词科
二四年	一六八五	是年会试,始有十本进呈之例
二八年	一六八九	命取考满洲生员举人进士,仍须兼试骑射
四二年	一七〇三	帝幸江浙,御试士子。中选者,赏白金,令入京录用有差。其后四十四年再幸江浙,召试亦如之。高宗六幸江浙,四幸天津,皆行召试
四四年	一七〇五	俞化鹏请以诗赋取士,不从
五〇年	一七一一	江南科场大狱
五一年	一七一二	特开万寿乡会试恩科。是后每遇万寿或登极之期,常辅行之。五月,定会试分省取中进士之制
六〇年	一七二一	用唐人通榜法取士,下第举子,忿不平而名宿网罗殆尽
六一年	一七二二	诏各直省举孝廉方正。其后雍正二年,五年,乾隆五年,同治元年,光绪元年,八年,以至宣统元年等,均举试之

续表

中历	西历	
世宗雍正元年	一七二三	世宗登极,诏开恩科。以天寒,赐诸贡士在太和殿内两旁对策。是年始行朝考
三年	一七二五	召集应差委之翰林及进士出身官员于太和殿,试以四书文二篇,以备乡试差遣。是为考差之始
四年	一七二六	停止浙江人乡会试
五年	一七二七	取明通榜,即于会试落卷内,栋选文理明顺者引见,以教职即用。是后乾隆二年,十年,十九年,二十六年,三十四年,五十五年,俱照例举行
高宗乾隆元年	一七三六	再举博学鸿词科
四年	一七三九	定三年考选优贡一次,而拔贡则十二年一考选
九年	一七四四	兵部侍郎舒赫德上废科目疏,首相鄂尔泰持议力驳,得以不废
一〇年	一七四五	改会试期于三月,以待春暖。改殿试之期于四月二十六日,五月初一日传胪。二十一年,又改于四月二十一日殿试。二十五日传胪,其后遵行不变
一二年	一七四七	禁条奏之习
一四年	一七四九	诏保举经学。十六年顾栋高、陈祖范等七十人出焉。然仅赏给顾、陈等四人职衔,后不复举行
二二年	一七五七	罢论表判,增五言八韵诗
二三年	一七五八	乡会试第一场,四书文外,加试性理论一篇
二四年	一七五九	严申磨勘之例
五五年	一七九二	定《春秋》俱以《左传》本事为题,参用《公羊》《穀梁》
仁宗嘉庆二四年	一八一九	朝考减诏一道
宣宗道光一五年	一八三五	御史易镜清奏三场试策,改用律例一道,不从

续表

中历	西历	
文宗咸丰八年	一八五八	戊午科场大狱
德宗光绪二三年	一八九七	贵州学政严修，奏请开经济特科
二四年	一八九八	令自下科起，概用策试。又停止朝考，不凭楷法取士
二七年	一九〇一	废八股文，改用新章取士。乡会试头场，改试中国政治史事论五篇，二场各国政治学艺策五道。三场四书义二篇，五经义一篇。又诏开经济特科，停止武科
二九年	一九〇三	考试经济特科，均试论策各一道
三一年	一九〇五	八月初四日，谕立停科举，以广学校，从张之洞、袁世凯、端方诸人之请也

参考书目

尚书　十三经注疏本

周礼　同上

周礼正义　〔清〕孙诒让注　民国二十年笛湖精舍铅印本

礼记　十三经注疏本

春秋繁露　〔汉〕董仲舒著　抱经堂丛书本

史记　〔汉〕司马迁著　殿本

汉书　〔汉〕班固著　同上

汉书补注　〔清〕王先谦注　长沙王氏校刊本

白虎通　〔汉〕班固著　通行本

后汉书　〔宋〕范晔著　殿本

东观汉纪　旧题〔汉〕刘珍撰　武英殿聚珍本

汉官六种　平津馆丛书本

西汉会要　〔宋〕徐天麟编　光绪十年江苏书局刊本

东汉会要　同上　江苏书局刊本

三国志　〔晋〕陈寿撰　〔宋〕裴松之注　殿本

三国会要　〔清〕杨晨撰　台州丛书本

华阳国志　〔晋〕常璩撰　四部丛刊本

抱朴子　〔晋〕葛洪撰　百子全书本

晋书　〔唐〕房乔等撰　殿本

晋书斠注　吴士鉴、刘承干合注　刘刻本

宋书　〔梁〕沈约撰　殿本

南齐书　〔梁〕萧子显撰　同上

梁书　〔唐〕姚思廉撰　同上

陈书　同上

魏书　〔北齐〕魏收撰　同上

北齐书　〔唐〕李百药撰　同上

周书　〔唐〕令狐德棻等撰　同上

隋书　　［唐］魏征等撰　同上

南史　　［唐］李延寿撰　同上

北史　　同上

北堂书抄　　［唐］虞世南撰　孔刻本

全上古三代秦汉三国六朝文　　［清］严可均辑　广雅书局本

通典　　［唐］杜佑撰　浙刻九通全书本

通志　　［宋］郑樵撰　同上

文献通考　　［元］马端临撰　同上

国史补　　［唐］李肇撰　得月簃丛书本

摭言　　［唐］王定保撰　雅雨堂丛书本

东观奏记　　［唐］裴庭裕撰　续百川学海本

白氏文集　　［唐］白居易撰　四部丛刊本

五百家注音辨昌黎先生文集　　［唐］韩愈撰，［宋］魏仲举集注　上海涵芬楼影宋本

孙樵集　　［唐］孙樵撰　四部丛刊本

开元天宝遗事　　［唐］王仁裕撰　艺圃搜奇本

封氏闻见记　　［唐］封演撰　雅雨堂丛书本

杜阳杂编　　［唐］苏鹗撰　学津讨原本

朝野佥载　　［唐］张鷟撰　宝颜堂秘笈本

旧唐书　　［晋］刘昫奉敕撰　殿本

新唐书　　［宋］欧阳修撰　同上

唐大诏令集　　［宋］宋敏求编　适园丛书本

唐会要　　［宋］王溥撰　武英殿聚珍本

唐语林　　［宋］王谠撰　惜阴轩丛书本

登科记考　　［清］徐松辑　南菁书院丛书本

全唐文　　［清］仁宗敕编　嘉庆十三年重修官刻本

旧五代史　　［宋］薛居正等奉敕撰　殿本

五代会要　　［宋］王溥撰　墨海金壶本

太平御览　　［宋］李昉等奉敕编　鲍刻本

太平广记　　［宋］李昉等奉敕撰　清乾隆黄氏刊巾箱本

文苑英华　　同上　明隆庆刻本

册府元龟　　［宋］王钦若等奉敕撰　明刻本

石林燕语　　［宋］叶梦得撰　石林遗书本

山堂考索　　［宋］章俊卿撰　明正德间慎读书斋刊本

玉海　　［宋］王应麟纂　浙江书局刻本

困学纪闻　　［宋］王应麟撰　翁元圻注　家刻本

长安图志　　［宋］宋敏求撰　毕秋帆注　经训堂丛书本

能改斋漫录　　［宋］吴曾撰　守山阁丛书本

云麓漫抄　　［宋］赵彦卫撰　别下斋校本

南部新书　　［宋］钱易撰　粤雅堂丛书本

唐代地方行政史　　黄绶著　民国十六年北京永华印书局出版

宋史　　［元］托克托奉敕撰　殿本

宋史新编　　［明］柯维骐撰　明嘉靖间刊本

宋朝事实　　［宋］李攸撰　武英殿聚珍本

宋文鉴　　［宋］吕祖谦编　江苏书局刊本

资治通鉴　　［宋］司马光撰　商务印书馆铅印本

资治通鉴考异　　［宋］司马光撰　四部丛刊本

资治通鉴纲目　　［宋］朱熹撰　资治通鉴纲目全书本

续资治通鉴长编　　［宋］李焘编　浙江书局本

御批历代通鉴辑览　　［清］高宗敕编　上海商务印书馆铅印本

燕翼诒谋录　　［宋］王栐撰　榕园丛书本

太平治迹统类　　［宋］彭百年撰　适园丛书本

建炎以来朝野杂记　　［宋］李心传撰　同上

事物纪原　　［宋］高承撰　惜阴轩丛书本

朝野类要　　［宋］赵升撰　知不足斋丛书本

曲洧旧闻　　［宋］朱弁撰　学津讨原本

绍兴题名录　　粤雅堂丛书本

宝祐四年登科录　　同上

老学庵笔记　　［宋］陆游撰　津逮秘书本

河南邵氏闻见录　　［宋］邵伯温撰　同上

容斋五笔　　［宋］洪迈撰　明崇祯间刊本

历代制度详说　　［宋］吕祖谦撰　续金华丛书本

隋史断　　［宋］南宫靖撰　学海汇编本

挥尘前录　　［宋］王明清辑　学津讨原本

却扫编　　［宋］徐度撰　同上

涉史随笔　　［宋］葛洪撰　知不足斋丛书本

涑水记闻　　［宋］司马光撰　学海类编本

避暑录话　　［宋］叶少蕴撰　津逮秘书本

师友谈记　　［宋］李荐撰　学津讨原本

猗觉寮杂记　　［宋］朱翌撰　知不足斋丛书本

梦溪笔谈　　［宋］沈括撰　古书丛刊本

梦粱录　　［宋］吴自牧撰　学津讨原本

归田录　　［宋］欧阳修著　同上

范文正公文集　　［宋］范仲淹著　四部丛刊本

欧阳文忠公全集　　［宋］欧阳修著　上海中华书局本

温国文正司马公文集　　［宋］司马光著　四部丛刊本

东坡先生全集　　［宋］苏轼著　同上

临川文集　　［宋］王安石著　同上

朱文公文集　　［宋］朱熹著　同上

瓮牖闲评　　［宋］袁文撰　武英殿聚珍本

吹剑录外集　　［宋］俞文豹撰　知不足斋丛书本

契丹国志　　［宋］叶隆礼撰　扫叶山房校刊四朝别史本

辽史　　［元］托克托等修　殿本

金登科记序　　李世弼著　见元王恽《玉堂嘉话》

大金国志　　［宋］宇文懋昭撰　扫叶山房校刊四朝别史本

金史　　［元］托克托等修　殿本

元代婚礼贡举考　　古学汇刊本

元典章　　清芬堂丛刊初编本

元典章校补　　陈垣　北京大学国学门研究所刻本

庙学典礼　　［元］佚名编　四库全书抄本

日闻录　　［元］李翀撰　守山阁丛书本

谢叠山集　　［宋］谢枋得撰　正馆堂全书本

元文类　　［元］苏天爵编　江苏书局刻本

元曲选　　［明］臧晋叔选　四部丛刊本

辍耕录　　［元］陶宗仪著　津逮秘书本

山居新语　　［元］杨元诚著　知不足斋丛书本

元统元年进士录　　宋元科举三录本

元史　　［明］宋濂等撰　殿本

元史新编　　［清］魏源撰　光绪三十一年邵阳魏慎微堂刊本

续弘简录（一名元史类别）　　［清］邵远平著　宋辽金元别史本

元史纪事本末　　陈邦瞻　五史纪事本末本

新元史　　柯劭忞著　民国八年刊本

续通典　　清高宗敕撰　浙刻九通全书本

续通志　　同上

续文献通考　　同上

明史　　［清］张廷玉等修　湖北崇文书局刻本

大明会典　　明弘治十年官修　原刻本

明会要　　［清］龙文彬纂　广雅书局本

明史纪事本末　　［清］谷应泰撰　五史纪事本末本

洪武四年登科录　　艺海珠尘本

洪武圣政记　　［明］宋濂撰　胜朝遗事初编本

明成祖实录　　北平图书馆藏抄本

明仁宗实录　　同上

永乐十年登科录　　明永乐刻本

嘉靖十七年登科录　　明嘉靖刻本

明大政纂要　　［明］谭希思撰　清光绪二十一年湖南思贤书局重刊本

皇明大政记　　［明］雷礼等辑　万历壬寅刊本

皇明进士登科考　　［明］俞宪撰　明嘉靖刊本

明贡举考　　［明］张朝瑞撰　明刊本

历代贡举志　　［明］冯梦桢撰　学海类编本

明贡举考略　　［清］黄崇简纂　清道光间刊本

皇明疏抄　　［明］孙句汇辑　明刊本

昭代典则　　［明］黄光升编辑　明刻本

万历野获编　　［明］沈德符撰　清同治八年钱塘姚氏重校刊本

典故纪闻　　［明］余继登撰　畿辅丛书本

弇山堂别集　　〔明〕王世贞撰　广雅书局刊本

御选明臣奏议　　乾隆十六年敕编　武英殿聚珍本

资治通鉴纲目三编　　清高宗御定　山东书局汇刊本

觚不觚录　　〔明〕王世贞撰　借月山房汇抄本

列朝盛事　　〔明〕王世贞撰　同上

眉公见闻录　　〔明〕陈继儒撰　宝颜堂秘笈本

真珠船　　〔明〕陈继儒撰　陈眉公杂录本

升庵合集　　〔明〕杨慎撰　清光绪八年刊本

七修类稿　　〔明〕郎瑛纂　乾隆四十一年耕烟草堂刊本

天佣子全集　　〔明〕艾南英著　清康熙间刊本

读书录类编　　〔明〕薛瑄撰　清光绪十九年刊本

复社纪事　　〔明〕吴伟业撰　借月山房汇抄本

荷闸丛谈　　〔明〕林时对撰　民国十七年国立中山大学印本

翰林记　　〔明〕黄佐撰　粤雅堂丛书本

双槐岁抄　　〔明〕黄瑜撰　岭南遗书本

明夷待访录　　〔明〕黄梨洲著　宝墨斋丛书本

启祯记闻录　　〔明〕叶绍表著　痛史本

玉堂荟记　　〔明〕杨士聪撰　借月山房汇抄本

朱舜水集　　〔明〕朱舜水撰　日本明治四十五年铅印本

日知录集释　　〔清〕顾炎武著　黄汝成集释　清同治八年刊本

日知录之余　　〔清〕顾炎武著　风雨楼丛书本

亭林文集　　同上　亭林遗书本

钱牧斋全集　　〔清〕钱谦益著　民国十四年上海文明书局铅印本

烈皇勤政记　　〔清〕孙承泽著　借月山房丛抄本

春明梦余录　　同上　古香斋鉴赏袖珍本

大清会典　　商务印书馆铅石印大字本

大清会典事例同　　同上

科场条例钦定　　〔清〕英汇等纂　杜受田等修　光绪二年续增刊本

学政全书　　〔清〕童璜等纂　嘉庆间武英殿刊本

宗室贡举备考　　〔清〕瑞联纂　光绪间刻本

科场则例　　拜梅山房几上书本

吏部处分则例钦定　殿本

十朝圣训　清光绪间活字版印本

东华全录　[清]王先谦编　光绪十三年京都善本堂重刊本

光绪东华续录　[清]朱寿朋编　宣统初年铅印本

古今图书集成·选举典　铅印本

皇朝通典　清高宗敕撰　浙刻九通全书本

皇朝通志　同上

皇朝通考　同上

皇朝续文献通考　刘锦藻纂　坚匏盦藏版本

五礼通考　[清]秦蕙田编　苏州局刻本

廿二史札记　[清]赵翼撰　瓯北全书本

公车征士录　[清]全祖望撰　烟画东堂小品本

保举经学名单　同上

皇清名臣奏议　琴川居士刊本

丁酉北闱大狱记　[清]信天翁记　痛史本

淡墨录　[清]李调元撰　函海本

制义科琐记　[清]李调元辑　同上

制义观海集　编辑人不详　袖珍本

国朝历科馆选录　[清]沈廷芳辑　清乾隆三十一年重刊本

张文贞公集　[清]张玉书著　乾隆五十七年松荫堂刊本

香祖笔记　[清]王世祯撰　渔阳山人著述本

存人编·存治编　[清]颜习斋著　畿辅丛书本

纪文达公遗集　[清]纪昀著　嘉庚十七年刊本

潜研堂全集　[清]钱大昕著　上海涵芬楼景印本

小仓山房尺牍　[清]袁枚撰　随园三十二种本

随园随笔　同上

科场异闻录　[清]吕相变撰　光绪戊戌顺成书局石印本

藤阴杂记　[清]戴璐撰　光绪三年吴兴沈氏重刊本

国朝鼎甲录　[清]陈钟原辑　拜梅山房几上书本

槐厅载笔　[清]法式善撰　嘉庆间刊本

清秘述闻　[清]法式善撰　钱氏重校刊本

争雄论　［清］孙鼎臣著　咸丰十年武昌节署刊本

校邠庐抗议　［清］冯桂芬著　实墨斋丛书本

庸庵文集外编　［清］薛福成著　庸庵全集十种本

庸庵笔记　同上　光绪丁酉萧山陈氏校刊本

越缦堂日记　［清］李慈铭撰　北京浙江公会影印本

吾学录初编　［清］吴荣光编　江苏书局刊本

国朝贡举年表　著者不详　光绪十九年申江袖海山房石印本

历代选举沿革表　［清］马征麐纂　马钟山遗书本

策学备纂　［清］沈祖荣编　光绪十三年石印本

祁阳县志　［清］刘希关等纂　同治九年刊本

吴县志　曹允源等纂　民国二十二年苏州文新公司印本

二十四史九通政典类要合编　［清］黄书霖辑　光绪二十八年粤雅堂藏铅印本

九通分类总纂　［清］汪钟霖纂　文澜书局石印本

皇朝掌故汇编　［清］张寿镛等纂　光绪二十八年求实书社铅印本

皇朝政典类纂　［清］席裕福等编　光绪二十九年图书集成局铅印本

光绪政要　［清］沈桐生辑　宣统元年上海崇义堂印本

清代文献迈古录　赵祖铭著　民国十六年北京慈祥工场印行

清史稿　赵尔巽主修　民国十六年铅印本

清史列传　中华书局印本

大清法规大全　政学社编印本

𬘓轩语　［清］张之洞撰　光绪丁丑濠上书斋刊本

戊戌奏稿　康有为撰　宣统三年上海广智书局本

康南海自编年谱　康有为　抄本

中国近三百年学术史　梁启超著　民国十八年民智书店铅印本

戊戌政变记　梁启超　上海广智书局本

光宣小纪　金梁撰　民国二十二年铅印本

清代考试制度　章中如著　一九三一年黎明书局铅印本

清代殿试考略　傅增湘著　民国二十二年大公报社铅印本

骨董琐记　邓之诚撰　民国二十二年自印本

中国考试制度研究　邓定人编著　民国十八年上海民智书局出版

　　上列参据书目，共二百四十余种，其中有仅引用一二次者，有少数屡参考而未及引用者,亦有书中引用而未一一列入参考书目者。原因中国载籍,言及考试者,几于无书无之。年来涉猎所及,见其有关者,辄摘录之,历时日久,积纸盈尺,得书五百余种。应用之时,往往摘录数十条,仅用一二条;又往往遇载试卷策案,历科题名碑及科场盛事等书,中或尽关科举;虽经参阅,然难引用。至其排列次第,略以时代为序。未及使著者先后,细为区分,敬希阅者谅之。嗣禹附识。

附：邓嗣禹的《中国考试制度史》

恒慕义①

邓嗣禹先生在过去的岁月里，曾经参与我们传记项目的编写工作，他是《中国考试制度史》的作者。该书1936年由南京国民政府考试院出版。这部著作是一部对中国历史悠久的科举制度发展进程的全面考察之作。该书还提供了方便查阅的年表，以及含有243册书的参考书目。

如果《尚书》《周礼》《仪礼》中所记可信的话，那么，选拔官员的量才选用制度的雏形在基督教时代前的几个世纪便已见诸记载。而在公元前165年，察举制开始实施。该制度看重官员的德行，被成功举荐者归入贤良、方正科，这类人才要敢于直言劝谏。因此，皇帝要安排他们进行笔试和面试，进一步考察他们对国家事务的看法。

在公元前134年，各候国都奉命荐举孝廉者。这些人不用考试即可被安排到朝廷一些机构做官，但是，后来申请孝廉的人越来越多，这些申请者就要经过考试来测试他们起草官方文书的能力，此外，对年龄也做了限制，以减少申请总人数。当时，经书只是偶尔才被用于考核贤良、孝廉的面试和笔试中。

在后汉（25年—220年）晚期，以道德为基准选拔官员的制度变得弊端百出，于是，当时决定以所谓的九品中正制来考核求仕者，该制度一直持续至约公元600年。当地官员根据自己的选择，将自己所在地区的仕子分为九级，向上一级政府官员提出推荐意见，上一级政府官员进一步考察这些有志仕途者。入选的仕子将由京城更高级官员进行再次考

---

① 恒慕义（Arthur William Hummel，1884—1975），美国汉学家，传教士。邓嗣禹著《中国考试制度史》一书首次出版于1936年。恒慕义曾于1938年撰写此文，首次向美国学界及西方国家推荐邓嗣禹的著作，并介绍中国的科举制度。作者从西方汉学家的角度评述了中国科举制的演变与发展历程，并归纳了我国历代科举考试实施与遗漏的次数，这在目前国内出版的科举论著中是不多见的。这篇文章仅刊载于1982年台湾版的《中国考试制度史》一书中，以后再版的书籍中均未见此文。现将全文翻译发表，以飨读者。——译者注

核，然后给他们安排职位。北齐时期（550年—577年），皇帝有时会亲自主持策试，据史书记载，那些试卷上书写滥劣者，会在朝堂罚站，饮墨水。九品中正制一度效果不错，但是到了大约公元400年时，选择官员的制度被强大的门阀士族所控制，普通百姓几乎没有机会提升到重要岗位任职。

带有公开、竞争性质的考试发端于隋朝（581年—618年），在唐朝（618年—907年）得到了进一步的发展。关于这两个朝代考试制度的发展演变，邓嗣禹先生已在1934年《史学年报》第二卷第1期上发表论文进行过论述。第一次授进士在公元605年—617年期间，605年始设进士科。622年后，进士考试每年或每三年举办。起初商人、工匠、剃头匠、艺人和妓女的儿子都没有参加考试的资格，参加最终考试的人必须是官办学校的毕业生（生徒）或是州、县考试的中榜者（乡贡）。

在唐朝时，进士考试的要求是：（1）完成"时务策"五条；（2）撰写经史评论；（3）681年后，则开始要求考生写诗作赋。唐代还举办特殊考试，涵盖各式科目，包括明算和明法。

这一时期科举的弊端之一是公元680年第一次实施的被称为"贴经"的考试方法。考生面前放经书之一页，这页所有内容都被遮住，只留出一行或一句话可以看到，考生被要求写出或背出被遮住的所有上下文。这一考试方法只能测试记忆力，与对整段内容的理解没有什么关系。该考试方法最终在1072年被废除。

正是在唐朝，进士考试成了国家大事。进士及第者，一般参加考试的每千人中仅有一二人。他们在京城内受到万民欢呼，在御苑内接受皇帝赐予的盛宴。他们的名字被刻在石碑上，以激励后人。从那时起，一个人若没有进士及第，几乎不可能成为宰相，进士成为出任官职的敲门砖，社会等级的标志。总之，它成了帝国的最高功名。

辽、金、元、清朝的异族统治者们一开始都看不上科举制度。但他们最终都采纳了它。在金朝，甚至还对其进行了重要改进。起初，他们用本民族语言来出题，但是金朝最好的学者们在熟练掌握汉语后，决定像当地汉人那样去竞争同样的功名，以此来显示他们也是足以统治这个国家的文明、合格之士。

比进士低两级的是秀才和举人，它们也经历了几个世纪的发展，其间伴随着多次演变，尤其是在唐、宋时期。到明朝（1368 年—1644 年）初期，考试制度进行了调整。通过地区考试的称为秀才，通过省城考试的称为举人，进京考试通过者称为进士。始于 1066 年的京城的会试和殿试每三年举行一次，而当秀才和举人考试制度完全确立后，前者的考试每年举办一次，后者考试每三年一次。所谓的"八股文"，即其主要内容由八个部分组成，也从约 1487 年开始形成固定模式，直到 1901 年才被废除。起初，八股文篇幅为 500 字左右，有时可达 800 字。当这种固定的文章模式最初采用的时候，它一度有助于考生以一种系统性和逻辑性的方式围绕主题写文章，但其死板僵化的风格很快成为自由思维的桎梏，尤其是当后来朱熹（1130—1200）的观点成为解读经书的公认准则后。

邓嗣禹先生发现，在唐朝（618 年—907 年）期间，进士考试举行了 262 次，有 22 次因故没能举行。在五代（907 年—960 年）时期，进士考试举行了 47 次，但五个国家中有两个国家的两次考试未能举行。在宋、辽、金时期（960 年—1279 年），进士考试举行了 186 次（118 次考试在宋朝时期，50 次考试在辽时期，18 次考试在金时期）。在宋朝和元朝时期，考试一度中断达七十多年（1237 年—1315 年），虽然其间曾尝试恢复，但都失败了。而在后来实施了 7 次考试，时间是在 1315 年—1335 年。而在 1340 年—1366 年，实施了 9 次考试。明朝在 1373 年—1384 年没有举行考试。有明一代（1368 年—1644 年），总共举行了 88 次考试。在清朝期间（1644 年—1912 年），科举考试自 1646 年开始恢复，此后一直举办，直到 1905 年被废除，其间从未间断，共举行了 111 次考试，包括一些特殊科目的考试。

推行科举制度的目的之一，是为入仕者建立一种公认的评判标准，从而限制个人举荐的做法。它实现了这个目标。由于科举制度系统性地弘扬了儒家"忠"的思想，它因此导致了顺从和大一统政治。中国的异族人通过认可这种考试制度，他们也逐渐接受了汉人的人生观，完成了汉化过程。因为科举考试需要多年的准备时间，从而促使各行各业和帝国的各个角落粗通文墨之士无论年轻人还是年长者都一心向学，从这个角度看，该制度是一种比现代义务教育更有效的学习激励方式。尽管这一制度早期具有打破贵族特权、使教育民主化的优点，但它还是创造了一个新的阶层，即士人阶层。士人阶层在自身变得强大的同时，有时也会对平民阶层带来伤害。科举最有害的一点——对于中国而言，这并非特例——或许是让士子们盲目接受既定的思维和行为模式。这种固定的模式阻碍了学生们的思维，使新的思想不被传统观念所认可。在中国历史上，没有一个时期缺少有独立思想的人。但值得深思的是，这些人往往落榜不第，而且常常被迫在贫穷和默默无闻中追求他们的志向。恢复和重印他们被忽视的作品，这是我们这一代人富有成效和令人振奋的使命之一。

（原载1938年美国《图书馆通讯》杂志，第221—224页。彭丽译，彭靖审校）

附：中国科举制度与西方

考试在学校教育和公务员选拔中的重要性已经广为人知。然而，很少有人意识到，在古代的埃及、西亚、希腊和罗马帝国并没有文官考试制度。中国是第一个为学校教育和社会管理而进行公开选拔考试的国家。19世纪的英国和其他国家采用的公务员考试，深受中国汉、隋、唐、宋各朝统治者建立起来的考试制度影响。

中国大约在公元前165年或更早时期的西汉，创始了强调考试品德优秀人才的察举制。自此以后，考试不定期地举行。622年，公开选拔性的文科考试开始在地方和京城定期举行，为中国考试制度奠定了坚实基础。自1066年起，才规定每三年举行一次京城会试。

从1370年起，中国考试制度又加以调整，即参加县试及格者称为秀才；参加省城考试及格者，擢升为举人；成功通过京城考试者，则成为进士。这三种荣衔大致相当于西方的学士、硕士和博士学位。中国的科举考试强调的是古典文学知识，而不是工艺的学问。凡参加考试及第者到成为正式官员前都必须经历一段试用期。此后，科举制度在中国一直按照规则严格执行，直到1905年被废止。

西方大学中最早的口试（oral examination），虽然可追溯至"1219年后的一段时间"，然而根据《新英语词典》的解释，一直到1612年，"考试"（examination）这一单词才用作"测试"（test）的意思。大部分与此相关的复合词汇，如"试卷"（examination paper）和"试题答案"（examination questions and answers），到19世纪才首次出现。绝大多数研究者认为，1702年是欧洲大学实行笔试的开始，1747年出现了数学荣誉毕业考试（tripos），1802年才第一次出现真正的学士学位考试。

在文官考试制度方面，法国于1791年革命的进程中开始采用，德国则大约在1800年施行，英属印度是在1855年开始实行，而英国是在1870年开始把在印度实行的制度运用到本土的所有公共部门。由此看来，欧洲学校教育中的学力考试的出现，并不比文官考试制度的出现早多少年。

虽然欧亚大陆在公元前和中世纪时期已经有所接触，但双方考试制度之间的关联性，在那时没有直接的证据可追溯。直到16世纪，随着欧洲众多探险家、商人和耶稣会传教士来到中国，相关证据开始大量出现。当时来华的众多人士中，最有名的一位耶稣会传教士是利玛窦（Matteo Ricci），他于1582年抵达澳门，1594年和1601年分别到广州和北京。利玛窦曾被任命为明朝的高级官员，并与许多中国学者有交往。他和其他来华的传教士、商人、旅行者以及外交官员就许多主题向欧洲提交报告，其中包括了中国的科举制度。

叙述中国考试制度最早的文献是出自加斯帕尔·克鲁兹（Gaspar da Cruz）。他在1556年航行到中国，并于1569年发表了他的旅行游记。文中他提到中国的官员选拔要经由"考验其学问"，并记述了举人和进士的层级。关于中国科举制度，在胡安·冈萨雷斯·德·门多萨（Juan Gonzales de Mendoza）1588年出版的《大中华帝国史》（*The Historie of the Great and Mightie Kingdom of China, and the situation Thereof*）中有更详细的描述。他曾经是1584年西班牙失败的访华行动中的一位使节成员。其第一卷的第十四章提到了选拔性考试、品级、仪式和官员任命的方法。

在塞缪尔·珀切斯（Samuel Purchas）的《世界旅行记集成》（*Hakluytus Posthumus*）中，有一篇论中国政府及其阶层的论文，文中描述并赞扬了中国的科举制度。在相同的文集中（XII，414-472），也出现了"里奇尤斯（Riccius）和崔根提斯（Trigantius）关于中国的论述"，内容包含详细的文举和武举的等级说明，并且详述了中国的行政结构。其陈述都是亲历其境的个人观察。另外，在尼古拉·金尼阁（Nicolas Trigault）的《中国航行记》（*Du Voyage de la China*）和罗伯特·伯顿（Robert Burton）的《忧郁的解剖》（*The Anatomy of Melancholy*）中也有对科举制度的详细描述。

1655年，英国人为了"满足好奇和发展大不列颠帝国的贸易"，在伦敦出版了英文翻译本的《大中国志》（*The History of That Great and Renowned Monarchy of China*）。这本著作原是由葡萄牙籍传教士谢务禄（Alvarez Semedo）用意大利文完成的作品。谢务禄曾在南京等著名城市居住长达22年。这本著作用三章的篇幅，系统地解释了中国科举制度的程序。

18世纪关于记载中国最有影响的作品之一是杜赫德（Du Halde）的《中华帝国全志》(Description de la Chine)。该书于1735年在巴黎出版，很快被翻译成多种语言，并且被广泛阅读和评论。

部分由于上述著作的影响，同时也由于欧洲若干思想家对当时政治、社会和宗教的不满，彼时法国和英国文化界萌生了对中华文明的极大景仰。伏尔泰（Voltaire）大概是这些思想家中最热情积极的一位。他认为中国不是一个盛行专制的国家，而是一个建立在家长式统治基础上的君主国家。他钦佩那些奉行儒家学说但从不狂热且尽忠职守的中国官员："人的智力肯定无法想象还有比中国更好的行政体制，其政府是由大规模的、相互从属的机构来裁决一切事务，而政府官员都是经由严格的层层考试选拔后任命的。"

孟德斯鸠（Montesquieu）和狄德罗（Diderot）分别在其著作《论法的精神》(De l'Esprit des lois)和《百科全书》(Encyclopedie)中，赞扬中国的公共管理和（政治）文明。卢梭甚至认为，在中国，是学术造就了国家的最高尊严。

弗朗斯瓦·魁奈（Francois Quesnay）在他的著作《政治经济学论》(Discours sur l'economie politique)中，称赞中国的行政和司法体制，并且希望将中国的选拔考试制度引进欧洲。由于魁奈是重农学派的领袖和最著名的新君主主义学派的理论家，因此他的观点在当时很有影响力。也因此，费迪南德·布伦地埃（Ferdinand Brunetiere）在《两个世界评论》(Revue des Deux Mondes)中写道：重农学派团结一致，试图将"中国精神"引进法国。布伦地埃相信法国的教育其实是以中国的选拔性文科考试原则为基础的，同时通过选拔考试来招聘文官的想法，应当归功于法国哲学家们尤其是伏尔泰对中国科举制度的大力鼓吹。这个明确的结论，即法国文官考试制度源于中国，也被其他几位学者所接受。

在英国，坦普尔（Temple）、约翰逊（Johnson）、艾迪森（Addison）和戈德史密斯（Goldsmith）都表示了对中国政府管理以及人才选拔理念的赞赏。一些杂志也提倡采用文官考试制。早在1733年《绅士杂志》(Gentleman's Magazine)上一篇论中国的文章指出："中国人的政府管理艺术胜过所有其他国家"，并且，"他们的荣誉和头衔并不是世袭的"，而是经由在京城举行的一年一次的笔试来选拔授予的。

在《致斯巴达国王克里昂米尼的一封信》（*A Letter to Cleomenes, King of Sparta*）中，尤斯塔斯·巴尔（Eustace Budgell）断言中国在所有的国家中，拥有最好的执政管理，并详细讨论了中国的选拔考试制度和政府审察机制：

> 如果任何近代政治家认为这是一个应该牢记的完美定则，然而在如此伟大且人口众多的大不列颠王国仍然不可能实现，那么我谨告知这些政治家们，就在这个时候，这条宝贵的定则已经在这个世界上最广袤、人口最多、拥有最好的行政管理的帝国——中国——严格的实行了。

1775年，约翰·尼科尔斯（John Nichols）总结了中国科举考试制度的五个优点：

> 第一，闲散怠惰但不腐败的青年，通过不断的阶层流动而改变不利地位。第二，学习塑造和完善了他们的智慧……第三，所有政府机关都是有才能的人，即使不能防止由官员的贪腐欲望所产生的不公，至少会防止那些由无知和不道德所产生的不公。第四，由于官职是任命的，所以皇帝可以公正地罢免那些不称职的官员……最后，人民对于司法行政不用付费。

上述的摘录表明，早在17、18世纪，英国的知识分子就对中国的科举制度具有相当的好感。

马戛尔尼勋爵（Lord Macartney）在1793年出任第一任英国驻中国大使之前，一直在印度马德拉斯（Madras）和孟加拉（Bengal）担任总督，改革当地"行政管理上的严重陋习"。一本记述马戛尔尼北京行纪的删节版图书中曾提到，马戛尔尼和扈从一行人在江西省会的贡院过夜。时任马戛尔尼勋爵大使馆秘书的乔治·伦纳德·斯当东爵士（Sir George L. Staunton），对当时中国的考试制度和政府管理表示赞扬。

乔治·斯当东的儿子乔治·托马斯·斯当东（George T. Staunton），当时随着父亲来华，后来他写了一本《中国杂记》（*Miscellaneous Notices Relating to China*），其中提道："在马戛尔尼勋爵的驻华使馆的短暂居住时间里，充分发现中国优于其他国家，主要在于学问与道德……文科（考试）等级……在中国是担任官职的唯一正规渠道，伴随而来的当然还有地位和荣誉。"小斯当东对中国政府的看法在当时的著作中被广泛引述。他对中国的行政和法律制度也相当感兴趣，1812 年他将一部中国最重要的法典《大清律例》（*Ta-ch'ing Lu'-li*）翻译成了英文。两年后，又发行了法语翻译版，并在其中加入了中国科举考试的规章条例。

19 世纪的西方也出现了许多对中国科举制度的描述。其中最重要的作品是罗伯特·马礼逊（Robert Morrison）的《华英字典》（*A Dictionary of the Chinese Language*）。其他优秀的相关文章包括来自查尔斯·郭士立（Charles Gutzlaff）、瓦尔特·亨利·麦都思（W. H. Medhurst）、托马斯·泰勒·密迪乐（Thomas Taylor Meadows）的作品。在《华英字典》的第一卷中，有一长段关于科举考试的描述，包括其制度、历史发展、法规和实践，是当时基于原始资料文献、用英语编写成的最好作品。

1834 年，查尔斯·郭士立在其《中国简史》（*A Sketch of Chinese History*）一书中，对中国科举制度有着精确和简洁的陈述。他在另一部出版于 1838 年的《开放的中国》（*China Opened*）中认为："在中国，不分尊卑，只晋升优秀且具有才能的人。其原则是崇高的，值得其他国家借鉴采纳。"

在瓦尔特·亨利·麦都思的《中国的现状与传教展望》（*China: Its State and Prospects*）著作中，也有一个章节简洁地描述了科举考试。在罗列科举制度的利弊之后，作者总结道："中国科举制度本身是令人钦佩且值得仿效的。"

休·穆雷（Hugh Murray）在 1836 年的著作《中国历史叙述》（*An Historical and Descriptive Account of China*）（第 169 页）和唐宁（C. T. Downing）在 1838 年的作品《中国环游记》（*The Fan-qui in China*）（Ⅱ, 255）中，均表达了他们的对中国考试原则的推崇。此外，爱德华·比奥（Edouard Biot）于 1841 年在巴黎出版的《中国学校铨选史》（*Essai sur l'histoire et l'instruction publique en Chine*），几乎包括了所有有关科举考试的主题，内容通俗易懂。

托马斯·泰勒·密迪乐对中国考试制度的提倡是最坚定且近乎狂热的。他于 1843 年来华，1854 年告假返回英国。在他的两部作品——1847 年《关于中国政府和人民及关于中国语言等的杂录》（*Desultory Notes on the Government and People of China*）和 1856 年《中国人及其叛乱》（*The Chinese and Their Rebellions*）中，都强烈建议英国采用文官考试制度。在序言和正文中（246—249页），他总结了他之前曾表达过的观点，并继续宣扬"一种考虑周详、可为英国所用的地方和京城考试制度，在中国已经存在一千多年，且几乎没有太大变化。然而，中国科举考试制度最有用处和最值得仿效的是，（考生）需要通过细分等级的层层选拔，才能取得最后到京城参加考试的资格"。

这里应该注意到，密迪乐所强调重视的中国考试制度是指其原则，而不是实行的细节，因为这样才能设计出一种"考虑周详的制度"。1869年，在他去世之前，密迪乐相信他已经在这方面取得了若干进展与成就。然而，发表在《麦克米伦杂志》（*Macmillan's Magazine*）上的一篇匿名文章，谴责他的作品"不论是在观点还是表达方式方面都未免偏颇"。同时，文章还批判中国的科举考试制度好像是"官职在众所周知之下，出售给出价最高的竞标者"（1871年，第135卷，第216—223页）。但这篇文章终不及影响英国采用中国的文官考试制度，因为英国已经在1855年通过文官考试制度准则，并且于1870年在所有公务机关付诸实践。在《折衷主义者回顾》（*Eclectic Review*）（1856年，第104卷，第550—560页）中，有段关于密迪乐中国作品的评论，证明了其影响力，该文的作者还呼吁读者接受密迪乐的主张。

以上这些仅仅是19世纪有关中国科举制度的众多记录中的几个例子而已。

东印度公司的文官，最初被称为"代理人"和"文书"，需要经过几年的学徒培训。1789年，为文书提供初级课程培训的想法据说就是仿效该公司驻广州的代理处。在18世纪90年代该公司规定那些将派往中国从事茶叶贸易的青年须在伦敦培训一年。1806年5月，在伦敦附近的黑利伯里（Haileybury）成立了一所学院（东印度学院）。直到1858年该学校关闭为止，所有初到东印度公司的见习生都必须在该学院接受为期两年的普通教育和东方教育。

印度的文官考试制度显然是在1829年开始的，主要是为那些未能进入东印度学院的人提供一个选拔的渠道。1832年实行的法案（*The Act of 7 Geo. 4, c. 56*）规定，借由考试录取未曾进过该学院的文官。之后，1833年的法案规定，在黑利伯里的每一名额的职位空缺，都应提名四位候选人，被提名者需参加"由公司的监察委员会选派考官的甄别考试"。

虽然这个局部竞争考试的早期尝试很快就被暂停，但赫尔曼·法纳（Herman Finer）教授在《英国的公务员》（*The British Civil Service*）中表示，他相信英国公开选拔考试的萌芽"产生于英国在印度进行的行政管理改革，并且在1833年的宪章法令中得到了体现"。

1835年7月，一位居住在中国的英国人罗伯特·英格利斯（Robert Inglis）写道："英国东印度公司……已尽可能地采用中国科举考试的原则来遴选文官……这个中国的发明在印度充分发展，注定有一天会像火药和印刷的发明一样，使英国国家制度甚至整个欧洲产生另一个巨变。"1836年，担任英王在中国贸易总督的约翰·弗朗西斯·戴维斯先生（Mr. John Francis Davis，后来为爵士）认为，中国的文官制度是"一项与最近被英属印度政府所采行的方法颇为相像的制度"。此后，印度的文官制度一直没有太大的变化，直到1853年，英女王提名并核准一个委员会去研究终身制文官的体制建构。之后，在1855年，印度全面采用了文官考试制度。

在1855年前，英国本土并没有文官考试制度，但为了改革腐败的政府行政部门，已经出现了一些提案，其中最早的一份是在1776年亚当·斯密（Adam Smith）写的《国富论》（*The Wealth of Nations*）（Ⅱ，270）中提出的。他建议每个人"在获得准许从事任何一家公司的贸易工作之前，都必需接受考试或试用"。根据萨德勒（M. F. Sadler）的解释［《考试随笔》（*Essays on Examinations*），第55页］，斯密的观点是受到法国百科全书派的影响，而法国百科全书派正是受到了中国哲学与政府的影响。

对英国本土政府官员任命制度的第一个切实挑战是在1853年。当时格拉德斯通（Gladstone）委托查尔斯·特里维廉爵士（Sir Charles Trevelyan）和斯塔福德·诺斯科特爵士（Sir Stafford Northcote）研究"终身文官"体制，并找出最好的聘任方法。这两位爵士和东印度公司颇有渊源。1853年，他们完成了题为《终身文官制之组织》（*The Organization of the Permanent Civil Service*）的报告，为英国的文官考试制度奠定了基础。

1853年6月，查尔斯·伍德爵士（Sir Charles Wood）提出《1853法案》（*The Act of 1853*）给下议院，并发表演说，强烈敦促众议院"毫不延迟地通过"该法案。1854年7月，他邀请麦考利（Macaulay）主持一个由知名人士组成的委员会，对英属印度文官的聘任做出报告。这份由麦考利和其他委员签署的《印度文官制度报告书》（*The Report on the Indian Civil Service*）立即被提交给了议会。

麦考利报告书的观点和中国的科举考试原则有明显的相似性。比如该报告书建议设置一中央考试制度委员会；该考试"在任何情况下，都是选拔性文科考试"；文官选拔不能特别任命，而是取决于普通知识（的掌握程度）；考试应定期向所有人民开放举行；较低层级的职务任命应当是经由地方考试；职位的晋升应该根据考绩，而不是任人唯亲。此外，报告书还着重强调了候选人的道德品行和试用期，这些都是在中国已经普遍实行了千余年的科举考试原则。如果说英国的文官考试制度丝毫没有受到中国的影响，这二者是多么奇妙的巧合。

1874年，《爱丁堡评论》（*Edinburgh Review*）（第139卷，第339页）评述说："事实上，英国的文官考试制度在程序上与中国科举考试再相像也不为过了。"《弗雷泽杂志》（*Fraser's Magazine*）也声明，"很多赞同这种考试制度的生动言论，都是根据中国实施的科举制度的成功基础而提出的。"（N. S.，1873年，11月，第7卷，第343页）

这个时期的英国议会辩论记录文件中，多次提及中国科举制度对英国文官考试制度的影响。1853年，加连威伯爵（Earl Granville）在英国的上议院提到，一个小小的异族王朝能够统治庞大的中华帝国两百多年，主要原因之一就是该王朝的统治者借由公开的官职选拔，安定了整个中国有才能的人（《议事录的议会辩论》（*Hansard's Parliamentary Debates*）（CXXVIII，1853年，6月13日，第38页）。

特里维廉与诺斯科特的报告在议会提出后，受到了蒙蒂格尔勋爵（Lord Monteagle）的刻薄攻击。他的论据是"中国是唯一使用这种制度的国家"，由于中国不是一个文明国家，因此其公开选拔制度是粗鄙的（同上，CXXXI，1854年，3月13日，第651页）。蒙蒂格尔勋爵继续提出一系列关于中国科举制度和特里维廉与诺斯科特报告之间的比较，并且充分利用了瓦尔特·亨利·麦都思对中国科举考试的记述。1853年6月23日，在议会第二次宣读时，斯坦利勋爵（Lord Stanley）也说，"公正尊敬的议员们……在我国提出了陌生的制度，据说这制度在中国盛行，因此，该制度或许应被称为中国的制度"（同上，CXXXII，1853年，7月，第619页）。埃德温·查德威克（Edwin Chadwick）《关于公务员的报告》(*Papers relating to the Civil Service*)(1854—1855年，第20卷，第159页)写道，在1854年8月1日，"一位本身是杰出文官的贵族，反对这个议案的提议，因为……该计划是中国式的——中国有他们自己的科举考试制度……基于同样的理由，我完全认同我这位贵族朋友和其他反对者的看法"。卡莱尔教长（Dean Carlisle）也说，"很多不利的观点指向中国这个有着世界上最好考试制度的国家"。不管有意或无意，当时所有这些人的言论或观点，都承认中国影响了英国的文官考试制度。

二十多年以后，英国的各类期刊仍然有文章在抨击英国的文官考试制度是"采用中国文化"。例如，1875年在伦敦《双周评论》（*Fortnightly Review*）上（N.S.，第17卷，第843，844，846页），塞斯（A. H. Sayce）发表文章，认为："目前中国的理论完全占据大众……而现在这种普遍信念已经沦为一种单纯的考试机器。"因此，他呼吁"努力阻止这种新中国文化的入侵……无论成功与否，所有人……都做好准备去宣传这种已被采用的中国文化的新学说"。

调查研究1558年到1870年间的学者、传教士、外交官员和商人编写完成的70多部著作，我们可以得出以下结论：（1）在很早的时候，中国的科举制度就影响了西方体制；（2）东方和西方的成功连结，归功于前文提到的众多作家；（3）中英两国之间的考试原则有相似之处；（4）在英国采纳文官考试制度（1855年）以前，大不列颠的知识分子已经熟知中国的科举考试制度。

托马斯·泰勒·密迪乐在1847年写道："考试制度的存在是基于'唯有才能之士担任公职，好的政府才会存在'这个原则，是现在每个受过教育的欧洲人都熟知的。如果说从150年前的耶稣会传教士到现今的汉学家，以及各类的中国主题作家，都没能察觉到中国科举制度的影响，简直是不可想象的。"（《关于中国政府和人民及关于中国语言等的杂录》，第124页）因此，中国对英国文官考试制度的建立，明显具有相当大的影响。

（英文版原文载 *China* 第30章，H. F. MacNair 编著，加利福尼亚大学出版社1946年版，蔡培瑜译文载《中国考试》2014年第6期，郑若玲、彭靖审校）

附：中国考试制度对西方的影响

一、绪编

1931年，当作者从事研究中国考试制度史①的时候，适读到麦杜思（Thomas Taylor Meadows）于伦敦出版的两部著作：一名《留华札记》（1847年出版），一名《中国民族之变乱》（1856年出版）。麦氏早年在广州任大英帝国驻穗领馆的传译，嗣任领事。他在这两部著作中都极力主张英国采行中国的文官考试制度。

差不多在同时，作者在孙中山先生所著《五权宪法》中又发现有下面这一段论述，即：

> 现在各国的考试制度，差不多都是学英国的。穷流溯源，英国的考试制度，原来还是从我们中国学过去的。所以中国的考试制度，就是世界中最古最好的制度。

孙先生的通俗著作，大抵都是由他的公开演讲词汇集而成，不无出入之处。所以作者很久即想对本题加以研究，说明麦杜思对英政府所作的建议是否有效，以及孙先生所述诸语的正确性，并以说明中国制度西传之影响究为如何，俾关心此问题者有以释疑而不至于浪费时间。

（1）中国为采行笔试最早的国家

中国在世界上为采行公开考试最早之国家，这是不难断言的事。据《大英百科全书》（十一版及十四版）所载："我们所知道的最早的考试制度为中国所采用之选举制度（纪元前1115年），及其定期所举行之考试。"《大英百科全书》这种说法显然是根据中国的典籍②。这些典籍虽曾说明古代帝王的考试制度，但实际上都是纪元前四百年或三百年的时候所撰成的。

---

① 关于原稿中的一些注释从略。
② 所称定期之考试系根据《书经》中《舜典》所载，英文译文见 James Legge: *Chinese Classics*, Vol. 3。《书经·舜典》中有云："三载考绩，三考黜陟出明，庶绩咸熙"。至所称纪元前1115年之选举制度，显系根据《周礼》及《礼记》之记载而言。

韦廉斯①（S. Wells Williams）所著《中国》（1848年于纽约出版）一书，姑无论其年代如何，至今还不失为讨论中国的一本权威之作。韦氏在这本书中即认为"中国政府中文武官吏所由产生的这种著名的考试制度，虽或在古代的埃及也有相类似的制度，但在古今任何一个大国中可算是一种无可比拟的制度（见原书第一卷四447页）"。因为韦氏提到埃及，所以作者又研究古代埃及，以及古代之希腊罗马，想发掘他们的考试制度，但是毫无结果。伦敦大学古代史讲座卡里先生（M. Cary）在其所著《古代文化中之文官制度》②中也论及埃及，美索不达米亚、叙利亚、波斯、希腊、罗马等的文官制度，但是这些文官制度并不倚赖于考试。在哈佛大学《教育评论》（1939年3月出版之第九卷第二期，第204—208页；1940年5月出版之第十卷第三期，第315—412页）中也有两篇很长的佳作，讨论古希腊罗马的所谓大学，但是都没有提到公开的考试制度。桂恩氏（A. Gwynn）在其所著《从西塞罗到昆提良时代之罗马教育》（*Roman Education from Cicero to Quintilian*）（1926年于伦敦出版）中也没有谈到考试。同样，开普氏（W. W. Cape）在其所著《古代雅典之大学生活》（*University Life in Ancient Athens*），与戴维生（Thomas Davison）在其所著之《希腊人之教育及其对于文化之影响》（*Education of the Greek People and Its Influence on Civilization*）（1923年于纽约出版）中，都没有提到考试制度。此外，在《普林斯顿评论》（1870年出版之第四十二期，第1—21页）里面一篇题名《文官制度改革史及其文献》（*The History and Literature of Civil Service Reform*）的文章中，那位未署名的作者虽追溯到改革文官制度的早期历史，以及罗马时代、中古时代与近代政府从事改革的经过，然而结果也没有谈到考试。

哈佛大学的浦费弗博士（Dr. Robert H. Pfeiffer）曾在该校开有一门课程，讲授纪元前三千年到三百三十年间埃及、巴比伦及波斯的文化，并曾在这方面设法搜集有关考试制度的资料，但他所得到的结论（1940年10月11日发表）谓《大英百科全书》所载"全为正确"。芝加哥大学

---

① 正式的中文名是卫廉士，字听泉。
② 卡里氏所著《文官制度之发展》（*The Development of Civil Service*）中之一章，1922年于伦敦出版。

东方研究所的两位教授纳尔荪（Harold Nelson）和欧姆斯德（Albert T. Olmstead），都是研究古代埃及与近东史的专家。他们也曾对作者肯定地说，在他们所研究的这些国家中都没有过文官制度或其他的考试制度。福格荪教授（W. S. Ferguson）在答复作者的询问时，也表示在他所研究的时期内没有正式的文官考试制度。惟研究罗马史的权威汉蒙德教授（Mason Hammond），其答复是否定的[①]。此外，沙纳尔氏（Nathan Schachner）在其所著《中古时期之大学》（*Medieval Universities*）（1939年于纽约出版）一书中亦谓："在希腊与罗马均无正式之考试制度。"（见原书第4页）综上所述，我们似乎可以断言，无论学校中或甄别文官时所用口头或书面试验的这种考试制度，要非古代西方国家所发明，大抵完全渊源于中国。

（2）中国之考试制度

中国保举及考试品德优秀人才的制度创始于纪元前165年。自此以后，笔试及口试均续有举行。到622年以后，才有每年一次或每三年举行一次的公开考试。竞考者要完成最后一次的殿试，必须具有官立学堂毕业或参加县试或府试及格的资格。自1066年起，才规定每三年举行一次京城的会试及附带举行的殿试。至1370年以后，这种考试制度又曾加以调整，即凡参加县试及格者称为秀才，参加省会考试及格的名曰举人，参加京城考试及格的谓之进士。这三种荣衔大体上相当于西方国家的学士学位、硕士学位及博士学位。以前执行这种考试制度的时候，都是非常严格认真而丝毫不苟的，直到1905年的时候才以敕令加以废除。这些考试都是注重选拔通才，而不是只注重经史方面的专门学问，同时还讲究文体和书法的工整，以及关于行政的实际知识。凡是参加考试及第的都必须经过一个试用的阶段，轮流任职，以及升迁的程序。在理论上，所有各级官吏都应该是参加考试及格的，然实际上则有很多例外。但是

---

① 汉蒙德教授的意见发表于1940年11月9日，他说："我很怀疑那时是否有固定的考试。如果能发现在中世纪究竟多早才有考试，那一定是很有趣味的；但是教会或寺院的学校中并无任何严格的限制。……多少有些职位是由退休的军人来担任的；而在其他的情形中，又有些奴隶同自由人也用来担任书记的工作。至于较高级的职位，则为骑士阶级与优裕的中产阶级所享有，唯任命则直接靠皇室的同意与皇帝左右人物的推荐。"

平均说来，由县官以至小京官或皇室重臣，参加考试及格的远比没有参加考试的多。综上所述，关于中国文官制度的这几个特点，以及所提到的纪元前 1115 年（依据传统说法）、纪元前 165 年、622 年、1066 年、1370 年这几个年份，在同欧洲文官考试制度比较的时候，都是很值得注意的。

（3）欧洲考试制度的发展

欧洲考试制度之发展较中国为迟。据《谷丘杂志》（Cornhill Magazine）（见 1861 年第四期第 692—712 页）上未署名的一篇文章所称，"（欧洲）的考试可分做两大类：一种是属于学校的，一种是属于官吏的。官吏考试的起源，显然是由于学校考试的普遍而产生的。……至于英国，则教育性质的考试比较法。"欧洲采用考试本来相当早，但是"考试"（examination）这个词的产生则比较很晚。据穆雷氏（Murray）所编新英语字典的解释，"考试"是晚近才产生的一个词，最初在 1612 年是用作"试验"（test）的意思。在 14 世纪以前，尚无其他的用法，直到 19 世纪，才有与他字合用的名词出现，如"试卷"（examination Paper）、"试题与答案"（examination questions and answers）等。如我们所知道的，希腊罗马都没有过正式的考试制度，即教堂或寺院中的学校也是一样。马尔顿氏（H. Malden）在其所著《论大学与学位之起源》（1935 年伦敦出版社第 2 页）一书曾谓，"（近代）大学均发源于 12 世纪"。继谓：神学学士与博士学位至 1215 年才开始设置，这一年就是欧洲实行考试最早的一年（见该书第 18 页）。据《大英百科全书》所载："现在可以查考的最早的大学考试，曾见于民法及普通法中，并在 1219 年以后曾于巴洛格拉（Bologna）地方举行过。"考欧洲大学考试的方式，一直到 18 世纪主要的还是属于口试，如问答、辩驳、辩护、下结论，以及发表公开演讲等①。关于这一点，诺顿氏（Arthur O. Norton）在其所著《教育史论集》（*Readings in the History of Education*）（1909 年剑桥出版）曾做了一个很好的概述：

> 考试制度之兴起是很慢的。因为各大学实行起来很不同，所以

---

① 见 Paul Monroe, *Cyclopedia of Education* 第二卷第 532 页，1931 年纽约出版。

也不容易概括地说。但大体而言，任何学院读硕士或博士学位的学生都是经过三个阶段的，即先学士而后硕士再而后博士；且到每一个阶段都经过一种考试。在这三种考试中，似以硕士（可于任何地方执教）学位的考试为最重要。博士学位的考试主要只是仪式上的。总之，考试是测验应试者对于指定书本的学识，及其应付公开辩论的能力。（见124—125页）

在诺顿氏著作里面论考试的全文中，都未见谈到笔试。即使在拉雪达尔（H. Rashdall）所著的《中古时代之欧洲大学》（Universities of Europe in the Middle Ages）（1895年于牛津出版）一书中，我们也找不到提及竞争性笔试的地方。巴洛格拉地方的非公开考试，据说是对于能力真正的测验，所谓公开考试不过是仪式上的。而应试者参加考试时又只是就民法或教会法中举出事先有准备的两段加以阐释或作一篇演讲，然后再由其他的博士对其加以考问，或对其答案提出反问（见原书第一卷第266—269页）。所以这些，到底不外都是口试。诚如拉雪达尔所说，这是一件很奇怪的事，就是"我们没有发现任何考试存在的明显证据。应考者至大学校长前领取硕士证书时，均必须宣誓以表明他对于若干书籍是听讲过的。同时九位学监也必须证明他对于这些书籍的学识是及格的。……但是这几位学监除了在应考者为得学位而参加的各种辩论中，以测验其学识与能力而外，是否还有其他的方法，我们却不能断言（见原书第二卷第二章第442页）"。

沙纳尔氏在其所著中古时期之大学一书中，也很清楚地说过：

> 各种学位的考试显然是没有效的。……凡是研究中古时大学的作家，对于这种情形都不禁为之愕然而搁笔。那么，是否是没有笔试呢？这确是一件不可能的事！（见原书第231页）

欧洲之有笔试据说至18世纪才开始。即使是号称为"考试之邦"的德国也不能例外。柏林大学一位哲学与教育学的教授鲍尔荪（Friedrich Paulsen），曾写过几本关于德国大学的书籍。据他说从前的大学先有考试，而后才有学位的授予，但这种学位则无异于荐举或装饰品。欧洲普遍采行国家举办的考试制度，是19世纪的事。在18世纪中，最多也不过是这种制度的开端而已，因为那时候规定有医学的学位和考试。医学考试起于1725年。至1810年，普鲁士才规定凡是准备执教的人必须先经过教育学的专门考试①。据卢斯（W. W. Rouse）在其所著《剑桥大学数学研究史》（*History of the Study of Mathematics at Cambridge*）（1835年伦敦出版，见第193页）一书中所云，在班特莱（Richard Bentley）氏于1702年在剑桥大学之三一学院（Trinity College）曾实行一种书面考试以前，在欧洲再也找不着笔试的记载。同时孟禄（Paul Monroe）氏的《教育百科辞典》（*Cyclopaedia of Education*）中也说："欧洲在1702年以前大概是没有笔试的。……中世纪的大学中对于实际学科如医药方面的考试的是行之甚久。"1702年这个时间点很晚，然而《大英百科全书》也是采信这个说法的。萨德勒爵士（Sir Michael Sadter）最近曾作一研究，想找一个更早的年代即1518年，他说"假使如此，那么这一年（1518年）一定是实行这种考试最早的一年"。但他又谓："证据还是不很明显的，因为在寇乃特（Colet）生存的时代，奖学金考试假如不是竞争性的话，似乎就是甄别性的。"② 由此可知，他这种研究是没有什么结果的，同时1702年还是不失为欧洲开始实行笔试一个可靠的年代。

欧洲近乎近代方式的最早的荣誉考试，就是1747年所开始实行的数学科荣誉毕业考试（Tripos）。然而据华兹华绥（Christopher Wordsworth）在其所著《英国大学之社会生活》（*Social Life in the English Universities*）（1874年剑桥出版，见218—244页）中所详加描述的荣誉考试毕业制度，大体上似乎还是一种辩论的方式。穆楞格（J. Bass Mullinger）氏在他所著的《剑桥大学史》（*History of the University of Cambridge*）（1888年伦敦出版）中谓："候选人实在并没有经过任何种的考试"（见178页），大概也由于这种同样的情形。取得一个学位的资格，事实上只要住过四年就够了。剑桥大学所举行的荣誉

---

① 见 Friedrich Paulsen, *Die Deutschen Universitdten und das Universitatsstudium* 第四卷，第434—436页，1902年柏林出版，及 E. D. Perry 所译之 *The German Universities, Their Character and Historical Development* 第219—222页，1895年于伦敦出版。

② 比较1936年伦敦出版之 *International Institute Examination Enquiry* 第34页，即《英国奖学金制度及其发展》一文。

考试只限于数学，而且直到 1797 年学监都有自由将候选人姓名列入荣誉名单之权①。然而，三一学院于 1744 年采行了入学考试；至 1759 年又采用公开的定期举行的入学试验②。所以逐渐地，新式的笔试就推行起来了。杰布博士（Dr. Jebb）曾于 1772 年建议对所有的学生逐年实行强迫考试，以提高其学识水准，当时虽遭反对，但到 1790 年卒被采行③。而荣誉毕业考试则逐渐由数学科（1747 年）扩及古典文学（1821 年）、伦理学与自然科学（两科均于 1851 年实行），以及法律与历史（1872 年）等科。

至于牛津大学学士及硕士学位的考试，系由劳德氏（Laud）于 1636—1638 年间所建议推行。但是"考问的方法似乎完全是口头的"④，而《大英百科全书》的编者对此建议是否实行，则颇为怀疑。诚如贝尔福（Balfour）所说，"牛津大学到 1802 年，才根据三位无给职考试员的正式报告而授予学位，而文学硕士学位授予三天还不知其资格如何"（见第 239 页）。也就是到 1802 年，才真正开始有学士学位的考试，才开始颁布依照成绩排列的荣誉榜单。中古时期的大学曾以应考者与教授互相辩论的方式来代替学位考试，而"这种方式在牛津大学一直到 1834 年还没有完全废除"。综上所述，可知在欧洲到 1219 年以后，才开始有口试；大约到 1702 年才开始有笔试；到 1747 年才有数学科的荣誉毕业考试；1802 年才真正有学士学位的考试；1821 年才有其他学科的荣誉毕业考试。但是到 1872 年的时候，十四科荣誉毕业考试的发展仍旧是欠完善。所以就明确可信的证据来说，作者以为欧洲的学校考试至 18 世纪及 19 世纪才趋于发达。

至于正式的文官考试制度，法国系于第一次革命即 1791 年开始采行；德国则约于 1800 年左右；印度始于 1855 年；而英国则于 1870 年始将印度的制度完全适用于其国内。所以学校考试制度并不比文官考试制度太早。

---

① 见 Graham Balfour, *The Educational System of Great Britain and Ireland* 第 239 页，1898 年剑桥大学出版。
② 见 Sir M. Sadler, *The Scholarship System in England* 第 53 页。
③ 见 W. W. Rouse, *Trinity College, Cambridge* 第 84 页，1906 年伦敦出版。
④ 见 H. G. Rawlinson, *Indian Historical Studies* 注 82，1913 年伦敦出版。

二、西方文献中之中国考试制度及其西传之证据

（1）西方与东方之关系

西方与东方之关系，虽在西历纪元前就已经有了，并在中世纪时期曾经由中亚细亚与中国保持交通，但本文对此渊源不欲多事探讨。考《马哥孛罗游记》的最初的拉丁文译本系于1320年出版，其中并没有谈到中国的考试制度，这是因为元朝（1280—1367年）在蒙古人统治之下考试制度中断了70多年（1257—1315年），也正是马哥孛罗游华的时期（1271—1295年）。马氏著作中没有记述这种制度，或许就是因为这个缘故。

欧洲的探险家，一部分由于受了马哥孛罗的影响，开始寻找到东方的新路线。在这个新的刺激之下，于是西方与东方的关系又在16世纪复活了。如1517年，葡萄牙人首先来华设立使馆，继而又有西班牙人于1575年来粤。此后相续来华者有荷兰人（1604年），英吉利人（1637年）、法兰西人（1660年）及美利坚人（1784年）。唯英人于1600年设立东印度公司以后，至1623年即借该公司击败葡国海军而在印度取得根据地。由于这个原因，英人至1699年遂在东印度公司主持之下，经常至广东贸易，并一直继续到1833年的时候。

在这个时期内，西方的传教士，尤其是耶稣会的教士们，就到中国来介绍欧洲的科学。同时，他们又将中国的哲学以及许多奇异的东西报告给他们的祖国。在耶稣会的传教士中，最著名的人物就是利玛窦（Matteo Ricci）。他于1582年到澳门，1594年到广东，继于1601年到北京。他后来又被中国政府委为高级官吏，并与许多中国学者相往还。利氏曾以中文翻译几种著作，同时又将中国情形传播于欧洲。在基督新教徒中，首先来华的则为摩里逊[①]（Robert Morrison）。摩氏系于1807年由伦敦教会（London Missionary Society）派遣东来，并于1809年被派为东印度公司的译员。至1817年则任阿姆赫斯特爵士[②]（Lord Amherst）的译员，随其至北京，直至1824年始返英伦，并携回大批中文书籍。摩氏最伟大的著作就是他的中文辞典，于1815—1823年间分为三部出版。

[①] Robert Morrison 常译为马逊。
[②] Lord Amherst 常译为阿美士德。

他在这部著作中曾根据中文的原始资料,将中国的考试制度叙述得非常完善。这一个记载,至今还不失为英文书籍当中的杰作。

自 16 世纪以后,来华的传教士、商人、游客以及外交官员等,实在很多,有的作短期游历,有的作长期居留,并以其所见著为文章或书籍。在这些各种文字的著述中,往往都将中国的考试制度加以叙述,或者至少也提到一下。因为有了这些记载的鼓励,所以没有来过中国而向慕中国民族的许多大思想家,就常于名刊物上为文以鼓吹采行中国的制度。

(2) 记载十六世纪与十七世纪中国考试制度之文献

叙述中国考试制度最早的文献,为克罗兹(Gaspard da Cruz)氏的记载。克氏系于 1546 年航行东印度,于 1556 年来华,同时也是来华的第一位传教士。克氏于 1569 年返葡萄牙,其游记最初系由葡文译为意大利文后于威尼斯城出版(1569—1570 年)。威尔士(R. Wills)的英译本则载于义登(Richarde Eden)氏所著的西印度、东印度及其他诸国游历史(1577 年于伦敦出版,见第 239—240 页)中,篇名"中国游记"。在这篇记载中,作者曾描述中国之官吏为绅士或"老太爷"而"名副其实","这些官吏并能努力勤王,且系由考验其学问而后产生"。此外,对于中国的举人与进士曾略加记述。

关于中国考试制度,在刚则来兹(Gonzalez de Mendoza)的著作中记载更为详尽。刚氏系奥古斯丁教会的一位修道士,1584 年为西班牙计划在华设立大使馆时之一位馆员。其著作系于 1585 年在罗马出版。巴克氏(R. Paike)的英译本名为《伟大中国之历史及其现状》(*The Historie of the Great and Mightie Kingdom of China and the Situation Thereof*)(1588 年于伦敦出版)。其第一卷中的第十四章,全部均系记载"考博士学位者的考试,及其如何开始,如何结束"。同时对于竞争考试,委任官吏的仪式与方法等,也均有记述。刚氏在该书中曾谓:"这个伟大的国家,在当今世界上,诚为政治修良的头等国家。"同时,他也很羡慕中国的哲学及中国的学校制度(见第 116 页)。

1596 年,伊丽莎白皇后(Queen Elizabeth)曾修书致中国国君。这件事说明了英国对于远东的兴趣。在浦查斯(Samuel Purchas)所著《死后之哈克卢特》(1599 年初版,1810 年于伦敦再版,1905—1907 年新版)

一书中，有"一篇论中国政府与生活状况的佳作，系以拉丁文于中国之葡属澳门印行，并以对话方式写成"。其第二卷第569—580页，对于中国的考试制度不但有了记载，而且还加以赞扬。据称，"所有的县官均由考试及第的人中选出"，"由于地方官吏层层相制，官箴严睦……并以保持官吏尊严之故，凡是读书的人均可得到晋升之阶，无论其出身或血统如何"。

16世纪末叶或17世纪初叶，有一篇《利雪（Riccius）与特里干歇（Trigantius）关于中国的谈话》，其中对中国整个的政治组织及"文武学位"的授予均有详尽的描述。如谓孔子的经书为考试中主要的科目，学经则由于师传。"每个城市均设有所谓学馆，其最低学位的授予均由钦派的学者专责主持"（见424页）。"第二种学位称为举人，可以同我们的硕士学位相比较，每三年授予一次"（见第426页）。三十位主考官均由政府任命，每省共有两位。而在每一城市，又有专为考试而建造的大厦，其四周均围以高墙，主考官则有很多休息室，彼此分离而免嘈扰。另外又有四千个小室或书室……在这种书室中，应考者每人各有桌一，彼此均无法相窥或交谈（见427页）。其次，该书作者又叙述到考试日期、考试条例以及防止舞弊如"搜查衣服"的办法。此外，对于考试科目、文体的重视、书法的工整，以及文章的定格等等，亦均曾加以描绘。"第三种学位类似我们的博士学位，称为进士，每三年授予一次，但仅限于北京一地。……获得这种学位的人，现在均享有专用的外衣及鞋帽。"（见第429页）"同年的举人与进士彼此相敬，均有如兄弟，而对于同僚的挚友亦能推诚相爱，对于主考官则尊之如亲。"（见第430页）除此，对于武人的考试亦有同样的叙述。

上面这些说法，一定都是由于亲历其境的观察，以及对中国考试与政府制度的彻底了解而来①。

关于中国考试制度的另外一个详细的记载，就是特利高特（Nicolas Trigault）所著的《中国航行记》（*Du Voyage de la Chine*）（1616年于里昂出版，见第50—72页）。但这本书的材料均系由游历家的记载以及耶稣会士的论述中搜集而来。1602年，地亚哥神父（Father Diego de Pantola）

---

① 详见Samuel Purchas之著作，1905—1907，第十二卷第414—472页。

曾在北京致书鲁意士神父（Father Luys de Guzman）①。其后这封书笺竟成为布尔顿氏（Roberr Burton）所著《忧郁病的分析》（初版系 1621 年于伦敦出版，1893 年再版）一书中一篇名作的根据。该文中有云：

> 他们（中国人）的地方官吏均自哲人及博士中选出；政治上的贵族则由士大夫即有道德之上流人士而来。犹如在古代的以色列一样，贵族地位由任职时期而来，并非生而有之。他们的职守就是保卫同治理其国家，并非如很多人一样专事吃喝游猎而已。他们的老爷、举人、秀才、进士以及靠才德而提高其地位的人，才算是上流人士，也只有这些人才配治国。（见第二卷第 161 页）

这一段文章所述的，同英国的政治与社会制度可说完全相反，其目的显然在讽刺并鼓励改革其本国的政府。可是布尔顿所称扬中国政府的地方并非完全根据于正确的设想，因为中国的官吏虽不是和英国绅士一样喜好游猎，但他们却也欢喜吃喝和赌博。

1665 年，英国人为了满足其好奇心及贸易的发展，曾将一位葡萄牙人用意大利文所著的一本书即《伟大而著名之中国历史》（1655 年伦敦出版）译为英文本在伦敦出版，其作者西密多（Alvaroz Semedo）于著是书前曾在南京等著名城市居住长达 22 年之久。是书内容除了叙述中国各省人民之风俗习尚、学问、法律、军队、政府及宗教乃至商品贸易等而外，还有三章是专述中国考试制度的全貌的。本书虽则不免稍有错讹之处，但大体是很完善的，可惜本文篇幅有限，亦无法详引②。同样，倪霍夫（Johar Nieuhof）氏所著的《自东印度公司出使中国》（1666 年阿姆斯特丹出版）一书，其后曾译为英文本（1669 年于伦敦出版），还有玛加赫斯（Gabriel de Magalhaes）所著之《新中国史》（1688 年伦敦出版），对于中国政府赞扬备至，并于第 218—220 页叙及考试制度，在这里也都无法引证。在讨论 18 世纪的文献以前，我们还可提出两位游欧的中国人，一位是陈君（Michael Chin Fo-cum），曾留伦敦，一位是洪君③（Archadius Hoang），曾留巴黎。陈氏在游英期间为研究东方之著名学

---

① 详见 Samuel Purchas 之著作，1905—1907，第十二卷第 377 页。
② 参考原书第七、第八、第九诸章，第 35—37 页。
③ 法文中之 Hoang，一般是"黄"的发音，所以洪君，似该为黄君。——编者注

者海德氏（Thomas Hyde）之座上宾，并在牛津大学曾受到热烈的欢迎。洪氏则为路易十四聘为皇家藏书楼（Bibliotheque du Roi）的司译①。

18世纪记载中国最有价值之著作，为荷尔德（Du Halde）氏所著的《中国纪实》（1735年巴黎出版）一书。这本书主要的根据于耶稣会士的报告及以前的种种著作。不久以后，伦敦又出版一种英译本（1736年），题名"中国史"。再几年以后，伦敦又另外出现一种英译本，并附有译者的说明及更正（1738年及1741年）；迄1747—1749年间更有德文的译本，由是此书即广受读者的评论。而由于销行之多，本书之价值也愈见重要，驯致许多法国学者亦向往中国文化，如福禄特尔②（Voltaire）、卢梭（Rousseau）等，容下另加叙述。这部书中也有几章讨论到中国教育，考试及政府制度，唯其内容大体不外与前述相同。

（3）向往中国文化之法国学者及中国文官考试制度及于法国之影响

一部分由于上述各种著作的关怀，一部分由欧洲若干著名的思想家对于一般政治、社会或宗教方面发生不满的情绪③，所以在英法两国就逐渐产生一种特别向慕中国文化的现象。在18世纪的上半期，中国可说是刺激欧洲文学、哲学及绘画的一个很重要的因素。诚如格楞姆（Grimm）于1785年所写的，欧洲有一个时期所有家庭用的火炉上都绘上一层别致的中国图案画，而家具也大半是做成中国式的④。1747年，一位无名作家曾谓福禄特尔也像荷尔德一样崇拜中国⑤，其实在这种情形下看来是不足为怪的。从福禄特尔的诗集及其他著作中，我们也可以知道他是崇拜中国文化最热忱而最真实的一位学者。福氏认为中国并不是一个专制国

---

① 见 Fan, Tsèn-Chung, *Chinese Culture in England* 第96—98页，1931年哈佛大学出版。

② Du Halde 的译名，应以杜哈尔德为好。至于 Voltaire，也有译成服尔德、伏尔泰等名字的。

③ 见 Ting, Tchao-Ts'ing, *Les Descriptios de Jo Chine par les Francaise* 第99—104页，1928年巴黎出版。

④ 见 Friedrich Grimm, *Correspondence Litteraire, Philosophique, et Crilique de Grimm et de Diderot* 第288页，1829—1831年巴黎出版。

⑤ 见 *La Chine et la Formation de L'esprit Philosophique en France*（1640—1740）第168页，1932年巴黎出版。

家，而是一个建筑于家长制上的君主国家。"这个大帝国内的人民能够定安守法，乃基于人类最自然与最神圣的和睦关系，即子敬其亲。"① 这可说是福氏一个很宝贵的意见，因为他理想中的政治就是一面专制一面立宪。而中国政治，至少根据耶稣会士的许多著作来看，刚刚符合于福氏的理想。一方面，中国的皇帝如康熙（1662—1722）及其以后的统治者都是专制的；而另一方面，学者、哲学家，及文学家充任官吏则代表一种民选。所以福禄特尔曾这样说："假如有一个国家其人民的生命、名誉及幸福都受到法律保障的话，那只有中国。"② 论到中国的文官制度，福氏特别称道中国的士大夫（Les fonctionnaires lettres），认为他们能固执儒家的学说，奉公守法，而不为外物所动。因此他又谓："人类思想的确不能想象出比中国更好之政府。在彼一切之事均由大理寺或都察院决定之，彼此互相服从，而其人员则必经由严格的考试取录而后用。即中国无事不由此种理刑机关加以规定。"（见第 162 页）

至于孟德斯鸠（Montesquieu），他不但已知荷尔德氏之著作，并且还看过中国经书及其他重要著作的译本③。在他所著《法意》一书中，有几章系专论中国。在论及中国政府时，他曾说："据我们的传教士说，彼邦泱泱大国已有一个很值得赞扬的政府，这个政府既能戒慎恐惧，亦能重视名誉道德。"④ 但孟德斯鸠和福禄特尔的说法不同，他以为中国政府还是专制主义的。"中国政府立法的主要目的旨在谋国内之安定和平。"（见第十九卷第十九章第 284 页）"为了达到这个目的，他们才建立宗教、法律、礼仪及风俗习惯。""这四方面的准绳则称之为礼……他们青年的时代都完全注重学礼，并且毕生躬行。而他们学礼既有师承，复有地方官吏的教导……所以中国政治修明。"（见第十九卷第十七章第 282 页）然而我们也应指出，孟氏同时在许多地方也批评中国民族的德性与风俗习惯⑤。

---

① 见 Francois Voltaire, *Oerrvres Completes de Voltaire* 第 76 页。
② 见 Francois Voltaire, *Oeuvres Completes de Voltaire* 第 163 页。
③ 见 Henri Cordier, *La Chine en Franec au VVIIIe siecle* 第 123 页，1910 年巴黎出版。
④ 见 *De l'Esprit des Lois* 第八卷第二十一章，1978 年巴黎出版。
⑤ 其详细的讨论，可参阅 E. Carcassonne 所著 *La'Chine dans L'eprit des lois* 一文，载于 *Revued'histoire Litteraire de la Erauce* 第 193—205 页，1924 年出版。

在同时期内，狄德罗（Diderot）在其所著《百科大辞典》中，也有一篇论中国的佳作。他说，"这个民族，无论就其古风、就其精神、聪明才智、文学艺术之进步，以及政治哲学等方面而言，一致公认都较亚洲所有各民族为优秀。而且据若干人判断，堪与欧洲最开化的国家相匹敌。"① 同时他也推崇中国哲学与儒家学说，以及基于家长制而造成的政治安定。他认为这个帝国的统治者可以变更，但文物制度是不会变更的（见第277—278页）。至于卢梭则认为，中国"为亚洲之泱泱大国，其国家之最高尊严，乃由士君子而造成"②。他并在所著《政治经济论集》中颂扬中国之行政与司法。法国经济学及重农主义的泰斗桂纳（Quesnay）氏，也是新君主派最负盛名的理论家，其学说不啻为法国大革命开一条路。他也写过一篇《中国之专制主义》③，甚至主张欧洲都采行中国的竞争考试制度。据说他主张自由贸易的理论大部分是由中国古代的学说中出来的。桂氏以为中国的公开考试制度是一个良好的模范，在欧洲是没有能与其比拟的。据赫德孙（G. F. Hudson）所述，桂纳"和当时所有的亲华派一样，极为推崇这种制度，并主张欧洲也推行类似的制度。他认为治国者首要之责就是推进这种制度的教育。但是除了中国以外，所有的国家都忽略了这种制度的必要，这种制度就是政治的根基"④。

法国还有一位著作甚富的作家布伦退耳（Brunetiere）在《两世界杂志》（*Revue des deux Mondes*）中，曾谓重农主义者都一致地想将"中国精神"推行于法国。布氏相信法国教育的确是以中国竞争的笔试方法为基础的，同时以竞争考试实行文官制度的思想也确是发源于中国的制度；因为中国制度因许多哲学家尤其是福禄特尔的鼓吹已经在法国流行了。而法国文官考试制度渊源于中国的这个定论，也为其他几位作家所赞成。此外作者也另外查考过几种专论法国文官制度的书籍，但惜未详论其渊源或其历史。据作者所能考据的，法国文官考试制度最早似为泰勒朗

---

① 见 Diderot, *Dictionnaire Encyclopedique*，载于 Oeumres Completes de Denis Diderot 第 263 页，1818 年巴黎出版。

② Henri Cordier, *La Chine en Eranco* 第 121—122 页。

③ 见 F. Quesuay, *Oeuvres Economigues. et. Philosopliques* 第 563—695 页，1888 年巴黎出版。

④ 见 G. F. Hudson, *Europe and China* 第 323—326 页，1931 年伦敦出版。

(Talleyrand) 氏所奠立，而实行于 1791 年；但十年以后则渐趋于松弛。至 1840 年，法国特遣使至德国考察文官制度，以为其本国推行之借鉴。其后，法国又在其殖民地越南采行一部分英国人在缅甸与印度所推行的文官考试制度，但越南在为中国之藩属时则已推行中国之考试制度甚久。

（4）向慕中国文化之英国学者

在英国也有许多向慕中国文化的学者。如潭普尔（William Temple）、约翰笙（Samuel Johnson）、爱迭生（Addison）、哥德斯密（Goldsmith）以及其同时代的许多大文豪，都无不大同小异地钦崇中国的思想。研究起来，实饶趣味。

英国有几种著名的杂志，都曾经鼓吹采行中国的文官考试制度。如早在 1755 年，《君子杂志》（*Gentleman's Magazine*）上即刊载一篇论中国的文章。其中有云：

> 笔试为明理之士所愿参加的一种唯一的考试……所有的学者都认为中国在治国之道这方面，已超过所有其他的国家……中国人所获得的荣誉及职衔并不是世袭的……中国的京城每年选拔"大人"一次。

蒲德介（Eustace Budgell）氏在所致斯巴达王之书（1731 年伦敦印行，见第 91—98 页）中曾谓："在一个联合王国中，每一种有爵禄之位置实应根据真正的功绩而赐予。凡是政治修明的国家均应遵行这一定则。假使任何一个近代政治家认为这一个定则无论如何好而不可能实用于地广人众的大英王国的话，那么我可以告诉他：就在我们这个时候，这一个神圣的定则已经在世界上人口最多幅员最广而政治最修明的国度里很严格地实行了，这个国家就是中国。"（见第 91 页）根据弗修斯（Isaac Vossius，见 1685 年出版之 *Variorum Considerationum*）及耶稣会士所述，蒲德介氏对于中国考试与监察制度曾叙述得极为详尽。而范氏（T. C Fan）所著之《中国文化在英国》（*Chinese Culture in England*），其结论亦谓："十八世纪的三十年代及四十年代，一般政论家、蒲德介、贾德费爵士（Lord Chesterfield），以及《伦敦报》（*London Gazetteer*）、《伦敦杂志》（*Lonon Journal*）、《工艺人杂志》（*Craftsman*）与《雾杂志》（*Fog's Journal*）上的许多无名作者，都喜攻击华尔波尔（Walpole）的政府采用中国的寓言、格言以及风俗习惯。当时一般人都认为中国历史

悠久的两种制度即文官制度与监察制度是值得英国仿效的。"（见第362页）

1775年，又有一位英国作家将中国考试制度的优点归纳为下列五端，即：

（第一），好闲怠惰的青年因常予职位即可改邪归正。第二，研究之风足以使青年增加其智能……第三，能者始能在位；如其不能阻止贪污枉法之风，至少亦能加意防患玩忽为非之行。第四，凡君主认为不称职者，亦能本诸大义以去其职……第五，人民对于讼狱之事均无须纳费。

（5）驻华英国外交官员所记载之中国考试制度（1793—1835）

在上面，作者已将欧洲旅华的传教士及游历家所著有关中国考试制度的文章，钩玄提要，并讨论到法英两国重要思想家的意见或感想。现在再进而讨论18世纪末叶英国驻华外交官员的印象。

英国派来中国热河觐谒国君的第一位大使为麦加特尼爵士（Lord Macartney），麦氏在外交与行政两方面都具有丰富的经验，曾经英政府派为驻印度麻德拉斯（Madras）与孟加拉（Bengal）的总督，以改革当地行政上的紊乱。至1793年，麦氏始奉东印度公司之命来华，并带随员一百名。据麦氏北京行纪的一种节本（1807年伦敦出版）所载，麦氏系于1793年12月11日星期三抵达江西之南昌府，下榻于该省会的贡院。如谓：他们"都在一个极为宽敞的大厦之中，大厦之中央有一大厅，即全省举行科举考试（即予以文官资格）之场所，当时大使馆的人员大半于此处就寝。"（见第二章第370页）麦氏使馆中一位秘书史汤顿（G. L. Staunton）在其所著《由英使华纪实》（1797年于伦敦出版）一书中，也对中国的考试制度与政府不断加以赞扬（第二卷第123页及第294—335页）。随父来华的史氏之幼君乔治（George T. Staunton）也写过一本书，题名《游华札记与中英通商》（1847年伦敦出版），其中有云："麦氏使馆驻华虽为时短暂，但已足以使吾人认识彼邦所以驾其他各国而上之者，实在其学问与道德……此等学位通认为与欧洲各大学所授予之学位相似，但吾人须注意中国之考试并不与任何特殊的教育机关或制度相关，而系由政府任命之官吏按期于全国各重要城市举行；同时除了极少数的例外，各种各类的人都可以参加考试。而学位也并非仅仅是学术上的，实在就是充任官吏以及获得官阶与职衔的唯一正轨。"(见第二章第81页)显然地,英国大使人员在赴华之前对于传教士所写的许多东西就已经作了很缜密的搜罗与研究。

老史汤顿对于中国政府的看法,当时曾经许多著作引用。他本人对于中国政府制度及法律制度也特别感兴趣,结果他竟然将中国很重要的一部法典即《大清律例》于1810年译成英文,而两年以后法文译本也出现了,并另有注释。中国考试制度的官方文书译为英文,或许以这部书为嚆矢。

至1816年,赖皮尔爵士①(Lord Napier)于广东谈判之际,也是下榻于中国的贡院。据称当时参加每三年一次文武官考试的数千名考生均已到达,情况热烈非常。

18世纪末叶的时候,英政府及商人均亟望扩充贸易,调和中英两国之外交与通商关系,使互立于平等的地位,并希望彻底了解此老大帝国之政治、历史、哲学、语言、文字及风俗习惯,借以讲求肆应之道。因此在这个时期内,英国在广州经商的侨民也就建议英政府应在印度设立大学,以培养在东方服务的官吏。

(6) 19世纪上半期主张英国应采行中国考试制度之重要建议及详细之记载

19世纪有许多论及中国考试制度的书籍。其中最重要的有摩里逊仿《百科全书》体所编著的中文辞典,以及葛慈酒夫(Charles Gutzlaff)、默德赫斯特②(W. H. Medhurst)、麦杜思等的著作。在《中文辞典》(1815年澳门出版)的第一卷中,有关于中国考试制度的一篇很长的叙述(第759—782页),其所论考试制度的历史发展、考试法规及考试方法等无不根据中国官方文书及敕令编纂的原始文献如《科场条例》与《学政全书》等而撰成。本书关于考试的这一段,至今还不失为英译本中最原始资料之一,因为中国考试制度至1815年以后几乎很少有修改的。这一段记载后来(1826年)又在《亚细亚杂志》(*Asiatic Journal*)(第221期第21—27页)上撮要重刊一次,亦可见其重要。摩里逊于1824年返英的时候,并携回一大批中文书籍。

---

① Lord Napier 应译为律劳卑。
② W. H. Medhurst 的中文译名应为麦都思。

自摩里逊的辞典出版以后，西方学者对于研究汉学即窥其门径，而对于中国制度之认识较前亦更为切实。如1834年，葛慈迈夫在其所著《中华简史》中有云：

> 彼邦政府……自唐代（618—907年）起即举行经常考试，凡欲为仕的人均可参加考试……凡居高位者都必须具有最廉洁的德操；然高官所见到或未见到者仍有许多秘密勾当。（见第一章第46页）

仅管是有"秘密勾当"，而葛氏还是以中国考试制度值得其他国家采行；他在《开禁之中国》（1838年伦敦出版）一书中曾谓：

> 在我们本国对于兴办考试机关的人，从无一种法度来授予他们很大的荣誉，俾其能自最优秀的青年中选拔政府官吏……而在中国则唯有才智者始能晋升，不问其身分如何……这一个原则是很崇高的，且很值得其他国家采行；唯实行则系于试办之情形如何。（见第二章第346页）

默德赫斯特所著《中国之现状及其前途》（1838年伦敦出版）一书中，也有一章记述中国的"学术考试"，颇为简要。是书作者于列举其利弊以后，在其结论中则谓"这种制度的本身实在值得钦佩，而且值得仿效"（见第151页）。

然而主张采行中国考试制度最坚持而最热烈的，还要算麦杜思。麦氏系于1842年由伦敦来华，于1854年请假返国。1846年时，他曾说他已拟好一本推行英国考试制度的计划书。但是因为环境特殊，致未能连同《留华札记》的原稿寄回本国出版。留华札记系于1847年印行，据他说"这样做的主要目的，就是要为全英国臣民促成建立一种公职竞争考试的制度，以谋大英帝国政府之进步"。麦氏并认为："中国的国脉所以能历久不坠，纯粹而完全是由于政治修明，政治所以修明则在于能起用贤能与有功绩之士。"

麦杜思在其札记之第十一段末又谓，中国生存四千年之久，不啻为其他国家的统治者留下一个切实的教训，接着又在结论中强调："英国如不采行一种公正无私之制度，以提高殖民家的地位与荣誉而符君主之意，则英国行将丧失所有之殖民地，必无疑义。"

这是1847年英国畏惧俄国时所说的话。自此以后，麦杜思得了当时英国领事麦克·格乃哥（Mac Gregor）的同意，为了招考书记就已经在广东实行了竞争考试。据麦氏自己说："我这种完全空前的创举，在一部分英国人当中，可说引起了不少的讥讽和非难。"至 1854 年返英伦时，麦氏又"以极大之兴趣考察文官与武官考试制度的进步"。1856 年麦氏又出版另一著作，书名《中国民族之变乱》。在这本书的绪言及其他数章中，麦氏又概述他以前在 1847 年所写过的，并为英国人民继续鼓吹实行"一种考虑周详的地方与京城考试制度，就如中国近一千年来所实行而迄少变更的普通考试制度一样。但欲将来参加行政部门以下的各附属部门工作，则必须先经过普通考试及格然后再参加京城的专门考试"（见第 246—249 页）。

这里我们应该注意到，麦氏所重视的是中国考试制度的大原则，而不是其实行的细微末节，因为这样才能设计一种"考虑周详的制度"出来。他鼓吹英国采行中国的考试制度，曾经花费了十年的工夫，并且在 1869 年去世的时候，还觉得他在这方面已经有了若干成就。然而，可能也因为他在字里行间坚持过甚，所以 1871 年在《麦米伦杂志》（Macroillan's Magazine）上就刊载了一篇无名氏的文章，攻击他"在主张上及文字上都未免偏颇"，并诋毁中国为"官职由于贿赂的"国家（见第 135 页及第 216—223 页）。但是这篇文章终不及影响于英国采行中国之制度，因为英国在 1855 年就通过了文官制度的原则，且于 1870 年付诸实施。而另一方面也可见麦杜思于 1847 年发表的第一部著作及 1856 年出版的第二部著作，均特别强调其建议，一定都是很合时宜而且是很有力量的。要批评麦氏论中国的书籍，实莫如证明一下麦氏对于社会人士所具有的影响力，例如《电气评论》（Electric Review）（第 104 页及第 550—560 页，1856 年出版）的主笔，当时即呼吁一般读者"接受他的主张"。

然而当时赞扬中国制度并主张采行于欧洲的，并非仅麦杜思一人而已，还有其他许多的学者。如 1835 年英格尔斯（R. Ingles）即曾推崇中国制度，甚至提到印度文官制度所受中国的影响。1836 年，穆雷（Hugh Murray）氏亦在其所著《中国历史论述》一书中指出，"中国政治之特长主要者在其能使行政各部门发挥贤能的功效"（见第 169 页）。1838 年，道宁（C. T. Downing）氏也谓，"全中国有如一规模宏大之学府，其校务皆由在该校受教之学子主持"。虽然这一种考试制度并不一定能造就勇毅的将领及防止种种流弊，但"这种制度的原则究不失为卓越的"。牛津大学的中文教授纽曼（Neumann）氏认为"中国的政府制度是东方各国中最优越的制度"。1841年，毕峩（Blot）氏所著的《中国教育论集》对于这方面现存的资料几乎包括无遗，且能融会贯通。至第一次中英战争（1839—1842年）结束，中国声威大坠以后，而中国的考试制度依旧是为兰顿（Langdon）、费雪博恩（Fishbourne）等的著作以及1857—1858年间伦敦《泰晤士报》的特约通讯所不断称道。

在1570—1870年这个期间所出版关于中国考试制度的文章或书籍，已有七十余种依照字母顺序列于本文附录中，兹所引证者不过其三分之一而已。

（7）英国考试制度所受中国影响之论证

上述七十余种欧洲史料，或为书籍或为杂志，大部分都是传教士、游历家、外交官、商人及著名思想家以英文撰成或译为英文在伦敦出版。这些史料大概使我们获得这种结论：即（1）中国考试制度之影响欧洲制度，在时间上是够早的；（2）东方与西方之关系因上述诸作家及东印度公司而得以密切沟通；（3）英国在1855年采行文官考试制度以前，伦敦人士并非完全不认识中国的考试制度，这一方面是由于有许多的著作出版，一方面又由于有两个中文图书馆：一即摩里逊氏的藏书，一即印度事务部的图书馆，关于后者嗣于下节讨论之。1847年有一位作家曾说得很正确，他说"凡是欧洲的读书人都很知道有一种根据中国制度而制定的考试制度；如果说从一百五十年前的耶稣会士一直到今天的汉学家——所有研究中国的诸作家都看不到这种制度的后果，那简直是不足信的"[①]。然而伦敦大学政治学教授华尔斯博士（Dr. Graham Walls）于1931年讲演时则谓："从中国以后——中国在以前是我们很少知道的，我们英国当然是最先采用公务员竞争考试制度的国家。"[②]

三、印度与英国文官考试制度之发展及其所受中国影响之证据

（1）东印度公司文官制度与海利柏里学院之发展

在本文的第二节中，我们已经考察了一下西洋史料中所载中国公开

---

① 见 *Desultory Notes* 第124页。
② 见 Paul Monroe, *Conference on Examinations* 第167页，1931年伦敦出版。

竞争的考试制度，这些文献可说表示了英国文官制度所受外界影响的可能性。现在再进而讨论一下其内在的可能性问题，就是探讨印度与英国的文官考试从最初到1870年的发展究为如何。

考东印度公司的文官原称为经纪人或书记，都是由几年时间的学徒制训练出来的。1773年的时候，英国议会曾发动调查东印度公司的情形，并思设法纠正其行政上的紊乱。所以接着就成立董事会，并于1780年派麦加特尼前往工作①。慢慢地东印度公司对于所用职员就更加以限制，如年龄及升迁的标准等。

1801年，东印度公司的董事会开始成立印度事务部图书馆，当时曾有几个藏书家都捐赠其名贵的藏书，其中有一万三千册左右的手抄本，包括梵文、藏文及中文②。由是在19世纪的初叶，东印度公司的官员就备有很多关于中国的书籍和手抄的原本书；他们从这些书籍当中自可能研究到中国的商业、政治及社会的情形。

同时该公司又作了很大的努力，重新招收办理东方事务的职员。早在1789年，其初步训练书记的第一个计划据说就是从该公司驻广东的分公司仿效而来，而在九十年代该公司并将派往中国经营茶商的青年先在伦敦训练一年。至1800年，魏勒斯里爵士（Lord Wellesley）于加尔各答创办大学的时候，又对于新进的职员施以文学、科学及东方语文等方面的训练，然而驻广东的分公司当时似仍在继续建议成立一东印度学院。据该分公司1804年1月29日的公函中曾有下一段说明：

> 在总督指导之下以完成教育与任职的制度。这样，董事会或能使他们都成为公司更干练的职员，同时也或能予他们以机会，俾其成为社会上更出色的人物，而非少年时离开欧洲初出茅庐者可比。③

我们因为无法看到这封原函，也不知道广东分公司所称造就"更干练"与"出色的"职员，究系建议采用何种方法。但是我们知道这一个

---

① 见 John F. Barrow, *Life of the Earle of Macartney* 第1及69页，1807年伦敦出版。
② 见 Sir Malcolm C. C. Seton, *The India Office* 第238—240页，1926年伦敦出版。
③ 见 *Memorials of the Old Haileybury College* 第14—15页。

建议已经董事会于 1804 年 9 月 19 日移送到通讯联络委员会。而该委员会的报告也称广东分公司所建议的那种制度，已早就认为是必需的。同时，公司的职员均应受严格无私的考试①。由于这种经过，所以 1806 年 5 月东印度学院就成立于伦敦附近之海利柏里（Haileybury）地方②，其目的就是要训练一批在东印度公司服务的公务人员，俾其于处理印度政务上能称其职。因此自 1806 年该校成立以至一八五八年该校停办这段期间，所有初到东印度公司服务的实习人员统统是先经过两年的普通课程与东方专门课程的训练的。

虽然福特威廉学院（College of Fort William）自 1801 年成立后已定期举行公开考试，并自 1801 年—1818 年间对各种考试的结果也都有报告③，但是海利柏里学院在开始的七八年间并未举行过测验或考试。其采行考试制度乃是渐次施行的。据英国议会报告书所载，对于东方语文举行试验的法律乃通过于 1814 年，对于欧洲语文举行试验的法律则制定于 1819 年。所谓"考试"这一个名词系于 1821 年始采用④。海利柏里东印度学院所举行学期考试的结果，曾经公布于《亚细亚杂志》上。这些考试都是依照各大学的学院公开考试计划而举行的，尤其在三一学院是如此，这些考试并经依照以往的经验而加以改进。

至于印度之文官考试制度，显然是 1829 年为了未进东印度学院的人而建立的⑤。至 1832 年并通过一个法案，以考试方法来录取未曾进过该校的公务员⑥。据曾在东印度公司服务二十七年的奥伯尔（Peter Auber）称，麦克唐纳爵士（Sir James MacDonald）曾于 1832 年考虑到采行公开竞争考试制度的许多优点⑦。至 1833 年，又通过一个法案，规定海利柏里学院将来考公务员时，每一名额必须提出四位候选人，然后"再由考

---

① 见 Memorials of the Old Haileybury College 第 15 页及 Parliamentary Papers 第九号第 735 页，1931 年—1932 年出版。
② 1927 年伦敦出版之 H. Finer, The British Civil Service 第 18 页中，谓海利柏里学院成立于 1813 年，此或系手写之误。
③ 见 Memorials of the Old Haileybury College 第 244 页。
④ 见 Parliamentary Papers 1931-1932 第九号第 234 页。
⑤ 见 Asiatic Journal 1821 年 1 月号第 52—54 页，及 1829 年之第 28 卷第 638 页。
⑥ 见 Parliamentary Papers 1931-1932 第九号第 234 页。
⑦ 见 Peter Auber, An Analysis of Indian Government 第 101、102 及 104 页。

试委员依照东印度公司监察委员会的指示予以甄别考试"①。虽则这次想实行局部竞争考试的早期计划不久即告搁浅,然而芬纳尔教授(Prof. Finer)还是相信公开竞争考试的这一个基本观念"产生于英国治理印度的改革上,而实行于 1833 年的特许法案(Charter Act)"②。

1835 年 7 月,居留中国的一位英侨英格尔斯曾在《中国文库》(第 127—128 页)中写了一篇文章,讨论中国的考试制度。他在这里面说:"英国的东印度公司……对于文官制度已采行了选拔的原则。……这种中国发明的东西在印度充分发展说不定总有一天要和火药与印刷术一样,使欧洲国家发生另一次的大变化。"1836 年,英国派驻中国之总监督及以后改任香港总督兼英军总司令台维斯爵士(Sir J. Francis Davis)更谓中国之文官制度,"和英领印度政府最近所采行之制度并无不同"③。

同年,特利维廉(Charles E, Trevelian)所主持之教育委员会曾报告称:"凡孟加拉(Bengal)及阿格拉(Agra)两总管区之大城市均应每年举行公开考试。……此种考试并应对所有学子开放。"④

自此以后,印度的文官制度可说没有什么大变更,直到 1853 年一个议会法案才取消了董事会任命印度文官的特权⑤。同年,英女皇并核准成立一个永久性的文官制度研究委员会,但至 1855 年始在印度正式采行文官考试制度。

(2) 1853 年以前英国文官制度之发展

在古代,英王实际上就等于是国家,根本就没有文官制度这种东西;因为文官制度是一个近代的名词⑥。英国所以于 1855 年采行文官考试制度的主要原因有好几种,如委任官吏制度之腐败、工业革命、1848 年之革命时期,以及人民对于克里米亚战争之忿懑等等。爱德华查理

---

① 见 Robert Moses, *The Civil Service of Great Britain* 第 51 页,1914 年纽约出版。

② 见 *The British Civil Service* 第 38 页,1937 年伦敦出版。

③ 见 J. F. Davis, *The Chinese, A General Discription of the Empire of China* 第 209 页,1840 年伦敦出版。

④ 见 *On the Education, of the People of India* 第 162 页,1838 年伦敦出版。

⑤ 见 *Memorials of Old Haileybury College* 第 122 页。

⑥ "文官制度"一词到 1854 年以后才开始通用。参阅 T. F. Tout, *The English Civil Service in the Fourteenth Century* 第 5 页,1916 年伦敦出版。

(Charles Edward)在其所著《文官制度之路》（见第112页）一书中说得好："在一八五五年以前，做官完全是靠人家来帮忙的，并不需要考试——无论是测验也好竞争也好。"

但是在这个行政上腐败的长期过程中，却有很多的建议想借考试来遏止这种恶风。最早的可说是1776年亚当·斯密（Adam Smith）所作的建议。他在所著《原富》一书中曾创议每一个人都必须"经过一种考试或见习，然后庶能到任何一个公司去经营贸易"（见第二卷第270页）。据萨德勒氏的解释，亚当·斯密系受法国百科全书学者的影响，而这些学者又多受中国哲学与政治的影响。《原富》是一本远近传诵的著作，据萨氏称，"这本书很快地就影响到统治阶级。而至相当时期他的这个意见就在他们中间萌芽，并且使印度与英国文官的公开考试制度具体化了"[1]。然而在1803年以前，英政府还没有采取什么措施。到这一年，威廉·庇得（William Pitt）才在东印度公司之上成立一个监察委员会，并核准新拟的海关计划，因此凡是进海关服务的人都须经过见习，而在担任重要工作以前须经过考试。1816年，边沁（Jeremy Bentham）曾将宪法条例草案摘要编著《提高官吏能力缩减经费》一书于伦敦出版，并于1830年又拟订改革贪污官风与徇情躏等的基本原则。他甚至又创议举行口试，可是在当时并未产生若何结果。1829年，威灵顿公爵（Duke of Wellington）也对于当时政治的徇情之风深致不满。所以到1832年，竞争考试的这个理想就因制定了通用于东印度公司的《特许法案》而终于实现。

（3）1853至1870年英国文官考试制度之发展

英国反对其国内文官委任制度第一个有效的措施，就是格雷斯顿（Gladstone）于1835年所作的措施，当时他命特利维廉与洛慈柯特（Sir Stafford Northcote）两氏一面研究永久的文官制度，一面并提出选拔官员最好的办法[2]。特利维廉曾于1820年赴海利柏里，1826—1838年间则留印度供职于东印度公司，并先后担任各种职务。自1840年起，则于伦敦任财政委员会委员，凡十九年之久。其夫人即系1834年任印度事务最

---

[1] 见 Sadler, *Essays on Examinations* 第55页。

[2] 详见1853年4月12日之 Treasury Minutes，关于任命调查委员会之事载于 *Accounts and Papers* 中第439页。

高会议（The Supreme Council of India）委员的麦考莱爵士（Lord Macaulay）之妹。

洛慈柯特氏自1852年12月至1853年随特利维廉氏工作，其母系东印度公司官员卡伯恩（Thomas Cockburn）氏之独女。特利维廉与洛慈柯特二氏之调查报告书于1853年11月23日签署发出，题为《永久文官制之组织》①。这一次的报告书实奠定今日英国文官制度之基础。

同时被称为"精通印度问题"的监察委员会主席伍德爵士（Sir Charles Wood）亦于1853年6月提出"1853年法案"，并在议会中为麦考莱极力支持；据说麦氏就是主张公开竞争制度最早的一人②。1853年6月25日，伍德在《印度政府法案》复议时对下院所发表的演说，一般人均视为这就是打破旧式的委任制度而实行新措施贡献特多的一次讲演。伍德是一位卓越的历史家，工文而擅辞令，且对于办理印度事务具有二十余年的经验，所以他对于认识这种新制度的用途也具有非常的识见。他这次的演讲词显示英国竞争考试的计划原为格兰维尔爵士（Lord Granville）创议，其后至1833年始为格林纳里爵士（Lord Glenety 亦即 Charles Grant，1778—1866）所提出，同时在他和一位想修正其计划的贵族人士辩论时，即已想到学校考试的问题。他当时不但敦促英国下院通过这一法案，并且还促其迅即决定。

至1854年7月，伍德又往见财政大臣麦考莱，请其主持一个由知名之士所组成的委员会，以报告印度文官制度之整理。结果，他所拟订公开竞争考试的计划以及所拟订的科目与分数表都被完全采纳。而麦考莱、爱西柏顿（Ashburton）、美尔维尔（Henry Melvill）、爵威特（Jowett）以及勒费弗雷（John G. S. Lefevre）于1854年11月所共同签署的印度文官制度报告书也很迅速地呈送到议会③。

至于这个报告书中的重要意见，兹再略述如下。就是说为了建立一个适宜的考试制度，其上必须有一个具有权力的中央考试委员会议来推行，这种考试一方面采取竞争的笔试办法，一方面并考查考生的年龄、健康及品格。对于高级官职所举行的竞争考试，其水准则应与全国最高

---

① 见 *Parliamentary Papers*.
② 见 *The Nineteenth Centuery*.
③ 见1874年出版之 *Edinburgh Review*.

教育的水准相合。换言之，即学校考试应与文官考试密切配合。所有考试均应按期举行。对于低级官职的考试则应分别于各地举行，以利"不能耗资远行者参加"。同时文官考试及格以后尚须经过严格试用的阶段①。

从这个报告的内容来看，可知其推行考试制度的理想和前面所述的中国考试制度的精神，显然是一样的。

这个报告书中所述推行文官竞争考试制度的计划，其后曾为不少的重要人物和杂志所推许，如约翰·弥勒（John Stuart Mill）②、首相格雷斯顿③、英女皇于1854年所发表的议会开幕词以及《西敏寺评论》（*Westminster Review*）及《观察报》（*Spectator*）等等。然而另一方面，这个计划也为不少的人反对，如《星期六评论》（*Saturday Review*）、《民族评论》（*National Review*）、《经济学家杂志》（*Economist*）、《宝藏杂志》（*Treasury*），许多的部长和议员，以及直接间接受到委任制度的好处的人④。

在这个时期，英国议会的辩论可说包含了很多关于英国文官考试制度受到中国影响的资料。1853年，格兰维尔伯爵曾在上院宣称，谓异族人的一个小朝廷能够统治中国这个大帝国达二百余年之久，其主要原因就是由于他们能利用文官竞争考试的制度来网罗全中国的才智之士⑤。

蒙提格尔爵士（Lord Monteagle）在攻击洛慈柯特与特利维廉的报告书时也说："完全适用这种制度的唯一的先例就是中国。"⑥蒙氏同时又举了很多事实来比较中国考试制度和洛特两氏报告书中所建议的考试制度。他可说充分利用到默德赫斯特对于中国考试制度的记载。

---

① 比较 N. E. Mustoe，*The Law and Organization of the British Civil Service* 第4页中作者之综论，1932年伦敦出版。

② John Stuart Mill 的中文译名是穆勒。

③ 见 *Parliamentary Papers Relating to the Reorganization of the Civil Service 1854-1855* 第92页。

④ 见 G. H. Stuart Burning，*The Origin and Development of the Civil Service* 载于1926年出版之 *Public Administration* 第四期第122页，及 *Atlantic Monthly* 第43期第582页。

⑤ 见 *Hansard's Parliamentary* Debates CXXVIII 第38页。

⑥ 见 *Hansard's Parliamentary* Debates CXXVIII 第651页。

除了上述议会辩论的资料而外，间或也有些不主张受中国影响的反对意见，载于《关于文官制度之文书》中。这些反对派的意见不是认为考试不能实行，就是认为教育将为考试而牺牲。最可笑的是一位反对派特诺罗甫（Anthony Trollope）所写的一部长篇小说，题名《三位事务员》，将特利维廉爵士描述成一个顽固分子。

尽管有这些反对的意见，然而改革派还是决定"将这种制度实现，让反对派去叫嚣"。其实现洛特两氏计划的第一个步骤，就是于1855年5月21日首先成立一个文官考试委员会，并规定其职权。这个委员会共设三位考试委员，主持政府中"低级官职的考试事宜"。考生于考试及格以后，则由考试委员颁发及格证书，于是，英国的竞争考试制度就这样建立起来。

在英国反对采取竞争考试制度的人，差不多有十年之久还是继续不断地证明英国所创拟的制度和中国是一样的，并比较其间的异同。如柯克雷恩（Baillie Cockrane）氏即坚谓英国人"并未认为他们须从中国学习"①。《西敏寺评论》亦谓："这些中国的外'夷'（英国人）的确现在只是从中国文官考试制度的书籍中学到一页而已。"（见1857年4月号第295页）

根据1870年6月4日印度事务最高会议的命令所载，公开竞争已经成为进入政府中工作的常轨，无论到哪一部门服务都必须先经过考试。而这个命令中的主要规定，就是在今天还是有效的。

（4）反对受中国影响之论证

本节已简单地讨论了一下英国文官制度在本国与印度之发展情形，以及其社会背景、工业革命之环境、殖民地的扩张、法国大革命与官吏委任制度之流弊等等。从这些经过的情形看，当然的结论似乎就是说，文官制度乃是英国与英领印度的本地产物。这种制度主要的是由学校考试制度演变出来，并根据在印度实行的经验加以改进过的。而推行文官考试制度的人又大半出身于剑桥大学或牛津大学，并曾获得研究金或补助金的毕业生。麦考莱爵士的演词很显然地是指学校考试而言。所以就

① 见 Hansard's Parliamentary Debates，CLVI（1860年2月16日）第1194页，CLXXII（1863年7月17日）第958页。

欧洲国家而言，公开竞争似乎是英国人发明的[1]。这样说来，那么以为英国之采行文官考试制度其内在方面亦受中国之影响，那也是不合逻辑的。或许英国之考试制度多少有些受了法国思想的影响，因为英国创议实行竞争考试的学者如亚当·斯密和边沁等以前都是受了法国思想家及百科全书学者的影响。然而这两位英国学者虽很重视这个问题，但和东印度公司毫无关系，所以一般还是相信英国的文官考试制度先发源于印度，而后始推行于国内。这也是本文作结时可以断言的。

四、结论

前面我们已经将这个问题正反两方面的零星文献提出，现在我们还必须再将本文中要点略述一下，然后作一结论。在本文的绪论中，我们已经赞同《大英百科全书》的说法（时间问题姑置不论），即"我们所知道的最早的考试制度为中国所采用之选举制度（纪元前1115年）"。至纪元前165年，中国实际上已建立一种荐举与考试的制度，包括口试和笔试，而注意于品德的优良。迨至622年以后，公开竞争的学术考试就定期举行于各地方及京都。这个时期的考试，一方面注重于基本的知识，一方面又规定试用的阶段。

至于欧洲，据《大英百科全书》所载，最早的大学考试可溯源于1219年以后的时期，而至1702年始有笔试。学校考试发展于18—19世纪，文官考试之建立则为时稍晚。

在本文第二节中，我们已对1570—1870年间于伦敦出版的英文著作清理出七十余种。从这些材料中，我们知道早在1570年欧洲就有些学者知道中国的政治制度与考试制度。法国的大思想家如福禄特尔、狄德罗、百科全书学者及桂纳等都承认他们受了这些早期著作的影响，而桂纳氏还希望法国采行中国的考试制度。其后，法国学者布伦退耳又承认法国教育实在是奠基于中国公开的学术考试制度之上，并认为法国文官考试制度的思想无疑也是渊源于中国的制度。

英国的思想家也是受了这些论中国的著作的影响，同时也受了崇拜

---

[1] 比较 H. Finer, *The British Civil Service*（1937）第38与40页，及 *The Theory and Practice Modern Government* 第2页，1932年伦敦出版。

中国文化的法国学者的影响。如谭普尔、约翰笙、哥德斯密以及爱迭生等就有些推崇中国的思想。至 18 世纪上半期，英国学者如蒲德介、贾德费，以及《君子杂志》《工艺人杂志》等等又认为中国有两种历史悠久的制度很值得仿行，即学术考试制度与公共监察制度。根据亚当·斯密在 1776 年所说的话来看，也许创议英国文官竞争考试的最先的一个人就是他，可是亚当·斯密是否读过桂纳的著作却很难断言。至 1793 年、1816 年及以后的时期，英国曾有好几位驻华大使下榻于中国的贡院，并曾记载其游华的经过。他们对于中国政治的印象都是很好的，并认为中国的安定和立国之久乃由于考试制度①。至 19 世纪又有很多论中国的著作或翻译的书籍出版，还有两个专门搜藏中国书籍的图书馆以供英国专家学者研究——一即 1801 年于伦敦所设立的，一即 1824 年摩里逊所带回伦敦的藏书。同时，东印度公司驻广东的分公司亦建议在海利柏里设立东印度学院。结果，这个学院终于 1806 年成立，并用来训练印度之文官达半世纪之久。

英国文官考试制的历史，可以溯至 1833 年，因为这一年所通过的《特许法案》才使文官考试的理想具体化。至 1838 年，伦敦教会的默德赫斯特也认为中国的考试制度是"值得仿行的"。到 1847 和 1856 年麦杜思发表其两部著作时，他也指出中国幅员辽阔而立国久远乃由于实行考试制度，同时又竭力主张"为全英国臣民实行一种考虑周详的地方与京城考试制度，就如中国近一千年来所实行……的普通考试制度一样"。因为有这些积极的创议，同时又因为欧洲的传教士、游历家、外交官、商人以及大思想家所撰写有关中国的七十余种著作，或载于书籍或载于杂志，所以很显然地在英国未采行文官考试制度以前，英国知识阶层的一般领导人物对中国考试制度实在都是很了解的。

在本文第三节中，作者已讨论过印度与英国文官制度之发展，兹毋庸再述。的确，推行这种文官考试制度的人同中国未曾有直接的关系，同时他们也并没有提到受中国的影响。然而这些推行的人同东印度公司则确有关系。从麦考莱②和洛慈柯特③讨论中国的演讲辞来看，我们就可以合理地断定他们确是很熟悉中国历史与制度的各方面的。就是今天英美国家的行政首长，也未尝不是一样。他们虽没有到过中国，却也知道

---

① 见 Staunton 氏之著作。
② 见 *The Works of Lord Macaulay* 卷八中 "War with China" 及 "Government of India" 两文。
③ 见 *Life，Letters and Diaries of Sir Stafford Northcote* 第一卷 149 及 212 节。

一些关于中国政治、财政及社会的各种情形。

次就洛慈柯特与特利维廉的联合报告书及1855年5月21日印度事务最高会议的命令来看,英国新建立的考试制度和中国老式的考试制度确有很多非常类似的地方。比方说该报告书建议设置一中央考试制度委员会议,这和中国正是一样的;竞争考试应注重普通学识而非专门科目,也是和中国一样的;考试应按期举行并开放于全国人民,也是和中国一样的;低级官职的考试应于地方举行,也是和中国一样的;还有官职的升迁应根据考绩而非徇情,也是和中国一样的。而该报告中所称注重于考生的品德及规定试用期间等等,这也是中国实行一千多年的重要原则。如果说英国考试制度根本没有受到中国影响,这真是未免太巧合了!诚如1847年《爱丁堡评论》(Edinburgh Review)所说的:"事实上,我们从来就没有看见一种办法比这种办法更像中国的制度的。"① 《福来塞杂志》(Fraser's Magazine)也认为:"赞成这种制度的很多动人的言论,无非是根据中国推行这种制度的成功而提出的。"(见1873年11月号第343页)

当洛特二氏的报告书提出于议会时,蒙提格尔爵士曾攻击得非常刻薄,这也是不足为奇的。他的论据就是说,公开竞争是中国的制度,中国并不是一个"开化的国家",所以中国的制度也不足道②。到1853年6月23日议会举行复议时,史丹莱爵士(Lord Stanley)也说,"诸君……已采行了一种本国所未有的制度,但是这个制度据说已风行于中国,因此我们或可称之为中国制度"③。至于格兰维尔伯爵在论及中国考试制度时则站在赞成的立场,他说:"异族人的一个小朝廷能够统治中国这个大帝国达二百余年之久,其主要原因就是由于他们能利用文官竞争考试的制度来网罗全中国的才智之士。"④ 此外,在"关于文官制度之文书"中,卡德维克(E. Chadwick)氏曾于1854年8月1日写道:"一位贵族人士,也是一位卓越的政府官吏,现在已提出反对本建议案,因为……这个计划是中国式的——中国有文官考试的制度……所以本人站在同样立场,也完全同意这位贵族人士及其他反对派的意见。"⑤ 卡立色主教

---

① 见 Review on the Report of Her Majesty's Civil Service Commissioners 第339页。
② 见 Atlantic Monthly 四三卷(1879年)George Willard Brown 氏之语。
③ 见 Hansard's Parliamentary Debates 第619页(1853年7月)。
④ 见 Hansard's Parliamentary Debates 第38页。
⑤ 见 Parliamtary Papers 1854-1855 第二十号 Civil Service 第159页,1870年重印。

(Reverend Dean of Carlisle)亦谓,"许多人都特别指出中国是世界上考试办得最好的国家"①。所有这些同时期的证据,很显然地都承认了中国对于英国文官制度的影响,无论其为有意也好无意也好。

不但是在这个考试制度的计划于英国议会通过的时期,甚至于在十年以后,还是有很多杂志依旧猛烈抨击这种竞争考试,而认其为"已经被接受了的中国文化"。例如1875年,《双周评论》(Fortnightly Review)上曾刊载一篇萨伊思(A. H. Sayce)的文章,其中有云:"现在中国的学说已经完全操纵了一般的人……而今日一般人对于中国思想的信仰不过是退化为一种考试的制度而已。"因此,他又呼吁"设法阻止这种新中国文化的侵入",同时又谓:"无论有效无效,现在大家……都在准备宣传这种已经被接受的中国文化中的新学说。"②这些明显而有力的论调,实在很够说明他们已经承认了中国的影响;也就是说英国文官考试制度所受中国考试制度的影响是很大的。时间的因素与空间的因素……即中英两国早期经由印度和法国的间接关系和直接交往的关系;还有两国考试方法上的许多相同之点;以及当时许多高级官吏的见证——所有这些都似乎证明了本文的这一个结论。

综括言之,就所有同时期的证据来看,都证明中国文官考试制度传入欧洲国家以后也使他们采行相同的制度,这是毫不足疑的。至于许多小同的地方如"考试经典"这些,究竟是否也受了中国的影响,我们倒不敢完全断言。但无论如何,各国政府采行考试制度一定是求其适应于民族性的③。

---

① 见 *Parliarruary Papers* 1854-1855 第二十号 *Civil Service* 第159页,1870年重印。
② 见 *Fortninghtly Review* 第十七卷(1875年伦敦出版)第843、844、846页。
③ 当本文于1941年草成之后,重庆国立中央大学张学君(Y. Z. Chang)亦发表 *China and the English Civil Service Reform* 一文,载于1942年4月出版之美国历史评论(*American Historical Review* XLVII, 3, 539—544)。张氏文中之主要资料虽取自 *Parliamentary Papers and Debates*,但是他的结论却比较大胆一点,兹摘录于此:"(一)中国之考试制度在英国已为人所熟知;(二)在当时英国之定期文献及议会辩论中,竞争考试的这个观念均与中国相关系";(三)无论在议会以内或以外,都认为考试制度是中国的一种制度,而且也没有人否认过;(四)除了中国以外,没有一个国家曾经用过这种竞争性的文官考试制度。"

五、附录

(1) 美国文官考试制度所受中国之影响

英国文官考试制度的起源,我们可以很有理由地断定是受了中国公开竞争制度的影响。至于美国文官制度所受中国的影响,似乎也用不着详述,因为美国的制度大部分系采自英国,一部分系采自德国。然而除了经由英国而受到中国影响的这一部分以外,其直接受中国影响的许多残简史料倒是值得一提。

美国之文官制度最初系由罗德岛的任克思(Thomas A. Tenkes)氏所建议,在他于1868年5月14日由节约联合委员会所呈送到美国众议院的报告书中,有一章系讨论"中国之文官制度"。1867年10月号的《北美评论》(North American Review)也表示很相信中国的考试制度。

在波士顿市政府于1868年5月盛宴款待中国大使馆外交官员的时候,爱麦生(Emerson)亦曾赞扬中国之考试制度,以及中国人之尊崇教育。他的演说词合时而又有力,其中有一小段是这样说的:

> 中国现在的政治有一点使我们很感兴趣。我相信在座诸君还记得罗德岛的任克思阁下曾经两度想提到国会通过的那个法案,就是主张文官必先经过考试及格取得学问上的资格,而后始能任职。的确,在纠正恶习的这一点上,中国是走到我们前面了,也走到英国的前面了。同样:中国社会上都非常尊重教育,也走到我们的前面,这就是中国值得光荣的唯一凭证。[①]

1868年10月,北京同文馆馆长马丁博士[②](Dr. W. A. P. Martin)曾在波士顿城的美国东方学会报告一篇很长的论文,题为《中国之竞争考试》。这篇文章很可能影响到美国的改革运动,因为他这篇著作实在很好,就是今天在了解中国的考试制度上还是值得一读的。在这篇文章的第一段,他曾很谨慎地防患可能像英国所发生的那些反对言论。这篇文章正式发表于1870年10月号的《北美评论》杂志,其后又重载于他在1880年及1881年所出版的书籍中。1870年,史皮尔(William Spear)

---

① 见 Reception and Entertainment of the Chinese Embassy by the City of Boston 第54页,1868年波士顿出版。

② W. A. P. Martin 取的中国名是丁韪良,字冠西。

氏著了一本书，名《最老与最新之国家——中国与美国》。在这本书里面，他也很赞扬中国的考试制度，并且还呼吁美国政府采行这种制度（见第114—120页及第538—541页）。同年，《哈卜月刊》（*Harper's Monthly Magazine*）也刊载一篇麦克唐鲁（A. R. Macdonough）氏所著论改革文官制度的文章。麦氏在比较甄别公务员的方法时曾谓：

  在中国，凡是君主以下的各官职统统是开放于每个臣民的……官吏统由竞争考试选拔出来……并依其忠君与否而升降。①

  尽管各方如此支持，可是1868年提出于众议院的改革文官制度法案，在1883年以前一直就没有通过。同时，一般的舆论虽则很赞成这种运动，但国会中大多数人对这一计划还是抱着冷嘲热讽的态度的。就如在英国一样，许多赞成分赃制度的人，都是反对利用考试来决定候选人是否称职的，因为他们认为这种计划是中国式的，洋派的，"非美国式"的！据他们说，这种考试在理论上也许是对的，但在实际上这种选拔候选人的方法是不会发生作用的。而中国的官吏又很贪污，只要有钱就可以卖官鬻爵。但是其他的人则认为西方国家应采取中国这种竞争考试的思想，使其适合于各国的需要而发展，不必完全抛弃这种方法，因为中国也并没有实现其理想。所以文官制度委员会在其报告书中就说："我们没有意思来宣扬中国的宗教或帝国主义，但是我们并不了解为什么在本国尚在草莽的时代，孔子能讲政治节操，中国人民能读书，能用罗盘、火药及九九乘法表而我们民族不能；难道现在东方最开化而立国最久的国家能推行文官考试的制度，而我们美国民族将更不能有此长处吗——假如是一种长处的话。"② 这的确是在叙述他国尤其是英国的经验以前，为了避免反对的一篇很好的外交辞命。

  但是报告书序言的这一段意思，很显然的是由同文馆马丁博士的著作而来，因为马氏在其著作中主张实行中国的学术考试，差不多是用的完全相同的话。

  从上述种种之论证看来——如当时的演讲辞、重要人物如爱麦生

---

  ① 见 R. H. Graves, *Chinese Triennial Examinations*, Overland, 8, 第265页, 1872年出版。
  ② 见 House Executive Document, 43rd Congress, Session (1873-1874) 第221号文第24页。

(Emerson)的建议,以及呈送国会官方报告书中所载有关中国考试制度之史料,美国采行文官考试制度似乎也可能有一点是直接受了中国的影响,然而更直接的影响则为英国的。

(2) 记载中国考试制度之西文书目

Alabaster, C., "Memorandum on Education in China Drawn up from Information Afforded by the Ex-Imperial Commissioner Yeh", *Journal of the Asiatic Society of Benegal*, Vol. 28, No. 1, 48-53, 1859.

Anonymous, "Certain Reports of the Province of China Learned through the Portugals There Imprisoned," in *Hakluyt's Collection of the Early Voyages, Travels, and Discoveries of the English Nation*, London, 1810, 11, pp. 546-560, pp. 549-550, describs Licentiates and Loutea (doctors) literary and military examinations.

——The Chinese examination is described on pp. 462-465 of the *Asiatic Journal*, XIV, 1822.

—— "The Literati of China", in *Asiatic Journal*, 221, 521-527 (1826), based on Morrison's work.

——*The Chinese Traveller*, Containing a geographical, commercial, and political history of China, with a articular account of their customs, manners, religion etc.. To which is prefixed, the life of Confucius... Collected from Du Halde, Le Compte, and other modern travellers. 2nd., London, 1775, I, 107-110 on examination system.

—— "Description of Examination", in *The Chinese Repository* 1, 482-487; 11, 239-253, 1833. "The Literary institutions of China the pillars that give stability to the government".

—— "Description of Examination in Ningpo", in *The Chinese Repository*, 16, 67-72 (1847).

—— "A Discourse of the Kingdom of China", in Purchas' (Samuel), *His Pilgrimes*, 12, 411-472. London: Original ed. 1625, new ed. 1905-07. Section 11, 421-440, a detailed description of "Degrees how taken both philoeophicall and Militarie" and the whole structure and civil service of Chinese government.

—— "An excellent treaties of the Kingdom of China, and of the estate and government thereof: Printed in Latine at Macao, 1590", and collected in the *Hakluyt's Collection of the Early, Voyages, Travels, and Discoveries of the English Nation* new ed., London, 1810, 11, 569-580. The examination is described and praised.

——Examination at Canton is carefully described in *The Chinese Repository*, 4, 125-135, 1832.

—— "The profession of letters in China" ——a descripion of a man's struggle for Hsiu ts'ai and Chiu-jen, *The Chinese Repository*, 3, 118-119, 1834.

—— "A Short Description of Examination," in *The Chinese Repository*, 9, 541.

Barrow, Sir John, *Some Account of the Public Life, and a Selection from the Unpublished Writings, of the Earl of Macartney*, the latter consisting of extracts from an account of the Russian Empire: a sketch, of the political history of Ireland; and a journal of an embassy from the King of Great Britain to the Empire of China, with an appendix to each volume. London, 1807, 1, 189; 2, 370.

Bernard, Henri, "Étiudes sur L'Humanisme Chrētien en Chine à la Fin de la Dynastie des Ming", in *Nankai Social and Economic Quarterly*, Vol. 9, 1, 109-110.

——*Le Pére Matthieu Ricci et la Societé Chinoise de son temps*, 1552-1610, Tientsin, 1937, Ch. 7, 146-173, L'annee des examens 1604.

Biot, *Édouard*, *Essai sur L' histoire de l'instruction publique en Chine et de la corporation des lettrés*, Paris 1845-1847 (Vol. 2), contains nearly all the information extant on this subject, digested in a very lucid manner.

Braam, Houckgeest André Everard van, *An Authentic Account of the Embassy of the Dutch East-India Company to the Court of the Emperor of China in the Years 1794 and 1795*, London, 1798. Examination of students, p. xxxi. Breton de la Martiniere, Jean Baptiste

Joseph, *China: its Costume, Artc, Manufactures*, 5th ed., London, 1813, 100-103.

Brunetière, F., "L'Orient dans la littérature francaise", in *Études critiques sur-l'histoire de la littérature francaise*, 8e serie, Paris, 1910, 1970-1971.

Burford, Robert, "Description of the Chinese Examination System", in *Pamphlets on China*, 1836-1838.

Burton, Robert, *The Anatomy of Melancholy*, London, 1621, also 1893 ed. 1, 116; 2, 162.

Cooke George Wingrove, *China: Being "The Times" Special Correspondence from China in the Years* 1857-1858, London, 1858, 415-416, recounting the Examination System in taking four degrees.

Corner, Julia, *The History of China and India*, London, 1846. Examination system with pictures of customs, 128-130.

——*China Pictorial, Descriptive, and Historical.* With accounts of Ava and the Burmese, Siam and Anam... London, 1853. Examination system described, 171-174.

Davis, Sir. John Francis, *Sketches of China*, London, 1841, 11, 85-93.

——*The Chinese: A General Description of the Empire of China and its Inhabitants*, London, 1836, 1, 259-260.

Doolittle, Justus, *Social Life of the Chinese: with Some Account of Their Religious, Governmental Educational, and Business Customs and Opinions*, New York, 1865. Examination of competitors is described in detail in 1, 326-343, 389.

Downing, Charles Toogood, *The Fan-qui in China in 1836-1837*, London, 1838. Examinations described and praised in 11, 253-256.

Du Halde, J. B., *Description géographique, Historique, Chronologique, Politique, et Physique de I'empire de la Chine et de la Tartarie Chinoise*, Paris 1735. Examination system, 11, 251 ff. An English translation entitled "A Description of the Empire of China and

Chinese Tartary", published in London, 1738, 1741, 251 and 389 ff.

Eden, Richarde and Wills, Richarde, *History of Travayle in the West and East Indies and Other Countreys*, Translated into English from Portuguese by Eden and Wills, London, 1577.

Ellis, Henry, *Journal of the Proceedings of the late Embassy (Lord Amherst) to China*, London, 1817, 347, 354.

Fernández Navabrette, Domingo, Abq. of St. Domingo, *Tratados Historicos, Politicos, Ethicos, Yreligiosos de la Monarchia de China*, Anission, 1676. Examination. described on 51, 53-54.

Feynes, Henri de, *Voyage Faict par terre Depuis Paris Jusques a la Chine*, Paris, 1630, 169.

Fishbourne, Edmund Gardiner, *Impressions of China and the Present Revolution: its Progress and Prospects*, London, 1855. Examination system described on 39, 44-46.

Forbes, F. E., *Five Fears in China: from 1842 to 1847*, London, 1848. Chs. 2. 6.

Forgues, Paul Emile Daurand, *La Chine Ouverte: Aventures d'un Fan-Kouei dans le pays de Tsin*, Paris, 1845 Progroamme d'examens, Des Examens, 278-283. *Gentlemen's Magazine*, compiled by Sylvanus Urban, contains much material about China. This article quotes 3: 112 and 8: 365 (1733) which describes the Chinese examinaion system. Gingell, William Raymond, *Translator of Hoo Pieh-seang's Chow Le Kwan Choo* (Hu Pihsiang, *Chou-li Kuan-chu* 胡必相: 周礼贯珠), "The Ceremonial Usages of the Chinese, B. C. 1121", London, 1852, 68.

González de Mendoza, Juan, *Hittoria de las cosas mas Notables, Ritos Costumbres del gran Reyno de la China*, Con un itinerario del Nuevo Mundo.

——*The History of the Great and Mightie Kingdome of China, and the Situation Thereof*, Lonon, 1588 New printed ed., 1852. Ch. XIV, 124-128.

Grosier, Jean Baptiste Gabriel Alexander, *De la Chine ou*

Description Generale de cet Empire, Paris, 1818. Examination, Vol. 5, 11-13 and 292 ff.

Guignes, Chretien Louis Joseph de, *Voyages à Peking, Manille, et L'ile de France, faits dans L'internalle des annés* 1784 à 1801, Paris 1808, examens 11, 408-414.

Gützlaff, Karl, *A Sketch of Chinese Historry, Ancient and Modern*, London, 1843, The examination system described in 1, 46.

——*China Opened*, London, 1838, 11, 346-393. Examinations
Hamburg, Theodore, *The Visions of Hun-siu-tsuen and the Origin of the Kwangsi Insurrection*, Hongkong, 1854, 4-5.

Huc, Evariste Regis. *L'Empire Chinois*, Paris, 1854, 388. Les examens litteraires, English translation, London, 1855, 1, 308.

Ingles, R., "Manner in Which the Literary Examinations are Conducted", *The Chinese Repository*, ⅠⅤ, 118-128 (July 1835). A good description of the examinations and of Chinese influence on Indian civil service.

Kiss, Samuel, *China of the Chinese*, London, 1841. Examination mentioned, 223, 239-240. Langdon William B., Ten *Thousand Things Relating to China and the Chinese*, 2nd ed., London, 1843, 23-25. Examination system described. Sir. George Staunton's expression about Chinese civil service is quoted.

Lay, George Tradescant, *The Chinese as They Are*, Albany, 1843. Examination system described and praised in 30, 35-37.

Le Comte, Louis, *Memoirs and observations... made in a late journey through the Empire of China*, 3rd ed., London, 1699. Examination, system, 269-280.

Lettres édifiantes et curieuces, écrites des missious étrangerès par quelques missionaires de la Compagnie Jésus, Paris: Vol. 11 (1715) 275-286; 13 (1718) 326-330; 15 (1722) 157-169; 22 (1736) 288-298; 24 (1739) 4-8; 26 (1743) 142-147.

Magalhaes, Gabriel de, *A New History of China*, London, 1688,

218-220.

Martin, Robert Montgomery, *China: Political, Commercial and Social*, London, 1847, Literary examination 1, 75-76.

Meadows, Thomas Taylor, *The Chinese and Their Rebellions*, London, 1856, xxiiet seq.

——*Desultory Notes on the Government and People of China and on the Chinese Language*, London, 1847, 124-149.

Medhurst, Walter Henry, *China: Its State and Prospects*, London, 1838, 144-151.

Morrison, Robert, *A Dictionary of the Chinese Language*, Macao, 1815, Part 1, Vol. 1, 759-782.

—— "Retirement of Statesmen from the Service of the Government and Honors Conferred on Them", *The Chinese Repository*, 11, 47, 95.

——*A View of China for Philosophical Purposes*, Macao, 1817. "Public Examinations", 101-102.

—— "Examinations, Executions", *The Chinese Repository*, ⅠⅤ, p. 11, 49, 135, 276.

Murray, Hugh, *An Historical and Descriptive Account of China*, Edinburgh, etc., 1836. Examination system, 167-170.

Nevius, John Livingston, *China and the Chinese*, New York, 1869. Ch. 4. competitive examinations and schools.

Nieuhof, Johan, *An Embassy from the East-India Company of the United Provinces to the Grand Tartur Cham Emperour of China* ... London, 1669, Examinations described, 156-157.

——*Die gesantschaft der Ost-Indischen geselschaft in den Vereinigten Niedcrländern an den tartarischen cham und nunmehr auch sinischen keiser*, Amsterdam, 1666. Examen der Gelehrten in Sina, wenn ihnem Gradus sollen zugeleget werden, 245. Auch der Kriegsleute Examen; zu gleichen Ende, 258.

Notes and Queries on China and Japan, 3 (December, 1869) 12.

Pantoia, Diego de, "A Letter of Father Diego de Pantoia to Father

Luys de Guzman, writen in Paquin, 1602", *Purchas*, (*Samuel*) *His Pilgrimes*, XⅡ, 331-410. Examination in 377.

Purchas, Samuel, *Hakluytus Posthumous or Purchas His Pilgrimes*, Vols 20, Glasgow, etc., 1905-1907, 11, 569-580.

Semedo, Alvaro de, *The History of That Great and Renowned Monarchy of China*, London, 1655, 35-47. This chapter describes the whole procedure of the examinations.

Sirr, Henry Charles, *China and the Chinese: Their Religion, Character, Customs, Manufactures...* London, 1849. Examination system, 2, 83-86.

Smith, George, *A Narrative of an Exploratory Visit to Each of the Consular Cities of China, and to the Islands of Hong Kong and Chusan... in the years*, 1844, 1845, 1846, London, 1847. Examination system pp. 40-43, 45-46.

Speer, William, *The Oldest and Newest Empire: China and the United States*, Hartford, etc., 1870. Examinations system described, 114-120; praised and urged: U. S. to adopt, the same thing, 538-541.

Staunton, Sir George Thomas, *An Authentic Account of an Embasssy from the King of Great Britain to the Emperor of China*, London, 1797. Examination system menotined and praised in Ⅱ, 153.

——*Miscellameous Notices Relating to China, and Our Commercial Intercourse with that Country*, London, 1822, revised ed. with introduction, 1850. Note on examination system, Ⅱ, 81.

——*Ta Tsing Leu. Lee: Being the Fundamental Laws, and a Selection from the Supplementary Statutes of the Penal Code of China*, London, 1810. French translation, with additional notes, 1812, p. 101 and note.

Trigault, Nicolas, *Histoire de L'expedition Chrestienne an Royaume de la Chine*, Lyon, 1616. Examination described' in detail on 50-63; examen militaiie, 63-65; civil service appointments, 65-72.

Williams, Samuel Wells, *The Middle Kingdom*, New York, etc.,

1848,1,562-564.

Winterbotham, William, *An Historical, Geographical, and philosophical View of the Chinese Empire*, 2nd ed., London, 1795. Examinations,268-269.

（英文版原载《哈佛亚洲研究学报》1943年第7卷第4期，王汉中译本载《二十世纪科举研究论文选编》，武汉大学出版社2009年版）

附：邓嗣禹《中国考试制度对西方的影响》修订研究

彭 靖

邓嗣禹先生的《中国对西方考试制度的影响》一文，1943年用英文发表于《哈佛亚洲研究学报》第7卷第4期上，1968年被收录在哈佛大学出版社出版的《中国历史上的政府机构研究》（*Studies of Governmental Institutions in Chinese History*）一书中[①]。该论文与他在1934年发表的《中国科举制度起源考》一文，都曾在国际上引发了半个多世纪的激烈争论，在学术界产生了强烈的反响。2009年，刘海峰在他主编的《二十世纪科举研究论文选编》前言中有这样论述："邓嗣禹发表在1943年9月出版的《哈佛亚洲研究学报》上的《中国对西方考试制度的影响》一文，长达三万余字，旁征博引，论述详赡，长期以来在海外引起广泛的反响，被收入到多种文集，在西方汉学界几乎无人不知无人不晓，已被公认为是经典的论文。"近年，国内有多位学者发表文章，建议对这篇论文中存在的个别问题进行修订，也正说明这篇论文至今余音未消，目前仍然受到许多学者们的关注。

2019年3月，通过国家级专家严格评审、公示等程序之后，国家出版基金办正式批准将《邓嗣禹全集，1—7卷》列入2021年出版计划。借此机会，现将有关学者提出的问题统一归纳，并以论文的形式进行回复，期待有更多的学者参与讨论，最终使新版的邓著论文更加完善。

一、科举制度对西方影响问题的提出与研究

（1）科举制度对西方影响问题的提出

从目前所见到的资料，中国人最早提出科举西传说的是康有为[②]。1898年，他在提出戊戌变法的文章中说：中国历代科举"虽立法各殊科，

[①] John L. Bishop, *Studies of Governmental Institutions in Chinese History*, Cambridge, Massachusetts: Harvard University Press, 1968, pp. 267-309.

[②] 刘海峰：《中国科举文化》，沈阳：辽宁教育出版社，2010年。

要较之万国，比之欧土，皆用贵族，尤为非才，则选择秀于郊，吾为美矣，任官先试，我莫先焉。美国行之，实施于我"。康有为明确提出，美国实行的文官考试制度是从中国的科举学习而来的。

另一位提出科举西传说的是梁启超。他于1910年指出："昔美国用选举官吏之制，不胜其弊，及1893年，始改用此试验，美人颂为政治上一新纪元。而德国、日本行之大效，抑更章章也。世界万国中行以法最早者莫如我，此法实我先民千年前一大发明也。"① 由此可见，梁启超在民国初期，就深知科举制度曾经对西方国家产生过重要影响。

对于科举西传说影响最大的是孙中山的提法。1921年4月，孙中山在广东省教育会的一次演讲中就指出："现在欧美各国的考试制度，差不多都是学英国的。穷流溯源，英国的考试制度原来还是从中国学过去的。所以，中国的考试制度，就是世界中最古最好的制度。"② 正是在孙中山这一说法的引导下，一些西方及中国学者对科举西传问题进行了艰难的探索。

（2）国外学者对科举制度西传说的研究

国外较早提出关于"科举制度对西方的影响"问题的研究，应该说是美国芝加哥大学东方语言文学系三位中美学者邓嗣禹（Teng Ssu-yu，1905—1988）、顾立雅（H. G. Creel，1905—1994）、柯睿格（Kracke，1908—1976）在20世纪40—70年代联手合作的成果。发起人是中国学者邓嗣禹，美国学者顾立雅、柯睿格在后来鼎力相助。

1943年前后，在第二次世界大战打得最为激烈、中华民族的生死存亡关头，有位年轻的中国学者在美国重要学术刊物上，用英文发表了关于中国科举考试对英国和西方影响的论文，使当时正与中国一道抗击法西斯侵略者的世界人民知道了中国曾对世界文明做出的这一重要贡献。这位中国学者就是当时在美国芝加哥大学任教的邓嗣禹博士。他于1943年9月发表在国际著名期刊《哈佛亚洲研究学报》上的《中国对西方考试制度的影响》一文，长达三万余字，搜集、引用了1870年以前西方人论述科举的文献70多种，围绕"西方考试制度的发展、西方记述或涉及中国科举制的资料、英国对于中国文明的推崇、英国驻华使臣论中国科

---

① 梁启超：《饮冰室合集》文集之二十三，北京：中华书局，1998年，第68页。

② 孙中山：《孙中山全集》第5卷，北京：中华书局，1985年，第498页。

举制、确认中国影响的证据"等问题旁征博引，论述详赅，对于中国考试制度的西传做了详细考证①。邓嗣禹称："根据上述所有同时代的证据，我们可以确凿无疑地证明：中国的科举是西方制定类似制度的蓝本。"文章发表后，在海外引起广泛的反响。目前该论文在西方汉学界几乎无人不知，已被公认为经典性论文。至今，该论文还经常被国内许多颇有影响的专家评论。

在此之前，科举考试与现代西方文官考试制度是否具有联系，西方文官考试是否曾借鉴或受到中国科举制度的影响，孙中山关于英国考试制度是从中国学过去的说法根据从何而来，一直是科举学研究的一桩悬案。弄清楚这些问题，不仅在科举学研究中具有重要的学术价值，而且对全面正确评价中国传统文化，以及为当代考试制度改革提供历史借鉴等方面都具有重大意义②。但基于这一问题的复杂性和研究、考证工作的难度，学术界一直未能提供有力的证据。

当邓嗣禹提出这一问题受到一些争议时，柯睿格首先于1947年在《哈佛亚洲研究学报》发表论文指出："以科举考试为核心的中国文官行政制度的创立，是中国对世界的最重要贡献之一。"③ 1953年，他又在《北宋前期文官》一书中，在对比科举与欧洲早期文官制度之后，对科举影响欧洲文官制度的史实也表示肯定，并认为邓嗣禹和张沅长两位学者的论文清楚地显示出，19世纪通过印度的文官制度，英国的文官制度曾受到中国范例的直接影响④。

1964年，顾立雅在《亚洲研究期刊》上也发表论文，并再次指出：中国对世界文化的贡献远不止造纸术和火药的发明，现代的由中央统一管理的文官制度在更大范围内构成了我们时代的特征，而中国科举制在建立现代文官制度方面扮演过重要角色。可以明确地说，这是中国对世

---

① 何忠礼：《二十世纪的中国科举制度史研究》，《历史研究》2000年第6期，第142—155页。
② 彭靖：《从科举制度看中国文化软实力项目的形成与发展——与关世杰教授商榷》，《学术界》2013年第8期，第133—140页。
③ Kracke, *Family vs Merit in the Chinese Civil Service Examinations During the Empire*, Harvard Journal of Asian Studies, 1947（10）：103-123.
④ Kracke, *Civil Service in Early Sung China*, 960-1067, Cambridge, Massachusetts：Harvard University Press, 1953, pp. 2-3.

界的重大贡献①。

1970年，顾立雅在《中国政术之起源》一书中，又补充说明自己在详细研究中国考试制度史之后发现中国确实是最早采用考试的国家，并认为中国的考试制度曾在12世纪影响过中东的医学考试，进而影响欧洲的学位考试，17世纪以后又影响了德国、英国考试制度的建立。中国的科举制在建立现代文官制度方面扮演过重要的角色。

其后，还有几位外国学者在邓嗣禹论文的基础上，对此问题做了进一步探讨。如日本学者矢泽利彦也曾于1959年在《琦玉大学纪要》第6卷中发表过《西洋文献中所见明代科举制度》一文；莱克（Lach）于1965年出版的《16世纪欧洲人眼中的中国》一书中表示，新发现了几条西方人对明代科举制度的记载，并认为欧洲人曾从中国科举中学到了笔试形式②；1972年，美国汉学家卜德（Derk Bodde，1909—2003）在《中国思想西入考》一书中则说："科举制无疑是中国赠予西方的最珍贵的知识礼物。"③

值得一提的是，著名学者胡适（1893—1962）在确定重回北大任校长之后，曾于1945年9月26日致函邓嗣禹，邀请他到北大历史系任教，也提到这篇论文："我很盼望你能在明年七八月回国，到北京大学来教历史。你愿授的几科，我此时不能预作决定，只盼望邓老板的拿手好戏之中挑选排演。我盼望你的戏目之中，能把你的英国文官考试起源列入国际关系或中西关系之内，因为太平天国与英国文官考试都是中西文化相互影响的重要例子。"胡适在信中提到的"英国文官考试起源"，便是指《中国考试制度对西方的影响》论文中的重点内容。

二、中文译本的翻译与收录过程

此论文1953年由王汉中翻译成中文单行本《中国考试制度西传考》，

---

① H. G. Greel, "The Beginning of Bureaucracy in China: The Origin of the Hsien", *Journal of Asian Studies*, 1964 (23): 155-183.

② Donald F. Lach, *China in the Eyes of Europe, the Sixteenth Century*, Chicago: University of Chicago Press, 1965, pp. 780-782.

③ Derk Bodde, *Chinese Ideas in the West*, Washington. D. C: American Council on Education, Fourth Printing, 1972, p. 25.

并由台北的文物出版社出版；1980年，邓嗣禹的两位博士生黄培教授、陶晋生教授将此论文收录于《邓嗣禹先生学术论文选集》之中，由台北食货出版社出版；1988年，李明欢、黄鸣奋再次将此文翻译成《中国科举制在西方的影响》，发表于《中外关系史译丛》（第4辑），由上海译文出版社出版。

2009年，作为我国大型文化遗产出版工程，由武汉大学陈文新教授主编的大型精装本《历代科举文献整理研究丛刊》之一，刘海峰主编的《二十世纪科举研究论文选编》一书，共收录了国内外39位研究科举制度的著名学者的42篇论文，包括潘光旦、费孝通、邓嗣禹、杨联陞、何炳棣、钱穆、刘海峰、李弘祺等中外著名学者的代表作品。邓嗣禹的《中国科举制度起源考》《中国考试制度西传考》均被收录其中。由于《历代科举文献整理研究丛刊》属于文献版本收藏，售价较高，发行量较小，国内学者引用较少。

2011年，吉林出版集团出版邓嗣禹的《中国考试制度史》一书时，再次将这篇中译文作为附录；2019年，商务印书馆将最新版本《中国考试制度史》列入"中华现代学术名著丛书"，并将这篇经典论文与他在1946年用英文发表的后续研究论文《中国科举制度与西方》（中译文详见《中国考试》2014年第6期）合并成第三编——《中国考试制度对西方的影响》。同时，最新版本《中国考试制度史》将美国著名汉学家恒慕义（Arthur William Hummel，1884—1975）的推荐文章作为附录，将全文重新翻译、校对之后附在书后。该文章曾用英文发表在1938年美国的《图书馆通讯》杂志，中文节译文详见《中国考试》2014年第6期。2021年2月，俄文版《中国考试制度史》获得中华学术外译资助正式批准，这篇经典论文还将会有俄文版本。

三、主要修订的内容

（1）关于1870年之前西方论及中国科举制度文献数量的问题

邓嗣禹先生在1943年发表《中国对西方考试制度的影响》时，曾广泛查寻、细大不捐，收录了1570—1870年间记载中国科举制度的西方文献78本（期），其多数是在伦敦出版的英文书刊，并在文末附有"记载中国考试制度之西方论著目录"。因此，在2001年之前，海内外学者都据此说法，普遍认为论及中国科举制度的西方文献有 70 种之多。但邓嗣禹在此论文的第二节正文中曾说明："在 1570—1870 年这个期间所出版关于中国考试制度的文章或书籍，已有七十余种依照字母序列于本文附录中，兹所引证者不过其三分之一而已。"①

2001 年，刘海峰教授借赴英国、日本做访问学者的机会，专门对"科举西传"的难题进行了考察与深入研究。经过艰难搜寻，他又新发现了 1870 年以前论及中国科举的西方论著近 50 种，并于 2001 年 10 月在《中国社会科学》2001 年第 5 期上发表了《科举制对西方考试制度影响新探》的论文，在国内曾引起了较大反响。2005 年，他又在《考试研究》第 1 卷第 1 期上发表了论文《科举西传说的来龙去脉》，对欧洲各国及美国借鉴中国科举的演变过程做了进一步的论述与说明。依据刘海峰的研究成果，此次修订将 1870 年以前论及中国科举的西方论著"70 余种"修改为"120 余种"。当然，这 120 余种仅仅是以英文出版的书籍以及发表的文章。是否还有外国传教士用法文、德文等英文之外的西方语言出版的书籍或刊物呢？这方面的研究工作，有待于感兴趣的中外学者继续探索。

2010 年 12 月，刘海峰在其专著《中国科举文化》一书中，也曾以注脚的方式对于"科举西传说"的研究难度，以及目前的研究进展情况进行补充说明：在科举学的各种研究问题中，研究难度最大的大概要数科举西传了。打个比方，"科举西传说"有如数学中的哥德巴赫猜想，可以称之为科举学中的"哥德巴赫猜想"，或者称之为"孙中山命题"。哥德巴赫猜想在数学中好比皇冠上的明珠，孙中山最为明确地提出了这一命题，邓嗣禹等人相当于证明了哥德巴赫猜想中的"1＋2"，但因有一些人提出疑问后又变得悬而未决了。顾立雅、莱克等人的研究再将此命题拉回到"1＋2"。我的研究将此问题再推进一步，其结果到底只是将"1＋2"进一步深化还是接近于证明到"1"，还有待学术界的检验与评判。由于尚未能穷尽所有资料，尤其是英文以外的西文资料，因此还有一定的研究余地。希望将来还有更具学术勇气的学者继续就此难题进行深入研究，最后摘取这颗科举学"皇冠上的明珠"。

---

① 刘海峰：《二十世纪科举研究论文选编》，武汉：武汉大学出版社，2009 年。

(2) 关于叙述中国考试制度"最早发表文献"的问题

邓嗣禹先生在《中国考试制度西传考》文中，关于"记载 16 世纪与 17 世纪中国考试制度之文献"部分内容中，提出"叙述中国考试制度最早的文献，为克罗兹（Gaspard da Cruz）氏的记载"。依据邓嗣禹的论据，刘海峰在《科举西传说的来龙去脉》一文中也指出："西方文献关于科举制的最早记载，是从 1569 年到 1570 年葡萄牙人克鲁兹的游记。"① 目前，这一说法已被大多数科举学研究者证实。

近年，有学者提出在 1569 年之前，仍有国外的文献记载此事。2009 年，李华川先生在他发表的文章中指出：在克罗兹之前至少还有两种文献对中国的考试制度有所记载。因此他建议："文中两部分的论述尚有进一步补充和修正之必要。"②

李华川在文章中论述的，一种是著名的西班牙传教士沙勿略（St. Francois Xavier，1506—1552）的记录。1548 年，沙勿略根据一位商人的情况写了一份报告，其中谈到中国的孩子从小就要读书写字，"成年以后如果孩子成为知晓王国法律的好学者，就吩咐他去参加考试；如果认为他已够格，就任命他担任一个小职务；然后，如果他胜任，就委派一个大职务，直到他成为一个大官。他可以一直高升，最后对其他所有官员发号施令"③。但是李华川同时也认为："这段文字颇有些简陋含混，毕竟沙勿略对中国没有深入了解。"笔者经过查阅相关资料后认为，沙勿略仅是根据一位商人的叙述写了一份报告，他本人并没有做任何考察。虽然此文后来被收入《印度及日本记事》一书，但其内容的确含混不清，也并非官方文献记载，将其作为对于中国科举制的文献记载过于牵强。

另一种文献是来自葡萄牙商人伯来拉（Galeote Pereira，也有书译为佩雷拉）的《中国报道》。伯来拉生于 1510 至 1520 年间，于是年启程去印度，像当时很多葡萄牙人一样，既为葡萄牙王室打仗，又为自己做买卖，过着军人和商人的双重生活。1548 年他陪同大商人迪奥戈·佩雷拉

---

① 刘海峰：《科举西传说的来龙去脉》，《考试研究》2005 年第 1 期，第 105 页。
② 李华川：《邓嗣禹先生〈中国考试制度西传考〉书后》，《清史论丛》2009 年号。
③ 费尔南·门德斯·平托等：《葡萄牙人在华见闻录——十六世纪手稿》，海口：海南出版社，1998 年。

(Diogo Pereira)一起来到中国。

伯来拉从1551年起就开始对在中国的这一段经历作笔记,在1553年至1561年间根据笔记撰写了报告《中国报道》。此后,该文曾多次被收入相关文集出版,如1563年的意大利文版出版于威尼斯,1577年的英文版出版于伦敦等。再加上其中不少内容曾被克罗兹所著《中国志》(也称《中国情况介绍》)一书引用,在世界各地引起反响,一直被公认是一部重要的作品,反映了当时中国的社会模式对西方人的诱惑,以及对欧洲人的思想方法所造成最早的影响,所以被誉为"著作"[①]。在这份《中国报道》中,伯来拉对于中国的科举考试做了如下记录:

> 察院年年巡视,但那些要被选拔来充任要职的人则每三年会聚一次,在为他们准备的大堂里受到考试。向他们提出许多问题,如回答合格,够得到学衔,那察院不久就授予他们;但那些要当老爷的,在皇帝批准之前,他们不得使用帽子和腰带。考试完毕,测试通过后,要为那些得到学衔的人举行隆重仪式,经常要共同盛宴庆祝(因为中国人都是以吃喝去结束他们的欢乐的)。而且他们要等待按学识被挑选去给皇帝服务。

伯来拉这段亲身见闻的记载,包含着一些明代关于科举考试过程的准确信息,诸如提学使每年的巡视、三年一次的乡试、中试后的庆贺,其内容远胜于沙勿略对于商人口述的转录。而克罗兹于1569—1570年在葡萄牙出版的《中国志》要明显晚于伯来拉的《中国报道》,其内容大多又从《中国报道》转录而来。克罗兹的《中国志》虽说是16世纪较有影响的著作,但并非最早论述中国科举制度的文献。因此,此次修改将原来"克罗兹(Gaspard da Cruz)氏的记载",改正为"叙述中国考试制度最早的文献,为葡萄牙人伯来拉(Galeote Pereira)所著《中国报道》的记载"。

此外,再将李华川提到的,邓嗣禹在论文中尚未涉及的另外三部著作:曾德昭(Alvaro Semedo)的《大中国志》(1638)[②]、安文思(Gabriel de Magalhaens)的《中国新史》(1688)和李明(Louis Lecomte)的

---

① G. R. 博克舍:《十六世纪中国南部行纪》,北京:中华书局,2002年,第7页。
② 曾德昭:《大中国志》,上海:上海古籍出版社,1998年。

《中国近事报道》(1696)① 一并补充在相关章节之中。所有这些著作合在一起,构成一个完整的时间链条,从他们出版的著作中可以看出,西方人对于中国科举的关注一直没有中断。此次修订工作,笔者拟采用李华川建议,并已经查阅到他所提到3部著作中的2种中译本。

(3) 关于第一位来华传教士的问题

李华川在《邓嗣禹先生〈中国考试制度西传考〉书后》一文中提出:"沙勿略虽然只是在广东上川岛登陆,并未进入中国内地,但还是被公认为第一位来华传教士。"此说过于牵强,且没有给出任何文献证明。

沙勿略是葡萄牙派往亚洲的天主教传教士,出身于贵族家庭,1549年乘船至日本传教,1551年从日本搭商船抵中国广东上川岛,面对明朝海禁,想秘密潜入中国内地,但因岛上的葡萄牙商人怕触犯海禁影响贸易而没有成功,后于1552年死于该岛。由于沙勿略并未进入中国内地开展任何传教活动,因此不能认定其为来华传教士。李华川所说"被公认为第一位来华传教士"更没有任何文献证明。

另外,葡萄牙人伯来拉虽然曾于1548年来华,并出版了叙述中国考试制度最早的文献《中国报道》,但他并不是传教士,而是一位葡萄牙商人。只有克罗兹"于1556年到达广东,是出现在中国的第一位传教士"。因此,邓嗣禹在原文中论述的史实是正确的。

(4) 关于"对于西方教育和考试制度偏低估计"的问题

2012年3月,北京大学历史系彭小瑜教授曾经在《中华读书报》上发表文章,认为"中国历史的研究者有时候有一种下意识的、微妙的中西比较。邓嗣禹先生对科举制度的评价,在很大程度上出于他对于西方教育和考试制度偏低估计","邓先生的思路基本上是把中世纪欧洲的教育和官员选举看成是落后不堪的。这是不符合历史的实际情况,需要纠正,不宜再继续沿用下去"②。

实际情况果真是这样吗?我们不妨看一看曾任京师大学堂总教习(即北京大学前身的教务长)的美国著名汉学家和教育家丁韪良(W. A. P. Martin,1827—1916)是如何评价这一问题的。

---

① 李明:《中国近事报道》,郑州:大象出版社,2004年。
② 彭小瑜:《"君子莫不安于贫贱,为小人者不闵则笑":中世纪欧洲大学与中国科举制度》,《中华读书报》2012年3月7日第15版。

16世纪以来，欧美一些外交官、来过中国的许多传教士等都曾在本国发表或出版大量有影响的文章和书籍，形成了一个宣传、赞扬中国考试制度的热潮，丁韪良就是其中重要的代表人物之一。正是受中国考试制度的影响，法国、德国、英国和美国先后于1791年、1800年、1855年、1883年实行了文官考试制度，以后又通过英国向世界各殖民地国家传播，可见中国的科举制度曾风靡全球。

丁韪良是晚清来华的美国新传教士，也是19世纪后半叶至20世纪初最为重要的西方汉学家之一。他在华近60年，长期广泛地参与中国各级机构的教育事业，这使他有机会近距离接触并深入了解中国的传统教育考试制度。他以汉学家身份，通过英文著述、演讲等方式向西方进行系统介绍，成为中国科举制西渐史上的重要人物。

2018年12月，王剑在《国际汉学》发表文章指出：丁韪良向西方评介中国科举制的过程中体现出与同时代其他西方传教士截然相反的理性褒扬态度，就客观历史效果而言，丁韪良对科举制的褒扬评介，对认识中美两国近代文官制度均起到了积极作用。王剑在他所发表的文章中梳理了丁韪良评价中国科举制所涉及的主要内容，强调他对于科举制所持的异于同时代其他西方人士的理性褒扬态度[①]。

丁韪良1850年来华，1865年出任北京同文馆英文教习，并于1869—1895年间出任该馆的总教习；1898—1902年间，出任京师大学堂西学总教习；1902—1905年间，出任张之洞创建的武昌大学校长。1916年，丁韪良在北京去世。在他来华的66年间，因各种原因离开中国的时间前后仅有8年左右，所以他在华活动的确切时间有将近60年，比其他多数新传教士都要长。因此，在中西方文化交流史上，真正以教育家和汉学家的视角，在深入接触和了解的基础上，向西方系统介绍中国科举制者，丁韪良可谓是第一人。

丁韪良对中国科举制的评介，集中体现为他19世纪六七十年代向美国提交的两篇英文报告。1869年，丁韪良在美国东方学会宣读《论中国的竞争性考试制度》，全文于1870年以《中国的竞争考试》为题刊载在《北美评论》，并于1880年和1881年先后收录于《翰林集》和《中国

---

① 王剑：《论丁韪良对中国科举制的评介》，《国际汉学》2018年第4期，第61—69页。

人——他们的教育、哲学和文学》两部个人英文文集。1901年，他稍加修改补充后，以《论科举考试》为题收录于另一部英文文集《中国的学问》（*The Lore of Cathay*）。此三部文集分别在伦敦、纽约、芝加哥等地出版。

在介绍中国的科举制度论述中，丁韪良始终持有一种辩证、客观的态度，既有褒扬，也有批判。不过，一个非常明显的现象是，在有限的论及科举制弊端之处时，丁韪良往往会话锋一转，随即展开正面的辩护，并最终落脚于理性的褒扬，认为科举制是"中华帝国最令人羡慕的制度"。

在此，我们摘取一段他在《中国的学问》一书中论述科举制利弊方面的文字用以说明："虽然科举考试内容陈旧单一，注重文学而忽略实际，注重儒家伦理道德而忽视自然科学，束缚了个人和社会发展，但是，在近代以前的任何时期，中国的教育考试制度都并不落后于西方。"（*The Lore of Cathay*，p.321）

如前文所述，中国的科举制度是西方发达国家制定文官制度的蓝本，这是不争的事实。对于彭小瑜所述"对于西方教育和考试制度偏低估计"的问题，作为19世纪后半叶至20世纪初最为重要的西方汉学家之一，丁韪良在他发表的文章以及出版的著作中已经给出了明确的答案："在近代以前的任何时期，中国的教育考试制度都并不落后于西方。"

需要说明的是，丁韪良曾经是一位美国的外交官，早在1858年来华初期，他就以外交官的身份参加过《中美天津条约》的谈判，并利用自己的汉语能力为美国谋取到诸多利益。同时，他还是一位国际法学家。早在1864年，他就因为将惠顿的 *Elements of International Law* 翻译为《万国公法》而名声大振，成为西方在中国的国际法权威。1867年，丁韪良还专门返回美国，师从时任耶鲁大学校长的吴尔玺学习国际法。因此，说丁韪良精通并了解西方现行法律以及教育和考试制度，这一点是不容质疑的。

此外，彭小瑜教授的观点"邓先生的思路基本上是把中世纪欧洲的教育和官员选举看成是落后不堪的"也是站不住脚的。邓嗣禹先生从未在任何发表的文章或出版的著作中，有过类似"落后不堪"的表述。在他发表的绝大多数文章中，都是在表述和证明"中国对于英国文官考试制度的建立,明显具有相当大的影响"。

  我们还可以从另一方面反推一下,如果当时欧洲的教育和官员选举完全是"落后不堪",也就未必有学习与借鉴中国科举制度的举动。近八十年来,学术界对邓嗣禹先生在 1943 年发表的这篇《中国对西方考试制度的影响》经典论文,还能从正反两个方面发表文章进行评论,也正好说明这篇论文影响深远、余声未消。

(原载《教育与考试》2021 年第 2 期)

下册
唐宋元明清中枢官制之研究

邓嗣禹的古代官制研究（代序）

彭　靖

中国古代官制有着悠久的发展历史，它是人类步入文明社会的必然产物。随着国家的产生而产生，同时又随着国家性质的演变，趋于不断完善、变化与发展。古代官制是政治制度和政治生活的重要组成部分，服务于一定的政治和社会，给政治和社会以巨大的影响。在我国漫长的封建社会所形成的一整套设官分职、任免升迁、督促监察、告老退休等制度，曾有效保证了国家机器的正常运行。

早在封建社会鼎盛时期，趋于完善的中国古代官制，就曾对西方文官（公务员）制度产生了巨大影响。外国学者对于中国官制予以高度重视，并进行全面认真的研究，许多西方学者曾经赞誉中国的科举制度是中国的"第五大发明"。我们在进行政治体制和行政管理体制改革之际，更不应舍近求远，只注意借鉴外国的文官制度，而忽视中国历代官制的研究，更不能对我们祖先留下的珍贵文化遗产视而不见。

邓嗣禹撰写的《唐宋元明清中枢官制之研究》，是他在燕京大学研究院历史学系的硕士毕业论文。1932年，邓嗣禹在燕京大学历史系本科毕业之后，即师从燕大教务长，兼历史学系教授洪煨莲（洪业）、顾颉刚，继续攻读研究院历史学系硕士研究生学位，并于1935年毕业。

据《顾颉刚日记》记载，1933年6月19日，由于研究生学业课程成绩突出，邓嗣禹与冯家昇、顾廷龙、张维华、翁独健等12人，曾获得下年度历史系硕士研究生奖学金。1936年，邓嗣禹在学士论文基础上增补、完善的著作《中国考试制度史》，由国民政府考试院出版。目前，这本书已经成为国内外研究中国科举制度学者必读的一本经典名著。

2019年4月，华东师范大学中文系郁梓教授在《语言学习》期刊上发表评论文章。他在文章中指出，《中国考试制度史》最初是邓嗣禹的大学毕业论文，1936年由国民政府考试院出版，这在当时是一件了不起的大事。郁梓"对于好书往往经常翻阅。自五年前至今读此书凡三遍，检索其中内容，往往有得，所以愿意向中学老师推荐此书"。

在中国古代，科举制度是选拔官吏的重要制度；而古代官制则是管理官吏的制度，也包括如何反腐败的内容。两者结合，才构成古代官吏管理体系的完整链条。换言之，邓嗣禹的《唐宋元明清中枢官制之研究》，是继《中国考试制度史》研究的延伸与拓展。

1936年3月，顾颉刚在为邓嗣禹《中国考试制度史》撰写的序言中，曾经说明："嗣禹并有中国历代官制史之作，与此书相承相辅，惟分量过多，未能速就。窃愿读此书而爱其人者，有以赞助而促成之。"遗憾的是，80多年过去，由于历史的原因，这本硕士论文著作一直被尘封在北京大学图书馆特藏部，并仅对于原作者家属开放阅读，国内外研究学者很难见到其真容，所以也不可能见到有学者发表评论文章。此次本书将硕士论文的"原貌"展现给读者。

中国社科院历史研究所研究员、博士生导师李世愉在其所著《中国古代官制概论》一书中有这样的论述：

> 我们研究历史，就是要研究历史发展的规律，政治、经济、文化、社会各方面的发展变化，如果没有官制方面的基础，这种研究很难深入。比如说，不了解历代边疆地区的行政建制及设官情况，不可能搞清楚统一多民族国家形成和发展的历程；不了解宦官二十四衙门，不可能去研究明代的宦官专权问题；不了解军机处的设置、职掌和沿革，也无法理解清代专制皇权的加强。此外，古代的中央和地方行政机构及其官员的设置与废黜，在很大程度上反映着相应的政治状况。
>
> 要理解中央、地方官制的演变，还应该抓住汉、唐、明三个关键朝代。中央官制，汉朝是三公九卿，唐朝是三省六部，明朝是内阁六部；地方官制，汉朝是州郡县三级制，唐朝是道州县三级制，明朝是省府县三级制。

李世愉在其著作中阐述了古代官制研究的意义，以及在历史学研究中所占有的重要位置。邓嗣禹的这篇硕士论文，正是抓住唐、宋、元、明、清五个关键朝代，以中央官制研究为主线，论述古代官制的演变过程。邓嗣禹在硕士论文中的结论中总结道：

> 总观唐至清各朝中枢之官制，可得二大通例焉。其一凡与天子

亲近者，虽地位不高，易于掌握实权，而地位高者反易于疏远。其二，凡时代愈后，则中央集权之趋势愈强，君主专制之方法愈密。从各朝中枢政纽之演变观之，不难察其真谛也。

1979年，在硕士论文答辩通过44年之后，邓嗣禹在台湾《清华学报》新12卷第1—2合期上，发表论文《唐代三省之沿革变迁考》。这篇论文是在1935年硕士论文的基础上对于古代官制进一步的研究与补充的成果。

在古代中枢官制研究中，关于三省的设立过程与演变是邓嗣禹重点关注的内容。他在这篇论文中论述道："当唐之初，以三省长官秉政，即尚书令、中书令及门下省之侍中。尚书本秦少府属官，地位不高；汉武、昭以后，常与天子议政，位居亲要，职任乃重。"1935年，他在硕士论文写作过程中专门就此课题在《禹贡》杂志第3卷第10期上，发表专题论文《行省的意义与演变》。为了便于读者深入了解邓嗣禹关于古代官制研究内容的全貌，特将这篇论文作为附录，一并呈现给读者。

叙　　言

　　中国史书，汗牛充栋；钻研其中，时感四难。四难者何？曰时、曰地、曰人、曰职官。然自有《历代帝王年表》《历代纪元编》，以及各种中西年表，则时间之难，可迎刃而解。自有《历代地理志韵编》《历代地理沿革表》，以及《中国地名大辞典》等书，则地理之难，可涣然冰释。自有《史姓韵编中国人名大辞典》，以及《明清传记引得》等书，则人名之难，可按图索骥。惟职官之难，有时令治史者不能卒读，学文者见官名则略而不释者何也？盖历代设官，有因有创，有名同而职异者，如同一给事中之名，唐宋以来主封驳，金则为内侍寄禄之官；同一侍中之名，在汉为加官，捧唾壶执虎子；而晋以后侍中为宰相，掌政本，握枢机。有职同而名异者。如辽之敌烈麻都[1]，即唐宋之礼部；元之都护府，即明清之大理寺。有古贵而后卑者，如汉之校尉，与光禄大夫同秩，皆二千石，清则为军士；唐初之检阅大使如清之督抚，清则为杂职[2]。有官衔长至二百余字者，如元之中书右丞相伯颜[3]，明之宰相魏忠贤[4] 是也。有官名简称者，如《南史·郭原平传》，称秘书著作郎为"秘著"，《唐书·温造传》称拾遗补阙曰"遗补"是也。他如古无后有之官，古有后无之官，以及守试行兼之分[5]，勋阶职秩之制[6]，皆在在烦难，不易究诘者也。于是治文史者，一遇官名，多囫囵吞枣以过，则曰"此官名也"以了之；然欲求获一书以为释疑解惑之助者，无有也。有之，曰《钦定历代职官表》[7]，而其寻检之艰难，亦如地理沿革表，往往废时旷日，不能查得一官名；幸查得矣，又难明悉其职掌。因有此难，而欲稍事解决，此官制之所为而研究者一也。近世纪来，中国政潮澎湃，爱国之士，感外邦之富强，每归咎于政治之不良，官吏之腐败，金欲改弦更张，以求并驾齐驱。因而各种政治学说，如君主立宪，民主政治，共产主义，国家主义，以及法西斯蒂等，罔不一一效颦，欲施诸中土。顾人用之则欣欣向荣；移诸吾邦，辄每况愈下。此种原因，盖在不明风土人情与历史背景而生也。夫"橘逾淮而北为枳，鸜鹆不逾济，……此地气然也"[8]。建广厦于沙渚之上，欲其安如磐石，其可得乎。善为国者，必如良工，象其土地之宜，测其深广之度；然后绘图设计，庀材鸠工。又如良医，必察其人之家庭环境，过去之身体状况，以及天时地域，然后投剂施方，本标兼治。华夏立国数千年，其间残民惠民之迹，兴利除弊之方，史籍多存，大较可考；借镜之资，所在皆是。故必如良工良医之学，方知何法宜保存，何病宜除革，覆车可鉴，良轨当循。然后审时度势，酌古今之宜，参中外之制，庶可免于削趾适屦之消。吾国今日此学所需弥切。洪煨莲先生有见及此，乃令嗣禹，从事研究，冀求帮助治史之余，兼于经世致用之学，微有贡献，此官制所为而研究者二也。或曰官制之学，于治史治国，既两有补助，子何独肇始于唐？应之曰：古代之史，书阙有间，从世纪官制者，言必称《周礼》。《周礼》是否为周公所作，抑或刘歆伪撰，聚讼千余年，难得定谳。春秋战国，有祖周制[9]，亦多分歧。嬴秦之制，后儒谓其不师古。然师古者亦不少[10]。降至魏晋南北朝，载籍多佚。五胡乱华，国势鼎沸，陈经立纪，变更频繁。爬罗剔抉，良匪易事。自唐而后，为时较近，凭资增多，探索得力，当有头绪。而唐代诸般制度，类多为承先启后之期；《大唐六典》[11]又多为两《唐书》官志所宗，而《六典》即仿《周礼》为书也。是后宋元明清各朝，史志虽称法《周官》，实则嬗演沿革，多法前朝，少越唐宋，而由唐宋至于今，千有三百余年矣，获千余年之政治陈迹，岂不足为观今鉴古之资乎，此本编之所以肇始于唐也。且历稽往籍，研究官制，穷原竟委，井井有条，勒为专书者，吾未及见[12]。其及见者，如宋孙逢源之《职官分纪》[13]，明魏校之《官制会通》[14]，李口华之《官制备考》[15]，杨慎之《官制考》[16]，叶沄之《历代官制考略》[17]，马征度之《历代官制沿革表》[18]，皆不失于简略，则伤于支蔓。贩依史志，未加深究，无裨考证。其鸿篇巨制，如《古今图书集成·官常典》，多至十五函，《铨衡典》中之官制，又多至四十有七卷。其他《御览》《玉海》[19]以及二十六史、九通、会典、会要，每部常有数十卷之多。即《清史稿·职官志》，较为简略，而尚有九万六千余言，是官制史料之多，可令人望洋而兴叹。而其所纪者，类皆自三公六部以至台寺府卫，述其员数品级，略及职掌，形同记账，终鲜条理。读一代官制竟，而沿革变迁，权柄轩轾，尚不易瞭然；其变例实状，更无论矣。盖官书所纪之典制，多属纸上条规也。苟欲考究其真谛，必先从正史纪志，而后列传，而后杂史，而类书，而诗文集，而笔记小说，而金石文字。搜集告竣，又须整齐排比，考核异同，品评得失。欲求去取适宜，品评得当，恐非十数年或毕生精力不为功。后生末学，从事官制之研究，无异筚路蓝缕之工作，讵敢于一二年之功，有此奢望。故不得不量力而行，加以断限，将此数朝中枢官制，述其组织，考其沿革，究其变迁，使头绪清醒，权限分明，俾人识其重轻，知其门径。而不致茫茫然无所问津，此本编肇始于唐之又一因也。夫中国官署，千头万绪，不易究诘者何也？盖十之八九，非为君主供奉之官，则为人臣迁转之阶，官署林立，职同闲曹，读史书者，易于混乱。故此篇将冗官闲曹，姑置勿论，惟取握中央政治枢纽之官司，掌朝纲国政之枢府，细为考索，斯亦振衣得领、张网得纲之一法。有此纲领，明悉中央政本之变迁，领悟事权轻重之缘由，则进而考究次要官署，庶可收事半功倍之效矣。所以目为中枢者，盖唐以后，大率中书枢密，分掌政事军事，概括言之，则大政所从出也。若求大小官名之详备，则此后拟纂《中国官名辞典》；若求检阅之迅速，拟编二十六史、九通及历代职官表综合引得；欲求考证详备，则拟作《中国历代职官考》。希于读史四难，得以解决无遗，而从政者不致有断鹤续凫之论。是则私衷夙愿，尚有待于努力者也。

注释

叙言

(1)《辽史》卷四五页一下（版本见后参据书目，以下俱同），谓敌烈麻都视礼部；清修《续文献通考》凡例，改作"多啰伦穆腾"，今不从，录此示异。

(2) 参清叶沄《历代官制考略》下，页十七下。

(3) 详见《辍耕录》卷二，页十四下，权臣擅政条。

(4) 见《池北偶谈》卷三，页五。

(5) 守试行兼四者，以官阶职任之高下而分。《资治通鉴长编》卷三一八，页一三下，元丰四年，"诏自今除授职事官，并以寄禄官品高下为法，高一品者为行，下一品者为守，二品以下为试"。又卷一，页七下，"建隆元年二月乙亥，司徒兼门下侍郎平章事"，注云："兼与为乃实授之词、守则资格未及而暂加之词。"换言之，凡官品高而下任某职者曰行，低而上任某职者曰守，低二品以下者为试，试者犹今所谓见习也；兼者以本官为主，而兼任他官之谓也。

(6) 约略言之，爵者公侯伯子男也，官者宰相、尚书也，职者一品至九品也，秩者光禄大夫至文林郎也。

(7)《钦定历代职官表》七十二卷,乾隆四十五年敕撰,武英殿版本,光绪间广雅书局翻刻本。书中皆以清代官名为主,每卷之中,均先列表,后加说明,表则大官居首,属员居末。以时代为经,官名为纬,横行直下,有联亘数页者,不能一目瞭然。说明则舍清外,概以时代为序,杂采诸书,述其组织,间附按语,皆注出处。现今言官制者,当以此书较为完备。惟说明不甚重职掌,历代官名,又不知列于清官何表何部,故寻检为难。且清代官制,乾隆以后,尚多变更,故其用途,因而减少。另有《历代职官表》六卷,清光绪间黄本骥编,即采《职官表》之图,而略其说明,当时熟习官制者,取便携检,不为无益,今则用途甚微矣。

(8)语出《周礼·考工记》。

(9)如鲁有虞人,围人,见《左传》哀公十四年及庄三十二年,按《周礼》地官之属,有山虞,夏官之属有围人。又如司徒,周见襄二十一年、昭二十二年;宋见文七年、成十五年、襄九年、昭二十二年、哀二十六年;鲁见昭四年;郑见襄十年;卫见哀二十五年;楚见宣十一年;陈见襄十七年;昭八年及哀十一年,此盖祖周制也。而宋之左师、右师,见文七年及僖九年;又有大尹,见哀二十六年,此则周制所无也。大抵春秋各国之官制,如宰、司徒、司马、司空、司寇,多祖周制,而各国多相同。他如三吏,令尹,庶长,不更等官,各国多互异,而不见周制。故其因创,颇为分歧,兹不备述。

(10)杜佑《通典》卷十九页六,谓秦不师古。今观《汉书》卷十九上《百官公卿表》,汉官四十余种,纪其沿秦官者凡二十有八种,是秦固不师古矣。然如前后左右将军及内史,皆周末官,而秦因之。太常之属有博士,班固曰秦官,而近人王国维考证,则谓六国时已有之(见《观堂集林》卷四,《汉魏博士考》),是知古代官制之研究,更非易事也。

(11)《大唐六典》,或称《唐六典》,三十卷,唐玄宗敕撰。有广雅书局本,扫叶山房本,皆据明王鏊本翻刻者也。其中书目有某官而书中不见者;以及讹夺之处,颇为不鲜。尝观白孔《六帖》,《太平御览》,胡三省《资治通鉴注》,以及《玉海》《簪缨必用翰苑新书》等编,往往引《唐六典》,而《旧唐书·职官志》十之八九,皆节录《六典》而成;《新唐书》复据旧志,撮缩为文,略参后事,三书互校,可订正者甚多。王氏刻书,观其序文,似均未见及此,故不能稍尽校刊之责,可知其陋矣。至清雍正二年,日人近卫板所刻《大唐六典考订》,即以新旧《唐志》及《通典》等书引《唐六典》者,加以校订,多至三十册,远胜于吾国之广雅局本。然仁井田升《唐令拾遗》,引宋版《唐六典》,又远胜近卫板校本矣。

(12)邓元锡《历代职官考》七卷,见王闻远《孝慈堂书目》页三十二(观古堂刻本),王光鲁《古今官制沿革图》,见《明史·艺文志》及《四库》职官类存目,广州中山大学《图书目录》页百十一,有王光鲁《历代官制沿革图补》,他处未见。

清熊能恕《官制考》十二卷，见《湖北通志》卷八一页三十，查访未获，恐无刻本。

(13)《职官分纪》五十卷，宋孙逢源撰，《四库全书》抄本，共二十八册。皆按三公九卿之目，依次抄录各朝职官志，与《渊鉴类函》相仿佛，故《四库》列入类书。惟宋代一部，成于宋史之前，可资考证。

(14)《官职会通》二卷一册，明魏校撰。北平图书馆藏旧钞本。以明之六部，配周之六官，其所属官，因以附焉。仅有天官、地官、春官、夏官四篇，盖未成之稿。所述多附会古制，而立论欲返于成周，未免迂腐。故《四库》入职官类存目。

(15)《官制备考》二卷，旧题明李日华撰，《四库全书》本。以明代官制为本，上溯历代之沿革，简而多陋，纪明代事亦不免错误。如谓洪武十五年罢中书省之类。《四库提要》谓"大抵取备书启之用，舛漏颇多，不足以备考证，…疑日华未必至此，殆坊贾托名也"（卷八十页四，职官类存目）。

(16)《官制考》一卷，杨慎撰，《升庵合刻》本。捋撺正史职官志一二条，略加贯串，谓某官始见于某时，实则无所谓考证也。

(17)《历代官制考略》上下二卷，清叶沄撰，《叶沄三种》本。中皆表，无说明，可助人清醒条理，易读史志，然表太琐碎，陋略亦多。

(18)《历代官制沿革表》一册，清马征度撰，《马忠山遗书》本。大致欲仿《汉书·百官公卿表》，依时代排列。然搜罗不备，排列不明，印刷复劣，令人阅之，头昏目眩，非徒无益，而有害也。

(19)《太平御览》卷二〇三至二六七职官类；《玉海》卷一一九至一三五职官类。

第一章　唐代三省之沿革变迁考

中国历代中枢之官制,即中央柄政官,指在中央政府处机要之地位,握重要之权衡;非指唐宋以后之三公,但处高位,而无实职实权也。此种枢密官司,唐至五代由三省而学士,而枢密使。宋由同平章事,三司使,二府等,而三省,而左右仆射同中书门下平章事,而平章军国事。辽金由宰相府而归于尚书。元废门下、尚书两省,仅存中书省,而以枢密院御史台分其权。明则初废宰相而归政于六部,再归政于内阁。清则由内阁而归政于军机处,而督办政务处,而新内阁。此中央官司变迁之纲领,皆有待于旁证,赖于说明,方能明其职掌,识其沿革者也。本文专就唐代三省之沿革与变迁,作一初步之研究,以其鼎新创始,实为后代中枢官别之所秉承也。

一、三省之名义及其起源考

唐之三省,即尚书,中书,门下也。何谓尚书?其说有三:一曰尚者主也,主天子文书者曰尚书,此如淳《汉书注》之说也[1]。一曰尚者上也,言最在上,总领之也,此刘熙《释名》之说也。一曰尚,犹奉也,百官言事,当省案平处奉之,故曰尚书,此韦昭《辨释名》之说也[2]。观此三说,义皆可通,均按其职责,以训其义;刘熙之说,更欲以经名《尚书》之意,施诸官名,亦非谬误。盖西汉之制,臣下章奏,皆先上尚书,尚书进于天子也[3]。三说之中,如淳训主之说较胜,故《唐六典》《通典》均从之。尚书之起源,实在秦时,《汉书·百官公卿表上》曰:"少府,秦官,掌山海池泽之税,以给共养,属官有尚书,……又中书谒者。"[4]《宋书·百官志》曰:"秦少府遣使四人在殿中,主发书,谓之尚书。"[5] 是当时尚书仅少府一属官,职司收发,权任不大;后人有谓"尚书起源于战国"者,不足据也[6]。汉承秦制立尚书,职任仍轻,武昭以后,其任渐重,有政事,天子常与之议,于是尚书为亲要之职。武帝游宴后庭,以尚书士人,不得出入卧内,乃设中书官,掌诏诰答表,出入奏事[7]，以宦者为之[8]，盖汉时诸官名中者皆阉人也[9]。此即中书之起源，然亦有二说焉。其一，谓以中书代尚书，二者为一官，主之者有司马彪[10]、李林甫[11]、杜佑[12]诸人；而马端临、陈树镛、王先谦[13]等，以尚书与中书为两官，《续汉志》与《通典》等书，言更尚书为中书者误也，此又一说也。马、陈三家之说，求证丰富，当为可凭。尚书、中书之所以称为尚书省、中书省者，其省字之义，又不可以无考。《唐书》杨收曰："汉制总群官而听曰省，分务而专治曰寺。"[14] 然汉之三公丞相，亦总群官而听，未闻有三公省或丞相省，可知是训不甚允洽矣。考《汉书·昭帝纪》，帝年幼，"姊鄂邑公主，……共养省中"注，伏俨曰："蔡邕云，本为禁中，……孝元皇后父名禁，避之，故曰省中。"[15] 后世以中书省等官官署设在禁中，遂移为官署之名，曰中书省、尚书省。至于门下省，后汉谓之侍中寺，侍中本秦官，属丞相府，往来殿内东西厢奏事，汉代为亲近之职，至晋始有门下省之称，以给事黄门侍郎与侍中，俱管门下众事，故或谓之门下省，历宋、齐、梁、陈、后魏、北齐、隋、唐皆因之[16]。尚书、中书、门下三省，既如前述，皆处亲近之位，故迭掌政权。如汉宣帝时，宏恭、石显皆宦者，任中尚书，贵幸倾朝，公卿已下皆畏之。成、章罢中宦官，广尚书为五人；光武亲政，权归尚书，终汉之世不改[17]，魏晋以后，设中书令及中书监，皆以亲信为之，故中书复专权，降至六朝，则中书政本，移诸门下[18]，故王应麟曰："政归尚书，汉事也；归中书、魏事也；元魏时，归门下，后世相承，并号三省。"[19] 此三省之名义及其由来也。

唐代以前，皆三省分掌政权之时，或为尚书，或为中书，或为门下。其合三省为一而同时握政权者，《唐书·百官志》及《宰相表》，谓始于隋，而唐因之[20]。然细加考察，殆不确凿。盖《隋书·百官志下》，谓尚书"事无不总"，继则纪门下省、内史省、秘书省、内侍省，均未言三省合一之制。《通典》谓："隋有内史、纳言，即中书令、侍中，是为宰相，亦有他官参与焉。"[21] 中书令为中书省之长，侍中为门下省之长，可谓二省合一而非三省合一也。故马端临曰："以三省为宰相之司存，以三省长官为宰相之职任，其说肇于魏晋以来，而其制定于唐。"又曰："及唐初始定制，以三省为宰相之司存。"[22] 洪迈亦曰："中书令、尚书令在西汉时为少府官属，……侍中但为加官，在东汉亦属少府……魏晋以来，浸以华重；唐初遂为三省长官，居真宰相之任。"[23] 是知《唐书》所云，盖史臣失检耳。

二、三省之组织及其职掌考

至于三省之组织及其职掌，《唐六典》《通典》与两《唐书》所载颇有出入，当加以考述。唐之尚书省，《六典》与《旧唐书》曰尚书都省，《通典》与《唐书》曰尚书省，此何故耶？曰须明其组织方能言之。尚书省领有六部二十四司，尚书令一人为之长，总领百官，其属有六尚书，曰吏部、户部、礼部及兵、刑、工三部，凡庶务皆会而决之，左右仆射各一人，《唐六典》曰左右丞相，据开元之制也，仆射之职，《唐六典》谓："总领六官，纪纲百揆，以贰令之职。"[24] 两《唐书》略同。《通典》曰"总统省事"，曰"副尚书令"[25]，盖唐之尚书省，约同今之"行政院"，尚书令为"行政院长"，左右仆射，犹如"副院长"也。仆射之下，有左右丞各一人，《六典》述其职掌，笼括不明；两《唐书》分述，亦不若《通典》之简晰，即左丞掌辖吏部、户部、礼部十二司事，右丞掌辖兵部、刑部、工部十二司事[26]。余有六部尚书各一人，有郎中、员外郎、都事等属员，兹不备述。然尚书省与尚书都省之歧异，究为何故？曰据《通典》，"旧尚书令有大厅，当省之中，今谓之都堂，都堂居中，左右分司，都堂之东，有吏部、户部、礼部三行，每行四司，左司统之；都堂之西，有兵部、刑部、工部三行，每行四司，右司统之"[27]。《六典》谓"凡都省掌诸司之纲纪，与其百僚之程式"[28]，《唐会要》谓"故事，内外百司所受之事，尚书省皆印其发日，为立程限，京府诸司，有符移关牒下诸州，必由都省以遣之"[29]，由是知尚书省为广义之名称，包括六部二十四司也。尚书都省为狭义之名称，仅指尚书令或尚书总部也。《旧唐书》叙尚书都省，下句即谓尚书省领二十四司，可知都省不领二十四司也。《六典》卷一，所述为都省之事，故曰尚书都省；《旧书》强半仍《六典》，故亦名曰故都省，此都省之意义及史志纪录不同之原因；然而尚书省之组织与职掌，亦约略具是矣。若门下省则无所谓门下都省，因不领诸司也。门下省之组织，有侍中二人，为一省之长，管"出纳帝命，缉熙皇极，总典吏职，赞相礼仪，……所谓佐天子而统大政者也，凡军国之务,与中书令参而总焉,坐而论之,举而行之,此其大较也"[30]。此见于《唐六典》,《旧志》全录其词,未易一言;《新唐志》节录其词,增"颛判者事"一语;而《通典》所述,又颇不相同,词为"按令文,掌侍从,负宝献替,赞相礼仪,审署奏抄,驳正违失,监封题,给驿券,监起居注,总判省事"[31]。两者相较,《六典》词冗而虚,《通典》词简而实,所以然者,《六典》以数语提其纲而后缕述;《通典》则囊括其职,约举其词,不再条分缕析也。侍中之次,《六典》纪有黄门侍郎二人,其他三书,则称门下侍郎,据《唐会要》,中宗神龙元年(七〇五)改为黄门侍郎,至天宝元年(七四二)复改为门下侍郎[32],盖《六典》据神龙之制也。侍郎之职,掌贰侍中,"凡政之弛张,事之与夺,皆参议焉。若大祭祀,则从升坛以陪礼,皇帝盥手,则奉巾以进,……凡九正冬至,天子视朝,则以天下祥瑞奏闻"。《旧志》与《六典》全同,《新唐志》约其词而增"侍中阙则茝封符券,给传驿"一语,《通典》则谓"掌侍从,署奏抄,驳正违失,通判省事,若侍中阙,则监封题,给驿券"[33]。其他给事中、散骑常侍、谏议大夫、起居、补阙、拾遗等属员,姑不备述。至若中书省有中书令二人,《六典》作正三品,《新唐志》正二品,《旧唐志》注曰:"本正三品,大历二年十一月九日与侍中同升正二品,自后不改。"《通典》则谓:"旧班正三品,大历二年升为从二品。"[34] 是四书之中,三歧其说,何所适从?考尚书令正二品,侍中与中书令,《旧唐志》于此两官之下皆注云:"武德定令,侍中正三品,大历二年十一月九日升为正二品。"则新旧两志同,《唐六典》据前武德或开元令[35],故为正三品,两《唐书》据后大历令,故为正二品,《通典》谓从二品殆误。观《唐会要》载文宗大和元年(八二七)中书门下奏:"准官品令,……侍中、中书令以上正二品,左右仆射以上从二品"。《容斋随笔》亦谓:"唐初三省长官,独列三品,大历中,乃升正二品。"[36] 皆未言从二品,可作旁证也。而中书令之职,各书参照,亦大有疑问。《六典》谓:"掌军国之政令,缉熙帝载,统和天人,入则告之,出则奉之……盖以佐天子而执大政者也。"《旧唐志》同;《新唐志》仅言"佐天子,执大政而总判省事",无军国政令之句,此种差异,非同小可。《通典》则谓"按令文,掌侍从献替,制敕册命,敷奏文表授册,监起居注,总判省事",又未言军国政令也。然而《六典》岂非谬误乎?且细读其文,中书令之职,实无掌军国大政大事,惟制书条注:有谓"赦宥降虏则用之",慰劳制书注,谓"褒赞贤能……则用之"⁽³⁷⁾,则似与军事有关也。但据《中兴会要》引唐故事,"军国大事,则中书舍人各执所见,亲署其名,谓之五花判事,中书侍郎、中书令审之。……上谓侍臣曰,中书机要之司"⁽³⁸⁾,是知《六典》所云,有所本也。令之下有侍郎二人,"掌贰令之职,凡邦国之庶务,朝廷之大政,皆参议焉。凡临轩册命大臣,令为之使,则持册以授之"。《旧唐志》与《六典》此文同,《新唐书》简约其词,《通典》则谓"掌侍从献替,制敕册命,敷奏文表,通判省事"。侍郎之下,有中书舍人六人,"掌侍奉进奏,参议表章,凡诏旨制敕,及玺书册命,皆按典故,起草进画,既下,则署而行之"⁽³⁹⁾。《旧唐志》与《六典》全同,《新唐志》略省文字,而事无增减,《通典》则谓:"专掌诏诰,侍从署敕,宣旨劳问,授纳诉讼,敷奏文表,分判省事。"此中书舍人之职也。其他属员,不及备述。总观三省之组织,将《六典》与两《唐书》约略比较,可知《旧唐志》全录《六典》之文,罕有更易;《新唐志》则撮录其词,略有增添;所增添者,多似本诸《通典》。盖《六典》成于前,《通典》成于后;《六典》之文法《周礼》,不免拘于成式;《通典》述职掌,则文赅而详赡,言唐代典制者,当以此二书为据。前人谓《六典》为未实行之书⁽⁴⁰⁾,而新、旧唐书多宗之,五代及宋初史臣,岂甘以未实行之典制,滥充两《唐书》耶?又《六典》仿佛明清之会典,岂会典未载者为未实行之典制耶?就此两端,可见昔人之疑虑,未免过甚。今乘比较之便,特附数语于此,以示《六典》之非不可引用者,以下之表,则参合上述之资料,择其简要者录之,以明三省之组织及其职掌也。

观此一表,三省职掌,仍不甚明。门下、中书二者,尤混淆不清,约而述之,则统会众务,举绳持目者,尚书省也。侍从献替,规驳非宜者,门下省也。献纳制册,敷扬宣劳者,中书省也。凡朝廷有军国大事,则中书出命,门下封驳,尚书受而行之⁽⁴¹⁾,此其要略也。然则尚书省之权,岂非小于中书、门下乎?顾《唐六典》及新、旧志列三者次序,皆先尚书而后门下、中书,《通典》则先门下、中书而后尚书,此何也?曰,须明三省之沿革,及其职权之变迁,方能了然也。

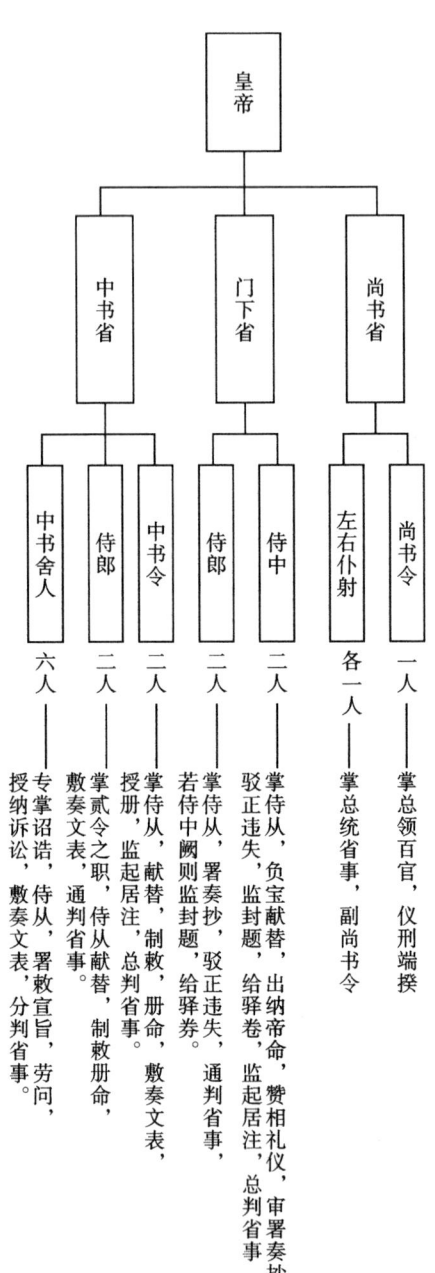

三、三省之沿革及其职权变迁考

初,唐以三省长官侍中、中书、尚书令,共议国政,是为宰相。后以唐武德初,太宗为秦王时[42],尝为尚书令,臣下避让不敢当,即勋业崇高之郭子仪亦让不敢受[43],故自高宗龙朔二年(六六二)[44]制废尚书令,终唐世无为之者,是知三省长官秉政,仅唐初年之制耳。尚书令既废,遂以仆射为尚书省长官,仆射从二品,侍中、中书令正三品,似当以尚书省最先。《六典》法《周礼》为书,欲以六部括天下事,新、旧志皆宗《六典》,故三省皆先列尚书而后门下、中书也。然论其职掌,自废尚书令,侍中、中书令则是真宰相[45],而仆射以权代令,则又当居后,此《通典》之所以先门下而后尚书也[46],但尚书省权柄之衰落,不仅以其无令而致之,细加考察,另有不得亲近人主之原因。据《长安志》及《长安图志》[47],日华门东有门下省,月华门西有中书省,二者皆在禁中,而尚书省在宫城外,故尚书不如两省之亲切,因而权柄降低,亦势使然也[48]。有唐中叶以后,从代宗、宪宗各纪观之[49],皆可见尚书不及中书、门下两省;而在唐初,固不如是也。初以臣下既不敢任尚书令,于是升仆射为尚书省长官,贞观三年(六二九)三月十日太宗尝语仆射,当以洞开耳目,访贤才为弘益,比闻听受词讼日不暇给,安能求贤,尚书细务,宜委两丞,惟冤屈大事,当白奏者,乃关于仆射,亦可知其重视也[50]。故自武德至长安(七〇一)左右仆射并是正宰相,至景云二年(七一一)空除仆射,则不是宰相,遂为故事[51]。然中书令、侍中,以品位既崇,不易驾驭,不轻授人,乃以他官居宰相之职,而假以他名。今观《唐书·宰相表》,有云参议朝政者,如贞观四年二月萧瑀是也;有云参豫朝政者,同年戴胄、侯君集是也;有云参议得失者,十年六月魏征是也;有云参知政事者,十三年十一月刘洎是也;有云专典机密者,十六年正月岑文本是也;有云同掌机务者,十九年二月高士廉是也;有云参知机务者,二十二年正月崔仁师是也;有云参掌机密者,二十三年五月李勣是也;有云同知军国政事者,高宗麟德元年十二月孙处约是也;有云兼知政事者,二年十月刘仁轨是也。有云军国重事宜共平章者,先天元年七月窦怀正是也;有云知军国重事者,开元元年八月刘幽求是也。

此外又有参豫机务，三五日一入中书平章政事等名，合之无虑四十余种。然大抵为人而设，如唐代制科，随事立名，并非官号，无须详记。而同中书门下三品，同中书门下平章事，较为常用焉。平章事者，盖始于贞观八年（六三四）仆射李靖，以疾辞位，诏疾小瘳，三两日一至中书门下"平章事"[52]，平章事之意，史无解释，疑本《尧典》"平章百姓"语，据孙星衍《尚书古今文注疏》，平犹辨治，百姓即百官；此处所谓平章事者，犹言三两日一至中书门下办事也。贞观十七年（六四三）李勣以太子詹事，同中书门下三品，而同三品之名起于此[53]。夫中书令、侍中皆三品，太子詹事亦三品，而必曰同三品者何也？此问钱大昕氏，解析甚明[54]，意即太子詹事与侍中、中书令阶，皆正三品，然惟侍中、中书令为宰相，故云同中书门下三品，以别于他三品也。贞观二十三年（六四九）仆射亦始加同中书门下三品，方为宰相，否则不得与闻政事，则仆射虽居人臣之极地，不过备员而已[55]。开元初，尝改左右仆射为左右丞相[56]。然虽有相之名，却无相之实，由是尚书与中书、门下之崇卑，显然判矣。其资望稍轻者，则有所谓"同中书门下平章事"，高宗永淳元年（六八二）以"黄门侍郎郭待举、兵部侍郎岑长倩、中书侍郎郭正一、吏部侍郎魏元同，并同中书门下同承受进止平章事，上谓参知政事崔知温曰：待举等历任尚浅，且令与闻政事，未可即与卿等同名称，自是称外司四品以下，知政事者，遂以平章为名"[57]，是平章本非真相，惟以处资浅之人。大历二年（七六七）以后，升侍中、中书令为正二品，自后入相者，概云平章事，无同三品之名，终唐之世以至宋元丰（一〇七八）以前，皆沿之未改焉。

初，三省长官议事于门下省之政事堂，其所以须用此堂者，司马光谓："唐以中书出诏令，门下掌封驳，日有争论，纷纭不决，故使两省先于政事堂议定，然后奏闻。"[58] 高宗永淳二年（六八三）七月，裴炎以侍中除中书令，执宰相笔，遂移政事堂于中书省[59]。开元十一年（七二三），中书令张说改政事堂为中书门下，其政事印，即改为中书门下印[60]，颇有两省合一之趋势。政事堂之后设有五房，曰吏房、枢机房、兵房、户房、刑工房，分曹以主众务[61]，是尚书之职，侵占殆尽，然自此时起，唐代三省宰辅之权柄，渐渐旁落；其一即学士侵三省之权，所谓内相者是也。其二即宦官侵三省之权，所谓枢密使者是也。

学士之职，本以文学言语备顾问，出入侍从，因得参谋议，纳谏诤，其礼尤宠。而翰林院者，待诏之所也。唐制乘舆所在，必有文词经学之士，下至卜医技术之流，皆直于别院，以备宴见；而文书诏令[62]，则有中书舍人掌之，谓之内制。百官告词，则学士为之，谓之外制。自高宗"永淳（六八一）以来，天下文章道德，台阁髦彦，无不以文章达，因而中书舍人为文士之极任，朝廷之盛选"[63]，诸官莫能与比。玄宗以诏敕文诰，悉由中书，"或虑当剧而不周，务速而时滞"[64]，于是始选文学之士，入居翰林，号翰林供奉，故李肇《翰林志》曰："唐初有中书舍人，专掌诏诰，虽曰禁省，犹非密切，故温大雅、魏征等，时召草制，未有名号。乾封（六六六—八）以后，始曰北门学士。"[65] 北门学士者，"唐翰林院在银台之北，乾封以后，刘祎之、元万项之徒，时召草制其间"[66]，因以为名。一说元万顷、范履冰等，草诸文词，常于北门候进止，时人谓之北门学士[67]，自此以后，学士之名浸重。元宗又改北门学士为翰林待诏，以张说、陆坚、张九龄等为之，掌四方表疏批答应对[68]，则学士预政，渐始于此。至开元二十六年（七三六），始以翰林供奉改称学士，别建学士院于翰林院之南，俾掌内制，当时礼遇甚隆，亲密特甚，从白居易诗观之[69]，至可与宫妃相往来，成为天子之私人。凡拜免将相，号令征伐，宣麻制敕，皆出于此。于是学士乃掌内制，而中书为外制。凡大拜除，皆出自内制；百官告词，则出自外制。学士乃得侵中书之事，进退人才，机务枢密，人主皆与之议，权任日重，至号为内相[70]。范祖禹《唐鉴》谓："中书、门下出纳王命之司也，故诏敕行焉，明皇始置翰林，而其职始分，既发号令预谋议，则宰相以卜进退轻重系之矣。"[71] 陈埴《木钟集》曰："学士之职，其初本供宴游翰墨，而终至于干预政事，又其甚也，宰相进退，亦出其手，终唐之世，委任失人，而王伾、王叔、李训、郑注之徒，皆得窃国之柄，其弊皆自明皇始。"[72] 自是之后，至德宗、宪宗之时，宰相之权，多为学士所夺。此三省政权之大变迁也。

唐末诸司使，皆内臣领之，枢密使参预朝政，始与宰相分权矣，此三省政权之又一变迁也。至于枢密使之原委，容于下节略考之。

注释

（1）见《太平御览》卷二一二页一引《汉书·百官公卿表》"成帝初置尚书五人"注。今《汉书》通行本无，商务印书馆景印百衲宋版本《汉书》亦无，《汉书》中别处言尚书者，亦未见如淳此注，盖古注几经传钞传刻，不免脱漏也。

（2）《释名》与《辨释名》之说，均见《艺文类聚》卷四八页一引，《御览》（卷页同上）所引并同。又见任大椿辑《辨释名》页五。

（3）《史记》卷六十《三王世家》，为封立三王事，臣下上疏，皆先上尚书，其后尚书转奏未央官，以达于天子。

（4）卷十九上页八下至九。

（5）卷三九页十二，《百官》上。

（6）宋高承《事物纪原》卷五页五，尚书条；清魏崧《壹是纪始》卷七页五尚书始于战国条。

（7）《北堂书钞》卷五七页一下，引《汉旧仪》。

（8）《唐六典》卷九页五注。

（9）《汉官答问》卷三页十下。

（10）《续后汉书》卷二六《百官志》三，尚书令本注。

（11）李林甫等《唐六典》注（卷九页三）。

（12）杜佑之说，见《通典》卷二一页二八下。

（13）马氏之说，见《文献通考》卷四九页十三至十四；陈氏之说，见《汉官答问》页十下至十一；王氏之说，见《汉书补注》卷十九上页九，中书谒者注。

（14）《唐书》卷一八四页二《杨收传》。

（15）《汉书》卷七页一《昭帝纪》。

（16）《唐六典》卷八页三注，《通典》卷二一页十二下至十六。

（17）参《汉官答问》尚书、中书二条。

（18）参《通典》卷二一页四下至七，案言唐宋以前三省之沿革，司马光《乞合两省为一札子》，最为简明，今以词繁不录。文见《文献通考》卷四九页十三至十六，《温国文正公集》卷五五页三至五。

（19）《玉海》卷一二一页七下。

（20）《唐书》卷四六页一《百官志》："初唐因隋制，以三省之长中书令、侍中、尚书令共议国政，此宰相职也。"又卷六十一页一，《宰相表序》："唐因隋制，以三省长官为宰相。"

（21）《通典》卷二一页七，所谓他官参预，即柳述为兵部尚书，参掌机事，又杨素为右仆射，与高颎专掌朝政之类，非三省长官也。

（22）《文献通考》卷四九页十三，又页十五。

（23）《容斋随笔》卷十二页四下至五。

（24）《唐六典》卷一页五下。

（25）《通典》卷二二页四下，页十下。

(26)同上页四下注。

(27)同上。案浙刻九通本,《通典》卷二二页四注,作"旧尚书令有大厅,当省之中,今谓之都堂"。今以《通考》卷五一页二六所引者改正之。

(28)同上页八。

(29)五七页十一下。

(30)《唐六典》卷八页五。

(31)门下侍中,见《旧唐书》卷四三页三一;《新唐书》卷四七页一;《通典》二十页十六下。

(32)《唐会要》卷五四页八下。

(33)卷页均同注引,惟《通典》见页十八。

(34)《唐六典》卷九页三,《通典》卷二十一页三十下,《旧唐书》卷四三页三七下,《唐书》卷四七页二下。

(35)《唐令拾遗》页一。三——一一七引开元二十五年令甚备,与《通典》卷四十及《旧唐志》卷四三所载者,互相比勘,可资校雠。其中书令亦正三品,大历二年令,《旧唐书·代宗纪》(卷十一页十)仅纪侍中、中书令,宜升入正二品,《资治通鉴》及《新唐书》均未载,《通考》《玉海》等书亦失收,盖不可得其详矣。

(36)《唐会要》卷二五页二下,《容斋随笔》卷十二页四下。

(37)同上注三十四,页数微异,相差不远。

(38)见王正功辑《中书典故汇纪》卷二页七下引《中兴会要》,此书今失传。

(39)中书侍郎见《唐六典》卷九页五,《旧唐书》同上页二七下,《唐书》页三,《通典》页三一,案《六典》与两唐书,皆作及"玺书册命",惟《唐令拾遗》无及字,"玺"作"尔",盖校雠之误。

(40)《唐六典》一书,经始于开元十年(七二二),成于开元二十六年(七三八),编纂者有陆坚、张说、徐坚、韦述、张九龄等人,详见《玉海》卷五下页二五下,书成,韦述《集贤记注》云:"二十六年奏草上,诏下有司,百寮贺表,至今在书院,亦不曾行用。"(同上引)据述此言,即《六典》书成,而不以颁用也。唐吕温《代郑相公请删定施行六典开元礼状》亦云:"玄宗承富庶之后,……以论材审官之法,作《大唐六典》三十卷,……祇令宣示中外,星周六纪,未有明诏施行。……然或损益之间,讨论未尽,臣请于常参官内,选学艺优深……者三五人,就集贤院,各尽异同,量加删定。"(卷五页十一)是《六典》先未明诏施行,其后又加以删定,今世传本是否为删定本,日人仁井田陞作《唐令拾遗》,获见宋残本,尚不敢断定(页六五),今不敢臆测。第唐及五代人士,亦有言《六典》施行者:如白居易《新乐府》《道州民》,有"一自阳城来守郡,不进矮奴频诏问。城云臣案《六典》书,任土贡有不贡无,道州水土所生者,只有矮民无矮奴,吾君感悟玺书下,岁贡矮奴宜悉罢。"

(《白氏长庆集》卷三页十四下至十五)是阳城尝援《六典》为奏,岂是行而不用也?《五代史·桑维翰传》:"天福五年九月,诏废翰林学士,按《唐六典》归其职于中书舍人。"(卷二九页三下)则《六典》之书,五代犹遵用之,不知韦述何以言不用也。故晁公武曰:"或以为此书虽成于开元间,而不行于一时,不学之言也。"(《郡斋读书志卷》七页十四下至十五)乃明朱健《古今治平略》,尚谓"《六典》独具文"(卷十五页五九),又谓"太宗且未之能行"(页六四)盖亦失之细考也。实则此书纪唐代官制,并及以前沿革,甚为简赅,王应麟谓:"《六典》本原官因革之详,上及唐虞,以至开元,其文不烦,其实甚备,可谓善于述作者。"(《困学纪闻》卷十四页六)其中所言,皆有所据依非凭空杜撰,尤非起草新宪法。实行与否,不成问题。以故新、旧唐书广事采用,吾人据以考开元以前之制,似无庸置疑者。特因前人有异说,故附著于此。

(41)言三省组织及其职掌最简明者,有明何良后《四友斋丛说》卷七页二至三,此语略参阅。

(42)《旧唐书》卷二页七《太宗纪》,明邓元函《函史》下编卷三页二五,《人官考》,谓"尝为中书令",误。

(43)见《唐六典》及《通典》尚书令注。

(44)《玉海》卷二下页六下,作龙朔二年二月七日,《通典》卷二二页八作龙朔三年,两《唐书·高宗纪》不载,《新书》卷四六页二下,《百官志》,及《唐会要》卷五七页十八均作龙朔二年,《通典》殆为传刻之误。然《三通考订》未及此条也。

(45)《通典》卷二一页七。

(46)参《十七史商榷》八一页十三下,三省先后次序条。

(47)见《长安志》卷六页二,及页七下,《长安图志》卷上页八。

(48)参钱大昕《潜研堂文集》卷十三页二下,答问十。

(49)《新唐书》卷六页八下,《代宗纪》:"大历八年(七七三)九月戊子,诏京官五品以上两省供奉官、郎官、御史言事。"两省供奉官,谓中书舍人、门下侍郎是也。特提两省,可见两省之独尊。《旧唐书》卷四页五下,元和元年(八〇六)"三月,武元丞奏,中书、门下、御史台五品以上官,尚书省四品以上,……除授皆入阁谢,其余官许于宣政南班,拜讫便退。"中书、门下是宰相,御史亦副相,重其职,故五品即须入阁谢,尚书则须四品方入阁谢,观此等级,则知唐时体统,尚书省远不如中书、门下两省,以两省出纳王命,封驳诏敕,特优异其礼。《旧唐书》卷二十上页三《昭宗纪》大顺元年(八九〇)四月,"昭宗以太原于艰难时立典,复大功,心疑其事,下两省、御史台、尚书省四品已上官议"。先提两省而后言尚书,又可见尚书不如中书、门下之高矣。

(50)《唐会要》卷五七页十九下。

(51) 同上页十九。

(52)《唐书》卷四六页一至二。

(53)《通典》卷二一页七下,及《唐书》卷四六页一下。

(54)《廿二史考异》卷四四页三下,及《潜研堂文集》卷三四上《随园先生书》。

(55) 同上《考异》卷五十页十一下。

(56)《唐六典》卷一页五下。

(57)《旧唐书》卷五页八《高宗纪》。

(58)《温国文正公集》卷五五页三下。

(59)《唐书》卷一一七页一《裴炎传》。

(60)《旧唐书》卷九七页六《张说传》,并见《潜研堂文集》卷十三页三,谓:"予家藏后唐升元观牒石刻,有数印,其文曰'中书门下之印',盖宰相印也。"

(61)《唐书》卷四六页一下。

(62) 同上页二。

(63)《通典》卷二一页二三。

(64)《唐会要》卷五七页二。

(65) 李肇《翰林志》页一下。

(66) 叶梦得《石林燕语》卷七页二。

(67)《文献通考》卷五四页一下。

(68) 同注64。

(69)《白氏长庆集》卷十五页一,《渭村退居寄礼部崔侍郎、翰林钱舍人诗一百韵》;《容斋随笔》卷四页六《翰苑亲近条》亦节引之,并略加说明。

(70) 如陆贽仕翰林,为德宗所委信,居艰难中,虽有宰相大小之事,帝必与贽谋之,故当时谓之内相,行止必与之俱,至不可须臾离之。其后陆贽贬官,尤不任宰相,而韦执谊及渠牟辈,皆权倾一时,亲狎特甚。凡所荐引,咸不次迁擢,率皆庸鄙之士,详参范祖禹《唐鉴》卷十五页五至六,又卷十五页十三至十四。

(71) 同上卷十页五。

(72) 陈埴《木钟集》卷十一下页九。

(原载《清华学报》1979年第12期,新12卷第1—2期合刊)

第二章　枢密使与枢密院

一、唐枢密使与宦官之掌握政权

　　唐代枢密使，属于内侍省。名肇于开元，官设于永泰，权重于五代，至宋而组织详密，此其大略也。唐制，内侍省有内史四人，内常侍六人，属官有内给事八人，内谒者监六人，（《新唐书》谓"内谒者监、内给事各十"，证以《通典》《通考》等书殆误）又有谒者十二人，典引十八人，寺伯二人，寺人六人（《新唐书》谓寺伯、寺人各六，又误）。诸司之外，别有五局，局有令丞，皆宦者为之。太宗诏内侍省不立三品官，以内侍为之长，惟守阁门、御廷内、扫除、禀食而已。武后时稍增其人，其后日渐增进[1]，至开元元年（七一三），以高力士为右监门将军，知内侍省事，是后宦官稍增至三千余人，除三品将军者寖多，宦官之盛自此始[2]，宦官之祸亦自此始。十九年王毛仲赐死，自是宦官势益盛，高力士尤为玄宗所宠信，尝曰"力士上直吾寝则安"，故力士多留禁中，稀在外第，四方表奏，皆先呈力士，然后奏御，事小力士即决之，势倾内外[3]。由是天宝中（七四二—七五五）宫嫔大率至四万，宦官多至四千余人，衣朱紫授三品官者亦至千余人[4]；乃掌握权势，鱼肉百姓，此内侍省之要略也。

　　当唐开元十二年（七二四）张说为相之时，改政事堂为中书门下，列五房于其后，中有枢密房以主曹务，此则已述于前矣。其时枢密之任，宰相主之，未始他付；且仅有枢密房之名，而未有其官；稍后枢密使之名，盖由此嬗变而来也。代宗永泰元年（七六五）[5]置内枢密使，以宦者为之，此枢密使设官之始也。其初以董廷秀为之，元和则命刘光琦，长庆则命王守澄[6]。不置司局，不立僚属，但有书三楹，贮文书而已。其职掌"惟承受表奏，于内进呈，若人主有所处分，则宣付中书门下施行，仅有其官尔，未重其权也。自董廷秀初任枢密使后，迨至僖、昭（八七四—八八九）之间，杨复恭、西门季元欲夺宰相之权，建置条目，乃于堂状贴黄,指挥公事,此其分权之始"[7]。由此以观,唐代枢密使之权,尚不甚显赫,马端临氏加以按语,较为明悉矣。其词曰:

> 按枢密之名,始于唐代宗宠任宦者,故置内枢密使,使之掌机密文书,如汉之中书、谒者令是也。若内中处分,则令内枢密使宣付中书门下施行,则其权任已侔宰相。至僖、昭间,杨复恭、西门季元之徒,遂至于视事行文书矣。昭宗天复元年(九〇一)既诛刘季述,乃敕近年宰相延英奏事,枢密院侍侧,争论纷然,既出又称上旨未允,复有改易,挠权乱政,自今并依大中旧制,俟宰相奏事,方得升殿,承受公事,盖当时所谓枢密使者专横如此。[8]

然读两《唐书·宦官传》及范祖禹《唐鉴》,唐代宦官之专横,尚不止于此,而其所以专横者,亦自有其专横之原因。要而论之,即宦官握财政之权一也,握军事之权二也,至于处亲近之位,更显而易晓,不待言也。何以能握财政之权?盖自开元承平,租赋庸调之法久废,天宝乱离之后,京师豪将,求取无厌,第五琦不能禁,于是一反旧制,将天下财赋,不入左藏库,而入大盈旧库,自是天下公赋,为人君私藏,尚书比部不能覆出纳,大府不能以数闻,而宦官"以冗名持簿者三百人,奉给其间,根柢连给,不可动及"[9]。是在内已居财政之中心,若出使于外,则又尽搜括之能事。观《高力士传》,是时中人出使,或修功德,市鸟兽,使还所获,动巨万计,京师甲第名园,良田美产,占者什六七[10]。代宗宠宦者,至纵之受贿,"出使所历,州县移文取货,与赋税同,皆重载而归"。若搜括过少,即为不悦[11]。盖人主借宦官之削朘以供其挥霍,而宦者乃握守财取财之权矣。其所以能握军事之权者,因德宗惩泾师之变,禁军仓卒不及征集,还京后,不欲以武臣典禁兵,乃于贞元十二年(七九六)六月六日置左右神策、威远等禁军,命中官掌之,每军置中尉一人,宦者为之。禁军之贵,非他军比,是以兵柄下迁,政在宦人,举手伸缩,便有轻重[12]。肃宗乾元元年(七五八)九月,"命郭子仪等九节度讨安庆绪,帝以子仪、光弼皆元勋,难相统属,故不置元帅,但以宦官鱼朝恩为观军容宣慰置使,观军容之名自此始"[13]。观军容使者,即中尉将兵于外者也。而天下监军节度使,皆内官一人监之,诸司诸使,亦多以中人主之[14]。自是财政军事两大权,皆在其掌握,因而朝臣之与夺,以至天子之废置,亦在其掌握。如鱼朝恩忌郭子仪功高,谮罢其兵柄[15];

程元振以尝有请托于襄阳节度使来瑱未遂,诬瑱之罪,竟伏诛;李光弼遂不敢入朝,又潜裴冕罢相,贬施州,以致方镇解体,吐蕃入寇,代宗仓皇出奔,征诸道兵马,无一至者[16]。其后人主废置,亦由宦官,《唐书·僖宗纪赞》,谓"自穆宗以来八世,而为宦官所立者七君"[17],宰相皆不得与知,宪、敬二帝至为陈宏志、刘克明所弑,昭宗又为刘季述所幽,宦官之祸,至斯极矣,蔑有加矣。此类史实,赵翼《廿二史札记》[18],摘述颇详,可供参考。至昭宗天复三年(九〇三),大惩其弊,始收中官第五可范以下七百余人于内侍省,同日诛之,诸道监军使,亦令剿戮,炎炎之势,因斯以息,而唐祚亦不旋踵而亡[19]。综观枢密使握政权,观军容使握军柄,其他宦官掌财政,则中央政本,悉入宦寺之手,三省宰辅之职一转于学士,再转于中官,代宗、肃宗以后,盖仅仰承鼻息,形同傀儡矣。

二、五代枢密院与军权之高于政权

五代惩唐宦官之祸,于是以士人代阉竖,改枢密院为崇政院,特命敬翔为使,备顾问参谋议于中,未能专事于外,后唐之时,复名枢密院,往往以宰臣兼之。唐用郭崇韬,晋用桑维翰,周用范质、王溥,皆天子腹心之臣,得议军国大事,其权与宰相等矣[20]。

梁太祖开平元年(九〇七)五月,改枢密院为崇政,始命敬翔为院使,仍置判官一人,自后改置副使一人[21]。敬翔者,少好学,工书檄,乾符(八七四—八七九)中,举进士未中,后获识朱温,从征三十余年,共历艰险;及即帝位,以唐枢密院用宦者,乃改为崇政院,任翔为使[22];此则非宦官而为士人矣。"开平二年十一月,置崇政院直学士二员,选有政术文学为之,其后又改为直崇政殿。后唐同光元年(九二三)十月,崇政院依旧为枢密院,命宰臣郭崇韬为枢密使,亦置院使一人。"崇韬为军人,是枢密又由士人而转入军人之手矣。晋天复四年(九三九),以枢密副使张从恩为宣徽使,权废枢密院;其所以权废者,据徐守惇《南窗记谈录》,以郭崇韬为使,与中书抗衡,晋高祖即位,恶其专权,是以废之[23]。至开运元年(九四四)依旧置枢密院,以桑维翰兼院使。周显德六年(九五〇)六月,命司徒平章事范质、礼部尚书平章事王溥,并参加枢密院事,此五代枢密使之变迁也。

至其职掌,则以文献不足,难以详征,今从列传中加以勾稽,以示大概。当敬翔为枢密使时,李振继之。凡承上之旨,宣之宰相而奉行之。宰相有未见,而事当上决者,则因崇政使以闻,得旨则复宣而出之。梁之崇政使,乃唐枢密使之职,盖出纳之任也。时止参谋议于中,尚未专行事于外,至后唐郭崇韬、安重诲等为使,枢密之任,重于宰相,宰相自此失职[24]。当崇韬为使时,自恃军功,以天下为己意,宰相豆卢革、韦说等,皆倾附之。以崇韬父讳弘,革等遂改弘文馆为崇文馆。重诲为使时,亦以佐命功臣,处机密之任,事无大小,皆以参决,其势倾动天下。尝过御史台门,殿直马延误冲其前导,重诲怒,即台门斩延而后奏。由是御史谏官,无敢言者。是时四方奏事,皆先白重诲,然后闻于天子,宰相任圜判三司,以其职事与重诲争,圜怒辞退,会朱守殷反,重诲即诬圜通谋,遣人杀之而后白[25]。桑维翰为使时,事无巨细,一以委之,复置学士,而悉用亲旧为之,维翰权势既盛,四方赂遗,岁积巨万[26]。郭威为使时,权势甚盛,中书每有除授,多为所抑,永兴河中三镇反,率兵讨之,路归洛阳时,王守恩为留守,以使相肩舆郊迎,威怒之,即命白文珂代守恩之职,守恩方在郊外客次待见,而吏已驰报,新留守视事于府矣[27]。可见当时枢密之权,等于人主,不待诏敕,而可以易置大臣。五代军人之专政,亦可想见矣。是故当时诸帝,如唐明宗李嗣源、唐废帝从珂、周太祖郭威,皆军人拥立者也[28]。枢密使之中,如敬翔、桑维翰、王溥等,虽为文臣,其下又有直学士端明殿学士;然其权柄或不如武人之嚣张,如敬翔、桑维翰是也;或以武人不知书,而置学士以助之,如冯道、赵凤是也[29]。而学士之职,亦仅备顾问而已。在唐之时,同三品或同平章事,方为宰相,五代则必兼枢密者,方有相权,如豆卢革辈,但有相名耳。外而诸镇节度使,亦皆勋臣武将为之,赵翼谓遍检薛、欧二史,文臣为节度者,惟冯道等三人[30]。洪迈谓:"枢密使之名起于唐,以宦者为之……五代始以士大夫居其职,遂与宰相等。"[31] 司马光则谓五代枢密使"皆天子腹心之臣,日与议军国大事,其权重于宰相"[32]。王鸣盛所谓:"自是遂夺宰相权,而宰相反拥虚名矣。"[33] 盖此期中央政本,皆在军人掌握,军权高于政权,枢密使重于宰相,故谓五代为军人专政之期,亦无不可。宋代武事以枢密任之,文事以宰相任之,二者分治国政，号称二府，渊源所自，盖在此也。

注释

（1）内侍省见《唐六典》卷十二页十二下，《通典》二七页三下，《旧唐书》四四页九下，《新唐书》四七页六下，《唐会要》六五页十下，《文献通考》五七页二六下，然以两《唐书·宦官传》为最详。

（2）《唐鉴》卷八页二下。

（3）同上卷九页三下。

（4）唐制，三品以上衣紫，五品以上衣绯，《旧唐书》卷一八四，《新唐书》二〇七《宦官传序》，有所谓朱紫千余人，盖指宦官拜三品官者有千余人也。关于唐官服色，《廿二史考异》卷五四页十下《郑絪传》，及《十驾斋养新录》卷十页四下至五唐人服色视散官条，俱考证颇详，可供参阅。

（5）按《文献通考》卷五八页一列于永泰中，《册府元龟》卷六六五页八作"永泰二年始以中人掌枢密事"。《资治通鉴》卷二二四页五下，作永泰元年十二月，宦官董秀掌枢密，胡三省注云："是后遂以中官为枢密使。"考此事两《唐书·纪》不载，董秀无传，不敢十分断定为永泰元年，盖《通鉴》体例，凡事难定月日者，皆列于是年之后，谓之永泰二年亦无不可，马氏列于永泰中，乃折中含糊之法，然《册府元龟》成于前，《资治通鉴》成于后，司马光不列于二年而列于元年，而又无考异，当较为确定，今从之。

（6）《文献通考》卷五八页一。

（7）宋林駉《新笺决科古今源流至论续集》卷五页十四至十五。

（8）《通考》同上页四。

（9）参《唐书》卷一四五页五至六《杨炎传》。唐制，天下财赋，悉入左藏库，而太府四时以数闻，尚书、比部稽出纳，举出干欺，自第五琦改入大盈内库，而昔日之良规荡然矣。

（10）《旧唐书》卷一八四页二下。

（11）《唐鉴》卷十二页九至十。

（12）《旧唐·志》卷四四页九下《职官志》内侍员下注，秦蕙田《五礼通考》卷二百十八页十下至十一，《唐会要》卷六五页十一。

（13）《唐鉴》卷十一页九下。

（14）如宣徽使、阁门使、飞龙使、内坊使、内弓箭使、鸿胪礼宾等使，内教坊使、五方使、学士使、粮料院、馆驿使等之比，见《册府元龟》卷六六五页九。

（15）《旧唐书》卷八四页五《鱼朝恩》传。

（16）《唐书》卷二〇七页四至五《程元振传》。

(17)《唐书》卷九页八下。

(18) 赵翼《廿二史札记》卷二十页一至六《唐代宦官之祸》，与《中官出使及监军之弊》二条。

(19)《唐会要》卷六五页十二至十三。

(20) 参《新笺决科古今源流至论续集》卷五页十五

(21)《旧五代史》卷一四九页六，《五代会要》卷二四页一。

(22)《五代史》卷二十一《敬翔传》。

(23) 见朱礼《汉唐事笺前集》卷一页一下注，引徐守惇《南窗纪谈录》，今通行本《南窗纪谈》，四库谓不知撰人，其中有"叶石林问于徐惇齐曰"一段，盖与朱礼所引者，或为一书。然此段上称惇齐，下称惇济（守山阁丛书本），必有一字讹误。且又无此条，据《四库提要》卷一四一页三下，袁文《甕牖闲评》引卫大夫条，此本亦不载，则今世传本，非完璧矣。其余本文所参考者同上注(21)，附此说明。

(24)《五代史》卷二四页六《郭崇韬传赞》。

(25) 同上本传，摘录数事，以见其专横而已，远非详尽也。

(26)《五代史》卷二九页一《桑维翰传》。

(27) 参《旧五代史》卷一○一页三《隐帝纪》上及一二五页二《王守恩传注》。

(28) 详参《廿二史札记》卷二十一页十五下《五代诸帝多由军士拥立》条。

(29)《石林燕语》卷二页十一下，"直学士，至明宗时，安重海为枢密使，明宗既不知书，而重海又武人，故孔循始议置端明殿学士二人，专备顾问，以冯道、赵凤为之，班翰林学士上，盖枢密院职事官也。"

(30)《廿二史札记》卷二二页三至四《五代藩郡皆用武人》条。

(31)《容斋三笔》卷四页二。

(32)《司马温国文正公集》卷五五页四。

(33)《十七史商榷》卷九五页三下《郭崇韬、安重海皆枢密兼节度》条。

第三章 宋之两府

一、宰相之功名及其职权变迁考

宋承唐、五代之制,置中书政事堂,与枢密院对掌文武大政,号为两府。两府地位,宰相较高;然变迁频繁,不易明悉。其初以三省合一,止以同平章事为宰相,无常员,有二人则分日知印,以丞郎以上至三师为之。久之,他官得同平章事者,乃常为二三人,分任三馆,曰昭文馆大学士,曰监修国史,曰集贤殿大学士[1]。又非此不得为真宰相矣。下宰相一等者,有所谓参知政事,佐宰相,毗大政,参庶务。其除授不宣制,不押班,不知印,不预奏事,敕尾署衔而已[2]。盖即所谓副相,或称执政。宰相与参政常共为五员,所谓两相三参,三相两参是也。其所以设参知政事者,非仅为宰相事繁,须人佐理;乃恐宰相专权,特设副贰,以分其权也。《古今合璧事类备要》引《宋会要》曰:"乾德二年(九六四)太祖已相赵普,畏其专,将择官以为副,而难其名称,召陶谷问曰:'下丞相一等有何官?'对曰:唐有参知政事,参知机务,今可用之。遂命薛居正、吕余庆为参知政事。"[3] 然陶谷述唐制,不免谬误。盖唐制参知政事即宰相,其初平章事方下宰相一等。观唐高宗永淳元年(六八二),以郭待举等历任尚浅,谓参知政事崔知温曰:"且令与闻政事,未可即与卿等同名称。于是以待举等为同中书门下同承受进止平章事。是平章事方可谓下宰相参知政事一等也。"故宋儒亦谓"谷乃以参政下宰相一等,失之远矣"[4],然其后因循不改。开宝六年(九七三)诏参政薛居正等于都堂与宰相同议公事。又诏中书门下押班知印,宜令与薛居正同知。太宗雍熙四年(九八七)御史言文德殿常朝,百官皆有砖位,唯参知政事未有,诏令依位排切。至道元年(九九五)诏参政与宰相分日知印,并得升都堂。二年诏复如旧制[5]。惟押敕齐衔,地位稍稍增高。而其职责,则终为宰相之副,与清之协办大学士,今之"副院长"相仿佛。先是三省之制,承唐中叶以后故事,三省长官皆不预朝政,名存实亡。至神宗改官制，罢平章事参知政事不设，而设中书、门下、尚书三省，如唐初制。三省置侍中、中书、尚书令，亦以官高不除人。而以尚书令之贰左右仆射为宰相，是宋代宰相之名，由平章事而变为仆射矣。唯左仆射兼门下侍郎，以行侍中之职；右仆射兼中书侍郎，以行中书令之职。复置中书、门下侍郎，尚书左、右丞，以代参知政事[6]。又与唐制稍为变异。因而尚书省之规模，甚为弘伟。据宋庞元英《文昌杂录》，元丰五年（一〇八二）始命皇城使建尚书新省，在大内之西……凡三千一百余间，都省在前……中曰令厅……东曰左仆射厅……次左丞厅……西曰右仆射厅……次右丞厅……其后分列六曹……华丽壮观，国朝官府，未有如此之比也[7]。

而三省职掌，亦于是年厘定。简约述之，即以中书省取旨，门下省覆奏，尚书省施行。所谓"中书揆而议之，门下审而复之，尚书承而行之"者是也[8]。若求其详，具见《宋史》[9]，兹不缕述。三省职权，仍以中书为重。盖中书取旨，易于亲近人主，而门下、尚书之为首长者，不复与朝廷议论[10]，此一因也。当神宗元丰五年（一〇八二）改官制之时，王珪为左仆射，蔡确为右仆射，蔡确畏王珪在位日久，欲夺其权，乃密奏"三省长官位高，恐不须设，……上以为然。"于是珪以左仆射兼门下侍郎行侍中之职，确以右仆射兼中书侍郎行中书令之职，独专政柄，管理机务，行旨奏事，百官进退，珪皆不得与闻[11]。马端临评确"便其专政之私，而不复顾体统"，名称不顺[12]。此以蔡确阴谋，而致中书独重，其二因也。元丰定制，"宣于中书，奉于门下，至尚书行之则尽矣"[13]。故其制度，亦使参预机密者，止中书一省，政柄尽归其掌握，此又积习使然也。自元丰新制颁行以来，中书事繁，令多留滞，神宗语辅臣，颇悔改官制，蔡确等虑其罢除，乃力陈新官制置禄，比旧月省俸钱三万余贯，上意遽止[14]。迄哲宗元祐元年（一〇八六）蔡确罢相，司马光、吕公著相继柄国，乃请三省合班奏事，分省治事，以明同心共政之义。词见《乞合两省为一札子》[15]。自绍兴以后皆因之。政和中（一一一一——一一一七）蔡京以太师总领三省，号公相。乃废尚书令，改侍中、中书令为左辅右弼，亦虚而不除。改左右仆射为太宰少宰。是宋代宰辅之名称，又由左右仆射而改为太宰少宰矣。至靖康中（一一二六），复为左右仆射[16]。高宗建炎三年（一一二九），右仆射吕颐浩言："……被旨参详，元祐司马光建请并省奏状，臣等参酌，欲尚书左右仆射并为同中书门下平章事，门下中书侍郎并为参知政事，左右丞并罢。"[17] 从之。是又三省复一矣。乾道八年（一一七二），诏尚书左右仆射，可依汉制改作左右丞相，删去待中、中书、尚书令，以左右仆射为正二品。其定制之详，见于《文献通考》[18]。而其改制之经过原委，则见于周必大《玉堂杂记》[19]。时必大为礼部侍郎权直学士院，会议改革，皆当与闻，故能详记之，足供参考。自是定制，终宋之世，不复更改。然宰相官名，已前后五变：同平章事一也，左右仆射二也，太宰少宰三也，复为左右仆射四也，左右丞相五也。副相亦两变，由参政改左右丞一也，由左右丞复为参政二也。

此外丞相异名，有所谓平章军国事，或称同平章军国事，或平章军国重事诸衔，皆特置之名，用以优礼耆旧也。元祐中（一〇八六—一〇九三）以文彦博太师，吕公著守司空相继为之，序宰丞上。五日或两日一朝，遇军国大事，不以时入参决，故名平章军国重事。其后蔡京王黼，袭其号自尊，开禧元年（一〇二五），韩侂胄专纵，始以平章军国事名官。其所以不称军国重事者，因省重字，则其所与者广，不称同平章者，因去同字，则其所与者专。其后边事起，尚书省印，亦纳于其第，宰相仅比参知政事，不复知印[20]。度宗咸淳元年（一二六五）[21]贾似道专权，窃位日久，尊宠日隆，位皆在丞相上。故南宋相权极重，此宰辅事权轻重制度沿革之由也。

二、枢密院之组织及其职权变迁考

宰相之制，已述于前。宰相主文，枢密主武，其官司位置，枢密院在中书之西[22]，印有东院西院之文，而共为一院，但行东院文，故又称东西二府。东府即中书，西府即枢密院。枢密院有枢密使，有枢密副使，或为知院事，同知院事；又有签书院事，同签书院事，皆为执政。然此数名非一时并用：若其长为使，则其贰为副使；其长为知院，则其贰为同知院。如柴禹锡知院，向敏中同知；及曹彬为使，则敏中改副使；……王继恩为使，乃改签书院事，而恩例同副使[23]。是知枢密使，知院事，签书院事，皆枢密长官之异称；枢密副使，同知院事，同签书院事，则副长官之异称也。初,数名不并用,神宗熙宁元年(一〇六八),方有使有副使,而又有知院事[24],是同时立两长官矣。此种原因,宋史谓陈升之三至枢府,神宗欲异其礼,乃以为知院事;然细加考覈,升之止两入枢府,未曾三入;而其所以有使与知院事两长官者,神宗固欲异其礼;王安石之意,并欲以阻彦博也[25]。自此以后,知院与使副并置矣。其副使之名,始于太祖建隆元年(九六〇),时以魏仁浦、吴延祚为枢密使,赵普为副使。签书之名,始于太宗太平兴国四年(九七九),时以石熙载为枢密直学士,以签书院事直学士六人备顾问应对,然未尝尽除。同知院事之名,始于淳化三年(九九二),时以张逊知院事,温仲舒、寇准同知院事。同签书院事之名,始于英宗治平三年(一〇六六),以郭逵同签书院事[26]。此枢密院各官任用之始也。

枢密院旧分四房:曰兵,曰吏,曰户,曰礼。至神宗时,加以厘正,分为十房;其后又增支马、小吏二房,共十有二房。曰北面房、曰河西房,曰支差房,曰在京房,曰教阅房,曰广西房,曰兵籍房,曰民兵房,曰吏房,曰知杂房,曰支马房,曰小吏房,分掌各路兵马吏卒及捕盗赏罚除授之事。盖凡关于军事者,皆枢密院所掌也。每房有副承旨,主事,以及守阙主事各若干人,兹不备述[27]。

枢密院之职,简言之则曰主兵;详述之,则为掌军国机务兵防备边戎马之政令,出纳密命[28],典掌万机[29],专主谋议[30]。凡侍卫诸班直,内外禁兵,招募阅试,迁补屯戍赏罚之事皆掌之[31]。然其实际职权之行使,不免超越范围。如真宗景德四年(一〇〇七)中书命秘书丞杨士元通判凤翔府,而枢密院命之掌内香药库,是枢密院得以预除授之事也。又是年命宰臣王旦监修两朝正史,知枢密王钦若、陈尧叟,参知政事赵安仁,并修国史,是枢密可以预文史之事也[32]。因而两职掌,不免冲突,如真宗景德元年(一〇〇四),每得边奏,必先送中书,谓毕士安、寇准曰:"军旅之事,虽属枢密院,然中书统文武大政,卿等当详阅边奏,共参利害,勿以事干枢密院,而有所隐。"[33] 庆历二年(一〇四二),二边用兵,令中书同议枢密院事,吕夷简曰:"恐枢密院谓臣夺权";五年,以边事宁,罢枢密使,滕达道为御史中丞上言:"中书密院,议边事多不合,赵明与西人战,中书赏功,而密院降约束。郭逵修保栅,密院方诘之,而中书已下褒诏……战守大事……中书欲战,密院欲守,何以令天下。"[34] 是宋代两府之对立，有若日本军部与内阁之形式势矣。

然则宋代何为而立此制，其实行效果如何？两府对立，其防弊之法如何？两府职权又如何？文驾于武上，抑武驾于文上，此皆研究官制者所当注意者也。考之宋代载籍，其所以立此制者，沿五代旧制之余，复欲以中书枢密，分班奏事，使两不相知，人主赖此，以闻异同，用分宰相之权也[35]。又欲使中书枢密，互相扞制，以便国家大政，不由一司独握。因而便于统治，利于专制，易于驾驭也。自宋初以降，皆以中书掌文事，参政佐之；枢密掌武事，副使佐之。百司长官及监司长吏，皆得专达，或奏朝廷，或申中书，事大则进呈取旨，除授宣命；而小则批状直下本路本州，故文书简径无滞。百有余年，官司相承，中外安帖[36]。因此之故，庆历之时，张方平言枢密院起于后唐，权宜之制，请罢并其事于中书，仁宗不纳。迄至元丰改官制，议臣欲废枢密院归兵部，而神宗不之废[37]。皆因有其存在之利也。然以何法而使其不冲突，曰此无他，以文统武而已。惟施用极为得宜耳。当宋代初年，从《宋宰辅编年录》观之，凡任枢密者，多为太祖、太宗腹心之臣，虽曾效劳前朝，而反因此以收拾人心。如魏仁浦、赵普、李崇矩、曹彬[38]等均是也。太宗太平兴国六年（九八一）以户部尚书石熙载充枢密使，文官充使，首基于此。真宗祥符五年（一〇一二）以王钦若为枢密使，儒臣充使，始于钦若。仁宗庆历二年（一〇四二），二边用兵，始以宰相兼领枢密使，令中书省同议枢密院事。及元丰官制行，欲各主其名，遂不复兼，乃诏厘其事，大事与密院同议进呈画旨，称"三省枢密院同奉圣旨"，小事枢密院独取旨专行。至涉边事而聚议，则谓之"开南厅"[39]。而中书细务，亦分隶六曹，专以兵机军政为职，事权稍抑。建炎初，置御营使，本以车驾行幸，总齐军中之政，而以宰相兼领之，故遂专兵柄，枢密院几无所干预[40]。高宗建炎四年（一一三〇），吕元直既罢政，遂废御营司，而宰相复兼知枢密院事，自范宗尹始。由庆历二年（一〇四二）至建炎四年（一一三〇），宰相不兼枢密者，已八十八年矣。绍兴七年（一一三七），诏枢密本兵之地，事权宜重。又诏立班序，依宰相例，仍以宰相张浚兼之。其后或兼或否，至理宗开禧（一二五九），以宰臣兼使，遂为永制[41]。观宋一代枢密之制，多以宰臣兼使，儒将治军，且名贤辈出[42]，国祚绵延，鉴古观今，未始不可以资治。然宋代文弱之习，亦宜深加鉴格，不可矫枉过正也。

又宋沿五代之制，置三司使，管理国家财政，号曰计省。虽其恩数廪禄，与参知政事及枢密使相同，然元丰改制，即罢三司使，归并户部。今在中央柄政官之章，暂不详述。所当注意者，即宋初制度，以中书主民，枢密主兵，三司理财。三权鼎立，各不相知，惟君主一人得以统摄。其专制之方，较唐进步。盖宋代官制，对地方则力主中央集权，而在中央则力主分权，此为宋代官制之特点，亦为宋代官制之核心，必明乎此，而后能读史志也。

注释

（1）如宋初范质为昭文殿大学士，王溥监修国史，魏仁浦集贤学士，是为三相之例。见《文献通考》卷四九页十一。案其后景德中，上欲优宠王钦若，乃特置资政殿学士以处之，资政殿有大学士自钦若始。（见吴处厚《青箱杂记》卷三页一下）皇佑初，丁文简罢参知政事，又有观文殿大学士，后授此职者，必资望极隆，曾任宰相者，方得除授。（《石林燕语》卷二页七）虽当时不以为职事官，与三省无涉，而明代阁臣之为大学士，其名称实本于此。今特著其略，以明权舆所自。

（2）同上《通考》。

（3）《古今合璧事类备要》卷十五页一引《宋会要》。

（4）王辟之《渑水燕谈录》卷五页三。案此语据《合璧事类》，为王尧叟所言。

（5）宋江少虞《皇朝类苑》卷二六页十一下，宰相押班知印条。

（6）参《宋史》卷一六一页一及页三下《职官志》，《玉海》卷一二〇页十一曰："中书门下，初在朝堂西，榜曰中书，为宰相治事之所。又有中书门下省者，存其名，列皇城外。中书省但掌册文，覆奏考帐；门下省主乘舆八宝朝会位版，流外考校而已。中书令、侍中不任职。官制行，悉厘正之，乃废中书、门下省之在皇城外者，并朝堂之西中书堂为门下、中书两省，以左右仆射兼门下、中书侍郎，又以两侍郎副之。两者参阅，益可明悉。"

（7）宋庞元英《文昌杂录》卷三页八下，又卷二页一曰："尚书省凡六曹二十四司，除告身帐目外，一百六十八案。吏额一千四十三人，总五月六月文书一十二万三千五百余件，天下之事，莫不上于尚书，宜其多之如此也。"宋代尚书省之庞大，可想见矣。

（8）彭百川《太平治迹统类》卷十页一丞相条。

（9）宋代三省之制，门下省有侍中侍郎各一人，侍中掌佐天子，议大政，审中外出纳之事。侍郎掌贰侍中之职。中书省令侍郎各一人，舍人四人。令掌佐天子议大政，授所行命令而宣之，侍郎掌贰令之职，参议大政，舍人掌行命令为制词。尚书省尚书令左右仆射左右丞各一人。令掌佐天子议大政，奉所出命令而行之。其属有六曹，凡庶务皆会而决之，凡官府之纪纲程式，无不总焉。大事三省通议，则同执政官合班；小事尚书省独议，则同仆射丞分班轮奏。若事由中书门下而有失当应奏者亦如之。左右仆射，掌佐天子，议大政，贰令之职，与三省长官皆为宰相之任，左丞右丞，掌参议大政，通治省事，以贰令仆射之职。——详参《宋史》卷一六一页四下至十《职官志》。

（10）《文献通考》卷四九页十二。

（11）参徐自明《宋宰辅编年录》卷七页四一下，四二下至四四。

（12）《文献通考》卷五十页十六。

（13）同上注十二页四二下。

（14）同上页四三。

（15）其词略曰："神宗皇帝以唐自中叶以后，官职繁冗，名器紊乱，欲革而正之，诚为正当。但当据今日之事实，考前世之讹谬。……不必一依唐之《六典》，分中书为三省，令中书取旨，门下覆省，尚书施行。凡内降文书及诸处所上奏状，至门下中省者，大率皆送尚书省，尚书省下六曹，六曹付诸案勘当检寻文书，会问事节，近则寺监，远则州县，一切齐足，然后相度事理，定夺归著，申尚书省。尚书省送中书取旨，中书归得旨送门下省覆奏画可，然后翻录下尚书省，尚书省复下六曹，方得符下诸处。以此文字繁冗，行遣迂回，近者逾月，远者逾年，未能结。或四方急奏待报，或吏民词讼求决，皆困于留滞。……臣等今众共商量，欲乞依旧，令中书门下通共职业，以都堂为政事堂，每有议事差除，及台谏官章奏，已有圣旨三省同进呈外，其余并令中书门下官同商议，签书施行。"《温国文正公集》卷五五页四—五。

（16）宋李心传《建炎以来朝野杂记》甲集卷十页一下。

（17）宋李心传《建炎以来系年要录》卷二二页十二。

（18）《文献通考》卷四九页十二下至十三。

（19）宋周必大《玉堂杂记》卷中页一。

（20）参《宋史》一六一页三至四，及《建炎以来朝野杂记》乙集卷十三页一平章军国事条。案此条似为《宋史》所本。

（21）同上卷六二页二《□宗纪》。

（22）《文献通考》卷五八页二谓枢密院在中书之北，则止能称南北院，何能称东西院？继观宋谢维新《古今合璧事类》卷十六页三引《续会要》云："国初循唐制，即中书之北置枢密院，元丰改制，遂变于中书西置。"如是称东西二府，方向始符。《宋史·职官志》沿马氏之误，亦未改正也。

（23）《容斋三笔》卷五页六。

(24) 时文彦博、吕公弼为枢密使，韩维、邵元为副使，而陈升之又为知院事。见《宋史》卷一六二页二《职官志》。

(25) 同上。按陈升之自英宗治平二年（一〇六四）五月除枢密副使，四年九月罢。熙宁元年（一〇六八）七月，再为知枢密事。是止两入枢密，未曾三入。（见宋徐自明《宋宰辅编年录》卷六页三下，及页十二）故洪迈曰："王安石以升之曾再入枢府，遂除知院……安石之意，以沮彦博耳。"（见《容斋三笔》卷五页六下）。

(26) 见《古今源流至论续集》卷五页十五引《会要》。惟同签书院之始，《宋会要》列于治平中，今见《宋宰辅编年录》卷七页十，列在治平三年，故从之。

(27) 详见《宋史》卷一六二页一《职官志》。

(28) 同上。

(29) 元富大用《事文类聚·新集》卷十七页十二引《宋会要》曰："太平兴国八年，王显充枢密使，上召谓曰：'卿代非儒门必寡学问，今在朕左右，典掌万机，固无暇博宽［览］群书'云云。"

(30) 《古今合璧事类》卷十六页十二。

(31) 同注（27）。

(32) 《文献通考》卷五八页五下。

(33) 《资治通鉴长编》卷五六页十五。

(34) 宋王明清《挥麈后录》卷一页二九下。

(35) 同上。

(36) 参《古今源流至论》卷五页十六及《司马光文集》卷五五页四。

(37) 同上。

(38) 参《宋宰辅编年录》卷一—二。

(39) 同上卷二页二。

(40) 《挥麈后录》卷二页三十至三二。

(41) 《宋史》卷一六二页二下。

(42) 如范仲淹、司马光、欧阳修等，皆曾任枢密使或枢密副使。详见《古今源流至论》卷五页十五至十六，及《合璧事类·后集》卷六页七至十四。按此二编，虽为类书，然皆宋人记当代事，引书多不传，可作原料用。又《合璧事类》言官制者，较《宋史·职官志》详明，附志于此。

第四章　辽金元之一省制度

一、辽之中央官制考

辽之官制，以文献不足，一鳞半爪，久已不详矣。据《辽史·百官志》，知其中央官，大抵分南北二面。其区分之意，宋叶隆礼《契丹国志》谓："以其在牙帐之北，谓之北面；牙帐之南，谓之南面[1]，说恐未尽。盖契丹官制，以所掌事宜为区别，其曰'北面''南面'，或者含有分别南人北人之意义。辽志谓：'北面治宫帐部族之政，南面治汉人州县租赋军马之事。'"[2] 所谓"因俗而治"者是也。

北面柄政官，有北枢密院，有南枢密院；有北宰相府，有南宰相府；有北大王院，有南大王院。其北枢密院，掌兵机武铨群牧之政，凡契丹人民皆属焉。其组织有北院枢密使，知北院枢密使事，知枢密院事，北院枢密事副使，知北院枢密副使事，同知北院枢密使事，签书北院枢密事等名。南枢密院，掌文铨部族丁赋之政，凡契丹人民皆属焉。有南院枢密使，知南院枢密使事，知南院枢密事等名。皆如北院之制。北宰相府，掌佐理军国之大政，有北府左宰相，北府右宰相，总知军国事，知国事四衔。南宰相府，职掌官司均同，惟任职人不同。辽志谓"北宰相府，皇族世帐，世预其选；南宰相府，国舅五帐，世预其选。"[3] 所谓"皇族"，即耶律氏；所谓"国舅"，即阿保机后之族姓萧氏也[4]。辽北南府宰相，掌佐理军国大政；《历代职官表》，谓于事无所不统，盖亦如尚书令之总领六部[5]。然则重要官司，皆皇亲国舅掌之，可知其为贵族政治也。然考《辽史》纪传，官志所云，不甚符合。如太祖即位之元年（九〇七），北宰相萧辖剌，南宰相耶律欧里思[6]；四年七月："以后兄萧敌鲁为北宰相府，后族为相自此始。"[7] 神册六年正月，"以皇弟苏为南府宰相，……宗室为南府宰相自此始。"[8] 此外若《皇族表》《外戚表》等处所见[9]。北府则国舅，南府则皇族，与志所说相反。则志所载，盖互倒也。亦有非皇族国舅而为北南宰相者，如室昉为北府宰相[10]。杜防为南府宰相[11]。殆当中叶之时，偶然优遇汉人，非恒例也。宰相府之下，有北大王院，有南大王院，皆分掌部族军民之政。有大王，知大王事等衔，其上皆冠以南北字。"北院大王，初名迭剌部夷离堇，太祖分北南院，太宗会同元年（九三八）改夷离堇为大王。""夷离堇"者，统军马之大官也[12]。考之《太祖纪》，天赞元年（九二二）十月，"分迭剌部为二院：斜涅赤为北院夷离堇，绾思为南院夷离堇。"《太宗纪》会同元年（九三八）十一月，升北南院及乙室夷离堇为王[13]。则大王始自太宗也。而辽代北面柄政官，所可知者，大致如此而已。

辽之南面官，大率与唐制多同。自唐太宗置都督刺史武后加以王封；玄宗置经略使，始有唐官爵矣。其后习闻河北藩镇受唐官名[14]，于是立经陈纪，多仿唐制。太师、太保、司徒、司空而外，有汉人枢密院，有中书、门下、尚书三省。汉人枢密院，本兵部之职，太宗入汴，因晋置枢密院，掌汉人兵马之政，初兼尚书省[15]，则其职权，非同兵部矣。太宗大同元年（九四七）见枢密使李崧，同年以枢密副使刘敏权知开封府[16]。则知枢密院有使有副使。圣宗太平六年（一〇二六）以迷离已同知枢密院[17]，兴宗重熙十二年（一〇四四）有知枢密院副使事杨皙[18]。是枢密院之官，除枢密使、枢密副使外，有同知枢密院、知枢密院副使事。余外《辽史·百官志》所载，有知枢密使事、知枢密院事、枢密直学士，有吏房、兵刑房、户房等主旨，或承旨，兹不备述。

枢密院之下，有中书省，初名政事省。建于世宗天禄四年（九五〇）春二月[19]。至兴宗重熙十二年（一〇四五）十二月"戊申，改政事省为中书省"[20]。志作十三年，殆传写之讹，当以本纪为正。而中书有省，盖始于此。中书省有中书令，有大丞相，有左丞相、右丞相，有知中书省事，有中书侍郎，有同中书侍郎门下平章事，有参知事，有中书舍人院。元代尚书省之组织，多仿其制。请参后表。其门下省，有侍中，有常侍，有散骑常侍，有给事中，有起居舍人院。尚书省有尚书令，有左右仆射，有左丞右丞，有郎中员外郎等，此皆见于《辽史·百官志三》也。考中书省有"大丞相"一官，实为古制所未闻。《太宗纪》大同元年（九四七）见大丞相赵延寿[21]。今考《资治通鉴》：辽太宗在汴京时，命为赵延寿迁官。"翰林学士承旨张砺奏：拟'燕王中京留守大丞相录尚书事，都督中外诸军事'，枢密使如故。契丹主［太宗］取笔涂去录尚书事都督中外诸军事而行之"(22)；则大丞相之名，乃张砺所特拟，以宠显赵延寿者，非常置之职也。又据王圻《续文献通考》："圣宗时，设东京、中京、南京宰相府，各有左右相、左右平章政事。"(23) 查《辽史·圣宗本纪》："统和元年（九八三）十一月，下诏谕三京左右相，左右平章事，当执公方，毋得阿顺。"(24) 据此，则辽东京、中京、西京，亦曾置宰相及平章之官。疑如明代迁都北京后，留在南京各司之官，未有大权在握也。观其中京留守可知。《钦定历代职官表》疑即如元代之行中书省，并非正员(25)，可备一说而已。而辽之中央柄政官，所可考者，盖止于此。而其职权轻重，沿革废兴，皆不可得其详也。元人修史时，已仅从纪传中，勾出官名，间注某人曾任此官，加以推测，均未能详其职掌，究其然否。今人考之，当倍加困难。然有可注意者三端：辽代官制，虽分南北二面，其实所治者皆北面之事，此当注意者一。而南面朝官，所立汉官诸名，皆在笼络汉人，如以赵延寿为大丞相，以和凝为翰林学士皆是也。此当注意者二。三省之中，虽莫明职权高下，然观辽志以中书省列前，中书省之组织，远过于尚书、门下二省，则中书省事务必较其他二省为繁重，此当注意者三。故自唐以来，每代皆有三省之制，少有三省同时并重也。

二、金之中央官制考

金之中央柄政官，初用女真之制(26)，继有枢密院及三省之制，后仅留尚书一省。《金史·百官志》曰："［太宗］天会四年（一一二六），建尚书省，遂有三省之制。至熙宗颁新官制……大率皆循辽、宋之旧。海陵庶人正隆元年（一一五六）罢中书、门下省，终金之世，守而不变焉。"(27) "《海陵本纪》正隆元年（一一五六），罢中书、门下省，以太师领三省事，温都思忠为尚书令……平章政事萧玉为右丞相……不置平章政事官。"(28) 其尚书省之组织，有尚书令一人，统领纪纲，仪刑端揆。左丞相右丞相各一员，平章政事二员，皆为宰相。掌丞天子，平章万机。又有左丞、右丞各一员，参知政事二员，为执政官，亦可谓副宰相，掌治省事。又有左司都事二员，右司都事二员，掌本司受事付事，检勾稽失，省署文牍，兼知省内宿直检校架阁等事。下有郎中、员外郎，不备录，此尚书省之组织也[29]。宇文懋昭《大金国志》：谓"天会十三年（一一三五），尚书省置令一人，次左右丞相，皆平章事，左右丞，皆参知政事，侍中、中书令，皆居丞相之下为兼职"[30]。是丞相即平章事，左右丞即参知政事，皆与金制不同。乃至以侍中、中书令皆居丞相之下，益见乖谬，今采其文，不从其说，而纠正其误于此。

至于金志所纪，亦多缺漏，观其所载尚书省官制，以尚书令、左右丞相、平章政事为宰相，左右丞、参知政事为执政官，盖以正隆定制后，惟存尚书一省故也。然以纪传参考之，左右丞相本亦为左右仆射，见《太宗纪》天会八年（一一三〇）正月甲辰，以韩企先为尚书左右仆射[31]。至十三年熙宗即位后，即书以"完颜希尹为尚书左丞相"[32]，无复仆射之称。是改名当在十三年以前。案洪皓《松漠纪闻》，载金天眷二年（一一三九），请定官制札子，有"太宗皇帝嗣位之十二载，始下明诏建官正名"[33]之语，疑即是时所改。李心传《朝野杂记》载宋乾道中（一一六五—一一七三），议改仆射为丞相，时虞尤文言："金人详定官制，已改左仆射为尚书左右丞相"[34]云云，可以互证，金志不载其事，未免失考。又考本纪，"自天会十四年（一一三六）太保宗翰，太师宗磐，太傅宗干，并领三省事"[35]。厥后以三师三公官领三省事者甚多，盖犹录尚书之类。迨正隆元年（一一五六），领三省事温都思忠为尚书令，其后不复见于史，则尚书令当即领三省之职，以中书、门下二省既废，故改为尚书令耳。全志但及尚书令，而不及领三省事，亦为脱漏。又考《海陵纪》正隆元年已罢平章事官，而志仍有之，不言其废置重设之由。考《世宗纪》大定二年（一一六二）二月，"御史大夫移剌元宜为平章政事"[36]，当即以此时复设；志无明文，尤为阙略。今并详加考核，著之于此，以明一代之制。而枢密院之组织，金志所纪，亦颇简陋。其词略曰：

> [太祖]天辅七年（一一二三），始置于广宁府。天会三年（一一二五）下燕山，初以左企弓为使，后以刘彦宗，初犹如辽南院之制，后则否。泰和六年（一〇二六）尝改为元帅府。枢密使一员，

从一品，掌凡武备机密之事。枢密副使，签书枢密院事一员……同签书枢密院事一员……经历一员……⁽³⁷⁾

各司职守如何，未言也。泰和六年尝改为元帅府，何时改复，何时罢除，未言也。与尚书省之关系如何，职权消长又如何，均未言也。今从列传中，将中央柄政之官，考其沿革，以明职权之变迁。

考金初创业，皆兄弟子侄，出则领兵，入则议国事，为相者多兼元帅⁽³⁸⁾。自平州人不乐为猛安谋克之官⁽³⁹⁾，始置长吏以下。迄太祖定燕京，始用汉官宰相，赏左企弓，置中书省枢密院于广宁府，而朝廷宰相自用女真官号。《韩企先传赞》谓仿"辽代南北面官僚制度"也。太宗初年，无所更改，及张敦固伏诛，移中书省枢密院于平州，蔡靖以燕山降，又移置于燕京，凡汉地选授官职调发租税皆承制行之。自时立爱、刘彦宗、韩企先辈官为宰相，其职大抵如此。故其传赞又曰："规模设施，不见于朝廷之上，惟治官政，庀民事，内供京师，外结转赏而已。"后斜也宗斡当国，劝太宗改女真旧制，从汉官制度。天会四年（一一三八），始定官制，立尚书以下诸司府寺，十二年以企先为尚书右丞，汉人为真相自此始⁽⁴⁰⁾。故元遗山作《平章政事寿国张文贞公神道碑》亦云："金朝官制……自尚书令而下，左右丞相、平章政事二人为宰相，尚书左右丞……为执政官。凡在此位者，内属外戚与国人有战伐之功预腹心之谋者为多。其次则潢雷之人，以门阀见推者次之，参用汉进士又次之。以示公道，轩轾之权既分，疏密之情亦异。"⁽⁴¹⁾ 无相权也。及明昌（一一九〇）以后，则兵事惟枢密院主之，而尚书省初不与闻。盖是时蒙古勃兴，北鄙骚动，惟恐泄漏传播，故惟令枢密主之。其后遂为枢密院之专职，而宰相皆不得与。宣宗真祐四年（一二一六），陈规疏言："宰相大臣，社稷生灵所系，近诏军旅之事，专委枢密，而尚书省坐视利害，泛然不问，以为责不在己也。伏望战守大计，须省院同议。"杨云翼亦奏："尚书出政之地，今军旅大事，宰相不得预闻，欲使利病两不相蔽得乎？"时枢密院官，独任专见，往往败事，言者多以为将相之权不当分，此皆见于《白华传》⁽⁴²⁾者也。而明于慎行《读史漫录》谓"金自中叶以后，其宰相执政，往往临事推让、低言缓语、以养相体，四方兵革灾异，多因循苟且以度时日，故临事多所牵制。国乱不闻，以致于亡。大抵承平既久，文物熙洽，在廷之臣多以驯雅雍容为体，即有直言正色，指陈剀切，大笑以为迂，则惊以为狂，遂致玩日愒月，因恬相安，养成不救之祸，而缙绅文学之士，方且慕其风流，以为仪轨，嗟乎，盖叔季之世大抵然矣！"[43] 于氏之论，固足为今人所警惕，而不知金代宰相无权，不得不"临事推让，低言缓语"，犹今日所谓"为政不在多言"也。哀宗天兴元年（一二三二），始并枢密院于尚书省，以宰相兼院官[44]，而国旋亡矣。

综观金代中央柄政官，其始权在女真，自太宗天会四年（一一二六）立三省之制，行之三十年，至海陵正隆元年（一一五六）则罢中书、门下，仅存尚书一省。尚书与枢密院之权柄，尚书始终居其下，可谓女真人始终专权，亦可谓军权始终高于政权也。

三、元明之中书省及其变迁考

金以尚书省主政，以女真人专权，已见于前矣。元以中书省主政，而蒙古人之专权，则更有甚焉。其中央柄政之官，总政务者曰中书省，秉兵柄者曰枢密院，司黜陟者曰御史台[45]。叶子奇《草木子》谓"世祖尝言：'中书朕左手，枢密朕右手，御史台是医两手的。'"[46] 盖御史台之职，所以纠弹百司也。然自中书下逮郡县亲民之吏，必以蒙古人为之长，汉人、南人贰之[47]，其种族之私，可概见矣。顾新旧元志皆简陋，读百官志竟，非惟不足以察官人之偏见，亦并不足以知制度之沿革；而将尚书省挟入中书省叙述，绝无言关其职掌，尤为不伦不类，《新元志》于资料不能多所增添而掇拾反多脱漏。今为文献所限，首据新旧二志，述其组织；然后旁参载籍，考其沿革，志于下方。

元中书省之组织，有令一员，典领百官，会决庶务。太祖以耶律楚材为中书令，世祖以后，多以皇太子兼之，无特拜者。有右丞相、左丞相各一员，统六官，率百司，居令之次，令阙则总省事，佐天子，理万机。有平章政事四员，掌机务，贰丞相，凡军国重事无不由之。右丞、左丞各一员，副丞相，裁成庶务。参政[48] 二员，副宰相，以参决大政，其职亚于左右丞。参议中书省事，典左右司[49] 文牍为六曹之管辖，军国重事，咸预决焉。今将其组织，表列于后：

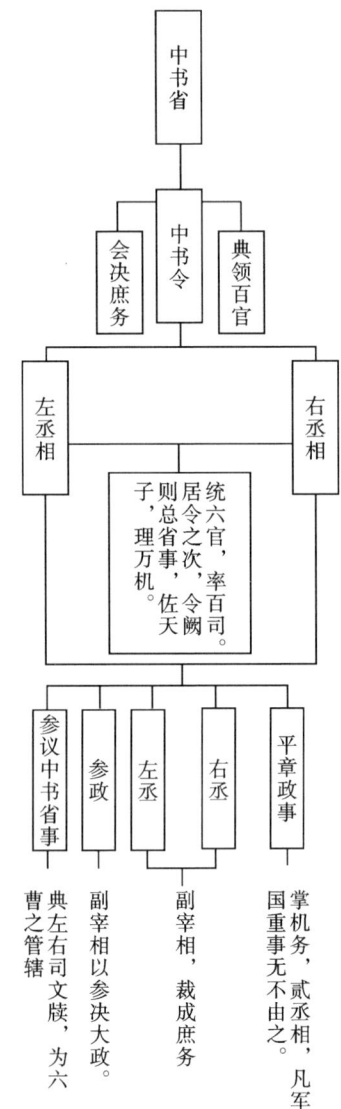

观此表,自令至参政,全与金制相同;惟金属尚书省,而元则改归中书省;金称参知政事,元简称参政;可知元代设官,多仿金制也。各司之下,元志皆记员数之增减,实无关弘旨,今概从略。

其枢密院之组织,甚为简单,有知院六人,同知四人,副枢二人,签院二人,同签二人,院判二人,参议二人,及经历都事等。品级自一品起,依次递降至都事为正七品[50];较之中书令正一品,稍为低下。各司职掌，史未分列，不得其详[51]，盖取和衷共济之旨，掌管兵事之机密，凡"宫禁宿卫，边庭军翼，征讨戍守，简阅差遣，举功转官，节制调度，无不由之"[52]。若御史台之组织，另有专章，兹不漫及。而尚书省之组织，见于两元志者，仅为世祖至元七年（一二七〇），立尚书省，置丞相二员，平章政事二员[53]，参政三员。八年罢尚书省。二十四年（一二八七）复设尚书省，置平章二员，左右丞各一员，参政二员。二十九年（一二九二）又罢尚书省，专任一相，《新元志》作二十八年，以元《析津志》及明王圻《续通考》等书考之[54]，可知其误，不足据也。武宗至大二年（一三〇九）复置尚书省，立丞相二员，平章三员，左右丞二员，参政二员。四年，尚书省仍归中书，自后因之不易。是尚书省初立于世祖至元七年，罢于八年，再立于二十四年，罢于二十九年，三立于武宗至大二年，罢于四年。从志所见，止此而已。而其罢置之原因，与夫中央官之沿革，官志均未详载也。

考元定官制，始于世祖中统元年（一二六〇）四月[55]。世祖以前，则起自朔土，毡帐游牧，官制甚简。以断事官为至重之任，管理刑政，位三公上。丞相谓之大必阇赤，必阇赤者，知书通文义之意也[56]。掌兵柄者，则左右万户，其所任用，不过一二亲贵重臣耳。后以西域渐定，始置达鲁花赤于各城监治之。达鲁花赤，华言犹掌印官，办事之长官也[57]。及取中原，凡金人来归者，皆以其故官官之，以其制度之所以多同金朝也。太宗三年（一二三一）立中书省，以耶律楚材为中书令，粘合重山为左丞相，镇海为右丞相，此为中书省及左右丞相之始，而元志未载，新志谓始于太宗二年，又误也[58]。世祖中统元年（一二六〇），乃命刘秉忠、许衡定官制，立枢密院[59]以及路府州县各官。至元七年（一二七〇）春正月，"立尚书省，罢制国用司"[60]。是设尚书以理财，如宋之三司使；尚书之职如此，古今所无也。初议三省并建，侍御史高鸣上言曰：

臣闻三省，设自近古，其法由中书出政移门下，议不合，则有驳正或封还诏书，议合则迁移中书，中书移尚书，尚书乃下六部郡国。方今天下大于古，而事益繁，取决一省，犹曰有壅，况三省乎……不如一省便，帝深然之[61]。

是元不设三省之原因，以领土广大，而三省手续繁杂，影响行政效率也。然尚书省既立矣，何以至九年正月又罢之？此种原因，考之纪志，皆未言及。继检是时宰相《阿哈马特传》，方知世祖先锐意富国，奇阿哈马特之材，命主其事，以便朘削。并诏"凡铨选各官，吏部按资品呈尚书省，由尚书省咨中书省，然后转奏。"至是阿哈马特擢用私人，不由部拟，不关白中书；至于权在中书上。丞相安童以为言，乃于九年并尚书入中书[62]。至元二十四年，听麦术督丁言而复立，专任桑哥，行至元钞，设经理司，勾考严酷。郭佑、杨居宽弃世，刘宣自杀，二十八年桑哥等伏诛，审理事竣，尚书省始罢[63]。武宗至大二年八月，复置尚书省，以乞台普济为右丞相，脱虎脱为左丞相，因此二人巧言荧听，请复置尚书省，分理财用，武宗然其言，即以二人司其事，更新庶政，变易钞法，改为至大银钞[64]。二年，尚书省上言："三宫内降之旨，曩中书奏请勿行，臣等谓宜仍旧行之，倪于大事有害，则复奏请。中书之务，乞以尽归臣等。至元二十四年，凡宣敕亦以尚书省掌之，今臣议，乞从尚书省任人，而以宣敕省官委中书。从之。"[65]是尚书夺中书之权矣。四年正月，武宗崩，皇太子杀脱虎脱等，始永罢尚书省[66]。此皆官志所无也。观三次设置，皆专为理财，然中书何不可理财，而必别设一省与之并？盖由元世任用勋旧，新进者与之同官，势必出其下不能得志。惟别立尚书省，而中书之权遂夺，权夺而诸勋旧束手拥虚位矣。故张溥论曰："官名不正，莫甚于元，中书政本，既有中书令，复有左右丞相，既立左右丞为正宰相，复立平章政事，何多名也……至元、至大间，群小用事，而尚书省名为理财，权反出中书上，亦由官名不一人得而窃也。"[67]自元罢尚书省以后，中书省独专权柄。明太祖初下建康，亦即立中书省，至洪武十三年胡惟庸伏诛，始永远罢除，而内阁之制，代之以兴矣。

此外元有所谓内八府宰相。元陶宗仪《辍耕录》谓："内八府宰相八员，视二品秩，而不降授宣命，特中书照会之任而已。寄位于翰林之扫邻。扫邻，宫门外院官会集处也。所职视草制，若诏敕之文，则非其掌也。至于院之公事，亦不得与焉。例以国戚与勋贵之子弟充之。"[68]元杨瑀《山居新语》[69]所记略同，或为陶氏所本。观杨、陶二家所记，知内八府名为宰相，实非相职。今附其制于此，以免混淆。

注释

(1)《契丹国志》卷二三页三《建官制度》。

(2)《辽史》卷四五页一下《职官志》。

(3) 同上页二至五。

(4) 参《契丹国志》同上页一《氏族原始》。契丹之制,"王族惟与后族通婚,更不限以尊卑,其王族、后族二部落之家,若不奉北主之命,皆不得与部之人通婚"。

(5)《历代职官表》卷四页一下按语。

(6)《辽史》卷一页一下《太祖纪》。

(7) 同上页二。按后族为相,非始于太祖四年,据《辽史》卷八五页三《萧塔列葛传》,其祖当安禄山来攻时,战败之为北府宰相。是后族为相,早已有之,《契志》所云误矣。

(8) 同上卷二页一下。

(9) 如《皇族表》中,有南府宰相敌烈(卷六六页四),《外戚表》中有北府宰相敌鲁、萧幹、思温、阿古只(卷六六页一下)等人。皆国舅任北府宰相,非任南府宰相也。

(10)《辽史》卷七九页一《室昉传》。

(11)《辽史》卷十九页三下。

(12) 同上卷四五页五。"夷离堇"之意,见卷一一六页二《语解》。

(13) 同上卷二页二《太祖纪》。卷四页一下《太宗纪》。

(14)《辽史》卷四七页二《百官志》三。

(15) 同上页三。

(16) 同上卷四页六下《太宗纪》。

(17) 同上卷十七页一下《圣宗纪》。

(18) 同上卷十九页二《兴宗纪》。

(19)《辽史·世宗纪》天禄四年(九五〇)建政事省。(卷五页一下)

(20) 同注(18)页二下。

(21) 同上卷四页七。

(22)《资治通鉴》卷二八六页一,《后汉纪》高祖天福十二年。

(23) 王圻《续文献通考》卷八五页四。

(24)《辽史》卷十页二《圣宗纪》。

(25)《历代职官表》卷四页二。

(26) "金自景祖,始建官属,统诸郡,以专征伐……其官长皆称曰:'勃极烈',故太祖以都勃极烈嗣位,太宗以谙版勃极烈居守。'谙版',尊大之称也。其次曰,'国论忽鲁勃极烈',国论言贵,忽鲁犹总帅也。又有'国论勃极烈',或左右丞,所谓国相也……凡此，至熙宗定官制皆废。"(《金史》卷五五页一)故略而不论。

（27）《金史》卷五五页一下《百官志》。

（28）同上卷五页八下《海陵本纪》。

（29）同注（27）页一下至二。

（30）《大金国志》卷九页一下，熙宗天会十三年，时宋绍兴五年，公元一一三五年，改官制。初，宋使宇文虚中留其国，至是受北朝官，为之参定其制。以太师、太傅、太保为三师，太尉、司徒、司空为三公，尚书省置令一人云云。宇文虚中为金定官志，《金史》未言，可补史阙。

（31）《金史》卷三页八《太宗纪》。

（32）同上卷四页一下《熙宗纪》。

（33）洪皓《松漠纪闻》页五。

（34）《建炎以来朝野杂记·乙集》卷十四下乾道正丞相官名本末条。

（35）同注（32）页二。

（36）《金史》卷六页四《世宗纪》。

（37）同上卷五五页十。

（38）《金史》卷百一四页二《白华传》。

（39）同上卷五五页一，按猛安谋克官，隶招讨司，从四品，掌修理军务，训练武艺，劝课农桑。见《金史》卷五七页十二下。

（40）《金史》卷七八页四《韩企先传》。

（41）元好问《遗山集》卷十六页一下至二。

（42）《金史》卷百一四页四至五。

（43）明于慎行《读史漫录》卷十四页五。

（44）《金史》卷十八页三《哀宗纪》。

（45）参《元史》卷八五页一《百官志》。

（46）明叶子奇《草木子》卷三下页七下。

（47）元时有汉人、南人之别，汉人谓中原之人，向属金者；南人谓江淮以南，向属宋者。世祖时，南人有入台省者，武宗以后，省台有汉人无南人，顺帝时，南人入中书者，惟危素一人尔。见《廿二史考异》卷九九页一。

（48）元史八五页二下作参政，《新元史》卷五五页二下作参知政事，虽较为明悉，然不知所本，不敢妄从。

（49）左右司各有郎中、员外郎，左司掌吏、礼、房九科，右司掌兵、房五科，详见《元史》八五页二下至三。

（50）参《元史》卷八五页二下至三，《新元史》五五页二至三。

（51）参《元史》卷八六页一，《新元史》五六页一。

（52）同上《元史》。

（53）《新元志》页三下，无尚书省置丞相事，盖钞写遗漏。旧志作平章政事二员，新志作平政事一员，参知政事一员，与旧志异，今亦不从。

（54）《析津志》云："至元二十四年，以桑哥为尚书左丞相……二十九年，尚书省并入中书省，桑哥移中书于尚书者。"见《职官表》卷四九引《永乐大典》。王圻《续通考》卷八四页十三。

（55）《元史》卷六页七《世祖纪》。

（56）据《元史语解》卷八页二下，必阇赤即笔且齐，写字人也。加大为丞相之解释，见《廿二史札记》卷二九页二十蒙古官名条，盖写字人加大，犹今秘书长，故同丞相之位也。又此段参《续宏简录》卷一页十二。

（57）元朝制度，不论职之文武大小或路府州县，皆设达鲁花赤。达鲁花赤意义之解释，见同上。

（58）《元史》卷二页二《太宗纪》，《新元史》卷五五页三。

（59）据《续宏简录》卷二页十二，初立枢密院，在中统四年五月乙酉。

（60）《元史》卷七页一。

（61）《元史》卷百六〇页五《高鸣传》。

（62）《元史》卷二〇五页二《阿哈马特传》。

（63）《续宏简录》卷十三页七下《桑哥传》。

（64）《元史》卷二二页十八《武宗纪》。

（65）同上卷二三页四。

（66）同上卷二四页二：至大"四年春正月庚辰，武宗崩，壬午，罢尚书省，以丞相脱虎脱，三宝奴，平章乐实，右丞保八，左丞忙歌帖木儿……乱旧章，流毒百姓，命中书右丞相塔思不花……参鞫。丙午，脱虎脱……伏诛。（以上页二）……二月……丙寅，监察御史言，比者尚书省蠹国乱政，已正典刑，其余党附之徒，布在百司，亦须次第沙汰。"（页三）此罢尚书省之原委，本文不能详也。

（67）张溥论元官制，见《元史纪事本末》卷十四页五下。

（68）《辍耕录》卷一页二四。

（69）元杨瑀《山居新语》页二七（无卷数）。

第五章　明清之内阁

一、罢中书与设立内阁之原因

明初中央政本，仍仿元制，设中书省，综理机务。其官有丞相、平章、左右丞、参政。而吏、户、礼、兵、刑、工六尚书为曹官，地位不高。至洪武十三年（一三八〇）正月，诛丞相胡惟庸，遂罢中书省，官属尽革，惟存中书舍人[1]；提高六部地位，分司国务。罢中书省之原因，一般史书，仅言丞相胡惟庸专横，是以罢之，斯固一因。然太祖欲极端专制，俾集权于一手，尤为罢中书省之重要原因也。胡惟庸定远人，洪武四年拜左相，六年升右丞相，九年为左丞相[2]。初帝重惟庸才，甚宠任之，惟庸亦自励，尝以曲谨当上意。及六年正月，右丞相汪广洋迁任外官，太祖难于人选，不置左丞，惟庸独相数岁，乃渐专横。"生杀黜陟，或不奏径行。内外诸司上封事，必先取阅，害己者辄匿不以闻。"由是四方躁进之士多趋之，至孕为反篡位之谋。十二年事泄，十三年正月伏诛，详见本传[3]。此因胡氏专僭而罢中书省也。然胡氏专权尚矣，何必因噎废食，以一人而罢中书省？其中有第二因焉：《皇明祖训》，明太祖敕文武群臣，言"自古三公论道，六卿分职，并不曾设立丞相。自秦始立丞相，不旋踵而亡。汉唐因之，虽有贤相，然其间所用者多为小人，专权乱政。今我朝罢丞相，设五府、六部、都察院、通政司、大理寺等衙门，分理天下庶务，使彼此颉颃，不敢相压，事皆朝廷总之，以后子孙做皇帝时，并不许立丞相，臣下敢有奏请设立者，文武群臣，即时劾奏，将犯人凌迟，全家处死！"[4] 此种严厉训谕，自有深意存焉。先是惟庸诛后，《昭代典则》又纪其论文武百官曰：

"朕自临御以来，十有三年矣。中间图任大臣，期于辅佐，以臻至治。故立中书省以统天下之文治，都督府以总天下之兵政，御史台以振朝廷之纪纲。岂意奸臣窃持国柄，枉法诬贤，操不轨之心，肆奸欺之蔽……赖神发其奸，皆从珍灭。朕革去中书省，设六部……俾之各司其事……

如此则权不专于一司，事不留于壅蔽。"⁽⁵⁾

合此二文观之，所谓分政六部，使"彼此颉颃，不敢相压"，"如此则权不专于一司"，"事皆朝廷总之"，朝廷即天子也，其专制独裁之见，岂不昭然若揭乎？乃以鉴秦有相而不久亡国，至定严刑峻法，俾子孙永远遵守，是直欲万世而为专制之君，太祖之用心深矣。

中书既废，十三年（一三八〇）九月，置四辅官⁽⁶⁾。十四年以翰林掌典籍，左春坊、左司直郎、正字、赞读、考驳诸司启奏以闻⁽⁷⁾。十五年，仿宋制，置华盖殿、武英殿、文渊阁、东阁诸大学士，又置文华殿大学士，以辅导太子，秩皆正五品，而其官不备，其人亦无所表见，燮理无闻，何关政本，视前代宰执，迥乎异矣⁽⁸⁾。当时明以六部尚书任天下事，侍郎贰之，而殿阁大学士仅侍左右备顾问而已。盖帝方自操威柄，学士鲜所参决也⁽⁹⁾。洪武三十五年（一四〇三），即永乐元年，时成祖初即位，仍称三十五年，七月，始开"内阁"于文渊阁，命翰林院文学行谊才识之士，入直赞襄，时得翰林待诏解缙、修撰胡广、编修杨荣等，入居阁中，谕以委任心腹至意，专典机密，内阁自此始矣⁽¹⁰⁾。

"内阁"二字之意义，《明史》谓"以其授餐大内，常侍天子殿阁之下，避宰相之名，又名内阁"⁽¹¹⁾，不易明悉。顾炎武《日知录》阁下条，谓本于后汉之台阁⁽¹²⁾，说难可通，考证繁冗，终难把握。今案《唐六典》注引《魏略》，薛夏云："兰台为外台，秘书为内阁。"⁽¹³⁾ 内阁二字，始见于此。明郑晓作《百官述》，于内阁之部，首言"直文渊阁，即所谓入内阁办事也"⁽¹⁴⁾。然则"内阁"即文渊阁也。黄瑜《双槐岁钞》，谓"文渊阁为天子侍讲之所，非政府也。故列凳侧坐而虚其中，以俟临视，洪武中，代言修书，授诸王经者皆在"⁽¹⁵⁾。是明代之文渊阁，犹仿佛汉魏所谓"秘书为内阁"也。明王鏊《震泽长语》，谓"文渊阁在奉天殿东庑之东，文华殿之前，前对皇城，深严禁密，百官莫敢望焉，吏人无敢至其地，阁中趋侍使令，惟厨役耳，防漏泄也……故事禁中不得起火，虽阁老亦退食于外……上指庭中隙地曰：是中独不可置庖乎，今烹膳处是也。"⁽¹⁶⁾由是内阁之意，又可得进一层之解释，即阁者文渊阁也；以其在宫内，深严禁密，故简称内阁，既合古义，又符地形，兼示职责。然后观《明史》所解，则易于明悉；并知吾人所考者，较《明史》所云为确切也。清修《历代职官表》加以按语，谓："明文渊阁本在南京，成祖迁都后，设官虽沿旧名,实无其地,即以午门内大学士直庐谓之文渊阁,其实终明之世,未尝建阁也。"[17] 其说至为可笑,张萱《内阁书目》,盖即著录文渊阁藏书,若终始无阁,将于何所藏书乎?况黄、王二氏记文渊阁事自明初以至明代中叶,闻见确凿,故自可信也。

至内阁设立之原因,不如罢中书之复杂。盖中书既罢,人主独裁,势不能久,诏草章疏,终于须人助理;凡稍涉机密者,又恐其泄漏,故以学士入直文渊阁,其中虽"有文渊阁印,印文独异诸司,凡封进诏草登答章疏用之,不得下诸司,即下诸司,以翰林院印,诸司欲上内阁,亦称翰林院"[18]。是明初之所以设立内阁者,不过皇帝欲设一秘书处耳。

二、内阁之组织及其职权变迁考

内阁之组织,据《明史·职官志》所载:仅有"中极殿大学士(旧名华盖殿),建极殿大学士(旧名谨身殿),文华殿大学士,武英殿大学士,文渊阁大学士,东阁大学士,并正五品。"其后诰敕房制敕房俱设中书舍人,如是而已。其职务"掌献替可否,奉陈规诲,点检题奏,票拟批答,以平允庶政"。此其主要之职也。若细列之,则凡"车驾郊祀巡幸则扈从,御经筵则知经筵或同知经筵事,东宫出阁讲读则领其事叙其官而授之职业,冠婚则充宾赞及纳征等使,修实录史志诸书,则充总裁……会试充考试官,殿试充读卷官……"[19] 其尊卑以殿阁序先后,其地位与中书之统六部者迥异,而阁权之由渐而重而专而尊,迨后虽无丞相之名,而有丞相之实,则事有足征,而首辅任寄之崇隆,尤为中叶以后之特点。当明成祖之时,虽特简解缙、胡广、杨荣等直文渊阁,参预机务。但其时入内阁者,皆编检讲读之官,不置官属,不得专制诸司,诸司章奏,皆直达御前,多出宸断,儒臣入直,仅备顾问而已[20]。其官衔但曰入阁办事,入阁预机务,后乃非大学士不得入直。然班秩只五品,自不能有凌制六卿之事[21]。仁宗即位(一四二五),以杨荣、杨士奇等,皆东宫旧臣,仍进士奇为礼部侍郎兼华盖殿大学士;杨荣为太常卿,进太子少傅兼谨身殿大学士,又升工部尚书,在内阁办事;杨溥擢翰林院学士,寻升太常卿兼学士内阁办事,此三人皆以龙飞超任,以后大学士始加尚书,与部臣匹敌。然内阁与六部对立,不相统摄。后杨溥以丁忧去，英宗即位，复命入阁。正统四年（一四三九）修《宣宗实录》成，溥进少保，士奇、荣进少师，比于公孤之任，一时号称三杨。内政无大小，悉下大学士参可否，虽吏部尚书蹇义、户部尚书夏元吉，不时召见，得预密勿，然稀阔不敌士奇等亲。由是内阁之权渐重，无异宰相；六部之权渐轻，凡事皆多禀受内阁风旨而行，日久因袭，遂不可启[22]。至明世宗中叶，夏言、严嵩迭进用事，遂赫然为真宰相，颐指六卿矣。故王世贞曰："高皇帝即位，仍置中书省……洪武十三年，以丞相胡惟庸专僭诛之，因罢中书省，散其柄于六尚书……百余年来，天子不能独断，事权必有所寄，不能不归之内阁，而至嘉靖中，遂操丞相之柄，万历初几并人主之尊，数年以来，半归内侍，而阁臣拱手受成。"[23] 盖内阁之票拟，不得不决于内监之批红，而相权转归于寺人之手矣。是明之中央政本，先后凡四变，明初中书握政，十三年以后分政于六部一变也；成祖设立内阁二变也；仁、宣以后阁权渐重，至世宗嘉靖中，阁权极重三变也；万历以后，阉寺专权，奴视宰辅，以至于明亡，四变也。

何以有此四变？除丞相之废已述于前，若论其余，则自太祖革中书省，中外章奏，皆上彻御览。每断大事决大疑，臣下惟面奏取旨，有所可否，则命翰林儒臣折衷古今而后行之，故洪武时皆御前传旨当笔，大学士无权也。永乐、洪熙二朝，每召内阁造膝密议，人不得与闻，虽倚毗之意甚专，然批答出自御笔，未尝委之他人。故大学士仍未尝有权也。仁、宣之时，阁权之所以渐重者，其故有二：第一，宣德之时，始令内阁杨士奇辈及尚书兼詹事蹇义、夏元吉，于中外奏章，许用小票墨书，贴各疏面以进，谓之条旨，中易红书批出。盖条旨即票拟，每一章奏，阁臣拟定办法，用小票墨书，贴于疏面之上，若皇帝以为是，则用红书批出，乃由草拟办法而成正式办法，由是阁臣渐握权衡，而非前此仅备顾问之比矣[24]。次则英宗九岁登极，诏凡有事，白于张太后然后行；明制太后不得临朝，故张太后不欲专断，多令内阁议行，此内阁票旨之所由专，亦内阁之权所由渐重也[25]。然仅渐重而未极重者，则因天顺复辟，每事必与内阁面议然后施行。议既定，传旨处分，不待批答，即径行之。且阁臣所拟之条旨，中易红书批出，多出司礼秉笔之手，以故阁权虽重，而宦官之权尤有加焉[26]。迨至世宗嘉靖时，阁权始极尊重，则以世宗驭内侍最严，四十余年间未尝任之以事，嘉靖一朝内官最为敛戢，而其权不张[27]。次则夏言、严嵩迭进用事,极得世宗宠任,凡所拟议,皆径付施行,虽众人非之,不顾也[28]。故自世宗以来,内阁之权重,而首辅之位尊,此王世贞《嘉靖以来首辅传》之所由作也。首辅即首相,"曷言辅,避相也"[29]。何以避相,因丞相胡惟庸伏诛,祖训不许立相也。然首辅无相之名,而有相之实,凡"红本到阁,首辅票拟,余唯诺而已"。其图事揆策,首辅主之;次辅不与[30]。其中书舍人之职,仅掌书写缮录之事而已[31]。因而首辅之与次辅,虽同在禁地,而权势迥然不侔。如夏言为首揆,严嵩至不敢与分席[32],"凡所批答,略不顾嵩,嵩噤不敢吐一语。所用私人,言斥逐之,亦不敢救"[33]。首辅权重,至于如此。其后严嵩、张居正当国,称为摄政,其权盖蔑以复加矣。居正母丧,归葬江陵,朝廷大事,必驰驿江陵听处分[34]。至崇祯间,韩爌为首相,魏广微为次相,欲分其权;而"故事阁中秉笔,止首辅一人,广微欲分其柄,嘱(魏)忠贤传旨,谕爌同寅协恭,而责次辅勿伴食"[35]。由是广微分票拟之权。时御史倪元珙亦疏请分票,其后本下即令中书分之,首辅之权虽稍减,然水火之端起,而中书之弊亦种种矣[36]。

有明一代首辅之权虽重,而司礼监之权,又在首辅之上。司礼监者,明代宦官十二监之首也。有提督太监一员、掌印太监一员,秉笔太监,随堂太监,书籍名画等库。秉笔、随堂太监,掌"章奏文书,照阁票批朱"[37]。秉笔视首辅,随堂则视群辅焉。明代制度,"凡章疏,禁中称文书,必发阁臣票拟,阁票用本纸小楷墨字,内照票批,或皇上御笔,或宦官代书,俱即在文书面上用朱字,阁票如有未合上意加笔削或发下改票,阁臣随改封上……典籍照墨字朱字登注'丝纶簿',然后发出"[38]。由"丝纶簿"又生一问题,宋端仪《立斋录》谓:"初朝廷旨意,多出内阁臣,调进旨稿,留阁中,号丝纶簿。其后宦寺专恣,收簿秘内,徐有贞既得权宠,乃告上如故事,还簿阁中。"[39]是明宦竖之专权,由于丝纶簿之自阁移监。然王鏊《震泽长语》谓:"内阁故有丝论簿,[杨]文贞晚年,以子稷故,欲媚王振,以丝纶簿付之,故内阁之权,尽移中官。余亦不知其然否?及余入内阁,历朝诏诰底本皆在,非所谓'丝纶簿'乎?不闻送入。况中官之专权与否,不在一簿之存亡也,顾人主信用如何耳。[陆]伯廉之言,不知何所授,天下皆传之。"[40]是此说在明代,固一桩公案也。其实司礼监文书房弄权既久,其曹辈皆明习典故,且有幕宾或廷臣为之参佐，何取夫区区之一丝纶簿乎？宦官司礼监之所以专权，既如上矣。而其所以能驾首辅之上，则《明史·宦官传》言之綦详，可略举数事以实之。刘瑾掌司礼监时，"章奏先具红揭投瑾，号红本；然后上通政司，号白本，皆称刘太监，而不名"。每批答章奏，皆持归私第与妹婿孙聪，华亭大猾张文冕相参决，辞率鄙冗，焦芳为润色之，李东阳俯首而已[41]。瑾败后，东阳疏言：内阁与瑾，职掌相关，"凡调旨撰敕，或被驳再三，或经自改窜，或持回私室……或递出誊黄，逼令落稿，真假混淆，无从别白"[42]。此固东阳自为掩饰之词，然刘蒉疏亦云："近日批答章奏……阁臣不得与闻。"[43] 皆当时实事也。自瑾以后，司礼监遂专掌机密，凡进御章奏及降敕批疏，无不经其出纳。至魏忠贤时，王体乾为司礼，以忠贤不识字，凡章奏上，体乾等先铨识綮曲，白忠贤议行[44]，是票拟大权，归诸司礼，无惑乎首辅仰承鼻息也。明代宦官之祸，视唐时天子废立在其掌握者虽稍有间，然至刘瑾、魏忠贤，荼毒搢绅，亦亘古未有，是则不能不归咎于十二监制度不良始作之俑也。

至于清之内阁，一般皆言沿明旧，其实清未入关以前，一切官制，与明代强半不同。官名多用清语，六部仅有承政无尚书[45]；中枢政本仅有所谓内三院而无内阁。内三院即内国史院、内秘书院、内弘文院，各设大学士一人。其立也，始于天聪十年（一六三六），由文院而改为内三院也[46]。然内三院亦有所本乎？曰盖仿宋代昭文集贤及监修国史之制也[47]。入关以后，仍沿用之。顺治二年（一六四五），以翰林院分隶内三院，称内翰林国史院、内翰林秘书院、内翰林弘文院。增设侍读学士侍读等官。顺治十五年（一六五八）乃改内三院为内阁，其大学士俱加内阁衔，仍分设翰林院，此清代内阁之始也。但顺治十八年，复改为内三院，裁翰林院。康熙九年（一六七〇），始再改为内阁，另设翰林院，遂为永制。是推原内阁之始，当谓始于顺治十五年，不得云"成于康熙时代"也[48]。

内阁之组织，员数品级，自顺治以降，屡有变迁，详见《会典事例》[49]。至乾隆中始成定制，立大学士，满汉各二人，正一品，均由特简，以参赞机务，表率百僚，补授后，请旨分殿阁。殿阁之名各有三：曰保和殿、文华殿、武英殿；曰文渊阁、体仁阁、东阁。学士兼殿阁者，曰保和殿大学士，余类推。大学士之次，有协办大学士，汉满各一人，

第五章　明清之内阁

以六部尚书简充，与大学士同厘阁务，从尚书本衔，为从一品。大学士如正相，协办如副相，员数则正四副二也。协办之次，有学士兼礼部侍郎衔，满洲六人，汉人四人，从二品，掌"敷奏本章，宣传丝纶"。不曰学士兼其他各部侍郎衔而独曰礼部者何也？因皇上御门日，须跪于前读折本[50]，职近礼部也。礼部侍郎衔以外，有侍读学士，掌收发本章，总稽翻译，满洲四人，蒙古二人，汉人二人，均从四品。有侍读，掌勘对本章，检校签票，满洲十人，蒙古、汉军、汉人各二人，均正六品。有典籍，掌收贮图籍，出纳文移，满洲、汉军、汉人各二人。又有中书，掌撰拟记载，翻译缮写之事；有中书科中书舍人，掌书诰敕，均正七品。此其组识之大凡，皆见于《历代职官表》及《皇朝通考》《通志》等书也[51]。然内阁之组织，有数特点与六部卿寺不同者，即六部卿寺皆有堂属，而内阁无所谓堂属。阁中称大学士为中堂，沿明制谓在文渊阁之中也。中堂虽尊，舍人虽卑，而中堂亦以官名呼僚属，以示敬意。汉属员于大学士为师生，舍人于学士自称晚生，于侍读学士自称学生。大学士不得颐指气使，舍人不肯胁肩谄笑。事必统于王言，道必由于天宪，所以抑旁落之权，而重丝纶之掌也。此特点一。七卿以及百司皆铸印，而内阁独无印，此特点二。卿寺皆分正副左右以为等级之差，而内阁则以入阁先后为前后辈，大学士为一辈，学士、中书等又各为一辈[52]，此皆组织之特异者也。

内阁之职，甚为复杂，其最要者，曰票拟批答，凡内外诸司章奏到阁，内阁先拟批答之词，书写票签，以候钦定，谓之票拟。曰撰拟诏诰，凡大典礼宣示百僚，则有制辞；大政事布告臣民，则有诏有诰，皆中书任之，并署拟稿人之名，详见《内阁撰拟文字》[53]。曰钞发谕旨，凡地方长官之章奏，上通政司，通政司转呈内阁，谓之通本。京师各部院之章奏，直达内阁，谓之部本。通本、部本到阁，撮其要义，谓之贴黄，以便省览，复照缮满文，移送票签，学士、大学士核覆，然后上于天子，而每日钦奉上谕，其应发钞者，皆下于阁，手续甚繁，毋须备述。其次要者，曰恭拟谥号，凡庙号尊谥，大学士偕九卿科道会议，谥妃嫔及王大臣赐谥者，皆由大学士酌拟，奏请钦定。曰撰拟扁额文字，曰纪载纶音，分为三册，每日发科本章，摘记事由，详录圣旨为一册，名丝纶簿；特降谕旨别为一册，名上谕簿；中外臣工奏折，奉旨允行，及交部议者别为一册,另外纪簿,以备参考。曰请用御宝,先期将用宝之数具奏,及期学士率侍读学士、侍读典籍等官与内监公同验用,用毕仍交内监收藏。曰稽察各部院事件,设稽察房以管理之。凡各部院道旨议复事件,逐一核对,以验已结未结。曰稽察钦奉上谕事件,凡部院八旗奉到上谕及折奏事件,按期稽查,奏结奉旨后,仍录送销案。曰翻译清汉外藩各部文字,曰进呈实录,收藏起居注,收藏经略将军印信,收存揭帖,收存副本,庶务散馆引见等[54],皆内阁之职也。此类事件,多侍读中书为之[55],学士则专司批本,侍读学士专司稽核,总其成而上之于大学士,大学士上之于朝,故学士、大学士任重而事简;侍读、中书则任轻而事繁[56]。然总而观之,内阁之职,甚似今之秘书厅,未见能握重权也。且"内阁日进本章,皆例行事件,然票拟稍误,辄奉旨议处"[57]。而又另设"批本处",特简满翰林、满内阁侍读掌之,专司批发之责,凡本章经大学士票拟上,经上批览毕,即交该处用清字批示,然后交付内阁发钞。名为鉴明季秉笔太监专权之弊[58],实亦防汉人专权之法,是内阁本无权,汉人尤无权也。

以清之内阁与明之内阁较,明大学士为正五品,清为正一品;明无种族之分,清则分满汉;明之组织较简,清之组织较繁;明之职务较简,清之职务较繁。以权力言,明仁宗、宣宗以前,职臣仅处顾问之地位,不如清代之崇高。然明中叶以后,"天子拱默,委任左右,故阁臣往往比中涓,作威福,营奸利,虽分权于六部而权益重。清朝拟旨有定例,内外大臣言官折奏,则直达御前,天子亲笔批答,阁臣不得与闻,天子有诏,则面授阁臣退而具草以进"[59]。故较明代中叶阁权为低。然清代阁权,自雍正置军机处,已强半分散,及至光绪末年置政务处,内阁除票签外,无所事事矣[60]。

三、军机处设立之原因及其职权变迁考

军机处之设立,有谓始于雍正七年(一七二九),有谓始于八年,考之二说,盖始于七年之说为是[61]。其最初名称,有谓军需房,有谓军机房,考之二名,军需房之名为是[62]。然军机处正式名称之成立,始于雍正十年(一七三二),因是年三月颁钤封印信,用"办理军机处"之名。

故军机处者,可谓肇于雍正七年,成于雍正十年也⁽⁶³⁾。

军机处设立之原因,一般谓以青海军事兴,始设军需房,此固一因,然细加考察,共得三端:其一,为处理军事机密之便利:雍正年间,用兵西北两路,以内阁在太和门外,离禁庭少远,又僚直者多,虑漏泄军机,故设立军需房于隆宗门内,地近宫庭,便于宣召⁽⁶⁴⁾。其二,为裁撤议政王大臣之权衡:清初设内三院外,"其军国政事,皆付议政诸王大臣,然半皆贵胄世爵,不谙事务,宪皇[世宗]习知其弊,故设立军机大臣……然后机务慎密,议政之弊始革"。至乾隆五十六年,乃罢议政王大臣⁽⁶⁵⁾。其三,为极端专制主义:中国人主专制,常与大臣争权,如汉武帝雄才大略,丞相备位,不能有所为。世宗猜忌阴鸷,设军机处而大学士为冗员。此盖君相争权,而为君所胜,亦中国政界一大案也⁽⁶⁶⁾。观此三端,第一为近因,第二为远因,第三为主要目的,而近因者不过借以为口实耳。以故军需房设立后六年,乾隆谅闇,改名总理政务处,可见其设立之旨,不在一时之军事,而在永远之政务也。三年丧毕,王大臣请罢之,诏复名军机处⁽⁶⁷⁾。至嘉庆十年(一八〇六),御史何元烺奏:称"军机处承办一切事务,与兵部之专司戎政者不同。现在军务久经告藏,似应更改名目,以纪偃武之隆"等语。嘉庆对此奏折,颇为愤慨,并将军机之名,加以曲解,谓"军机处名目,自雍正年间创设以来,沿用已久,一切承旨书谕及办理各件,皆关系机要,此与前代所称平章军国重事相仿,并非专指运筹决胜而言。目今三省邪匪久已肃清,大功告藏,薄海内外,共庆升平,又何必改易'军机'二字,始为偃武,即如兵部,专司戎政,……兵可百年不用,不可一日不备。……何元烺率请改易旧章,而不顾其言之比纰缪,所奏断不可行,原折着掷还!"⁽⁶⁸⁾经此解释,军机处并非专指"运筹决胜而言",军机始即偃武,并忿忿其词。从此以后,未见有敢言正名者矣。考清之军机处,仁宗谓与前代之"平章军国重事"相仿,实则甚似五代之枢密院,权超中书,职兼军民,地居重津,人所竞羡,与宋金之枢密使,专掌兵事者不同,与唐宋之平章军国重事仅为宰相异名之一者,尤不相同,从军机之职掌观之,可实吾言也。

军机之职,在恭拟上谕,及内外臣工所奏,有旨议敕者,审其可否以闻。又外臣章奏书其副以藏之。……上谕有二:巡幸上陵,经筵蠲赈,及内臣自侍郎以上外臣自总兵知府以上，黜陟调补暨晓谕中外，谓之"明发上谕"。诰诫臣工，指授兵略，查核政事，责问刑部之不当者，谓之"寄信上谕"。明发交内阁以次交于部科，寄信密封交兵部。……然而六部各卿贰暨九门提督内务府太监之敬事房，外而十五省东北至奉天、吉林、黑龙江将军所属，西南至伊犁叶尔羌将军办事大臣所属，迄于四裔诸属国，有事无不综汇。且内阁翰林院撰拟有弗当，又下军机处审定，故所任最为严密繁巨[69]。此王昶所记，颇觉简核。从此记观之，几于全国大事，凡君主能预闻者，军机处皆可得而闻之，可知宋之枢密使，唐宋之平章君国重事，均无此权任；惟五代之枢密院，横行包揽，略可与之比拟而已。此梁章钜记军机处之事，所以名为《枢垣纪略也》。而清军机之职务，尚不止此。据《嘉庆大清会典》：

> 办理军机处军机大臣，掌书谕旨，综军国之要，以赞上治机务。常日直禁庭，以待召见。驻跸圆明园，入直亦如之，行在所亦如之。凡谕旨明降者，既述则下于内阁，谕军机大臣行者，既述则封寄焉。凡有旨存记者，皆书于册而藏之，届时则提奏。议大政，谳大狱，得旨则兴，军旅则考其山川道里与兵马钱粮之数以备顾问。文武官特简者承旨则进其名单缺单，差特简者亦如之。凡大臣之换防西北两路者，则稽其班书其名以备览，旬有五日而更之。凡文武官记名者，遇缺则奏其名，道若府记名者，遇请旨缺则奏焉。[70]

合此二文观之，则军机之职，可结纳为七端：一曰缮拟谕旨，登记档册；二曰随幸入直，以备咨询；三曰参议大政，赞治机务；四曰策画军务，运筹帷幄；五曰审议题奏，以昭慎重；六曰审决大狱，职兼司徒；七曰任免官吏，职司奏请。此外遇开方略馆，则兼充总裁；遇朝考散馆，大考翰詹等，钦命试题，亦由军机处查开上届题目，缮单以进御；遇皇帝撰拟诗文，则代为誊正，查注出典[71]。凡此三端，虽非常行要职，然以地处亲信，故亦委任之。由是知军机之职，可谓总参谋部兼秘书处也。

军机之职既如此，其与内阁之关系如何？军机处成立，内阁是否成为闲曹，此则亟须说明者。据龚自珍《上大学士书》："谓军机处为内阁之分支，内阁非军机处之附庸。"[72] 盖初军需房，本为内阁之分支，因西北用兵，移于隆宗门内，若皇帝驻跸在圆明园，则军机大臣在宫门外之东朝堂办事。选内阁中书之谨密者入直缮写[73]，此龚氏所谓"军机为内阁之分支"也。其后因地处宫廷，不时召见，于是承旨出政，皆出于此。军机成为内廷，而内阁反成为外廷矣。然军机有军机之职务，内阁有内阁之职务，二者性质虽近，而划分颇清，不相冲突，此则清廷驭人之术也。大约言之，军机为谕之政府，内阁为旨之政府；军机为奏之政府，内阁为题之政府[74]。谕即上谕，旨即圣旨，奏即可以奏请，题即职司题本。盖一为承旨机关，一为承办机关，而职权之轻重，则大有差异。故《枢垣纪略》曰："国初草制章疏票拟，主之内阁，军国机要，主之议政处；其特颁诏旨，由南书房翰林院视草。自雍正初年设军机处，……机要章奏皆下焉。……自是内阁票拟，特寻常吏事，而政本悉出机庭，兼议政视草而一之。"[75] 王昶《题名记》亦谓清朝谕旨诰命，其别有四：凡批内外臣工题本常事谓之旨，颁将军、总督、巡抚等文谓之敕，皆由内阁撰拟以进。凡享祝祭祀等文谓之诰命，由翰林院撰拟以进。惟军机处恭拟上谕为至要[76]。从此种种观之，内阁与军机职权之区分，当可明悉。一般谓自有军机而内阁成为闲曹之言，当可知其不甚允洽矣。

军机职务，既如此繁重，然其办事之处，则甚简陋。初仅有屋一间半，逼近隆宗门之墙，窄而且暗。后迁对面北屋，亦仅五间，直至清末，沿用不变[77]。其办事人员，称军机大臣，无定额，选大学士、尚书侍郎之干略优长鸿达亲信者为之。有军机大臣、军机大臣上行走、军机大臣上学习行走等名，以别资格之深浅，初入者加学习二字。其人数虽无定，大抵不过四五人，从《枢垣纪略》计之，自乾隆至光绪元年（一七三六）一百三十九年之间，共有军机大臣百零七人，其中满人六十二，汉人四十五，可知满人居多数[78]。然亲王入军机者，仅寥寥数人，因清代"故事，亲王不假事权"[79]，盖畏其专擅也。至"嘉庆四年（一七九九）正月，以成亲王永瑆为军机大臣。是年十月，以王爵非大臣可比，于制未协，命不必在军机大臣上行走。自立军机以来，亲王入直者惟成亲王一人而已。然阅兵大臣御前大臣多有以王兼者"[80]。此清奕赓《煨柮闲谈》颇现不平之鸣也。此后至咸丰三年（一八五三）十月初七日，命恭亲王奕䜣在军机大臣上行走，断续至同治四年。嗣后醇贤亲王、礼亲王、庆亲王辈，皆踵行之。军机大臣之下，有军机章京，初亦无定额，至嘉庆四年，定为满汉各十六人，各分为两班，每班满洲章京八人，汉章京八人，各以一人领班，由军机大臣拣选资深望重者为之。其他章京，向例由内阁中书传取者居多，其由六部司员挑取者不及十之一二。乾嘉之际，令满洲章京以内阁中书、六部、理藩院郎中、员外郎、主事、笔帖式兼充，汉章京以内阁中书、六部、郎中、员外郎、主事七品小京官由进士、举人、拔贡出身者兼充。豫行传知各衙门保送，军机大臣考取数名或十数名引见，奉旨记名者遇出有军机章京缺，依次传补[81]。由是六部司员居多，内阁中书占少数矣。军机章京之职，会典所载，为"分办清字汉字之事"。如缮写谕旨，记载档案，查覈奏议，或由军机大臣分派承审案件等事[82]。其后实际行使，颇有超越，因章京得见君主，与军机大臣等共同议政，或遇军机缺直，则代行职务，故有"小军机"之号。"小军机"之下，有方略馆及内翻书房，仅为军机处附属之公署，由军机大臣兼管而已。军政大事，皆须军机大臣与军机章京亲自料理，以昭慎重，故不立椽属[83]，此清代军机处之组织也。观其组织，可见全国大事，由四五军机三十二章京，轮流值班，以运行之，其行政效率，亦可观矣[84]。然任事最勤者，尚莫过于君主也。盖中国历代君主之专制，大抵以清室为最。奉凡内阁、军机，皆不将其职掌明白规定；即规定矣，亦无论内阁、军机以至议政大臣，皆处辅助之位，一切大事，均须一手独揽，故心劳日拙，而大臣皆无大权，从军机处之职权变迁考之，可见其大凡也。

当世宗亲政之初，即日至票本房，使大学士在面前票拟。中叶用兵，本章归内阁，机务皆归军机大臣，日见数面，无论宦寺不得参与，诸大臣亦只供传述缮撰，而不能稍有参画于其间。及至高宗，每日晨起，必以卯刻，时在冬日，尚须燃烛寸许，方至天明。一出寝宫，即察核各司，军机处十余人轮班，尚觉劳苦，高宗则日日如此，处之晏然。遇西陲用兵之时，有军报至，虽夜半亦必亲览，趣召军机大臣，指示机宜，动千百言。时赵翼任军机章京，退而撰拟所示，自起草至缮正，或须一二时，高宗犹披衣以待[85]。其专制虽工，而劳累亦甚，乾隆获赏升平盛世，良非无因。晚年逸游，宠任和珅，政事稍弛；而仁宗亲政，即自振作，诛锄奸邪，澄清吏治。并变本加厉，益行专制。军机处之权，至此乃有二大变迁：其一，凡内外大臣有奏事之责者，均须将陈奏事件，直达御前，不许另有副封关会军机处，各部院文武大臣亦不得将所奏之事，豫先告知军机大臣，凡奏章呈递后，可即行召见，面为商量。从此一切章奏，皆君主直接与闻，然后令军机承办矣[86]。其二，军机章京，乾隆之时由军机大臣挑补,即能试用,无须引见。嘉庆四年,令必引见,"候联简用"[87]。是军机大臣择取僚属之权,又为天子所夺矣。宣宗之时,旰食宵衣,所谓三十年如一日,然能力不及各帝,对于军机处之事,坐守其成,罕见改革。惟力防机密之泄漏与大臣之专擅而已[88]。文宗咸丰元年(一八五一)以五品京堂候补军机大臣,给事中奏请超擢太甚,易启侥幸之门,文宗乃谓"黜陟大柄,朕自持之,非诸臣所可轻议"[89]。至咸丰中,军机大臣以敬畏太甚,遇事唯诺,至有御史徐启文奏请"枢密重地,责无旁贷"等语[90]。其后军机权任,更一蹶不振。故金梁曰:列朝勤政事,军机仅事勤宣,久无实权。惟恭亲王议政时,略可专断。卒为慈禧太后所罢斥。故近人论军机,当以"权位势利"四字评之,谓恭王初议政,可称有权。迨罢后复起,及礼亲王入值,仅保位而已。荣禄善于迎势而不能阻拳乱,足见其难。至庆王惟知为利,愈趋愈下,更无论矣。又曰:"军机大臣……召见时,跪次有定,首为当家者,专对奏,众谓之军机面。……次为备顾问者,非指问不可越对,谓之军机嘴……再次为执笔者,专撰述而不得问意旨,谓之军机手……末谓供奔走者,谓之军机腿……而军机章京,亦分班轮值,则亦以之为喻,一曰走肉行尸,一曰醉生梦死。"[91] 案金梁之言,虽不尽可凭,而军机处之职权,亦可想见一斑矣。因此之故,光绪二十四年(一八九八),户部主事蔡镇藩奏中国之大弊,在无名实之宰辅。略谓"国初内三院,康熙时改为内阁,分其职而设翰林院,雍正时又分其职而设军机处;内阁、翰林院、军机处,即国初之国史院、宏文院、秘书院也。……现在内政外交,事事繁重,尤非寻常辅弼之责任,宜仿内三院,改军机处为枢密院,或即名秘书院"[92]云云。其后光绪二十七年(一九〇一)为议行新政,设立督办政务处,派庆亲王奕劻、大学士李鸿章、荣禄、崑冈、王文韶等为督办政务大臣。刘坤一、张之洞亦着遥为参预[93]。一时声势,几与军机处相埒。而其职务,从《光绪政要》勾稽,可分为五项:(一)为会商特旨交议事件,如光绪三十一年政务处议覆改设江淮巡抚事宜[94];议覆刊布准驳折件事宜[95]。(二)为审议百官条陈,如覆奏侍郎沈家本条陈时事[96];议覆汴抚陈奏沿河知州改为直隶州知州折[97]。(三)为审核各衙门章奏,如光绪三十二年奏考覈州县事实拟定通行画一章程,政务处、吏部、巡警部议覆御史顾瑗奏请釐定户籍,并设乡官事宜[98]。(四)为起草章奏,如奏拟禁烟章程⁽⁹⁹⁾。（五）为奏行新政，如奏请特设学部之类⁽¹⁰⁰⁾。一言以蔽之曰普通行政方针与行政改革事宜，多由此会审议，军机处之议政大权强半分移于此。惟司其事者，仍多为军机大臣兼摄，而庆亲王奕劻，且为领袖。每遇议事，多视其意旨而定⁽¹⁰¹⁾。盖议政处不过一骈枝机关，为适应当时潮流，敷衍请行新政者而设，故名督办政务处也。光绪三十一年，贝子载振奏请将政务处归入内阁办理⁽¹⁰²⁾，三十二年总核大臣庆亲王等奏改内阁部院官制，以专责成。疏入奉上谕，"军机处为行政总汇，雍正年间本由内阁分设，……相承至今，尚无流弊。自无庸编改，内阁、军机处一切规制，着照旧行。其各部尚书，均着充参预政务大臣，轮班值日，听候召对"⁽¹⁰³⁾。宣统三年，新责任内阁成立，军机处遂随之而废。责任内阁，分部十一，每部设尚书一，侍郎二，不分满汉。仍以军机大臣奕劻为内阁总理，其他各部尚书，亦多亲贵大臣⁽¹⁰⁴⁾，盖当宣统之时，亲贵用事，中央政本，皆由若辈主持，无所谓军机，亦无所谓内阁。举凡一切，皆奕劻与其子载振总揽。专擅纳贿，声名狼藉，御史参之不为动，都察院请勿以皇族组织内阁，亦不为所动，迄辛亥八月十九日，武昌起义，方行改变，然大势已去，莫能复返矣。

注释

（1）《大明会典》卷二页一，国初因前代之制，"置中书省及左右丞相等官，天下政事，皆由之而出，其属有四部，分治钱谷礼仪刑名营造之务"。"中书省正一品，初设左右相国，洪武元年，改左右丞相各一人，左右丞各一人，参加政事二人，总领众职。……其属左右司郎中各一人，员外郎各一人，中书舍人三十人。是年（元年）始置吏、户、礼、兵、刑、工六部，正三品，设尚书侍郎、郎中、员外郎、主事，统于中书省……五年定六部职掌，岁终考绩以行黜陟。九年增户部为五科，刑部四科，工部四科，设尚书一人，郎中二人，员外郎二人，主事五人，十一年禁六部奏事，不得关白中书省，十三年诛右丞相胡惟庸，诏罢中书省，存中书舍人。"明郑晓《百官述》卷工页二，此明初中书省之情形也。

（2）明王世贞《弇山堂别集》卷四六页二十下。

（3）《明史》卷三〇八页一至二《胡惟庸传》。

（4）《皇明祖训》，见《大明会典》卷二页二引，北平图书馆藏本无此条，因系洪武六年以前之祖训也。以后祖训见于《明会典》及他官书省，多为单行本所无，可作辑补工作。

（5）明黄光升《昭代典则》卷十九页三下至四。

（6）《明史》卷三页一下《太祖纪》，按《弇山堂别集》卷七页五，谓"四辅官分四时，均职四季，以上中下三旬，人各司之。验雨晴。春三月李佑司，皆中旬十日，龚学司皆下旬十日，夏三司杜教司，皆上旬十日，吴源司皆中旬十日，赵民望司皆下旬十日，秋冬亦如之。各兼太子宾客，班列公侯都督之次，尚书之上。"按当时明罢科举行荐举之制，复以诛丞相胡惟庸，大权一手在握，特设此官，以作点缀，可谓毫无权任也。

（7）《明大政纂要》卷六页十。

（8）《明史》卷一〇九页一《宰辅年表》序。

（9）同上卷七二页一《职官志》序。

（10）明邓球《泳化类编》四页八。

（11）《明史》卷七二页三《职官志》。

（12）《日知录》卷二四页十二至十四。

（13）《唐六典》卷十页三下秘书省注。

（14）《百官述》上页二下。

（15）明黄榆《双槐岁抄》卷四页三下文渊阁铭。

（16）明王鏊《震泽长语》上页二四。

（17）《职官表》卷四页十三，谓终明之世，未建内阁，据叶凤毛《内阁故事》："内阁在午门内东南隅外门西向，阁南向入门一小坊，上悬圣谕，过坊即阁也。阁制初甚隘，嘉靖十六年，命工度地，以阁中一间，奉孔子四配像，旁四间各相间隔开户于南，以为阁臣办事之所，阁东诰敕房，装为小楼，以贮书籍，阁西制敕房南面隙地，添造卷篷三间，以处各官书办，而阁制始备。秘书在文渊阁之署，约二万余部，近百万卷，阁凡五楹，宣庙常幸其地，与阁臣翻阅咨询，故史臣不得中立设坐。"（摘录页二四至二七）可知《职官表》按语，甚为不经也。

（18）郑晓《皇明直文渊阁诸臣表》序页一，见《吾学编》册十二。

（19）《明史》卷七二页二下至四。

（20）《明史》卷一〇九页一宰辅年表。按明六卿皆正二品官，内阁大学士正五品官。

（21）明王琼《双溪杂记》卷二页九。

（22）王圻《续文献通考》卷八五页八下。

（23）王世贞《弇山堂别集》卷四六页二十中书表序。

（24）参明廖道南《殿阁词林记》序及卷一页一至十七。

（25）《双溪杂记》卷四页十九。

（26）参同上二详。

（27）参《弇山堂别集》卷九十页一下中官考。

(28) 详参王世贞《明嘉靖以来首辅传序》，及卷三《夏言传》。

(29) 同上页三。

(30) 《春明梦余录》二三页十九。

(31) 清梁章钜《雕丘杂录》卷五页七下至八曰："先朝中书有四：（一）为中书科中书舍人，在中书科，掌书写诰敕，三甲进士选授，大臣子孙荫授，而举人有军功者亦间授焉。进士、举人皆得与清华之选。（一）为内阁中书，则在内阁制敕诰敕两房办事，其监生译字生考授者，职书写诰敕，及誊拟旨，加衔可至大卿，而外升者少，举人考授者，则代阁臣撰拟，三年满升各部主事。（一）为文华殿中书，则专职书写匾额对联之类，纳粟者多而考授者少。（一）为武英殿中书，则专职图绘，内臣得而统属之，纳粟者愈多，而考授者愈少矣。此二者名为两殿中书，俱可加衔至卿寺。"案唐宋之中书舍人，典司制命，为中书省正官，略如清之内阁学士，明则仅司抄写，是名同而职异，先尊而后卑矣。

(32) 明于慎行《谷山笔尘》卷四页三下。

(33) 《明史》卷一九六页十五《夏言传》。

(34) 同上卷二一三页十下《张居正传》。

(35) 同上卷二四〇页九《韩爌传》。

(36) 《春明梦余录》卷三二页十九下。

(37) 《明史》卷七四页十三下，按明代宦官，有十二监四司八局，所谓二十四衙门。十二监即司礼监、内官监、御用监、司设监、御马监、神宫监、尚膳监、尚宝监、印绶监、直殿监、尚衣监、都知监。四司即惜薪司、钟鼓司、宝钞司、混堂司。八局即兵杖局、浣衣局、巾帽局、针工局、巾织染局、酒醋面局、司苑局。职掌员额，详见明志。及刘若愚《酌中志》内官职掌。

(38) 《中书典故汇纪》卷二页四二。

(39) 宋端仪《立斋录》，史志未见著录，近代书目亦不见，今姑从《职官表》卷四页十九下转引，以俟日后查访。

(40) 《震泽长语》上页二五下至二六。

(41) 《明史》卷三〇四页十三下。

(42) 同上卷一八一页十一《李东阳传》。

(43) 同上卷一八八页一下《刘菠传》。

(44) 同上卷三〇五页十下《魏忠贤传》，十五下至十六《王体乾传》。

(45) 陈康祺《郎潜纪闻》曰："国初官号，清语居多，如噶喇昂邦，即今左右翼前锋统领，固山额贞固然昂邦，皆即今都统，梅勒额贞梅勒章京，皆即今副都统。"卷五页十五。又"国初满汉大臣，多有称某部承政，某部参政者，按承政即今尚书，参政即今侍郎"，见卷五页十，而王士祯《池北偶谈》卷三页五下亦曰："国初内三院满洲大学士谓之榜式,乌金超哈官大学士亦称榜式。如范文肃公(按即范文程,内秘书院大学士)、宁文毅公(宁完我,弘文院学士)是也。六部初不置尚书,率以贝勒管部事,特置郎以佐之。"括号中材料据《清代宰辅年表》加入。

(46) 内三院之职,内国史院掌记注诏令,编纂史书,及撰拟诸表章之属。内秘书院掌撰外国往来书状,及敕谕祭文之属。内弘文院掌注释历代行事善恶,劝讲御前侍讲皇子并教诸亲王及德行制度之属。参《皇朝通典》卷二三页六。

(47) 参《啸亭杂录》卷二页二下国初定三院条。按宋代宰相之制,上相为昭文馆大学士,监修国史,其次为集贤殿大学士。或置三相,则昭文、集贤二学士,并监修国史为三学士,前已说明。清初内三院,盖仿此制也。《啸亭杂录》已略述之,惟欠详明耳。

(48) 高一涵先生著《中国内阁制度的沿革》页二四谓"清朝的内阁成于康熙时代"。又页二十一谓"到了洪武十二年宰相制度便告终结,而内阁制度便从此发生了"。又谓"到了洪武十二年左丞相胡惟庸既伏诛"。按胡氏伏诛,在洪武十三年,宰相制度之告终,与内阁制度之设立,亦在洪武十三年,事虽相差仅一年,考"中国内阁制度之沿革"者,颇为重要之差异。高先生盖本于广雅局本《历代职官表》引《昭代典则》,将洪武十三年讹印为十二年,而高先生教授事烦,未及检阅原书,故所作结论,因之而误矣。

(49)《大清会典事例》卷十一页一至二。

(50)《内阁小志》曰:"皇上御门日,跪于前读折本。原注,上阅本有欲改签者,则折一角发出,积十数件,降旨御门。凡折之本,书其略数语,翻作清语,诸学士豫诵熟,至期……读本之学士,捧折本置御前炕桌上,北面跪,举起一本,清语背诵,候上降旨。"(页三)

(51)《职官表》卷二页五至七,《皇朝通考》卷七九页一下,《皇朝通志》卷六四页四。

(52) 参《中书典故汇纪序》及《内阁小志》页十三下至十四。

(53)《内阁撰拟文字》,分上下二卷,内载诏十六篇,制七篇。敕谕八篇,祭文四篇,谕祭文四篇,起咸丰十一年至同治六年。

(54) 参《大清会典事例》卷十三至十五,及《内阁小志》。

(55) 自侍读以下办理本章,凡分五所:曰满本房,专可缮写清字,校正清文。曰汉本房,专司翻译清汉文。曰蒙古本房,专司翻译外藩章奏,曰满票签处,曰汉票签处,专可缮写清汉票签,记载谕旨及撰文之事。见《职官表》卷二页八。

(56) 参《内阁汉票签中书舍人题名》,彭蕴章及孔宪彝二序。

(57)《蕙风簃随笔》卷二页二。

(58) 详见《啸亭续录》卷一百十三下至下四。

(59)《内阁小志》序。

(60)《官制篇》上第二章页一,谓"乾隆中叶,置军机处,内阁渐成虚设,及至今日,又置政务处,内阁除票签外,无所事事矣"。按此为考察宪政大臣之报告,钞本,拟稿者未署名。寥寥数语,即有二误。一、军机处非立于乾隆中;二、军机处虽立,而内阁仍有职掌,非"渐成虚设",详见下节。可见当时维新变法之取敷衍态度也。

(61)王昶《军机处题名记》:"先是雍正七年(一七二九)青海军事兴,始设军机房。"(见《春融堂集》卷四七页六),按王氏此文作于乾隆三十二年,(见《枢垣纪略》卷二二页四),离设立时三十八九年。梁章钜《枢垣纪略序》:谓"自雍正庚戌(八年,一七三〇)谓立军机处,迨兹九十余年"。案梁氏之序作于道光癸未年(三年,一八二三)。而《皇朝通典》(卷二三页十三下)自雍正十年叙起。赵翼《军机处述》,仅曰"雍正年间用兵,……始设军需房"。(见《檐曝杂记》卷一页一)叶凤毛《内阁小志》:"时西北两路出师,征策妄,户部别立军需房,司官翁藻主之,于是袭其称亦曰军需房,渐易为军机房,渐又以房为处"(页十一)。是未明定何年。昭梿《啸亭杂录》谓"自雍正中设立军机后"(卷七页十六),亦未明定何年。考之《东华录》及《雍正上谕》等书,七、八两年均无记载,盖当时由户部设立军需房,本非特异之事,未加记录,及后事过境迁,则难明定年月。然两说相较,王昶之言在前,殆较为可凭,而后人从之者亦多。如姚文栋《军机故事序》,谓"军机处之设,始于雍正七年"。薛福成《庸盦笔记》卷二页十六"自雍正七年设立军机处之后",皆可为例。吾故曰:"盖始于七年之说为是。"

(62)观上注,王昶、梁章钜曰"军机房",叶凤毛、赵翼曰"军需房"。叶氏解释甚明,当以军需房之说为是。

(63)《皇朝通典》卷二三页十三下。

(64)赵翼《军机处述》,见《檐曝杂记》卷一页一。

(65)《啸亭杂录》卷七页十六,案清罢议政王大臣在乾隆五十六年十月二十四日,时"谕国初以来,设立议政王大臣,彼时因有议政处,是以特派王大臣承充办理,自雍正年间,设立军机处之后,……满洲大学士尚书,向例俱兼虚衔,并无应办之事,殊属有名无实。朕向来办事只崇实政,所有议政空衔,著不必兼充,嗣后该部亦无庸奏请"。见《枢垣纪略》卷一页八下。

(66)康有为《南海官制议》卷三页五。

(67)王昶《军机处题名》,见《春融堂集》卷四七页一下。

(68)并见《枢垣纪略》卷一页十四。

(69)同上注(67)页二。

(70)参《嘉庆大清会典》卷三页二,及《光绪会典》卷三页三。

(71)《军机故事》卷上页五云:"上每日膳后……或作诗……日必数首,皆用朱笔作草,令内监持出付军机大臣之有文学者,用折纸楷书之,谓之诗片。遇有引用故事而御笔令注之者,则诸大臣归,遍翻书籍,或数日始得,有终不得者……有奉谕旨朱笔,增出'埋根首近'四字,亦不解所谓,后阅《后汉书·马融传》始得之,谓决计进兵也。圣学渊博如此。"

(72)《龚定盦文集又补编》页十下。

(73)参《内阁小志》页十一下,赵翼《军机处述》页一。

(74)同上注(72)。

(75)《枢垣纪略》卷二二页十一。

(76)王昶《军机处题名记》。

(77)《檐曝杂记》卷一页六,若扈从在热河木兰,则甚为简陋。"戎帐无几案,率伏地起草,或以奏事黄匣作书案而悬腕书之,夜无灯檠,惟以铁丝灯笼座,置灯盘上,映以作字,偶萦拂辄蜡泪污满身,非特戎帐中为然,木兰外有行宫处直房亦如此,惟多一木榻耳。"及至清末,观金梁《光宣小纪》页五五所记,知军机处之简陋,一如雍乾之时,未改易也。

(78)据《枢垣纪略》卷十五统计。

(79)《清史稿·职官志》一页四。

(80)清奕赓《煨柮闲谈》页五下。案《仁宗圣训》卷八七页十三载:"本朝自设立军机处以来,向无诸王在军机处行走。正月初间,因军机处事务较繁,是以暂令成亲王永瑆入直办事,但究与国家定制未符,成亲王永瑆,著不必在军机处行走。"此为官样文章,与私人记载,微有不同。

(81)同上注(78)卷十三页二。

(82)参《嘉庆大清会典》卷三页十一下。

(83)详见《枢垣纪略》卷二二页四至九。

(84)当时无轮船、火车邮政之便,而有廷寄之法。"凡事机虑漏泄不便发抄者,则军机大臣面承后,撰拟进呈,发出即封入纸函,用办理军机处银印钤之,交兵部加封,发驿驰递,其迟速皆由军机司员判明于函外,曰马上飞递者不过日行三百里,有紧急则另判日行里数,或四五百里,或六百里,并有六百里加快者。即此一事已为前代所未有。……自有廷寄之例,始密且速矣。"见赵翼《军机处述》,此亦表现行政效率之一端。

(85)《檐曝杂记》卷一页三;页五下至六。

(86)《嘉庆东华续录》七页三。

(87)《嘉庆圣训》卷八七页三下"谕内阁军机处为机密要地,向来行走章京,未定额数,俱由军机大臣挑补,并不带领引见。……嗣后满汉章京……交军机大臣,带领引见，候朕简用"。

（88）《皇朝政典汇纂》卷二四〇页九下载，道光三十年，拟军机处章程九条，其一立用印簿，每次用印次数，皆须登记画押，下次请印时核对，防乱用职权也。又每日底稿，必须焚毁，防漏泄机密也。其下注出《东华续录》检二十九、三十两年，均未获见，不敢引用，附记于此。因是书所记出处，往往难以核对原书，而引《东华录》尤甚。

（89）（90）《枢垣纪略》卷一页十九。

（91）《光宣小纪》页五五至五八，其俗而不雅、虚而不实者，已去之未录。

（92）《政典类纂》二四〇页十二引邸钞。

（93）政务处有开办条议十条，大致关于组织及办事细则，并勉励和衷共济之旨，见《光绪政要》卷二七页八下至十一。

（94）《光绪政要》卷三一页二一下。

（95）同上页三六下。

（96）同上页五二下。

（97）《大清光绪新法令》第二类官制二页二四。

（98）同上卷三二页四，又页二五。

（99）同上页四六。

（100）同上卷三一页六四。

（101）《光宣小纪》页五九至六十纪之颇详。时金梁亦派为委员，目睹其事，谓"每逢会议……多不敢发言，偶发数语，率视庆王意旨而定。常无决议，惟由主稿者，揣摩附会，拟稿奏复。……于是政务会议如虚设矣。……初政务处附设内阁，……后改于传心殿直房，而两宫幸园时，则常假朗润、承泽各园会议，为从直诸臣之便也。"

（102）《光绪政要》卷三一页六八。

（103）同上卷三一页四一。

（104）《宣统政纪》卷三四页九下。

第六章 结 论

总观唐至清各朝中枢之官制，可得二大通例焉。其一，凡与天子亲近者，虽地位不高，易于掌握实权，而地位高者反易于疏远。其二，凡时代愈后，则中央集权之趋势愈强，君主专制之方法愈密。从各朝中枢政纽之演变观之，不难察其真谛也。当唐之初，以三省长官秉政，即尚书令、中书令及门下省之侍中。尚书本秦少府属官，地位不高；汉武、昭以后，常与天子议政，位居亲要，职任乃重。武帝游宴后庭，以尚书士人，不得出入卧内，别设中书官。宣帝之时，宦者宏恭、石显任之，贵幸倾朝，权迈尚书。成帝罢中宦官，广尚书为五人。光武亲政，权归尚书。至魏文帝时，复置中书监令，而亦不废尚书；然中书亲近而尚书疏外矣。东晋以后，天子以侍中常在左右，多与之议政事，不专任中书，于是又有门下，而中书权始分矣。降及南北朝，大抵皆循此制。至唐武德初，以太宗尝为尚书令，臣下避不敢当，乃以左右仆射为尚书省之长。左右仆射从二品，侍中、中书令正三品。尚书设在宫外，中书、门下设在禁中，易与天子亲近，故侍中、中书令为真宰相，而左右仆射非加同中书、门下平章事者，反不得为宰相矣。其后侍中、书令品位亦崇，恐不易驾驭，乃以他官居宰相之职，而假以他名，或云同中书、门下三品，同中书、门下平章事；或云参知政事，参预机务；或云同掌机务，同知军国政事之类，其名非一。而中书、门下二省之权，至唐中叶，又以中书之权较大。盖以中书出诏令，门下掌封驳，日有争论，纷纭不决，上使两省先于政事堂议定，然后奏闻。高宗永淳二年（六八三）裴炎移政事堂于中书省。开元中，张说改政事堂为中书、门下，其政事印，即改为中书、门下印。故中书之权较大。然中书令官尊，不常亲政事，多以中书舍人入奏，于是中书舍人亦最为权要地。元宗以中书舍人务繁，分其职于学士，建学士院于翰林院之南，优予宠渥，其亲密之状，至可与宫妃相往来。于是号令征伐，用人行政，悉由翰林学士，谓之内相。中书、门下之权，俱因之低落。唐中叶以后，宦者操国柄，设为枢密使之职，生杀予夺，天子废立，皆出其手，学士之权，又复转移。宦官本属内侍省，太宗鉴东汉宦官之祸，诏内侍省不立三品官，惟以中人司门禁洒扫。代宗宠任宦者，置内枢密使，使之掌枢密文书，其后又以宦官监军管财，故虽品位不高而权势熏灼，至超越人主。昭宗恨之，大诛宦官。五代易军人士人为枢密使，兼治军民。至宋以枢密主兵，中书主政，号为两府。其初三省合一，止以同平章事为宰相，参知政事为副相。元丰改制，复唐初三省，而侍中、中书令亦以官高不除人，止以左右仆射为宰相。由是宋代宰相之名，由平章事而变为仆射。三省之中，中书之权最大，因中书取旨，易于亲近人主，而门下、尚书之长，不复与朝廷议论。至政和中，废尚书令，改左右仆射为太宰少宰；靖康中（一一二六），复为左右仆射。南宋高宗建炎三年（一一二九）又合三省为一，乾道八年（一一七二），改左右仆射为左右丞相，自是之后，不复改易，而宋代宰辅之名，已由同平章事而左右仆射，而太宰少宰，而复为左右仆射，而左右丞相，而前后五变矣。其掌兵之枢密院，初与宰辅不免有冲突，其后屡以文人掌之，事权划分，相安无事。当五代之时，军权高于政权，军人重于文人；宋则政权高于军权，文人重于武人，以文治武，盖由乱世而求承平之法耶。降至于辽，官分南北二面，北面治宫帐部族之政，南面治汉人州县租赋军马之事。北面有枢密院宰相府，南面有汉人枢密院，有中书、门下、尚书三省。而其实所治者，皆北面之事，所立汉官诸名，仅以牢笼汉人而已。金代中央秉政官，权柄在女真人之手，自太宗天会四年（一一二六）立三省之制，行之三十年，至海陵正隆元年（一一五六）则罢中书、门下，仅存尚书一省，门下省从此永废矣。而尚书之权柄，始终居枢密之下，枢密主兵，国人任之，可谓女真人始终专权，亦可谓军权高于政权也。至元以中书省主政，以枢密院秉兵，其初所任用者不过一二亲贵重臣，其后亦皆蒙古人为之长。而尚书省元亦有之，以之主财，惟罢置无恒。武宗至大四年（一三一一），始永除之，而以中书省专政，直至洪武十三年（一三八〇），胡惟庸谋逆事觉，始革中书省，归其政于六部，历代所谓宰相，由此遂废不设。虽尝仿唐宋集贤、资政之制，置大学士，亦仅备顾问，并不与知国政。至成祖永乐元年（一四〇三），肇置内阁，始以翰林入直，浸升大学士，秩止五品。仁宗以后，大学士往往晋阶保傅，品位尊崇，阁权渐重。用非其人，间有倒持太阿授之柄者。其后天子远之证也。

然则曷以言时代愈后，中央集权之趋势愈强，君主专制之方法愈密？曰唐代以前，中枢要政，皆三省迭掌；或为中书，或为尚书，或为门下。至唐以三省同掌政权，中书主取旨，门下主封驳，尚书主出令，以收互相钳制之效，而免一省独专之弊，是唐代专制之方，较前进步矣。宋以中书主政，枢密主兵，三司主财，将天下之军政财赋，皆集于此三署之中，而以天子会其要总其成。宰相不知兵，枢密不知政，三司不知兵与政，两府不知财。每遇奏事，皆分班进呈，各不相知，天子赖此，以闻异同，新耳目，收互相钳制之效，获操纵一手之实，其专制之方，较唐又进步矣。故庆历之时，张方平请并枢密院于中书，仁宗与阁臣不常见，有所谕则命内监先写事目付阁撰文，于是宫内有所谓秉笔太监者，其权遂在内阁之上，与唐之枢密院无异，此又地处亲近易于揽权也。清代严惩宦寺，不许预政，而初有所谓内三院，有所谓议政王大臣。雍正七年，由内阁分设军机处，移于隆宗门内，自是内阁反成为外阁，军机处不时召见，重要机务，皆由此出，内阁所司，不过寻常吏事，此又地处亲近易于揽权之证也。而秦汉之三公丞相，以地位崇高，反日益疏远，唐宋以后，为加官赠官或为谥号，而毫无实权。唐宋之三省长官，品位亦崇，而不常除人，非但日以疏远，并且自宋以后，则罕有实除。清之议政王大臣，所谓王，地位自高，而雍正中以军机代其位，乾隆五十六年，则罢除之。凡此皆地位高者易于疏之纳；元丰改官制，议臣欲废枢密院归兵部，而神宗不之废。惟将三司使并入户部，二府则始终用之，以资维系，而便统摄。辽金异族，猜忌汉人，重要官司，皆以之畀内属外戚，与国人有战伐之功预腹心之谋者。间设高官美爵如辽之大丞相，不过以宠显赵延寿。辽之翰林学士，不过以笼络和凝；金之时立爱、韩企先为宰相，不过承人主之命，代为调发租税，搜括民财而已。而军旅大事，皆金人管之，宰相不得与闻也。降至元代，以国土广大，三省分司任事手续繁冗，于是罢门下、尚书，从而以中书主政，枢密主兵，号为左右手，以纠弹百司之御史台，目为医两手之司。是元学宋代专制之方，而更加密矣。且不独此也，凡天下官司不论大小，皆蒙古人为之长，汉人、南人贰之，各处皆设达鲁花赤官，以掌印办事，兼事镇压探察。及其末也，地方长官，多受汉人同化，中央官司，则中书省多为勋旧所把持，新进者欲与之并驾齐驱，乃设尚书省以抗之，虽发置无常，而倾轧特甚，盖亦元人始不及料也。然今之侵人国土者，其统治之方，亦无非袭辽金元之故智，其防备之周密，则远甚矣。若夫明太祖之雄图，忌一省辅政，易于专擅也，于是假胡惟庸之谋逆，而永罢中书省。然一人之精力有限，一国之事务无穷，终于须人辅助，乃设有名无实之四辅官，四辅官不足，而又分政于六部，分职于大学士，遇草拟诏令，皆召至膝前，承其意旨，秉笔为之。是其专制之方，又较以前为甚矣。清师宋代之遗意，置内三院，旋即改为内阁，而内阁之票拟，皆承人主之意也。辽金元猜忌汉人，而优待本国人，清则并王公大臣亦猜忌之，不许掌握大权，而忌议政王大臣之权，以军机处夺之，旋又力削军机处之权，内外衙门章奏，皆直达天子，不许有副本知照，不许与外官交通，不许自择僚属，不许泄露机密，举凡一切，凡须军机承办者，然后令其承办。考清代以前，宰相皆有用人之权，有预闻政事之责，惟清无之，此之所谓时代愈后，中央集权之趋势愈强，专制之方法愈密也。是故清仁宗沾沾自喜曰："我朝列圣相承，乾纲独揽，皇考高宗纯皇帝临御六十年，于一切纶音宣布，无非断自宸衷。从不令臣下阻挠国是。朕亲政以来，办理庶务，悉遵皇考遗训，虽虚怀延纳，博采群言，而至用人行政，令出惟行，大权从无旁落！"（《枢垣纪略》卷一页十下至十一）孰料天子亲揽万机，一切取裁于上，渐摩既久，臣事稍窳，九卿六部皆拱手奉行故事，等于闲曹，理乱不知，黜陟不闻，内而京官则日事画到，外而督抚则负封自守，以至清末，四万万人之中国大事，操之于三四军机二十余督抚之手。甲省有事，乙省不闻不问，是则欲中央集权而权益分，欲一人专制而事弥乱。包而不办之习，清已肇其端倪，卒之外患不能御，内政莫能兴，举国嚣嚣，请求变法，而始以高压，继以敷衍，继以延宕，继以皇室组阁，终遂至于灭亡，物腐虫生，良有以也。

引用书目

《周礼正义》，清孙诒让注，民国二十年笛湖精舍补刊本。
《左传》，十三经注疏本。
《史记》，汉司马迁撰，同文局本。
《汉书》，汉班固撰，清王先谦补注，上海文瑞楼石印本。
《后汉书》，宋范晔撰，同文局本。
《汉唐事笺》，元朱礼撰，粤雅堂丛书本。
《汉官答问》，清陈树镛撰，振绮堂丛书本。
《释名》，汉刘熙撰，清任大椿辑，小学钩沉本。
《宋书》，梁沈约撰，四部备要本。
《艺文类聚》，唐欧阳询等奉敕撰，光绪五年华阳宏达堂重刊本。
《北堂书钞》，唐虞世南撰，南海孔氏刻本。
《唐六典》，唐元宗敕撰，李林甫等注，广雅书局本。
《通典》，唐杜佑撰，九通全书本。
《旧唐书》，五代刘熙撰，《职官志》，同文书局本；其余《古今图书集成》本。
《唐书》，宋欧阳修等纂，《古今图书集成》本。
《唐会要》，宋王溥撰，江苏书局本。
《唐令拾遗》，日人仁井田升纂，日本昭和八年印本。
《唐鉴》，宋范祖禹撰，明刻本。
《白氏长庆集》，唐白居易撰，四部丛刊本。
《吕和叔文集》，唐吕温撰，四部丛刊本。
《翰林志》，唐李肇撰，知不足斋丛刊本。
《五代会要》，宋王溥撰，墨海金壶本。
《太平御览》，宋李昉等撰，鲍刻本。
《册府元龟》，宋王钦若等奉敕撰，藤花谢氏重刊本。
《资治通鉴》，宋司马光撰，日本大正一年（一九一二）东京博文馆校印本。

《续资治通鉴长编》，宋李焘撰，浙江书局刻本。

《玉海》，宋王应麟撰，浙江书局刻本。

《困学纪闻》，宋王应麟撰，清翁元圻辑注，上海文瑞楼石印本。

《职官分纪》，宋孙逢源撰，《四库全书》抄本。

《文献通考》，宋马端临撰，九通全书本。

《事物纪原》，宋高承撰，续金华丛书本。

《温国文正公集》，宋司马光撰，四部丛刊本。

《容斋五笔》，宋洪迈撰，光绪元年新丰洪氏校刊本。

《长安志附长安志图》，宋宋敏求纂，清毕沅校正，乾隆四十九年刊本。

《石林燕语》，宋叶梦得撰，叶德辉刻石林遗书本。

《木锺集》，宋陈植撰，同治六年东瓯郡斋重刊本。

《松漠纪闻》，宋洪皓撰，学津讨原本。

《南窗纪谈》，宋佚名撰，守山阁丛书本。

《文昌杂录》，宋庞元英撰，雅雨堂丛书本。

《玉堂杂记》，宋周必大撰，学津讨原本。

《青箱杂记》，宋吴处厚撰，稗海本。

《挥麈录》，宋王明清撰，学津讨原本。

《宋宰辅编年录》，宋徐自明撰，敬乡楼丛书本。

《皇宋类苑》，宋江少虞撰，诵芬室丛刊本。

《太平治迹统类》，宋彭百川撰，适园丛书本。

《建炎以来朝野杂记》，宋李心传撰，适园丛书本。

《建炎以来系年要录》，宋李心传撰，广雅丛书本。

《宋史》，元脱脱等修，《古今图书集成》本。

《辽史》，元脱脱等修，《百官志》，同文书局本；其余《古今图书集成》本。

《契丹国志》，宋叶隆礼撰，宋辽金元别史本。

《金史》，元脱脱等修，四部备要本。

《大金国志》，宋宇文懋昭撰，宋辽金元别史本。

《元遗山集》，元元好问撰，四部丛刊本。

《山居新语》，元杨瑀撰，武林往哲遗书本。

《辍耕录》，元陶宗仪撰，日本刊本。

《元史》，明宋濂等修，《古今图书集成》本。

《新元史》，民国柯劭忞撰，徐世昌刻本。

《续宏简录》，（一名《元史类编》），清邵远平纂，宋辽金元别史本。

《元史纪事本末》，明陈邦瞻纂，五史纪事本末本。

《辽金元三史国语解》，乾隆四十六年敕撰，苏州书局重刊本。

《大明会典》，明孝宗敕撰，明正德四年校刊本。

《明大政纂要》，明谭希思撰，清光绪间湖南思贤书局刊本。

《皇明泳化类编》，明邓球撰，明刊本。

《皇明直文渊阁诸臣表》，明郑晓撰，吾学编本。

《昭代典则》，明黄光昇撰，明刻本。

《明史》，清张玉书等修，四部备要本。

《弇山堂别集》，明王世贞撰，广雅书局本。

《嘉靖以来首辅传》，明王世贞撰，借月山房汇钞本。

《殿阁词林记》，明廖道南撰，湖北先正遗书本。

《双溪杂记》，明王琼撰，广百川学海本。

《双槐岁抄》，明黄瑜撰，岭南遗书本。

《续文献通考》，明王圻撰，明刻本。

《草木子》，明叶子奇撰，光绪乙亥处州重刊本。

《读史漫录》，明于慎行撰，光绪乙未刊本。

《四友斋丛说》，明何良俊撰，明万历七年校刊本。

《谷山笔麈》，明于慎行撰，明刊本。

《酌中志》，明刘若愚撰，海山仙馆丛书本。

《震泽长语》，明王鏊撰，陈眉公杂录本。

《古今治平略》，明朱健撰，明刻本。

《函史》，明邓元锡撰，清顺治十五年重刊本。

《官职会通》，明魏校撰，北平图书馆藏钞本。

《官制考》，明杨慎撰，升菴合刻本。

《官制备考》，明李日华撰，四六全书本。

《春明梦余录》，清孙承泽撰，古香斋袖珍本。

《日知录集释》，清顾炎武撰，黄汝成辑释，同治八年刊本。

《内阁小志》，清叶凤毛撰，借月山房汇钞本。
《池北偶谈》，清王士贞撰，渔洋山人著述本。
《雍正上谕》，清弘昼等编，乾隆六年刊本。
《皇朝通考》，清乾隆十二年敕撰，九通全书本。
《皇朝通典》，清乾隆三十二年敕撰，九通全书本。
《皇朝通志》，清乾隆三十二年敕撰，九通全书本。
《历代职官表》，清乾隆四十五年敕撰，广雅书局刻本。
《历代职官表》，清黄本骥编，光绪间刻本。
《历代官制沿革表》，清马征度撰，马忠山遗书本。
《历代官制考略》，清叶沄撰，叶沄三种本。
《五礼通考》，清秦蕙田撰，乾隆间刊本。
《中书典故汇纪》，清王正功纂，吴兴刘氏嘉业堂刊本。
《清代宰辅年表》，民国严懋功纂，清代征献类编本。
《十七史商榷》，清王鸣盛撰，广雅丛书本。
《廿二史考异》，清钱大昕撰，广雅丛书本。
《廿二史札记》，清赵翼撰，广雅丛书本。
《潜研堂文集》，清钱大昕撰，四部丛刊本。
《十驾斋养新录》，清钱大昕撰，嘉庆九年阮元序刊本。
《仁宗圣训》，清仁宗御撰，十朝圣训本。
《嘉庆大清会典》，清托津等奉敕撰，嘉庆二十三年重修刊本。
《大清会典事例》，清光绪间敕修，光绪三十四年商务印书馆石印本。
《东华续录》，清王先谦编，光绪辛卯上海广百宋斋校印本。
《檐曝杂记》，清赵翼撰，湛贻堂刊本。
《啸亭杂录》，清汲修主人"礼亲王昭梿"撰，笔记小说二十种本。
《煨柮闲谈》，清奕赓撰，本图藏墨香书屋丛著钞本。
《春融堂集》，清王昶撰，嘉庆十二年刊本。
《龚定盦文集》，清龚自珍撰，宝墨斋丛书本。
《枢垣纪略》，清梁章钜原辑，朱智等补辑，光绪初刊本。
《军机故事》，清姚文栋辑，谟觞室刊本。
《雕丘杂录》，清梁章钜撰，咸丰六年正定府重刊本。
《内阁汉票签中书舍人题名》，清孔宪彝编，顾芳续编，咸丰辛酉年刊本。

《内阁撰拟文字》，清歙鲍康编，同治六年刊本。

《壹是纪始》，清魏崧撰，光绪十七年京都文奎堂印本。

《蕙风簃随笔》，清况周仪撰，蕙风丛书本。

《庸盦笔记》，清薛福成撰，笔记小说二十种本。

《郎潜纪闻》，清陈康祺撰，宣统二年石印本。

《官制篇》，清考察宪政大臣编，本校图藏钞本。

《康南海官制议》，清康有为撰，光绪三十年上海广智书局印本。

《皇朝政典汇纂》，清席福厚撰，图书集成铅印本。

《大清光绪新法令》，商务印书馆编辑所编，宣统元年印本。

《中国内阁制度的沿革》，民国高一涵撰，民国十五年北京大学印行本。

《光宣小纪》，民国金梁撰，铅印本。

《宣统政纪》，民国十七年官修，民国二十二年辽海书社本。

附：行省的意义与演变

通常一般讲的河北省、河南省、山东省……省字是什么意义？又是如何的演变而来？这是本文要说明的。

考之《说文》，"省，视也；从眉省，从中"。甲骨文未见有省字，金文与"眚"为一字。其他省字的意义，见于《经籍纂诂》及各种字典的，如省者察也、循也、善也、明也、占也、废也、悟也、过也、考校也，以及减省也等等，均不足以解释地方区域称省的意义。

地方行政区域之称省，一般谓始于元，然而行省之名实始于金。至于省字的意义，却是由尚书省、中书省，沿讹附会而来的。在汉朝的时候，有尚书、中书；到了魏晋，便称之为尚书省、中书省，都是掌握中央政权的机关。这个省字的意义与演变，前人也有不同的说法。第一，谓省即禁署之意。《汉书》卷六《昭帝纪》序：

> 年八岁……即皇帝位……帝姊鄂邑公主……共养省中。（注：伏严曰：蔡邕云：本为禁中，门阁有禁，非侍御之臣不得妄入。……孝元皇后父名禁，避之，故曰"省中"。师古曰：省，察也。言入此中皆当省察，不可妄也。）

此为因讳而改"禁中"为"省中"之说。蔡邕之言见《独断》卷上页三（龙溪精舍校刊本），原文末有"当时避之，故曰省中，今宜改，后遂无复言之者"。第二，谓省为诸公所处之地。《文选》卷六左太冲《魏都赋》云：

> 禁台省中，连闼对廊。[注：（李）善曰：《魏武集》，荀欣等曰："汉制，王所居曰'禁中'，诸公所居曰'省中'"。]

是禁中与省中有别，不是为避讳而改。又第三说，谓"汉制，总群官而听曰'省'，分务而专治曰'寺'"（见《唐书》卷一八四《杨收传》），与前两说又迥乎不同。此三说中，到底是谁对？周寿昌《汉书校补》卷三页二十，对第一说已加以驳诘。他说："《文选》左思《魏都赋》'禁台省中……'，是汉制原有'禁'与'省'之别，不自避王'禁'讳始。且昭帝下距元后时甚远，何以遽避'禁'讳。若为班氏追书，则班氏时已在中兴后,更何所忌于王氏而必为之避也。"周氏此说,颇有见地。不过避"禁"为"省"之说,出于后汉蔡邕,同时人伏俨又引用之。到了六朝,《颜氏家训·书证篇》复有"何故以省代禁"之问。《三辅黄图》卷六《杂录》,又说"汉宫中谓之'禁中',谓宫中门阁有禁。……孝元皇后父名禁,避之。改曰'省中'"。《三辅黄图》这部书,杂志汉京宫阙,晁公武《郡斋读书志》(卷八)说是梁陈间人所作,程大昌《雍录》(卷一)说是唐肃宗以后的人所作。可见唐朝以前的人都是相信第一说的。《魏都赋》所述,或为魏制。周寿昌说昭帝距元后时甚远,然大致估计,自昭帝、宣帝以至元帝之时,不过四五十年。孝元皇后的父亲,是王莽的祖父,家凡十侯、五大司马(见《汉书》卷九七下《外戚传》)。班氏纪汉代史,凡避讳之处当然加以纪录,不能说他是东汉人,便无忌于王氏,不必加以追书了。再看程大昌《雍录》卷二,在公车司马门下,对于禁中省中也有很详细的说明。他说:

> 宫垣之内皆有司马门……故总谓宫之外门为"司马门"……自司马门内,则为"禁中"。孝元皇后之父名禁,避讳改禁中为"省中"。禁者有所禁止也,省者有所察也。

从此看来,可见讲省字的第一说还是比较可靠。第二说谓"省"与"禁"为二,不见得确实。第三说杨收所谓"总群而听曰省",意义不很明白。以汉代中书、尚书的权柄观之,杨收虽说是汉制,实际上恐怕是唐朝的制度。因为尚书、中书都是秦朝少府的属官,汉初沿秦制设立,地位仍不高。那时国家重要的政治掌于丞相,尚书不过是主天子的文书。到汉武帝时权任稍重,天子常与议政,于是变为亲要之职。武帝游宴后庭,以尚书为士人,不得出入卧房之内,乃设中书官,以宦者为之,掌诏诰答表,出入奏事。中书之权,一时陵驾尚书。以后,这二者迭相上下;然俱设在禁中,比较丞相易于接近人主,故亦易于掌握实权。然至后汉时,尚书始为机衡之任;魏晋以后,始称为中书省、尚书省,变为真宰相。到了唐朝,以三省秉政:尚书省总领百官,统会众务;门下省掌侍从献替,封驳非宜;中书省掌献纳制册,敷扬宣劳。尚书省总领六部,好像现在的"行政院"统领各部,这才可说"总群官而听曰省"。汉朝丞相有丞相府,而中书、尚书并不称省,可见杨收所说的汉制实际上仍是唐朝的制度;可以解释唐朝省寺台监的意义而不能解释省字原来的意义。所以三说之中，我以为第一说比较可靠，即是为了避讳而改禁中为省中。后世因尚书、中书等官署皆设在省中，遂移为官署之名，称之为尚书省、中书省。——这是省字的第一次演变。

唐以三省秉政——尚书、中书、门下；宋以两府秉政——中书、枢密。金以尚书秉政；元以中书秉政。这是中央重要的行政机关。以地方行政区域言之，唐太宗贞观元年（西六二七）分天下为十道；玄宗开元二十一年（西七三三）又增至十五道。宋承五季，尚平偏据，太宗至道三年（西九九七）分天下为十五路；天圣析为十八路；元丰又析为二十三路。金分天下为十九路。元则除直隶中书省的"腹里"外，分天下为十一"行中书省"，流俗简称为"行省"。——这是省字的第二次演变。

不过"行省"之分虽定于元，而在金朝则已盛行。从本纪考之，金熙宗天会十五年（西一一三七）："废齐国，降封刘豫为蜀王，诏中外置行台尚书省于汴。"（《金史》卷四）天眷元年（西一一三八），"改燕京枢密院为行台尚书省"（同上）。至金章宗时，州县为元兵所残破，乃到处设行中书省。如承安二年（西一一九七）："三月，命尚书户部侍郎温昉行六部尚书于抚州。……九月，以胥持国为枢密副使权参知政事行省于北京。"（《金史》卷十一）。宣宗贞祐二年（西一二一四）："十月，置行尚书省于大名府路。"（见《金史》卷十四本纪及卷二六地理志），三年："置行中书省于河北东西两路，又置行省于陕西。"（同上）四年："七月甲寅，山东行省槛贼郝定至京师伏诛。十月，河南行省胥鼎遣潞州元帅……带以军一万……援京师。"（以上见本纪卷十四）而东平、平阳、辽东、婆速路、上京、益都（以上见本纪卷十五兴定元年）、河中府、河东南北路（以上见兴定二年）等处皆有行尚书省。再从列传考之，有东平、京东（《金史》卷一〇八《侯挚传》），有卫州（同上《胥鼎传》），有京东、山东等路行尚书省（卷一一七《国安用传》），还有陕州、徐州（卷一一九《完颜仲德传》）：这不过随便举几条以作例，《金史》中还可以找出很多。看这些材料，金朝有行尚书省者，已有汴、燕京、抚州等十七八处。管理行省的官吏，多半以权参知政事或参知政事任之。参知政事从二品，是副宰相，在元朝简称为参政。他在行省中的职权，大概是镇压盗匪，管理军事，守卫地方，并巩固京师，京师有紧急事变则以兵援助；其后又以元帅左监军兼之；这都是《金史·百官志》所不详而可从纪传中看出的。简单说来，金朝的"行尚书省"好像现在的"军分会"或"行营"。当时以元兵侵扰，立此制度，原是一时权宜之制，故《金史·地理志》不详载。但是行省的起源，固当托始于此。金朝的行政总汇是尚书省，故称"行尚书省"；元朝的行政总汇是中书省，故称"行中书省"。两相比较，甚可明悉。

但是"行"字也有它的命名的由来，不能不略加叙述。自魏晋以来，有称尚书为"中台"（见《三国志·吴志》卷十九《诸葛恪传》），有称为"内台"（见《通典》卷二十二）；其随所管之道，置于外州，以行尚书事者，则称之为"行台"。行台之起源，始于魏末晋文帝讨诸葛诞，尚书仆射陈泰等以行台从。然以专征讨而设，不为常制。至后魏始开府置属，号为"尚书大行台"，于一路府州无所不统；但主要的职务还是管理军事。至后齐才管民事（同上《通典》）。隋唐设官尤众，谓之"行台省"，主管军事，兼行兵农刑政（见《隋书》卷二八《百官志》，《旧唐书》卷四二《职官志》）。金元的行尚书省或行中书省便是仿照这种办法来的。元朝以版图太大，照应不灵，更不能不设立行中书省了。

明朝初年，亦仿元制，设行中书省。后到洪武九年（《日知录》卷二十八"省"字条作洪武七年，据《明史·地理志》，知误），将行中书省改为承宣布政司，参知政事改为承宣布政使。除两京外，共立十三布政使司。布政司为分部之名，布政使为分布之官。所以这些行政区域的正式名词应当为河南布政司……或简称河南司……而不当称为河南省……后于布政使司之上又设巡抚、总督，更不当称为省。可是人情乐趋简便，喜欢因袭旧有称呼，故制度虽改，而当时流俗仍止称为省；沿习既久，往往见于章奏文移。清朝布政使司仍明旧，而积习相沿，称之为省，亦仍明旧。到乾隆年间，为着正名，还打过一场笔墨官司。乾隆五十三年（公元一七八八），洪亮吉作成了一部书，体例略同《元和郡县志》与《元丰九域志》。分直隶、山西各布政司叙述；每司所辖，各冠以图，名曰《乾隆府厅州县图志》。洪氏的意思，是要把布政使司分辖府厅州县（见原书序及《卷施阁文集》卷八与《章进士学诚书》）。章学诚反对洪氏，劝他将每布政司所管辖的改为总督、巡抚，即章氏《地志统部》一文中所谓"部院"（见吴兴刘氏刻《章氏遗书》卷十四）。这因为明清的制度，总督兼都察院右都御史衔或兼兵部尚书衔，巡抚兼副都御史或兼兵部侍郎衔（见《历代职官表》卷五十），故他要简称总督、巡抚为部院。章氏列举十条，以明当称部院的理由，并回驳洪氏之书（见《地志统部》文）。二人驳难，各有所见。然清朝"律令典例，诏旨交移，皆有'直省'之称。惟《一统志》尚沿旧例，称布政使司，偶未改正"（同上）。到了现在，皆从简便称省，并且习焉不察，少有知其演变的了。

总上所述，省字初由禁中变为省中，其次变为官署之称，其次变为行省；后来以讹传讹，避繁就简，便只简称为省了。

[原载《禹贡》第3卷第10期，第1—10页（1935年7月）]